POLICING
THE RISK SOCIETY

安 全 治 理 丛 书

中央财政支持地方高校发展专项资金项目

POLICING THE RISK SOCIETY

By Richard V. Ericson,Kevin D. Haggerty

安 全 治 理 丛 书

安全治理与社会秩序
维 护 研 究 院　　主持

但彦铮　　主编

制　造
安全感

风险社会中的
警务

POLICING
THE RISK SOCIETY

但彦铮 杨涵 译　　　杨小虎 校译

〔加〕理查德·V. 埃里克森
〔加〕凯文·D. 哈格蒂　　著
Richard V. Ericson
Kevin D. Haggerty

社会科学文献出版社
SOCIAL SCIENCES ACADEMIC PRESS (CHINA)

安全治理与秩序的法律之维
（代总序）

法律与秩序，是人类社会两个永恒的主题。

20 世纪 70 年代以来，世界范围内确立的犯罪控制领域的所谓制度与思想模式，在进入 21 世纪初期之时，正面临着前所未有的挑战与巨大的变革压力。犯罪控制的制度与思想是由警察、法院、监狱等一系列国家机构所支配的，而所有这些国家机构在现代性来临时，就在安全与秩序的生产过程中占据了中枢地位。① 在任何时代和任何国家，有关犯罪及其防治的话题与主题往往不可避免地被卷入重大的社会与政治变革之中。尤其是自治理论在国内外兴起以后，有关犯罪、安全、风险与治理的理论及政策话题，不仅受到各国犯罪学、警察学（公安学）、社会控制、公共安全治理以及公共政策等相关学科理论研究者们的关注，更是各国政府在制定有关社会治理与安全治理方面的政策和法律时所重点关注的话题。有关犯罪治理、安全产品供给的话题，还涉及国家形象与能力（如"成功国家"与"失败国家"）的变化、公众对刑事司法的信任、公众对和谐稳定的社会秩序的期盼以及维护社会秩序、构建安全责任共担制、和谐社会的有序参与等传统和非传统社会秩序维护机制及其现代化重构问题。

当前，我国处于深化改革开放、加快转变经济发展方式的攻坚时期，如何有效地维护我国 21 世纪战略机遇期的社会稳定，成为当下政策制定者和学者们关注的重要话题。

---

① 〔英〕麦克·马圭尔、罗德·摩根、罗伯特·赖纳等：《牛津犯罪学指南》（第四版），刘仁文、李瑞生等译，中国人民公安大学出版社，2012，第 61~74 页。

平安是国家繁荣昌盛、人民幸福安康的前提。建设"法治中国"和"平安中国"是在中国共产党第十八次全国代表大会后，中共中央总书记、中央军委主席、国家主席习近平最早提出的实现"两个一百年"奋斗目标、实现中华民族伟大复兴的中国梦的重要战略举措。建设平安中国，事关中国特色社会主义事业发展全局，中国特色社会主义事业需要在一个和谐稳定的社会环境中稳步推进。深入推进社会治理创新是建设平安中国的基本途径，对推进国家治理体系和治理能力现代化具有重要意义。促进安全和维护社会秩序需要成本，保障安全和维护社会秩序的手段措施和方式方法需要明确的道义上的正当性。企图不受限制地满足对更多安全的渴望，会对公民自由与一般社会生活造成严重的否定性的影响。① 要处理好改革、发展与稳定和秩序的关系，就必须坚持法治观、制度观和治理观。维护社会秩序和实施安全治理，不仅需要正确的理论指导，还需要科学合理的制度设计以及充分且多样化的实践。因此，需要理论与实践有机结合，全社会共同参与，坚持"古为今用、洋为中用"的理念，兼收并蓄，立足国情和当前实际并放眼未来，充分发挥法治的引领和保障作用，积极进行理论创新、制度创新和实践创新，创造安全稳定的社会环境。

安全和平安是人们在满足基本生存和生理需要以后最基本的需求，安全治理以及社会秩序维护是人类社会的永恒主题，任何社会任何时候都有正常的社会秩序和安全需求。随着治理理论的兴起，国内各个学科也开始重视运用治理理论拓展研究领域。本研究团队长期从事警察学（公安学）、犯罪学和社会治安问题的研究，追踪研究国外安全治理理论的发展与各国开展安全治理实践的最新动态，特别关注自美国"9·11"事件以来，世界各国在警察权和反恐立法及实践方面的最新成果，试图将国外犯罪控制、警察科学、安全治理、刑事司法等方面的研究成果进行借鉴与吸纳，并结合中国的国情和实际，开展以问题为导向的实证研究，为公安学的理论体系和知识体系建构，为21世纪国家战略机遇期社会秩序维护和平安中国建设提供理论支撑。

---

① 〔英〕麦克·马圭尔、罗德·摩根、罗伯特·赖纳等：《牛津犯罪学指南》（第四版），刘仁文、李瑞生等译，中国人民公安大学出版社，2012，第653页。

随着 21 世纪全球化的不断发展，国家在保障公民安全方面的方法和途径发生了巨大的变化，引发了人们对于安全对美好社会的作用以及保障安全的机构等重大规范性问题的关注，也提出了如何界定安全和公共安全产品供应等具有挑战性的理论问题。国家治理（state governance）是自阶级社会以来最重要的政治现象之一，其本质在于通过其属性及职能的发挥，协调和缓解社会冲突与矛盾，以维持特定的秩序。关于治理的概念，让-皮埃尔·戈丹认为，"治理"（governance）这个词本身就是问题之源。他认为，"治理"有多种角度的解释，但"如果说治理是一种权力，那它表现为一种柔性且有节制的权力"；他还认为，"治理这个词从 13 世纪起就在法国阶段性地流行过，其最初的意思在很长时间内都可以和'统治、政府'（一直沿用至今）以及'指导、指引'画等号"。最新的研究成果显示，"在 17 世纪和 18 世纪，治理是关于王权和议会权力平衡的讨论所涉及的重要内容之一，而在那个时代，王权在实现过程中开始依靠一些新的原则，而从这些新原则中，诞生了公民权利和市民社会理念"。① 这一理念一直延续至 21 世纪，并有了新的现代内涵。治理是指对警察政策的形成与方向的宪法性、机构性安排。②

20 世纪 90 年代末以来，国内学术界开展了治理理论和实践的研究。随着研究的深入，西方治理理论与中国本土治理理论的错位现象逐步凸显，国家发展和治理的实践表明，治理理论只有在本土化的基础上才能实现理想的重塑。在运行意义层面，"社会治理"实际是指"治理社会"。换言之，所谓"社会治理"，就是特定的治理主体对社会实施的管理。在制度层面，国家治理、政府治理和社会治理的目标都指向在坚持中国特色社会主义根本和基本制度的前提下，破除一切不适应生产力发展要求的体制机制，创新释放生产力和社会活力的体制机制，以完善和发展中国特色社会主义制度。③ 面对 21 世纪全球化背景下社会转型的大趋势，必须探索出符合本国国情的社会秩序维护与安全治理的基本理论、制度和实践路径。

---

① 〔法〕让-皮埃尔·戈丹：《何谓治理》，钟震宇译，社会科学文献出版社，2010，第 4 页。
② 〔英〕麦克·马圭尔、罗德·摩根、罗伯特·赖纳等：《牛津犯罪学指南》（第四版），刘仁文、李瑞生等译，中国人民公安大学出版社，2012，第 651 页。
③ 王浦劬：《国家治理、政府治理和社会治理的基本含义及其相互关系辨析》，《社会学评论》2014 年第 3 期。

"安全治理丛书"正是遵循这样一种基本的逻辑，进行知识谱系和理论体系的建构与实践验证：借鉴其他学科发展的历史经验，首先进行中西古今比较，以问题为导向，对当前我们在维护社会秩序中面临的犯罪问题、安全治理问题和其他社会治理问题开展实证研究，真正形成具有中国特色的社会主义社会秩序维护和安全治理理论。该系列丛书是西南政法大学安全治理与社会秩序维护研究院整合校内外资源，紧紧围绕"深化平安建设，完善立体化社会治安防控体系"这一目标，以警察学（公安学）为支撑，依托法学、政治学和社会学等相关学科，围绕"平安中国"进行跨学科研究的成果。①

为了全面、详细和系统地了解安全治理的理论渊源、制度变革及政策实践，本系列丛书包括三大部分：最新的警察学、社会与犯罪治理、安全治理的国外译著丛书；我国近代社会治理与安全管理的理论与相关古籍整理的勘校丛书；以问题为导向，对当今社会秩序维护与安全治理问题的实证研究和理论创新著述。

为此，我们与社会科学文献出版社合作，推出"安全治理丛书"，包括《警察学百科全书》《警察学导论》《古罗马公共秩序》《冲突与控制：19世纪意大利的法律与秩序》《警察：街角政治家》《英国警察：权力与政治》《警务与警察权导论》《执法的边界：警察惯常的行为方式》《制造安全感：

① 安全治理与社会秩序维护研究院项目，起源于2009年11月28~29日，我在中南财经政法大学主办、刑事司法学院承办的"中国刑事司法改革与侦查理论研究学术研讨会"上，做的题为"安全治理理念的兴起与警察学理论转型"的一个简短的报告。报告认为司法体制改革应该从警务模式和警务观念的转变开始，关键是要配置好国家权力与公民权利的关系，并提出转型的具体设想（具体信息参见中南财经政法大学刑事司法学院新闻网，http://gaxy.znufe.edu.cn/A/? C-1-272.html，以及物证技术学实景图像库网站，http://jyw.znufe.edu.cn/wzjsx/xwzx/200912/t20091202_21260.htm）。随后，我便开始着手社会与安全治理方面的"知识谱系"的建构。该科研平台项目自2010年开始获得西南政法大学中央财政支持地方高校发展专项资金的资助，2012年7月27日由重庆市财政局以《重庆市财政局关于下达2012年中央财政支持地方高校发展专项资金预算的通知》（渝财教〔2012〕154号），正式获得批准，2013年开始实施。其主要发展目标是为警察学（公安学）的研究和学科建设提供理论支撑、实践经验和国内外有关维护社会秩序及实施安全治理的"知识谱系"参考。安全治理与社会秩序维护研究系列丛书是该平台项目的系列成果，主要关注国际国内维度的安全治理的理论及实践，包括与犯罪控制、社会秩序维护、公共安全服务等有关的内容，主要从警察学（公安学）基础理论、犯罪控制与秩序维护视野下的社会秩序维护与安全治理（包括反恐警务）、制度安全与现代国家制度建设、文化安全与文化国家建设等维度，进行理论研究。

风险社会中的警务》《可疑文书的科学检验》《安全治理、警务与地方能力》《以使命任务为基础的警务》《警察绩效评估》等经典译著。该系列译丛，以警察科学的知识和理论体系的建构为主要内容，既有百科全书式的巨著，又有西方警察发展历史及警察学教材，还包括当代警务改革、警察科学理论以及安全治理理论发展方面的最新著作。这些著作的译述，能够帮助我们了解西方警察学的发展历程及最新发展成果。

我们又与知识产权出版社合作，推出了"社会治理丛书"，包括《警务发展与当代实践》《警察的政治学分析》《新警察学——国内与国际治理中的警察权》《21世纪的安全与通过环境设计预防犯罪（CPTED）——关键基础设施保护的设计与犯罪预防》《解读警察文化》《澳大利亚警政》《警察权、公共政策与宪法权利》《跨国法律秩序与国家变革》《德治：道德规则的社会史》等译著和著作。该系列丛书中的译著，主要关注各国运用警察学、犯罪学和相关理论维护社会秩序和开展安全治理活动中的做法，兼具理论与实践。同时，该丛书还包括部分以我国当前的社会治理问题为导向，进行专题实证研究的学术著作。

"读史可以明智"，"了解和熟悉历史才能把握现在；研究并洞悉现在才能展望未来"。警察在社会与安全治理的过程中，具有十分重要的地位。我国的现代警察制度肇始于清末新政时期，在民国时期得到长足发展。一批受过警察学专业训练的学者和实务人士在培养新式警察和进行现代警察制度研究方面发挥了积极作用，特别是他们以法治视角去观察和思考警政制度，形成了较为优秀的学术成果。这些成果既力图与当时的域外警察研究接轨，呈现对当时来说较为先进的理念，也致力于结合国情，总结中国式治理经验。为此，我们与法律出版社合作，推出了"民国时期警政研究勘校丛书"。该丛书收录了民国时期警政研究的代表性作品，是一套兼具警政研究学术价值、警察制度史料价值和警政实务现实意义的优秀丛书，丛书作者都是民国时期的专家。其中，有内容全面的《警政全书》，有给当代以学术滋养的《警察法总论》，也有关注特殊地域的《乡村警察的理论与实验》，还有梳理历史的《中国保甲制度·里甲制度考略》，等等。十几本著作各有鲜明特色，从这些著述中，我们能把握民国警政研究的基本面貌和内核。同时，我们还与知识产权出版社合作推出"中国近代社会基层治理勘校丛书"，通过历史透镜，审视近代中国乡村社会的村治历程及经验，为我们思考当今新型城镇化背景下的农村社会治理提供历史借鉴。

尽管时代发生了诸多变化，但是，近现代的实践和当时学者的思考、研究和建言，仍然具有一定的借鉴意义。有些做法，我们未必赞成，但足以引起思考；有些做法，值得我们借鉴，则更见现实意义；有些做法，已显得不合时宜，但反观其与当时时代的紧密联系，也足以给我们启发。尽管有些学者在当时所处的政治立场不同、身份特殊，但他们的观点不乏真知灼见。历史经验告诉我们，不仅要有科学的理论武装，而且还必须立足于保障"最大多数人的最大利益"，有正确的实践，才能取得治理的成功。"温故而知新"，我们还可以说"温故而创新"。希望这种"外译"和"温故"的工作足以让我们在当代警政研究和推进警政的高度法治化过程中"知新"，进而做到"创新"。"沉舟侧畔千帆过，病树前头万木春"，我们期盼这些著作的重新勘校，能让读者以现代的眼光审视这段历史中有关社会与安全治理的理论、制度及实践，从而做到古为今用、开卷有益。

我们深信，在全面推进依法治国、建设中国特色社会主义、实现"两个一百年"奋斗目标、实现中华民族伟大复兴的"中国梦"的历史征程中，通过对古今中外有关安全治理和社会秩序维护的理论、制度及实践的梳理，可以进一步提升理论水平，增强对中国特色社会主义理论、道路、制度和文化的自信。牢牢把握推进国家治理体系和治理能力现代化的总要求，主动适应新形势，切实增强理论研究的前瞻性，坚持立足当前与着眼长远相结合，发挥法治的引领和保障作用，积极推动社会治理与平安建设的理念、制度、机制、方法和实践的创新，为创造安全稳定的社会环境，提供国内外的理论借鉴与实践经验参考。

最后，本研究得以实施，得益于财政部中央财政支持地方高校发展专项资金建设规划项目，感谢支持该项目立项和为该项目获得批准而付出辛勤劳动的所有人员。该系列丛书中的译著得以翻译出版，要感谢西南政法大学外国语学院、重庆大学外国语学院的很多老师和翻译专业研究生的参与，要特别感谢他们的支持与谅解，尽管对青年学者及研究生而言，翻译国外著作可能是一种培育和鞭策，但同时面临着语言、专业及能力等诸多挑战，即便我们用尽了"洪荒之力"，仍有可能存在不足与问题，万望各界专家海涵并指正。对参与该项目的所有同事、学界同人以及出版社的朋友，对他们对本系列丛书能够克服重重困难得以顺利出版所给予的支持、鼓励和体谅，在此表示由衷的感谢！

西南政法大学
安全治理与社会秩序维护研究院　但彦铮
2015 年 12 月·山城重庆

序

　　理查德·埃里克森（Richard Ericson）教授是加拿大犯罪学界最为杰出的学者和高产的作者。在这本与同事凯文·哈格蒂（Kevin Haggerty）教授合著的新作中，他回归已经做出卓越贡献的领域——警务研究。两位作者大胆地对许多其他学者的设想提出挑战，并且主张现在正是对后现代风险社会中的警务的本质和角色进行一次根本性重估的时机。他们提出的命题是由于社会分化日益加剧，警务活动的重心已经由传统模式下的犯罪控制和秩序维护转变为通过旨在识别、预测、管控风险的监控技术来提供安全产品。他们通过对处于监督和管理层的警察活动进行实证研究，揭示出警察究竟花费了多少时间和资源致力于收集风险信息，并将其传递给其他与维护安全相关的社会机构。实际上，他们认为，其他学者的目光都聚焦于警察机构如何在内部活动中运用信息情报，而忽略了警察与其他涉及风险管控的机构之间的共生关系（symbiotic relationship）的重要性。从这个角度来看，他们就一系列问题提供了新的思路，例如：社区警务和住宅区守望计划；警察与保险机构（特别是与汽车相关的保险机构）、监管机构、金融机构间的联系；技术的发展有助于获取控制和管理高风险地区和人群的情报，其中包括罪犯、受害者和线人；证件查检；毒品管控；犯罪生涯信息的记录和系统性运用。两位作者特别关注了这样一个问题，即在搜寻关于如何提高效率和可预测性的知识的过程中，警察内部出现了"文书负担"现象，同时，警察内部精心设计了一套使知识系统化的机制，其中包括进行内部监督、编制政策手册、制定程序性规则，以防止不负责任地使用情报、滥用计算机技术。除此之外，他们还对风险社会中控制机制的本质进行了理论上的解读。

　　埃里克森和哈格蒂在本书中，雄心勃勃地主张转变警察学研究的视角，其研究内容丰富，给人留下了深刻印象，当务之急是将其研究成果推广到其他国家以检验其理论的可靠性。毋庸置疑，这本重要的著作开辟了警察学研究的新天地。它将推动警察学理论研究的发展，引发一场关于当今社会中警察角色的有益辩论。

罗杰·胡德

牛津大学犯罪学研究中心

1997 年 1 月

目　录
CONTENTS

第五篇　警察组织面临的风险

导　言

　　警察在当代社会中无处不在。我们每天都能在街上看到他们。大肆渲染警察英雄形象的电视节目长时间地反复播放，使得警察在每个人心中的存在感更加强烈。当人们遭遇麻烦、事故，成为受害者的时候，都会向警察寻求帮助。在社区典礼、体育活动、游行示威的现场，我们都能看到警察的身影。在明信片和纪念品上，警察以全副武装的形象出现，象征着社区和国家的庄严。在所有这些表现形式中，警察再现了秩序，同时也成为秩序的化身。警察作为国家公务人员，体现了和平、秩序以及善政（good government）。

　　本书从根本上重新评估了我们对警察的看法。尽管有关警务的研究文献越来越多，但也日显冗余和越来越停滞不前。我们有必要批判性地反思现有的研究成果，提供一个全面的警务理论，并对警务活动的目的和后果进行更加深入的分析。

　　我们认为，采用风险沟通（risk communication）模型，能够更好地理解警务及其所依赖的社会这两者之间的关系。在本书中，警务除了包括警察的活动之外，还包括其他机构为了识别风险和管理风险而采取的措施。我们的观点是，警务活动由警察和其他机构中的警务人员（policing agents）共同完成，只有这样才能形成风险管理（治理）和安全维护的社会基础。

　　风险指的是外部的危险，诸如自然灾害、技术性灾难或者人们自己所产生的危险行为。风险沟通系统（包括规则、格式、技术）是风险的社会意义的一部分。因此风险沟通系统是我们分析的核心内容。我们的研究关注两个问题：一是其他机构建立的旨在识别、管理风险的通信系统；二是警察与这些系统的关系。不同机构管理的通信系统间具有差异性，因此风险的含义也会发生变化。警察和其他机构共同管理风险，这个领域确实是复杂的、模糊的、不断变化的、充满矛盾的。

沟通系统并不能简单地理解为传递知识的渠道，相反，它们有自己的逻辑和自主程序。它们管理机构关系，限制个人及其组织能够完成的任务范围。沟通系统不仅是指世界上发生了某个事件，然后对其进行传播。相反，我们要运用沟通系统中的规则、格式、技术使已经发生的事件显现，并使其可见，并对其做出响应。沟通系统让一些事情成为现实。因此，想要了解警察工作的方式，就需要分析有警察参与的沟通系统的逻辑和程序。

本书的核心是一项民族志研究（ethnographic study），即实证研究，它记录了警察在风险沟通系统中，是如何被组织起来的。这项研究是基于对155名警员和行政管理人员进行的广泛访谈（extensive interview），对他们的活动进行观察，以及对他们的文件进行分析的结果。尽管实证研究的对象是加拿大的警察组织，但是对关于警察和社会理论的次级文献（secondary literature）的研究表明，实证研究得出的结论同样也普遍适用于其他民族国家。

分析数据的模型涵盖了有关风险、管理、沟通的社会理论的最新进展。分析的重点在于风险沟通的规则、格式、技术是如何建构警察机关和其他社会机构的。我们也同样关注警方的通信怎样更能从一般意义上展示当今社会的特征。本书不仅为我们从全新的角度解读警务提供了实证基础，而且为风险社会、治理术、组织传播学理论的发展做出了贡献。

我们并没有遵循传统的学术研究路径来阐述自己的观点。我们首先深入分析了现有的警务研究，而不是采用激发我们分析灵感的更为抽象的理论来开篇。分析结果显示其他学者基本上均忽视了对警务活动中的风险沟通系统进行研究。不管怎样，这同样反映出现有的研究至少触及一个现实，即警务活动是按照风险沟通系统的规则、格式、技术开展的。

本书的第一部分，通过分析现有的警务研究情况，我们认为警务动员（police mobilization）不仅是对公民个体生活的干预，还是对社会机构获得风险信息要求的回应。结果是警务活动首要的关注点在于外部机构形成的风险沟通系统。通过这些系统，外部机构能够定期从警察那里获取对其自身风险管理有用的信息。这种获取信息的方式使得警察工作高度透明，限制了警察机关的自治权和警察个人的自由裁量权的使用。

刑事司法系统仅仅是按照风险沟通系统来开展组织工作的众多机构之一，但它绝不是警务活动的中心或者说是最具影响力的机构。警察拥有的大多数与犯罪有关的信息并非用于刑事起诉和刑事处罚，而是会传递给其他机构（比如与医疗、保险、公共福利、金融、教育相关的机构），以满足它们风险管理的需要。虽然警察有相当大的强制性权力获取风险信息，但是他们主要通过其他机构的风险沟通系统将获取的风险信息传递出去，这些机构的治理活动往往遵循一种合规性模式。强制性控制让位于有条件的分类。领域层面上的监视、超领域层面上抽象的关于证券（经济交换工具）、职业生涯、身份的风险知识都会给警务活动造成影响。

在分析事实情况之后，我们认为，社区警务是阐释风险社会中的警务的一种话语体系。社区警务正是基于风险沟通的警务模式。这说明我们谈论社区是站在风险沟通的角度，而不是在制度化的风险分类（institutionalized risk classification）之外，单纯以地域或身份的角度谈论该问题。

本书的第二部分是对警务活动所处的风险社会进行更为广泛的理论探讨。我们可以采用逆向思维的方式理解风险社会，更多关注恐惧感和所谓的"坏人"在社会中的分布情况，而非"好人"在社会中的分布情况。集体恐惧（collective fear）和风险感知构成了这个危险社会的价值体系的基础，加剧了人们的不安全感，激发人们对获得更多的风险知识的需求。随着新的风险沟通和管理系统的数量的激增，恐惧最终证明了自己。这些系统的监管机制会形成关于人群及其风险的信息，以确定此类人群可能会实施怎样的行为。人们是以既定的制度规范为中心的：风险总是在不确定正态（imprecise normality）连续出现的情况下产生的。

风险沟通系统和隐私、信任交织在一起。风险预示和恐惧越多，越会使人们退出公共参与，他们就越重视隐私，并且崇尚私人的生活方式。隐私的意义越重要，就越需要监管机制产生必要的知识，以便在匿名机构交易中信任他人。问题在于，这些机制侵犯了个人隐私，不断提醒着人们信任的不确定性。但只有在信任的框架下，风险的模式才能被充分地制度化，并构建决策的基础。隐私、信任、监控、风险管理密切合作，管控将来可能发生的行为。

在风险社会中，治理活动由大量分散的机构实施，呈现私有化趋势。机构和个人要担负更多的责任，即通过自身的努力满足风险管理需要。这种对自治的强调，是以道德、权利、责任、问责制等相互关联的话语为基础的。

在风险管理的功利主义道德观（utilitarian morality）中，评判何为可接受的风险的规范或标准，既是一个事实问题，又是一个道德问题。它不仅体现了典型或通常的标准，也体现了道德上的约束。除了事实判断之外，风险分类还要注重道德确定性和合法性，使人们将风险分类视为一种规范性义务，从而将其作为行动指南。权利观念强化了风险语境下功利主义道德观的合法性。随着政治的去中心化，治理活动由多个具有独特的分配正义（distributive justice）的手段的风险管理机构共同完成，权利话语（right discourse）迅速发展。权利话语为法律规定的权利增加了道德上的要求。它构成了差别政治的一部分，当谈到风险分类是否能够维护安全时，差别政治总要讨论风险分类的道德性问题。在自治的情况下，组织和个体对自己的行为负责（包括他们给自己和给他人造成的风险），从而为整个社会做出贡献。他们通过自己的努力，能够满足自己在政治和经济方面的要求。这样做的结果并不是实现自治，而是为了达到实际的风险管理目标，对组织和个体的事业进行制度化构建。

本书的第三部分，从实证角度分析了警察如何参与风险沟通系统，设计该系统的目的在于进行属地管理，维护社会安全。警察运用一系列电子技术绘制犯罪发生地点的地图。警察发挥检查员的作用，通过诸如街道停车检查、交通盘查、色情赌博等娱乐场所从业人员登记、特殊活动安保、商店和住宅安全检查、车辆信息登记系统、驾驶执照登记系统，在时间和空间上追踪人口流动。有些机构希望自己的责任区安全状况更加良好，警察可以为其提供环境设计方面的专业知识。总之，警察在诸如购物广场、娱乐中心等私人场所的聚集程度在城市更为广泛的环境中也有所体现。无处不在的监控装置、对人们在属地上流动情况的精确规制、艺术上令人愉悦的设计，这些都使警察的强制力显得包容、合作、巧妙，没有一点儿强制性的味道。

本书的第四部分，从实证角度分析了警察是如何参与同担保物、职业生涯、身份相关的风险沟通系统的，这些都属于广义上的风险管理和提供安全产品的领域，但并不与基于属地管理的警务活动直接相关。这些系统运用风险画像（risk profile）技术①界定不同的人群，以进行经济交流、生命历程管理、身份管理。抽象的信任和风险系统，需要不与属地边界相连的复杂的监管机制，而风险沟通系统正是以此为基础。风险沟通系统体现出机构间在

---

① 风险画像技术，相关解释有风险状况、风险描述、风险轮廓、风险景象等。——译者注

时空上的界限，但仍将人们限定在自己的范围内。

诸如证书、证明文件、金融工具之类的安全保障机制是用来证明信用、所有权、身份和成就的。这些安全保障机制预示着交易主体能够履行义务，保证不会发生任何损失、伤害，承担违约责任。在社会机构运用它们的安全保障机制建立信任关系、提升效率的过程中，警察起到了至关重要的作用。特别是警察会参与机构间信息协调、风险画像、审计的工作，以确保安全数据、产品、市场的完整性。

警察也会帮助其他机构建构相关人员的职业生涯。在日常工作中，警察都会登记个人的重要技能和主要缺陷、各种证明文件和不良行为、日常习惯和各种意外事故。

警察的这些日常工作同样可以帮助其他机构建构人员身份。通过登记诸如年龄、种族、性别和民族等信息的警用表格，警察可以按照特定的制度身份将人们分为不同的类型。在本书中，我们为读者列举了一些解释"身份警务"的例子，例如我们分析了针对青少年的警务活动。警察填补了与青少年联系更为紧密的机构工作中的缺口，为筑牢青少年的社会纽带贡献自己的力量。一项针对学校警务计划的分析表明，警察同时具有安全官员、风险教育者、线人系统管理者、顾问的多重身份。警察也动员学生和工作人员扮演这些角色。我们也研究警察参与的种族与民族群体治理活动。作为对其他机构强烈要求的回应，警察机构运用种族和民族分类的办法理解现存的问题，开展风险画像。警察多元文化单位对筛选出来的"其他种类"（即非白种人）人员暴露出来的问题实施强化监管。这些单位也深入开展机构间网络协作工作，以提升对种族和民族中特定问题的解决能力。

本书的第五部分，考察了警察内部对于风险沟通的认识和处理措施。风险社会同样是知识社会，这一事实将使警察职业发生怎样的变化，本部分介绍了这方面的研究。警察如同其他主要社会机构里的工作人员一样，属于知识工作者，他们坚信，如果能够掌握更完善的风险知识，整个世界将会更安全。该信念引领警察对任何使他们感觉到离完善的风险知识更近的规则、格式、技术的不懈追求。问题就在于警察要经常面对这些规则、格式、技术中的不完善，这使他们在产生挫败感的同时产生了一种新的感觉，即更多的类似设计将应用在欠缺的地方。同时，警察还要面对其他机构提出的新要求，因为这些机构在风险管理方面和警察机关实际上处于同一位置。

风险社会的特征是对知识传播规则的不断改进。因此，警察越来越受制于外部机构施加的压力，要求在新的规则管理框架内生产和传播信息。比如，刑法规定了披露证据的情形和标准，信息法中关于隐私和访问信息的规定也是如此。公共问责的必要性也促使警方精心制定风险沟通的内部规则制度。制定规则的目的是集中其他机构获取的警察知识，将可以交换或出售给外部机构的警察知识商品化，并规范和监管知识产生和分配的内部系统。这些规则保护警方在管理自身知识资产方面避免展现出不负责任的形象。

由于通过警察报告呈现的知识信息取决于其所采用的格式，因此相比警察报告的格式，信息处于从属地位。该格式提供了警察采取行动和规范管理所采取的行动的框架。另外一种含义则往往被视为不现实的，甚至压根就不予考虑。因此，风险沟通模式是机构风险选择和风险定义过程中的关键要素。了解一个机构就是知道如何使用它的通信模式来定义和选择风险，以支持和稳定机构。

警察部门投入了相当多的资源来管理这种格式。对格式进行监管是必要的，因为这是确保正确分类以产生所需的风险知识的唯一途径。我们分析了警察为当地实际用途而制定，但是没有得到中央警察局正式批准的载体格式的监管情况。我们对60年间表格变化的分析表明，表格经历了从空白页面、开放叙事，转向了符合外部机构需要的固定选项的风险分类，就像今天的情况一样。在20世纪90年代后期，警方在填写报案记录时，被限制了字数，减少了抽象的、解释性语言的使用，并运用扫描技术把手写的内容转换成封闭式分类（closed-ended classification）。

计算机技术的使用对风险沟通格式产生了重要影响。在警管区内巡逻时，警察手里拿的是键盘而不是警棍。警察每一次敲击键盘就意味着将风险管理中的某个"类型"的信息输入电脑，即将风险管理对象的信息输入电脑。警察机关的某些内部活动，也属于风险管控的目标。例如，巡逻车中的计算机终端加速了路面停车监控活动的使用频率，这使得警察能够追踪更多不在规定区域活动人员的行动轨迹。其中一些活动与警察无关。例如，警用计算机程序格式与外部机构计算机程序格式兼容，以此提高警察部门与这些机构进行风险沟通的效率。

键盘上的每一次敲击，同样也意味着警察在知识生产方面的质量和数量，从而创造出一种使警察成为有用工作者的纪律，而无须直接的监督干预。巡逻车中的计算机终端进行的是一项永不停歇的时间与运动研究。它能够定期地对警察活动进行评估，并根据经过精细调整的标准化的业绩评级和职业潜力对警察进行分类。

不管采取了何种措施来减轻警察所谓的"文书负担"，由于其他机构对风险知识的需求越来越多，这种负担依然继续沉重地压在警察身上。之所以需要这些风险知识，不仅是因为这些外部机构特有的风险管理需要，而且是因为随着计算机技术的发展，通过计算机技术提供风险知识的能力有所提高，这使得人们对新的风险进行分类成为可能，并简化了风险沟通格式以满足风险分类需要的任务。外部对于更多风险知识的需求以及计算机化知识生产的便利性，助长了警察机构内部生产知识的冲动，以备不时之需。最初似乎是一种有趣的技术便利，但很快就变成了警务督察和警官自己的一种期盼。

计算机技术改变了警察管理层、普通警察、后勤辅助人员之间的分级指挥和控制结构。由于不同角色身份的模糊和不断校准，其结果是没有一个人是容易被识别为决策者的。决策是根据风险沟通格式的标准进行的，在系统层面上具有自己的现实性和独立性。因此，角色身份的模糊性和等级制度的改变并没有增加现场一线警员的自由裁量权。相反，自由裁量权的使用受到了限制，并被分散到风险沟通系统中，这些系统为对公民和警察进行日常监管做好了准备。

我们采用的模式为警务和社会组织机制的研究提供了一个新的视角。通过该视角，我们可以揭示警务的许多方面，而这些方面以前从未被人关注过。这种新视角使我们能够展示其他警务理论的局限性，并为实证研究和理论探讨开辟新的领域。风险是现代性的一个核心特征，必须对这一特征进行细致入微的研究。风险管理机构及其风险沟通系统已经日益成为社会的重要基础，我们对警察参与这些机构和系统的实证研究证实了这一说法。

令人奇怪的是，一些研究人员并没有意识到本书论及的内容，或者说对此不敏感。我们认为，这些研究人员把自己限定在理解警察工作的特定框架中，而且这种框架在很大程度上与人们对警务的普遍性认知紧密相连。这些研究人员已经接受了一种普遍观点，即警察仍然是按照军事路线模式组织起来的，以保护在一定的领土边界范围内的人员和财产的安全，这种保护是通过刑事执法、秩序维护、提供服务的战略和策略来实现的。特别是，他们接受了这样一种共同的看法，即警察主要是刑事执法人员，这种身份地位赋予警察维护秩序所必需的所有公共机构由来已久的制度权威和强制权力。

警察对自己从事的工作也具有类似的看法。一方面，他们不能否认自己在风险沟通方面投入了大量精力，因为这项工作是无处不在的；另一方面，他们将风险沟通工作合理化，将其作为刑事执法、秩序维护、提供服务的一种手段。当他们不能将这些方面的风险沟通工作合理化时，他们就会将风险沟通本身作为一种自我激励的目的，并与之逐渐疏远。

尽管刑事执法、秩序维护和提供服务明显是警务的组成部分，但这些工作并没有充分反映警察在监管、治理、安全方面做出确切贡献的方式。除了刑事执法外，警察还要参与多种形式的法律规制活动。例如，保险合同法和警察为保险业提供风险知识的经纪服务，在预防和管控盗窃犯罪方面，比刑法和刑罚要重要得多。警察还要广泛地参与为其他机构提供风险知识的活动，关注那些可能与刑法和秩序维护完全无关的危险。在机构间风险沟通系统的语境下，警察在监管、治理、安全方面的贡献才能被谈及。

在许多司法管辖区，监禁人数迅速上升到创纪录的高峰，通过风险沟通系统开展的警务正是在这一时期兴起的。一些人可能会将这种升级的惩罚视为一种信号，表明政府的强制和规训权力掩盖了更加微妙和更加温和的风险管理形式，但我们认为，这并非两种互相排斥或相互竞争的趋势。在统治权/惩戒权和风险管理之间，简单地采用二元分析方法是错误的，否则这其中所涉及的复杂问题就可以被简化成一项简单的二元对立。

风险沟通系统中的警务与惩罚性（punitiveness）的起伏波动，既不是完全分离的，也不相矛盾。刑事司法系统是警察参与的众多机构之一，它本身也是按照风险管理的标准组织起来的。事实上，它在设计与危险性、保释、假释等相关的精算司法（actuarial justice）技术方面有着悠久的历史。惩罚的强化表明，风险阈值（risk thresholds）已经降低，并引进了新的风险排除技术。如果刑事司法系统并没有从根本上强调风险技术的重要性（该技术可以使大部分人处于该系统的边缘或完全被排除在该系统之外），那么惩罚将会比现在更为严酷。刑事司法系统努力将案件管辖权转移出去，将风险分散到其他机构。如果没有这种努力，没有刑事司法系统中警察的合作，更多的人会被关进监狱。社区警务将被社区监狱所取代。

正如风险讨论的话题遍及所有社会机构一样，有关惩罚的强化的论题也不局限于刑法领域。大众传媒和选举制政治，特别是当它们与大众文化联合起来的时候，表明只有刑事处罚更加快捷及时、更加严厉，社会生活才会变得更加美好。这些机构所表达出来的赞成更多惩罚的态度，确实会影响对新的风险排除技术的探索。然而，这种态度在其他方面却与犯罪风险的常规管理背道而驰。这种管理是基于减少损失和赔偿的功利主义计算（utilitarian calculus），并将风险分散到其他风险阈值较高和更具包容性的机构中。

正如上文所述，鉴于在刑事司法系统中使用风险技术有着悠久的历史，就风险沟通系统语境下的警务而言，其并非什么新鲜事物。在许多情况下，以新的风险技术的面貌展现出来的东西，在很大程度上主要是给现有的技术和实践贴上新的标签，是在现有基础上的一种创新。事实上，风险沟通系统中的警务工作起源于17世纪末18世纪初的治理活动。早期的现代治理活动强调对人群的监视，作为发展统计概率的一种方式，这将有助于对社会福利事业、健康、幸福的判断。这种强调在警察组织中尤为突出，例如，西北骑警（North-West Mounted Police）及其继任者加拿大皇家骑警（Royal Canadian Mounted Police，RCMP）。这些组织管辖的区域面积广阔、人口稀少，警察组织必须面对这些区域中人口治理的各方面的问题。然而，即使是在人口稠密的城市地区，警察机关也被拖进其他机构的风险管理逻辑中，这些机构为了自身治理和安全系统的发展需要而寻求风险知识。

尽管存在这样的血统，但是当代社会仍然有一些新的和激进的变化，这些变化的特征证明了其是由机构对风险知识的需求所驱动的。现在有许多新的应急需求（emergency needs），比如像艾滋病这样的健康风险。人口的流动性日益增强，这对机构提出了新的要求，即要求社会机构寻求到更好的追踪人群活动轨迹、开展风险分析和信任的方法。随着科学技术知识的飞速发展，社会结构环境已经发生了转变。换句话说，科学技术不仅能够识别风险，而且还能够产生新的风险。相应地，为了应对这些新的风险，又需要越来越多的科学技术解决方案，而这些解决方案又会产生新的风险，呈现一种螺旋式上升的放大态势。风险治理技术以及安防产品充斥着整个市场，将"坏人分布"情况变成理想的商品。

计算机技术的兴起是一项非常重要的技术变革。在计算机技术的引领下，新的风险沟通技术不断向前发展，将风险知识及时传播到其他对风险感兴趣的社会机构的速度加快。只需扫描个人的信用卡、图书借阅证、医保卡、护照之类的证件，相关的地方性知识（local knowledge）就会立刻进入有关机构的数据库中。通过知识进行治理的基础正是这些数据库而不是个别官僚。知识性一词具有系统化的意蕴，是在集体和体制层面而非个体层面上运作。

我们并不认为风险沟通系统具有确定性。该系统的规则、格式、技术全部都是人们出于特定风险管理目的而创制的，具有可编程性。一个人必须知道哪种类型的组织是可取的，能够设计和使用风险沟通系统的可能性。正因为这样，风险沟通系统应该具有决定性，而不是确定性。这些风险沟通系统是在文化的特定解释框架和社会组织愿景中使用的，它们的影响总是与这些框架和愿景有关。

用福柯的术语来说，我们的研究是对风险社会中的警务进行的一次考古学和谱系学研究。我们回避了有关效用的评价问题，这些问题构成了当今社会功利主义效率的基础。我们仍然乐于分析风险沟通系统内警务的基础和警务实践，即构成警察风险知识生产与分配的规则、格式和技术。

警务概述

第一篇

第1章 作为风险沟通的警务

正如我们在导言中所讨论的那样，本书分析了警察在与其他社会机构进行风险沟通方面是如何被组织起来的，这些社会机构包括保险公司、监管机构、金融机构、卫生和福利机构以及机动车辆管理机构。警务不仅要回应公民个人对服务的需求，还要回应其他社会机构对风险知识的需求。警察机关是社会机构间合作网络的一个组成部分，在这个合作网络中，对与特定类型的风险有关的专业知识的要求，以及相关机构对此类风险知识的需求，决定了警察在特定领域的管辖权。

正如我们所看到的那样，"风险"指的是外部危险，例如自然灾害以及敌方的威胁行为（Douglas，1990、1992）。还有一些危险属于"人为风险"（manufactured risks）（Giddens，1994），这些风险是由于科学和技术干预社会生活的条件和性质而产生的。也就是说，正是在通过科学和技术手段管理外部危险的过程中，人类给自身所处的环境及生活制造了新的危险。环境污染就是这样一个典型事例（Douglas and Wildavsky，1982）。"风险"的另一层含义指的是用于管理危险的风险沟通规则、格式和技术。我们特别关注的是警务机构为了应对其已经识别出的风险而确立的规则、格式和技术，以及警察如何和为何参与为这些机构提供其所需要的风险知识。

我们的论点是，外部机构的风险逻辑，以及它们所带来的分类计划和风险知识需求，从根本上影响了警察。警察思考和行动的框架，不仅取决于正式的法律规则、行政规章和职业文化主导的非正式规则，而且还取决于外部机构的风险沟通规则、格式和技术。换句话说，在事实上限制警察自由裁量权的不仅是法律、行政或非正式的规则结构，还包括机构间风险沟通的结构。法律和行政规则确实与风险分类有关，但正是这些风险分类反过来形塑并引导了警察自主权。此外，警察机构本身的自主权受到这些外部风险沟通标准的限制，这些标准决定了警察在警务机构和其他风险管理机构共同组成的网络中行使自主权的程度。

我们还认为，警察在为外部机构提供风险服务的过程中，扮演着风险沟通者的角色，改变了警察为个体、组织和机构提供安全服务的方式。在风险社会中，传统的警察侧重于越轨、控制和秩序问题，而不是关注风险、监视和安全问题。人们的关切与其说是将越轨者贴上局外人的标签，不如说是培养个人的风险意识，以确定并管理他们在社会机构中的地位。警察工作的重心，从压制性的角度看，与其说是对越轨者的控制，不如说是对构成各自风险类别的个人、组织和机构的监视。虽然在可预测的空间环境中仍然强调秩序，但是也有大量的风险机制，试图寻求通过保证健康和富有创造性的"人力资源"和"组织资源"，从而为社会提供安全保障。

这种朝向风险、监视和安全的转变，是由风险社会中不断变化的法律制度所促成的。随着对控制的强调逐渐淡化，刑事司法机构放弃了以威慑为基础的执法方式，转为采用基于合规性①的执法方式（Reiss，1984a、1984b）。其转变的重点在于获取必要的知识，以确立可接受的风险标准。这种强调不仅意味着减少犯罪控制，将监视本身作为目的，而且还意味着对犯罪嫌疑人的"正当程序"保护受到侵蚀，有利于"制度性权利"，以获得对监视有用的知识。与此同时，警察必须向其他机构提供关于非刑事法律部门的风险知识。例如，在签订合同、进行资格认证、实行无过错机制以及使用民事损害赔偿金的方式来迫使人们执行责任规则（liability rules）和保护法定权利方面，风险也越来越"合法化"。所有这些解释和强制实施风险社会实践的法律方法，都会影响警察在风险沟通中的数量、方向和性质。这就意味着必须运用法律多元化的理论来分析警务。

最后，我们认为，从某种程度上来看，这里描述的警务变革已经在社区警务的讨论中予以清楚的阐述。我们认为，最好是将社区警务理解为警察实施的关于风险和安全的机构性沟通（institutional communication）的警务，社区警务模式有助于使警察在风险社会中不断变化的角色合理化。

---

① 合规性（compliance-based），是以遵从为导向的执法方式，在西方的风险社会警务理论中，有学者认为基于安全导向（security-based）的风险管控，比基于合规性的安全风险管控，能够获得更多的公众遵从和更大的安全效益。——译者注

1.1 作为知识工作者的警察

1.1.1 警察与犯罪

众所周知，警察花在直接处理与犯罪相关的问题上的时间相对较少。从关于加拿大警察和犯罪率的数据中，可以很清晰地看出这个事实（McMahon，1992）。按平均值计算，一个加拿大警察平均每周处理一件可起诉的犯罪案件，每 3 周才可能实施一次逮捕行动，每 9 个月对可起诉的罪行才能实现一次有罪判决。即使是在严重犯罪率极高的纽约，警察花在处理犯罪案件和抓捕罪犯上的时间也特别少。沃尔什（Walsh，1986）的研究发现，在被分配到纽约高犯罪率地区的 156 名巡警中，40%的巡警一年内没有实施过一次重罪逮捕。

巡警在巡逻过程中遇到严重犯罪的情况是非常少见的。尽管警察巡逻是一种主动性的警务模式，但是巡警的主要职责是获取犯罪嫌疑人的信息，处理诸如违反交通规则和禁酒令的日常问题（Ericson，1982）。克拉克（Clarke）和霍夫（Hough）（1984）估计，伦敦（英格兰）警察每 8 年才可能遇到一起入室盗窃（burglary）案。

巡警响应报警电话的内容，大部分都属于非刑事案件。多达 75%的报警电话不需要巡警采取进一步的行动（Bercal，1970；Jorgensen，1981；Shearing，1984；Percy and Scott，1985；Manning，1988）。即使是真正与犯罪有关的报警电话，有 1/3 到 1/2 的报警电话，警察认为报警人在报警电话中声称的严重犯罪也都属于轻微犯罪或者属于小规模的交通事故或者压根就没有犯罪（Comrie and Kings，1975；Ericson，1982；Manning，1988）。警察在犯罪现场通常发现的并非严重犯罪，而是万花筒般的琐事，需要警察综合采用劝告、帮助、提供专业知识、强制、转处等方式进行处理，并且根据不同的情况提出不同的处理报告（Cumming et al.，1965；Ericson，1982）。至少对于巡警而言，直接参与应对犯罪的工作只占到他们工作时间的 3%（Comrie and Kings，1975；Ericson，1982）。

当然，警察组织中刑事调查专家——侦探将所有时间都用在犯罪案件上。但是，侦探同样花费很少的时间直接开展犯罪侦查工作。德雷珀（Draper，

1978：31）预测，侦探只有 10% 的时间用在这方面。埃里克森（1993：45）发现，侦探大约有一半时间待在办公室中，花在记录侦查活动上的时间要远多于实际的侦查工作。

对巡警的研究还表明，他们的大量时间花在知识性工作上（Webster，1970；Ericson，1982；Policy Studies Institute，1983；Kinsey，1985；Shadgett，1990）。例如，韦伯斯特（Webster，1970）发现，39% 的工作是行政事务性的，占据了警察 50% 的时间。查特顿（Chatterton，1989：112）观察了 152 个轮班的巡警活动，在 9% 的轮班中，巡警根本没有离开办公室，在 67% 的轮班中，警察在办公室外活动的时间不到两个半小时。一份单独的新报告要求就能给警力分配和警察资源配置带来重大影响。例如，在英格兰和威尔士，警方与犯罪嫌疑人的谈话录音内容被要求必须采用标准格式制作案情摘要。用于这一项知识性工作要求的时间，估计相当于 1400 名警察的全职工作时间，大约相当于英格兰和威尔士全部警察工作时间的 1%（Royal Commission on Criminal Justice，1993）。

公众普遍认为，警察是首要的也是最重要的犯罪斗士（crime fighters）。对于大众传媒而言，将犯罪案件改编成影视作品是其主要的文化产品，警察必然在其中发挥主导作用（Ericson，Baranek，and Chan，1987、1989、1991；Katz，1987；Reiner，1992：第 5 章；Sparks，1992；Schlesinger and Tumber，1994）。日复一日，警察在大众媒体中呈现出的犯罪斗士的形象已深入人心，使公众相信警察正是以影视作品中人物形象所表现出来的方式行事的。实际上，警察自身也逐渐确信他们在媒体上展现的形象的真实性。大量研究证实，从警察部门内部的"警察文化"来看，他们认为"真正的警察工作"正是打击犯罪的工作，其他工作充其量起到辅助作用，在最坏的情况下，则会被认定为一些非核心业务或者处理一些滋扰（Manning，1977；Ericson，1982、1993；Reiner，1992：第 3 章）。

警察形象的传播也受其他传媒介质（communication media）的运行逻辑的支配和影响，即遵循与新闻媒体机构报告要求紧密相连的逻辑。现实中的警察日常工作，是由与警察遇到的机构、人员、事件相关的风险沟通规则、格式和技术所构成的。并且，警察工作的很大一部分都与犯罪控制以外的风险管理形式有关。一位对他的同事进行观察式研究的警官，对这一现实做了非常精辟的阐述：

通过对警察活动的每个方面进行分析发现，警察要么花费了大量的时间来做解释性的工作，要么为他们必须解释自己的工作做准备。真正进行大众所认为的打击犯罪活动的时间很少。实际上，基本上天天都能在警局内听到的一个笑话就是，"好了，我要出门打击犯罪了"……报案是刑事侦查必不可少的一部分，实际上，报案是开展刑事侦查活动的重要基础工作，案件发生的原因、发生的过程及其主要作案目的等报案内容，对一些案件特别是对那些当时还没有"侦破"的悬案的调查，尤为重要。文书工作是"真正"的警察工作的一个方面，可以帮助警察在面临复杂情况陷入死胡同时，"柳暗花明又一村"，发现新的线索，出现新的转机……这是展现警察技能的一个重要方面，文书工作与现场调查工作并行不悖。巡警努力在街道上巡逻，维护秩序。他们还非常努力地在大街上巡逻，耗费更长的时间以"巡查和发现（犯罪）事实"（Shadgett，1990：36、42、72）。

1.1.2 机构对知识的需求

警察是首要的也是最重要的知识性工作者这一事实，不断地引领我们追问这样一个问题，谁需要警察生产的知识？现有的警察研究，绝大多数人认为警察出于自己内部管理的目的生产知识。威尔逊（Wilson，1968：90）的研究成果被其他许多研究者反复引用，即设计警察组织的报案系统的目的"不是确保问题得到解决（通常情况下问题无法得到解决），而是保护警察机关免受不作为的指控"。许多学者将研究重心放在了一线警员（line-officer）在处理文书工作时，是如何仔细地撰写报告以便在面临上级监督警官的督察时"掩盖真相"（covering ass，原意是确保自己不会被批评责怪即"把屁股擦干净"）（Manning，1980；Ericson，1982、1993；Chatterton，1991）。当研究的问题超越了街道层面的决策中的直接把关层面时，他们的目光仍然局限在警察机构内部，只考察警察机构内部的知识流动（Manning，1988；Chatterton，1989；Southgate and Mirless-Black，1991）。很少见到知识流动到警察机构之外，知识只会在警察机构之中、警察部门之间和上下级之间流动。例如，曼宁（Manning，1992a：352）声称："警察收集第一手情报或者说是'原始数据材料'，进而在警务活动中进行处理以用于解决犯罪问题或是结案（close the event），之后这些情报成为二次情报（secondary information）。当情报进行两次处理后，即收集并经过格式化处理，可以成为三次或者说是'管理性'情报。"

在这一以警察为中心的知识工作境况中，甚至还没有人设想警察机构之外的通信系统（communication system）的可能性问题。在仅有的几位研究过警察与外部机构沟通的研究人员中，他们所关注的重点几乎完全集中在刑事诉讼活动中的知识生产上。这表明，研究人员已经接受了一个普遍的假设，即警察的工作主要是从事与犯罪有关的工作（Ericson，1982、1993；McConville，Sanders and Leng，1991；Manning and Hawkins，1989）。基于警察中心主义（police-centrism）的分析，一些研究人员得出结论，即警察知识的生产和传播完全按照警察自身的标准进行，完全是为了警察自身。因此，查特顿（Chatterton，1991：8）创造性地认为："警察工作并非由情报驱动，相反，他们把情报当成了警察自身的财富。警察基于自身利益，按照自身的文化背景和类型特征来解读情报。情报是为了实现目标而非设定目标。"

一些研究人员已经认识到，警察存在于一个复杂的机构网络中，所有的警务活动都涉及对机构生活的警政治理。但是，这些研究人员所关注的重点是警察如何组织自己以从其他机构中获取知识（Manning，1980：34；Reiss，1983；G. Marx，1988；Hoogenboom，1991），以及私人财产权和政府保护隐私的命令是如何限制警察获取知识的途径的，这两点都限制了警察应对犯罪问题的能力（Stinchcombe，1963；Skolnick，1966；Reiss，1971；Reiss and Bordua，1967；Black，1980；Shearing and Stenning，1983）。一些分析人士已经意识到，随着通信传播技术和行政管理官僚化进程的变化，警察渗透到其他机构的能力也发生了改变。正如迈耶和斯科特（Meyer and Scott，1983：15）所观察到的那样，"正式机构的环境是由他们自身组织起来的，这种程度令人惊讶"。警察机构这种高度组织化的特征，使警察能够通过检查、监管和审计获得新的和不同形式的知识（Reiss，1983；G. Marx，1988）。

研究人员未能研究的是，这些外部机构是如何从警方那里获取关乎自身警务需求的知识的。无论警察应对的事件属于什么类型，他们都要提供满足自身目的需要的相关知识和能够满足其他机构进行风险管理需要的相关知识。这些外部机构对知识的需求给警察的思维和行动带来了深远的影响。为此我们可以参考一下沙吉特（Shadgett，1990）提供的加拿大安大略省的案例：

　　一名警察抵达一个有人员受伤的严重机动车事故现场之后发现，其中的一名司机由于酒驾，警察要采取必要的步骤收集用于刑事法庭定罪所需的证据。长达一小时的调查活动的结果是，根据《刑法》的规定，此人因过量饮酒驾驶机动车造成人身伤害，应追究其刑事责任，扣留驾照 12 小时。

　　在完成调查活动后，警察接下来要完成并呈送总计 14 份关于该事故的独立报告和相关表格。其中包括：1 份机动车事故报告；1 份整体事故报告；1 份逮捕报告；1 份扣留 12 小时驾照报告；2 份保管财产（含汽车）清单报告；1 份由有资质的酒精呼气测醉器技术人员出具的分析证明书（由技术人员出具，但由调查人员审核处理）；1 份准备在被告出庭受审时出示分析该证据的意向通知（notice of intention）；1 份呈送当地驾驶记录登记中心的表格，以生成被告驾驶记录的认证副本；1 份呈送皇家检察官办公室的"检察官起诉书摘要"法庭文件包；1 份要求被告签署的"出庭承诺书"的表格；1 份输入国家警察计算机系统的包括被告个人信息、指控罪行、庭审日期等内容的加拿大警察信息中心（CPIC）登记表格；2 份呈送警察总部的"统计报表"，记录承办案件的警察信息以及任何关于在治安法官（太平绅士）面前宣誓的指控信息。除了整体事故报告和逮捕报告需录入警方计算机数据库外，其他报告都是手写完成。

　　巡警认为这是另一种单调乏味的"累死骡子"的工作，基本不需要什么警务技能，特别是考虑到这些报告基本上都包含相同的信息（如事故发生的日期、时间、事故发生地点、被告的详细信息、指控内容等）。警察基本上无法在减少重复的文书工作上有所作为，因为每个表单具有各自的类型，为满足不同的目的而设计。警察无法在忽略警务政策和正当程序的情况下从任何细微之处减轻工作负担……处理一个案件（包括解决与之相关的财产、证据和人的问题）的首要工作便是文书工作。在上面提到的这个案例中，这项工作占用的时间是调查活动所需时间的 3 倍。事故调查只用了一个小时，警察却用了三个小时来完成事故报告的写作，解释该案件发生的原因及责任，并按照工作程序予以处理。

沙吉特用案例告诉我们，警察工作与一些特定的机构、风险逻辑和法律制度交织缠绕在一起。在这里，警察不仅扮演了巡警"裁判官"和刑事法庭法官的角色，还发挥了监管机构法官、保险理赔估算师法官、医生法官等的作用。例如，加拿大各省级机动车注册机构需要了解关于事故发生地点、有关车辆和人员的信息。这些信息是进行风险画像分析所必需的，它可用于事故预防、交通管理、资源分配以及汽车行规遵守。汽车行业需要了解有关车辆安全的信息，原因有两个：一是能够提高车辆的安全水平；二是解决监管机构和消费者所关心的问题。保险公司需要一些知识信息，以便在特定的案件中确定和分配保险责任，进行统计分析以确定风险、保险费和赔偿金水平。公共卫生系统需要的信息涉及事故中损伤发生的原因以及用于未来提供应急服务的统计资料。刑事法院需要能够提供充足的起诉证据并证明获取证据过程中的程序正当性的信息。警察行政管理部门也需要信息，即为没收财产和处理相关人员提供依据的信息；国家计算机化记录系统及其自身记录系统的信息；为了对警务活动进行科学的"人力资源"管理所需要的信息。

警察按照多个利益相关机构的既定格式要求，制作并分发事件的报告。尽管警察在事件描述上具有一定程度的创造性自由，但还是严格受到外部机构对知识需求和分类计划的限制。在沙吉特的警学论著中，他确信大部分报告活动是单调乏味的，事件外部机构实体的沟通格式和目的的高度结构化导致了这一特点。

任何一个机构都是由与其特定利益相关的关系、过程以及模式组成的。其组织成分包含物质材料元素（如建筑物和机械技术）、文化元素（如传统、仪式以及科学和法律技术）、政治元素（比如合法化的必要性）和社会元素（如上述所有内容通过社会知识和日常活动得以复制重现）。各种社会机构"为了个体利益进行了大量的常规思考"（Douglas，1986：47），通过制定旨在生产和分配风险管理知识的分类和沟通格式，使这种详尽阐释知识的工作无限期地进行下去。这些知识用于减少犯罪负熵、解决问题和日常决策。

"风险评估和风险管理对复杂组织的重要性，证明了现代社会中风险的制度化"（Reiss，1989：392）。随着新的风险管理需求的出现，各机构也确立了要求警察参与的分类、分级、思考和行动的新方法。这一过程并非像有些风险和刑事司法论著作者所说的那样，是最近才出现的新鲜事物（Feeley and Simon，1994；Garland，1996）。相反，该现象与警察一道出现，一直是现代治理的一部分。现代机构从开始为理解数据和风险分析设计新的分类方案时，就要求警察尽可能地为知识的生产和分配做出自己的贡献。

哈金（Hacking）观察到，随着 19 世纪 20 年代后期"道德科学"的发展和"雪崩般的印刷数字"（the avalanche of printed numbers）的出现，警察被要求帮助创建越轨人群的档案，以满足国家卫生健康、福利和法律机构的需要。例如，在 19 世纪的法国：

> 我们找到了超过 4000 种五花八门的谋杀动机分类以及请求警察对 21 种自杀方式进行分类。我相信，这些谋杀动机或自杀类型直到对它们进行计算时才会出现……每种自杀事实都引人入胜。统计学家编制表格供医生和警察填写，记录下所有事项，从死亡的时间到从尸体口袋中发现的物品。各种自杀方法会被马上总结归类，成为民族性格特征的象征符号。法国人偏爱一氧化碳中毒和溺水死亡，英国人喜欢自缢或开枪自杀……即使是未遂情况也有所记录。（Hacking，1986：223、235）

在其他方面，哈金还描述了法国司法部在 1836 年制定的记录清单列表，其内容如下：

> 警员要在自杀地点记录以下内容：性别、年龄、健康状况；职业或社会地位；居住地、出生地、婚姻状况、子女人数；财务情况；受教育状况；心理状态；道德状况（受到司法谴责？通奸者？赌徒？妓女？情妇？酒鬼？）；宗教信仰情况。然后还要记录事发地点、医疗情况，日期、时间以及天气。此外，还要记录自杀方式；自杀原因；是否留下遗书；以前有无自杀尝试记录；是否有躁狂或自杀的遗传史；现场或自杀者口袋中是否遗留物品，等等。（Hacking，1990：79）

随着官僚制度的演变和科学技术的发展，社会日益机构化，作为风险沟通者的警察角色也在相应地发展壮大。借用哈金那句令人难以忘怀的话，警察与风险社会中的众多机构合作，是"机会把握者"（tamers of chance）。因此，警务活动是一种社会安全保险形式。通常情况下，加拿大城市警察要使用几百种行动表格，绝大多数表格都是用于向外部机构传播风险知识。1992年，由于要服务众多的联邦机构、省级以及市级司法区和私营部门，加拿大皇家骑警拥有大约2100种警务运行表格，以及由600名全职员工组成的特殊"情报信息学"部门。正如我们所述，这种规模的知识工作在很大程度上是外部对知识需求的产物，以及内部警察对知识的关注，从而确保以适当的形式提供知识。

要求警察向大量外部机构报告警务活动信息，这表明警察研究人员的传统智慧正在进行另一种修正。由于他们采用的是以警察为中心的视角，强调用于内部管理的知识生产和传播，所以研究人员更为关注警务活动中的秘密性和"低能见度"（low visibility）。根据戈德斯坦（Goldstein，1960）的开创性观点，研究人员继续声称，"大多数警务决策过程几乎是看不到的或者能见度很低的"，而且决策过程"强调安全保密……信息很少共享"（Manning，1992a：357、370；Geller and Morris，1992；Chatterton，1983、1989；Reiss，1982：146）。相反，我们认为，在外部机构要求的背景下，警方进行了大量的制度化宣传（institutionalized publicity），总之，这使他们的工作具有很强的可见性。作为面向各种外部机构受众群体的风险沟通者，警方不仅广泛地传播知识，而且还在生产这些知识的过程中提升自己行为的可见性。与其他以知识为基础的职业一样，警察在生产和传播完成工作所需的知识时，同样也会生产和分配关于自身工作的知识（Ericson and Shearing，1986；Poster，1990、1995；Stehr，1994）。

1.1.3 专业知识的分配

风险警务的机构间环境，意味着警察与各种风险职业及其专业知识形式相互交叉相互联系并由其构成（Ericson，1994a）。警察职业存在于一个由抽象的风险知识界定的职业体系中（Abbott，1988）。包括警察在内的每个职业的成功，既取决于系统本身的结构，也取决于特定行业的专业知识和努力。

在机构间环境中，人们不断地就风险评估和安全服务提供的标准进行协商和调整。这种状况源于系统参与主体相互竞争的知识主张，使警察永远对新的、外部驱动的风险沟通形式和安全服务提供形式保持开放态度。因此，正如我们将要表明的那样，主张"刑事司法组织正试图变得更加独立、更具'自创性'（autopoietic）（Teubner，1993）以及与外部驱动的社会目的联系更为松散"这种观点是错误的（Garland, 1996: 16-17）。

警察机构本身也存在专业知识的分工和分配问题。警察官僚机构（police bureaucracy）并非由单一的专业团体组成，而是来自不同职业领域的专家集合体。例如，警察机构内有来自信息技术、法律、社会工作、心理学、教育、商业管理、医学和工程学等领域的文职专家。有些警察获得了大学学位，还有众多非警察职业的成员。警察机构内的文职和警察专业技术人员与其他专家通力合作，处理抽象的风险知识，并将这些抽象的知识转化为实用知识和风险技术。但是由于研究人员对街道层面的决策的偏见，目前对于这些技术人员在警务分工中的工作，还没有实质性的研究。

尽管公众也许仍然相信专业人士在大多数情况下都是以"个体从业者"（sole practitioner）的面貌出现的，但大部分专业人士实际上都是在制度化的官僚机构内工作。即使诸如医生和律师这样的"传统"专业人士也是如此。在官僚机构内，专业人士的合作通常是非常广泛的，"地盘"冲突和融入共同组织文化的某些方面都是不可避免的。据阿伯特（Abbott, 1988: 155）的说法，"专业工作领域中多专业官僚机构的优势，使工作场所的管辖权竞争日益成为对工作控制的总体竞争中越来越重要的组成部分"。

没有任何警务研究允许我们描述专业知识的内部划分。本书中将要提出的实证分析（特别是在第五部分），弥补了文献中的这一空白。在这里，我们只能利用一些组织理论学者的见解来说明在警务活动中专业人士和专家小组激增的原因（Scott, 1991; Powell, 1991; Scott and Meyer, 1991）。

公务组织将环境的因素植入或"映射"到它们自身的结构之中。当该组织拥有像警察一样广泛的职责范围时——警察采用复杂和相互冲突的方式应对风险社会中的各种机构——就会不可避免地出现一种增加行政管理复杂性、建立多个边界小组（boundary unit）以及降低组织连贯性的趋势。专业单位数量激增，以满足外部支持者（external constituency）的需求，并以此使他们与这些支持者的关系更加协调。当提及警察这样一个既集中又分散的组织时，行政管理的复杂性被进一步放大。正如赖纳（Reiner, 1992: 768）在英国观察到的那样，"'在巡逻警管区，警察是国家力量的重要基石，是所有其他专门领域的支撑和坚强后盾'，这一观念仍是大多数警察局长所信奉的哲学观点。但在实践中，随着专业部门的数量激增，警察徒步巡逻的水平已有所下降"。

其他机构内部也存在复杂的专业知识分配，以满足其内部风险评估和安全需求。例如，"把握机会"，特别是在"预防损失"方面，一直是现代企业所关注的重点（Shearing and Stenning，1981、1983；Shearing，1992）。正如哈金（1982：287）在研究中所指出的那样，以风险管理为目的的"雪崩般的印刷数字"并不完全属于国家自由治理机构的独有现象。它过去是（现在仍然是）企业的核心，"即使商人也更在意盗窃而非贸易"。

在私人安全活动中，同样也存在一个复杂的知识分配部门。即使他们只狭隘地关注预防损失，私人安全部门也需要重视风险逻辑、多重功能边界单元以及碎片化问题（Shearing and Stenning，1984）。在专业知识和专业化水平方面，私人安保公司建立了明确的等级结构制度，有些安保公司拒绝从事低水平的"雇佣警察"业务中的"脏活"（South，1988）。认识到通信技术在提供风险评估和安全感方面的重要意义之后，主要的私人安保公司也投资于通信技术行业。例如，总部设在英国的跨国安保公司斯克里科安保公司（Securicor）与英国电信公司（British Telecom）进行移动电话业务合作，在警报、快递、办公室清洁和保险业务方面也感兴趣。清洁业务带来了安全和警报系统方面的专业知识（South：1988：26-27）。

专业知识在公共警察和私人安保机构内部的分配，反过来又受到两者关系的塑造和改变。警察以多种方式服务于私人安保机构。正如我们在本书第三和第四部分介绍的那样，最基本的支持是通过日常的知识性工作提供符合外部机构通信格式要求的信息。正如我们在沙吉特讨论的案例中所看到的那样，当警察参与某一事件时，在很大程度上，主要是根据外部机构出于自身风险管理的目的确立的标准来解释该事件。但是，警方还向外部机构提供了大量的安全保障方面的专业知识。这些专业知识在社区警务模式中得到官方认可（Garland，1996：9），至少在美国的一些司法管辖区内得到承认，这导致了公共和私人警务之间专业知识分配的根本转变。因此，M. 戴维斯（M. Davis，1990：250-251）指出，"公共安全部门和私人警务之间的劳动的社会分工不断发展，前者是后者的必要支撑，……私营部门，正利用数量众多的未加入工会、低工资雇员的劳动力大军，日益发展为劳动密集型的企业（警卫任务、住宅巡逻、逮捕零售业犯罪嫌疑人、看管安全通道和检查点、实施电子监控等），同时，公共执法机构进行安全宏观系统的监管"（T. Becker，1974；South，1988：7；Spitzer and Scull，1977；Shearing，1992）。

公共警察还就非领土安全风险方面提供了一系列的专家建议。例如，他们提供了关于改进信息技术链接的建议，以提高风险画像的水平；有关安全系统的建议；与汽车、商业以及环境风险相关的合规标准方面的建议；有关健康、教育和福利服务方面的建议。这些形式的专业知识在社区警务模式中得到了认可，正如我们在第三章和第九章中介绍的那样。例如，莱顿（Leighton，1991：492）在论及社区警务时，回应了戈德斯坦（Goldstein，1960）所采用的"解决问题的方法"（problem-solving approach），他指出：

> 企业文化也为公共服务机构所用，引入私营部门的注重合作、伙伴关系、追求卓越、持续的质量保证之类的价值观念。亚文化成为白领职业的组成部分，这种文化是具有责任心的、响应社会需求、依照职业道德准则行事……机构间的合作是一项关键战略，将业务分包给其他服务机构以扩大活动范围，形成战略合作伙伴关系，提高劳动分工的合作水平和生产力……在一个解决城市安全的服务网络中，提供有益城市健康的"安全城市"的解决方法。

公共警察为了私人风险机构的利益，开展诸如安全技术和活动的许可认证之类的工作（South，1988：121、135）以及支持和认可特定的保险产品（O'Malley，1991）。

人们已经注意到，在与私人安保机构的关系中，公共警察正在失去自己的地位，并正在成为后者的初级合伙人（Shearing and Stenning，1983；Shearing，1992）。虽然公共警察明显因为通过与私人安保机构同事的互惠和信任关系而获得了大量的知识，但是知识流显然更多的是从警察部门流向外部机构的，特别是通过要求提交常规报告的形式流向外部机构。此外，提供的大部分知识已经被商品化，外部机构为报告付费（如保险公司付钱的事故发生报告），为警察管理人员付出的时间付费（比如与保险理算员访谈所占用的时间），为服务付费（如属地安全服务的提供）。

1.2 风险沟通的格式和技术与警察自由裁量权

警务活动中专业知识的分配以及警察向其他机构传递风险知识时采用的

相关格式，对警察的自由裁量权具有深远影响。

　　格式是指沟通的组织化方式。例如，一份警察的现场报告中具有大量固定选项，供警察填写以介绍案件情况，并对警察叙述的范围进行了限制。在某些司法管辖区内，这些报告是在计算机屏幕上编写的，这种媒介进一步塑造了风险沟通的格式，并成为风险沟通过程中媒体的组成部分：

> 　　格式是元传播叙述（metacommunication statement），或用于识别、组织以及呈现信息和经验的规则……理论上看，格式可以被视为"在多样性的行动环境中，情境行为人（situated actor）利用活动情境的规则和资源而开展的知识性活动，在交互过程中进行知识的生产与再生产"的中心和结构性特征（Giddens，1984：25）……随着格式逻辑渗透到工作场所的日常行为和交谈中，格式的术语、隐喻以及格式图像贯穿语言、人员以及空闲时间中；工作场所的时间、地点和样式本身可能会被卷入格式的漩涡之中。（Altheide，1995：38、43）

　　自由裁量权就是决策自主权（Black，1968：25；K. Davis，1969：4；Ericson，1982：11-13）。所有关于警务的社会学研究都关注自由裁量权问题，即警察的自主决定权的程度与警务活动中各种各样的规则结构之间的关系。传统社会学的普遍观点是，最具影响力的规则结构是由警察同事间存在的职业文化所提供的。这是职业文化的常识性"秘诀规则"（recipe rules）——其约束力超过法律、行政法规或所服务社区的其他规则——最能够决定警察的思考和行动。曼宁（Manning，1982：130）表示，我们可以通过职业文化看到组织全貌，外部世界的形状和轮廓通过职业文化得以固化并成为现实……（它）就像一个网格或通过屏幕对事件进行定性，并制定相关的内部规则。它好比是一种中介和某种传感器，起到超越既定组织边界的信息和意义的过滤器作用。

　　虽然最近有人认为，警察职业文化中的推理过程并非仅仅依据规则，例如，它还以隐喻、比喻、意象以及其他形式的象征性语言为基础（Shearing and Ericson，1991）——这种精炼表述的核心仍然将职业文化视为警察行为的决定性因素。研究人员提出了警察行政逻辑和警察职业文化逻辑之间的尖锐对立或严重脱节，甚至将警察组织描绘成"假官僚主义"（mock bureaucracy）（Gouldner, 1954）。根据范马宁（Van Maanen, 1983: 277）所言，"由于较低层次的警察任务是界定不清晰的、依情境而定的、非例行的，在能见度较低的区域内完成的，而且其行为具有相当强的秘密性，经常绕过组织中的正式命令指挥链，对工作本身的控制在很大程度上主要掌握在行为人自己的手中……在这个意义上，警察机构类似于象征性官僚机构或者说是假官僚组织，控制徒有其表，而不是现实"（Manning, 1983: 191-192）。

这种方法使得研究人员认为警察工作没有重点。只是根据情境做出的临时性规定。警察具有自己的一套思考行动框架，大部分无法为外界所知，具有相当大的自由度和任意性。"所有宝贵的警察知识都被视为只可意会不可言传的情境性知识，充斥着未做解释的、默示的推论和意思。"（Manning and Hawkins, 1989: 146）当数据引起人们的注意时，重要的不是紧紧相连的载体格式化的表格形式，而是"关于警察工作性质特征无法阐述的常识性假设"，这与"无法提前说明需要什么"的背景是相违背的（Manning, 1992a: 372）。

尽管有人可能会认为，这种随机应变式的临时决定会使警察工作具有高度的反射性，但据说其效果恰恰相反：警务活动是一种不具有反思性，以行动为导向的工作，是一项"重视直觉并鼓励直觉的非自反性工作任务"（Manning and Hawkins, 1989: 152）。因此，警务的风险沟通系统及其以特定通信格式嵌入的方式，并不被视为控制和支持警察行动的基础。曼宁（1992a: 367-368）指出："警察以临时决定的方式收集信息，存储时并没有过多考虑检索的需要。换句话说，对案件的资源分配缺乏密切监督和指导以及组织控制，在这种情况下，警察个体将决定对具体案件的处理方式。警察并没有接受技术手段的培训，也没有接受培训的动力，因此很少使用专家系统、网络分析或分析模型。"（Manning, 1992a: 367-368）

曼宁（1992a）自己所认同的这种职业文化观点的结果是，风险沟通格式被视为边缘性的最低限度的要求。据说它们在职业文化中不足为信，甚至败坏了职业文化的信誉："警察工作的技艺性、临床诊断性定义，以及令人兴奋的及时性和前文所述的警察知识特征，是警察不信任全部文件工作、档案和其他所有形式的官僚有序信息（bureaucratically ordered information）的基础"（Manning, 1992a: 370-371）。警察在从事文书工作时不会前瞻性地思考文件内容并将其作为思想和行动的基础，而是对行政目的进行回顾性的建构："实际上，在警务活动中，没有什么思想和思考，而思想理念和思考是伴随行动而来的。从这个意义上说，环境是被预先创设的，然后使其具有了中立性，并进而融入组织话语之中。"（Manning, 1982：124）文书工作是一种追溯性的方式，可证明出于行政目的所做的事情是合理的，是一种问责能力（Manning and Hawkins, 1989：151-152；Ericson, 1993、1995a）。据说知识工作者组成的庞大官僚机构关注的是行政性"常规事务"，而不是具体的操作性问题。官僚机构的数据大多数情况下只是被存储起来，而非在内外部多向流动（Manning, 1988：239-240；Manning, 1992a：370-371）。

对信息通信技术及其对警察通信的影响也得出了类似的观察结果。警察文化是顽固执拗的，就像以抵制法律和行政政策入侵那样的方式抵制且偏转技术入侵。查特顿（Chatterton, 1991：17）在回应曼宁和霍金斯（Hawkins）的观点时声称："除非警务活动的传统文化和结构问题得以解决，否则它们对信息技术的影响远远超过信息技术对警察工作的影响。"保持既有文化的现状，并在新元素上体现其传统元素，该技术被用于生产和复制传统的做事方式或实践形式，并正在慢慢地改变它们（Manning and Hawkins, 1989：150）。

我们并不赞同这些关于警察推理和知识工作的主张。警察工作不是临时决定、依情境而变的，而是根据风险沟通的类别和分类以及内部和外部知识沟通的技术进行前瞻性的安排。通信格式为警察的思考、行动以及证明其行为的合法性提供了方法手段。这些载体格式反过来又为警察管理者和外部机构所需的专业风险知识所形塑。因此，警方收集的信息具有高度的格式化，以便可以录入电脑数据库中，能够快速地为警察组织内部的一系列专门小组、其他警察组织和外部机构所用。

在对确定性的永恒追求过程中，警察与风险社会中的所有其他主要机构联合起来，携手合作。虽然这些机构曾经依靠神判法提供确定性的答案，但现在它们再也不能容忍不确定性（Beattie, 1986）——从某种程度上来看，现在仍然如此（Nock, 1993）——它们现在依靠通信格式和技术来减少不确定性风险（Gandy, 1993）。它们投资于能够确保有效进行风险管理和实现"简约正义"（uncluttered justice）的最新的分类方案、技术或系统。这印证了格尔茨（Geertz, 1983）所描述的现象："技术带来的不安感，出现了一种对发明创造的愤怒情绪……人们对事实确定的可能性的期望值不断上升，以及科学主义的普遍文化给我们所有人带来的解决那些棘手问题的权力，导致了整体性变革。"（Geertz，1983：171-172；Nelken，1990）技术驱动其应用。有想法就有办法，思路就是出路，有志者事竟成（Ericson and Shearing，1986；G. Marx，1988）。

令人讽刺的是，对解决不确定性问题的技术方案的向往，通常会导致不确定性风险的增加。在曼宁（1988）对警方通信中心的一项研究中，他发现，当接线员和调度员的职位融合时，工作人员能依靠更为广泛的信息来源核查和验证知识，包括个人经验、无线电反馈以及在其他部门中曾经担任巡警的工作人员。但当报警服务接线员和调度人员两者的职位再次分开，并使用单通道技术时，其结果是知识意义的不确定性增加而非减少。

高效技术的应用同样会产生更多的数据，对管理这些数据的更多专家、通信格式和技术的要求也随之增加。韦克（Weick，1979：168）指出，技术生成了大量的原始数据，这个过程对警察组织提出了更高的要求，即强烈要求对这些原始数据进行分类，以便使其易于管理。

不确定性的减少总是个相对权力的问题。警察配备了先进的监控技术，可以获得嫌疑人的相关信息，这可能会降低自身的不确定性，从而获得权力，但当他们减少对嫌疑人的不确定性时，嫌疑人就会受到约束。类似地，一名警察监督管理人员可以使用通信技术来减少自己对行动过程的不确定性，从而获得某些自主权力，进而掌控局势，但由此带来的后果是下属警察的不确定性降低，他们会认为自己的权力遭到剥夺或丧失自由裁量权。

对有效风险管理和简约正义的不懈探寻，也对警察本身产生影响。警察使用的监控他人的通信格式和技术也被用于监控自己的工作（Ericson and Shearing，1986）。在警察响应报警电话并调拨警力的房间内，你可以发现：

> （整个警察接警中心）有流水线工作的缩影，几乎没有对接线员工作的质量、频率、内容、目标进行控制或者评估。他们的每一次休息都与电脑停机同步，他们的工作由自动化的计算机提供，一旦他们"空闲"下来，轮班就会到来；他们的工作秩序是由技术决定的，并且是由需求驱动的。他们只是名义上的公务员，因为尽管公众要支付他们的薪水，但他们实际上是为潜伏在其背后的机器工作，这些机器出现在他们面前，发出的滴答声和嗡嗡声进入他们耳朵之中，沉闷的电子声音充满整个空间。（Manning，1988：155）

警车内配备计算机终端来监控警察在车内外的活动情况，如他们对报警电话服务要求的响应、他们对人员和车辆的检查等。有些警察组织装备了手机或笔记本电脑，使警察能够立即报告案件情况。这些系统为案件报告的每个细节及完整性设置了内置的检查软件，为提高报告质量奠定了良好的基础。有些警车还配有摄像机，记录警察与公众交往的行为。

警察局大楼内部也配备了对警察活动进行监控的设备。诸如门禁卡、监控摄像头以及检查羁押记录保管情况的计算机程序等设备激增，并已得到广泛应用（Royal Commission on Criminal Justice，1993；Ericson，1994a：168-169；Ericson，1994b：134-136）。他们还努力对正在监视嫌疑人的警察实施监控。例如，1993年英国皇家刑事司法委员会建议，要设立一名监督员对重大案件的侦查程序的正当性进行监督，并为那些不愿举报同事不当行为的警察设置"帮助热线"或创建"举报人计划"，以为其提供秘密报告渠道（Maguire and Norris，1993：112；Royal Commission on Criminal Justice，1993：22）。G. 马克斯（G. Marx，1988：57）介绍了一个案件，一位美国检察官正在监听一名警察与嫌疑人之间的对话，他打电话给该警察说，他与嫌疑人之间的电话已经被监听，他需要改变谈话的方向，因为他说的话接近于诱捕。上面的事例再一次表明，警务活动是彻底的格式化安排，但还缺乏自反性。

警务活动与其他风险机构中与之合作的以知识为基础的职业一样，开展密集而广泛的"信息活动"（通过格式将事件和目标转化为可见的信息）以及"自动化活动"或"福特式流水线作业"（即人类技能和劳动力被自动化机器所侵占）（Zuboff，1988）[1]。同样，我们的目标是面对纷繁复杂的千变万化的可

---

[1] 肖莎娜·扎波夫（Shoshana Zuboff），《监视资本主义时代》（*The Age of Surveillance Capitalism*，2019）一书的作者，曾经师从行为主义心理学家斯金纳（B. F. Skinner），后执教于哈佛商学院，致力于用社会心理学的方法研究技术变革带来的社会影响以及资本主义的演变。监视资本主义（surveillance capitalism）一词用于描述谷歌和脸书等互联网平台通过追踪用户为获取免费服务而进行的在线行为并由此来获利的操作系统。在《监视资本主义时代》中，扎波夫系统地阐释了监视资本主义的历史起源和运行原理，以及它对社会形态的影响和对美国民主制度潜在的巨大威胁。斯金纳曾提出著名的行为学概念"强化"，即通过操作性条件反射改变生物体的行为取向。她运用这一理论来进行当今的社交媒体网络及其商业平台的消费心理分析。1948年，斯金纳发表了反乌托邦小说《桃源二村》（*Walden Two*）。在这部小说中，他描写了一个以"操作条件性刺激"为技术环境的社会——在那里，人们的行为被记录、被预测，也被影响、被操纵，直到完全"确定"。在热播的《社交陷阱》（*The Social Dilemma*）中，这句经典的台词"如果某项服务是免费的，那么它通常意味着，你（的行为）就是商品"正是扎波夫观点的真实写照。——译者注

能性解释和行为方式时，简化选择过程——"泰勒式专业化"（taylorization）。

警察的管理越来越被视为一个通信和技术问题。受到进步企业管理模式的启发，警察管理者采用"人力资源"风险画像分析技术——组成他们的工作人员"人群"——在逻辑和载体格式上与警官们应用于其他群体成员的风险画像分析技术一致，作为他们日常监控工作的一部分。为"警察公司"服务的警察，只能根据符号操控（manipulation of symbols）实施脑力劳动（Poster，1990），而这些符号反过来又自反性地象征着他们是机器人。

沙吉特（1990：21，23-24）所研究的那些警察，特别有可能感到与电脑符号的脑力劳动之间的疏远与不适，因为他们几乎不知道自己行为的产品与结果。他们很可能感受到了失落，因为他们在既定的通信格式中生产知识，但往往不清楚这些知识是为谁生产的、有什么作用、会流到哪里去，以及它们在实际的风险管理中是怎样被使用的。对他们而言，这种经验是一面"单向镜"。他们就跟使用信用卡和门禁卡的人一样，他们不知道自己因为各种各样的战略需要和分析目的而正在接受风险画像分析（Gandy，1993：54）。人们可能会说，警察掌握这类知识并没有什么影响，因为在庞大的官僚机器面前，人们在其中几乎没有什么办法来提高自己的利益。正如阿切尔（Archer，1988：68）在另一个环境中所观察到的那样，"尽管了解通货膨胀的原因，但并不能通过降低我们的生活水平来预防其发生"。

尽管警察的自由裁量权受到严格限制，但并不会受到排斥甚至丧失。警察自由裁量权的使用有可能会使警察工作的技术要求逐渐降低，但警察仍是专业知识的经纪人。例如，在处理一个人的问题时，警察可以接受此人对其需求的定义，并将其需求转化为机构化的、专家知识的话语表述，进而以此为据制定满足那些需求的行为方案和行动路径。作为传递需求信息的网络定位器或路由器，在满足客户"需求"的过程中，最重要的不是作为个体的警察身份，而是他或她在专业知识系统内发挥调停斡旋的中介功能和解释功能的角色，这才是最重要的（Bauman，1992a）。因此，我们发现，接受科学培训的"泰勒制"（taylorized）管理的警察，就像描述接受科学培训的"泰勒制"管理的医生一样，他们属于"训练有素、相对高薪"的白领专业人士，他们运用"范围更为广泛的长效响应措施查找问题产生的根本原因"（Leighton，1991：494-495）。

这幅警察工作的肖像画，非常类似于韦伯（Weber）对官僚主义"非人化"劳动的描述。负责风险管理和安全保障服务的部门，涉及对机构劳动（institutional labour）进行复杂的分配，需要一个正式的超然独立和严格客观的专家，作为知识经纪人、顾问和意见提供者的参谋助手（Stehr，1992、1994）。专家只要传输和运用知识即可，以便他（她）工作的执行与其结果（即知识）的消费完全相同（Stehr，1992、1994）："自动化生产、媒介化的信息沟通和媒介化的经济交换活动，提供了一个没有人与他人有密切交往联系的世界。越来越多的协调行动从属于机器操作完成的行动。所有的事情都变得像机器一样。理性被认为等同于人类活动服从于机器"（Couch，1984：369）。

在"信息化"和自动化的警察组织内，自由裁量权从街面执法的警察个人级别转向那些设计专业知识系统的人群。警察管理人员加入风险管理队伍，成为"风险管理的技术精英，拥有对人群进行分类、排序和排除的专业知识"（Reichman，1986：166）。这种专业知识还被扩展延伸到传递、排序整理和强制性使用数据方面（Hacking，1992：140）。

如果某人对警察的研究局限在他们在街面的活动，那么他就不能理解警务活动的专业知识系统及其对警察自由裁量权的影响，正如他不能通过店员服务顾客的行为来理解零售业一样。想象一下麦当劳店员向顾客兜售的"非常完美的汉堡，由实验室精心设计，由电脑控制进行制作的汉堡"销售噱头，实际上现在的汉堡还是以前的汉堡（Lovekin，1991：143；Boas and Chain，1976），这样的销售理念，足以使人意识到"麦当劳式雇员"（Mcjobs）也是由专家系统构成的。即使在医学领域，临床医生也要听取专家系统以及系统管理者的意见。他（她）是风险管理的专家系统的众多贡献者之一，他们创建了病人的档案，因此失去了对特定结果和病例进展情况的控制。此外，档案不仅是病人病历的组成部分，还为各种医院、保险、教育和战略规划系统的运作提供了数据："现场操作人员现在成为管理人员的一个简单的辅助物，他（她）为其提供源于诊断性专业知识活动的信息。然后，这些信息进而被储存起来，并通过与专业实践截然不同的渠道被分配出去"（Castel，1991：281）。反过来，医疗、保险、教育和战略规划方案塑造了医生的思考、行动以及组织方式。

专业知识的抽象系统嵌入通信格式和技术的程度与其自身发展水平呈正比，嵌入的水平越深，在生活中体现得就越充分。如果使用的技能过时，会给职业文化及其本身造成疏远和破碎的影响，而且越是落后的技能，与时代的疏远感就越大。也就是说，局部控制（local control）——个人自由裁量权、组织权威以及职业文化的自主性——都因每次将知识和技能征用吸收进抽象系统之中，其发展水平都会受到潜在的削弱（Giddens，1991）。信任也被转移到这个抽象系统之中，以便通过系统响应处理新的情况和问题。这些变化反过来又对警务工作实践、法律制度和警务话语产生了深远的影响。

第2章 警务、风险和法律

2.1 风险、监控以及安全

2.1.1 从越轨到风险

社会学的中心议题是秩序问题，包括行为是否越轨以及如何控制这种行为。所谓越轨行为是指行为偏离正轨，不仅包括严重的异常行为（比如犯罪行为），还包括违反组织程序和常识的行为。传统观点在指称越轨行为时加入了强烈的道德元素：越轨是邪恶的、坏的、罪恶的，违反了道德秩序。

相对越轨而言，风险具有识别问题和程序的两面性。它将越轨行为称为危险行为。这种指称通常具有深刻的道德性（Douglas，1990、1992）。风险还提供了处理各种危险的程序或技术，包括用于解决各种危险的风险分类方案、概率计算和通信格式等。风险是一种基于假想的恐惧和解决这些恐惧的富有想象力的技术发明。事实上，风险的概念是保险技术的一种结构。它将人员、他们的组织以及环境分成各种类别和身份，使其更易于管理。根据自己内部的理性参考系统，而非外在的道德问题和其他问题，风险促进了人类及其组织的正常发展。

风险并不回避道德，相反，它从根本上改变了道德的基础。风险采用的是一种功利主义道德观。为了满足机构预测的实际需要，人员、组织和环境被划分到了符合机构实际目的需要的各种类别中。分类的可能性是无限的，"全景式分类"（panoptic sorting）的过程（Gandy，1993）也是永恒不断地进行的。人员、组织和其他事物之间的区别在于他们是否或多或少有效率、或多或少有用、或多或少强大等，而不是道德上的无可指责性或应受责备性。

因此，风险社会也是一个"传播社会"（transmission society）（Castel，

1991），指的是双速社会（two-speed society）。它通过对证书、个人妨碍、信誉、生产力等要素的评价分级，调节贡献社会的速度（Gandy，1993；Nock，1993）。有些人注定飞速行驶在高速公路上，一些人降级为可以在限速高速公路上行驶，还有一些人只能行驶在设有减速带的当地公路上。正如我们下文对法律的讨论章节中所说的那样，正义成为一个平均分配风险的问题。

在风险传播社会中，警察帮助各种风险机构管理交通状况。他们按照其他机构所需的格式要求，向其提供他们编制的官方正式文本。他们向这些机构提供人力和服务的帮助，包括提供社会发展问题的专家咨询建议和在机构间提供风险管理。与此同时，警方依靠这些机构，获取为自己进行全景式分类所用的知识。

这种对风险的认知心理，影响着人们对越轨行为的道德情感性。除了"违反道德的行为"，人们还认为越轨行为是一种"正常的事故"（Perrow，1984）。因此，越轨行为仅仅是一种偶然现象，人们运用风险技术可以分摊损失和防止复发。越轨行为逐渐成为一个需要通过行政管理行为解决的技术问题，而非一个表达集体情绪和道德团结的场合（Durkheim，1973；Reichman，1986；Garland，1990）。正如加兰（Garland，1996：2）对犯罪越轨行为所观察到的那样，"犯罪的威胁已经成为现代意识的常规部分，是一种日常风险，我们需要像解决交通问题那样对每天发生的风险进行评估和管理——交通问题会随着时间的推移而逐渐日常化和'正常化'……后现代社会中高犯罪率的常态已经促使官方对犯罪的认知、犯罪学话语、政府行为模式以及刑事司法组织结构等方面发生一系列转型"。

违法犯罪行为的道德秩序以及人们对它的集体情感，用一种异于大众传媒逻辑的公众文化形式表现出来。像过去一样，公众文化给严重犯罪提供了一种戏剧化的展现方式，在人们接受价值观的过程中，这些道德剧目发挥着自己的独特作用，从而导致他们的价值观越来越与支配人们生活的其他机构的价值观产生冲突（Ericson，Baranek，and Chan，1987、1989、1991；Katz，1987；Schlesinger and Tumber，1994；Sparks，1992）。

2.1.2 从控制到监视

在风险社会中，警务活动不仅是一个用于控制那些犯有道德错误的人的压制性、惩罚性的威慑措施，也是一个监控问题，即生成对人口管理有益的知识的问题（Dandeker，1990）。重点是允许选择定义可接受风险的阈值的知识和基于这些知识而确立的包容和排除的形式。

对监控的重视使法律、警察以及风险机构进行了重新定位，转向以确保不断发明新的获取和传播知识的方法。警察的主要任务是勇当该系统的"排头兵"（Reichman，1986：155），使这个具有相关知识的系统，能够在随后对相关知识进行再分类并传递给其他感兴趣的机构受众。强制性控制让位于对偶然性的分类："国家具有对暴力手段的垄断传统，如今，新的收集和分析信息的方式对该传统起到补充作用，甚至可能使前者被人们废弃。相比传统上的强制手段、监狱栅栏、手铐和紧身衣，新的高压管控、电脑芯片、远程无形的过滤装置更能体现控制的意蕴。"（G. Marx，1988：220；Poster，1990、1995）

任何个人或组织都无法逃避这种形式的监视。监视人们的系统正是他们参与的组织机构。那些曾有风险历史的人会被认为是弱势群体并且不具有独立性，他们将受到国家的刑事、福利和心理健康监测系统的监控以及其他系统的监视（O'Malley，1992；Simon，1993；Nock，1993）。那些经历过全景式分类管理之后幸存下来的人以及构成比上述人群更为强大和独立的人群，则处在国家的税收、教育、许可、社会保障和健康监管系统监视之下，大量与信贷、金融证券以及飞行常客积分等业务相关的私人企业的从业人员也处于类似的监管系统的监视之下。事实上，那些处于社会边缘的弱势群体最受监视这一说法一点也不准确。处在转型社会中高速车道上的人们，在社会和空间上具有更强的流动性，并且具有更为广泛的机构任务和利益纠葛。一个人的名声越大，对其实施监控的机构就越多，监视的强度也就越大；一个人越受信任，他或她受到监控机制的作用与影响就越大，受到该监控机制的影响越大，则依情况而定的信任就越有可能持续下去。

对风险管理的监控的关注，意味着更加强调作为风险要素的人、组织或其他事情的知识，而不是主体的道德责任或对特定不当行为的责任。通过监控机制，我们可以知晓每个人和每件事。在风险画像的分析结论被推翻之前，每个人都被假定有罪（Ericson，1994c）：

> 对风险控制的关注……降低了评估致损活动中道德标准的重要性。
> 在这样的制度中，区分无罪与有罪或者应受谴责与无可责难，就再也没

有什么意义了。几乎所有的人类行为都会在某种程度上增加损失的概率；从经验的角度而言，如果一种行为不会在任何情况下产生任何损失的风险，这将是极其罕见的。因此，根据现代的风险概念，没有任何行为是真正无害的（Priest, 1990：227）。

"有罪"只是某个人风险画像分析中的另外一个术语条目，另一个表明他或她在为实现特定目的设立的特定机构中没有正式的身份、完全的地位、成员资格或公民身份资格的标志。有人失去了他的信用评级。有人因为犯罪被定罪判刑而失去了声誉。有人因为没有足够的荣誉而无法申请综合性大学。有人因为没有足够的财产信用而难以获得落地移民身份。日常生活中的每一项交易都只是登记某个人或多或少地具有可谴责性，或多或少地值得参加由不同机构管理的工具交换。

2.1.3 从秩序到安全

现有的研究都集中在警察是秩序的再造者上面。秩序是概念化的道德、程序、等级制度以及领土保护。

警察维护的道德秩序在刑法中有明确的规定。通过搜寻邪恶的犯罪嫌疑人并使其进入刑事程序中，警察实际上是详细阐述了地方标准，并提供道德秩序的"晴雨表"。这是研究人员、公众和警察自身精要地将警察的核心角色定位为刑法执行者的基础。

人们也监督警察是否遵循组织规定的规则程序。大量的研究关注警察是否满足程序上的要求，例如是否遵循刑事诉讼中的正当程序规范（Skolnick, 1966；Shearing, 1981；McBarnet, 1981；Ericson, 1982、1993；Ericson and Baranek, 1982；McConville, Sanders, and Leng, 1991；Royal Commission on Criminal Justice, 1993）。作为"秩序的象征"（Walden, 1982）和判断其他权力行使的模式，警察无法逃脱人们对程序正当性及其与合法性和权威性的关系进行的不和谐话语（Habermas, 1975）。

同时，人们还认为警察是等级秩序的再造者。他们代表着结构性不平等以及与阶级、年龄、性别、民族、种族、利益、身份地位、性格以及质量差异有关的现实情况（Reiss, 1971；Ericson, 1982；Brogden, Jefferson, and Walklate, 1988：chap.6）。因此，他们具有政治角色，并且表明秩序不是一个中性概念（Reiner，1992）。

所有这些秩序维度，都能够通过警察维护领土秩序以及公共空间安全的活动得到再现。研究集中在警方如何采用军事化的官僚制度、纪律、部署以及强制打击不安全的犯罪根源方面。例如，对巡逻警务的研究考察了警力部署如何影响犯罪率和公众的安全感问题（Kelling et al.，1974；Ericson，1982；Sherman，Gartin，and Buerger，1989；Sherman，1992）。在对私人警务研究方面，对保护领土安全表现出同样的关注度，唯一的区别在于专注"大规模私人财产"（mass private property）场所的安全维护（Shearing and Stenning，1981，1983）。对于研究环境设计如何影响犯罪和公众安全的感知问题，研究的重点涉及如何进行空间布局、如何运用监控技术以及安全硬件以有效地保护领地安全（Newman，1972；Wilson and Kelling，1982；Shearing and Stenning，1984；Skogan，1990a）。

这种对警察和公共秩序的主流研究，遵循功能主义社会学（functionalist sociology）的共识模型。它表达了政府和警察自身的现代梦想，即有一个单一的整体秩序，每个人都承认和接受并可以用来判断越轨行为的统一秩序。但在风险社会中，机构不是围绕一个单独的、有凝聚力的秩序概念组织起来的。社会中有许多机构秩序，每个机构都有独特的风险定义以及解决这种风险的不同逻辑。

除此之外，还存在各种其他安全风险，包括诸如现金、信用卡、股票以及支票等金融工具面临的风险；各种证明文件比如护照、驾照以及大学成绩单等存在的风险；许可证，比如那些允许商业贸易的许可证面临的风险。这些安全工具是指没有领土范围限制的象征性物品，它们提供了许多不能在传统的领土秩序框架内进行评估的安全形式。

职业或生命历程（比如一个人的收入的可得性和作为人力资源的能力）以及组织（如确保组织资源的生存能力）也可能存在风险。私人公司和政府都有范围广泛的保险产品，可以用来防止不可预见的灾害或健康问题、失业、未充分就业以及退休等情况所造成的损失。警察花了大量的时间按照保险公司确立的知识格式进行工作，以及帮助保险公司解决职业风险（Reichman，1986；Simon，1987、1988；O'Malley，1991；Ewald，1991a）。与职业相关的安全保障领域并不是基于源自特定的领土秩序和由领土秩序概念所产生的道德、程序和等级制度的概念。相反，它们是由制度环境以及风险传播和风险分散逻辑所塑造的。

当然，还存在与文化和个人身份有关的风险。例如，如何清晰定义种族、民族、地区就面临风险，以及与性别和年龄有关的定义也存在风险。如上所述，研究人员已经讨论了警察对具有特定身份特征的人的歧视是如何再现等级秩序这一问题的。然而，现有的研究只探讨了警察决策中的身份特征"变量"问题，并没有考虑警察如何通过风险分类和安全规定的形式，对确立文化身份及其主观性做出贡献。

警察通过向不同机构传递与其相关的风险知识，为它们的安全工作贡献自己的力量。这些机构，包括警察在内，不受合议秩序（consensual order）的限制，但受通信规则、格式和技术的约束，其将它们在时间和空间上连接起来，并为它们提供风险的即时知识，从而成为它们行动的基础。风险机构的特点体现在"双方都允许和需要的集中自反性监视。所谓现代性不仅是指组织性，而且还指组织工作——使跨越不确定时空距离的社会关系得到了系统化的控制"（Giddens，1991：16）。

警察为其他风险机构生产并向其分配通过技术媒介促成的和经过官僚主义机构格式化的信息，与此同时，利用这些其他机构已经处理好的知识，帮助其履行自身机构承担的强制性风险管理任务。许多这样的工作涉及不适当地擅用已经在其他官僚机构环境中形成的知识，意味着以"一个习惯于官僚环境并准备进行数据处理的社会"为前提条件（Böhme，1984：9）。这项工作的大部分都不涉及与受警察活动管制的人进行面对面的交流。警察本身并不出现，充当了毫无个性的"无面官僚者"（faceless bureaucrat）角色或只是个"统治者肖像图标"。因此，警方对大部分报警电话做出的回应并非都要将警察派往现场面见报警人，越来越多的事件只是通过报警电话被记录下来而已。警方通过大众媒介招募线人，避免面对面的接触以保证匿名性（Carriere and Ericson，1989）。许多调查活动都是由多个机构通过电脑进行比对完成的，并不与犯罪嫌疑人直接打交道（G. Marx，1988）。警方不停地对车辆牌照进行查检，进而对车辆的所有者进行检查，而调查对象并不知道其正在以这种方式被仔细地检查。这是一种无人在场、无人参与的警务活动，通信技术创造的应用"场景"比面对面沟通的"场地"更为重要。

机构并不是什么东西。它们不会占据某个特定的空间，在经过一段时间之后，也并非一成不变。它们由通过通信规则、格式和技术在时间和空间上相互连接的风险专家系统组成。机构活动是在空间中进行的，也就是说，是在与不在场的来自不同地方的其他人之间进行的。与此同时，任何特定的地点都被其他地方的知识所渗透，因此，"事件发生的场所或地点的结构并非其现场所显现出的那样；现场中'看不见的形式'掩盖了确定其性质的疏远关系（也就是说，远距离关系）"（Giddens，1990：18-19）。在大量的机构活动中，本地的交互活动也是涉及风险沟通的专家系统进行跨距离异地交易的一个组成部分。

使得机构"社会化"并允许它们提供安全保障服务的，正是通信线路能够在任何时空点上随时接入的沟通方式。警察社会互动的目的在于保证其他机构通信线路中安全规定的透明性。通信媒介和线路成为交互系统的组成部分，确立了知识流动模式，从而建立了交互模式本身（Meyrowitz，1985；Ericson，Baranek，and Chan，1989；Poster，1990、1995；Altheide，1995）。

此外，通信媒介和线路作为一个超越其特定的知识能力和内容的共享安全领域，具有特殊的社会意义。它们的格式为所有参与它们的人所共有，并且正是媒体格式以及知识和信任提供了安全保障。

总之，警察的非凡的世界的统一，不仅依靠领土环境的通信实现统一，作为风险和安全专家系统的成员，还需要警察具有穿越任何地方的能力来统一：

> 个体作为一个连接点、一个终端或代码进入社交领域，也就是说，通过一把钥匙进入社交网络中。虽然这并不意味着某人是一个基本没有社会联系的人……这样的人根本就不存在，但确实意味着他并不存在于这个社会之中，他不具有任何社会意义。为了使社会能够通过知识加以控制，社会本身必须是围绕知识建构起来的。社会过程必须根据功能进行区分，并根据模式进行安排，社会行为者必须自律，使其行为易于进行数据收集，或使其自身的社会角色和活动仅在产生数据时相关（Böhme，1992：41-42）。

有迹象表明，关于警察角色的各种各样的声明，将转向更为广泛的安全概念。正如我们在第 3 章和第 9 章中谈到的那样，社区警务议程可以解释我们这里所谈论的问题。格鲁佐尔（Gluzol，1981：362）观察发现，法国警察也在发生转变，"他们的目标不再是单纯地维护法律和秩序……现在也确保公民安全"。莱顿（Leighton，1991：489）是一位加拿大政府官员，他声称"在加拿大社会中，警察的中心目标或任务在于……提高公众安全感……促进公共秩序和个人安全"。安全、公共秩序和个人安全并不是由警察直接提供的，而是通过与其他风险和安全机构合作来达到安全维护和安全促进的目的。

这种警务概念在现代警察构想出现的早期就显示出其踪迹。在 18 世纪，贝卡里亚（Beccaria）、边沁（Bentham）、卡胡恩（Colquhoun）以及亚当·斯密（Adam Smith）等提出了"警察科学"（police science）的概念——作为政治经济学的一个分支。它也被称为"政府科学"（science of government）和"幸福科学"（science of happiness）。警察科学的目标是发展对每一种可能的风险的精确知识，并将风险评估转化为"对一切……不受监管的，一切可以说是……缺乏秩序或不能用表格形式展现的东西"的管理（Pasquino，1991：111）。在描述 17～18 世纪德国警察科学的文献中，有一部由弗兰克（Frank）完成的 3215 页的 6 卷本鸿篇巨制《建立一个完整的医疗警务制度》（*System for a Complete Medical Policing*），其中包括了旨在"通过明智的法令规范防止罪恶发生"的详细规定，并涵盖了当时可以想象到的医疗卫生的各个方面，比如规定了跳舞后休息的时间，以避免在回家的路上感冒（Bok，1979：215-216）。

正如加兰（Garland，1996：22）所说，卡胡恩（Colquhoun）于 1795年出版的《大都市警察论》（*Treatise on the Police in the Metropolis*）倡导一种包括监管、检查、保护、环境设计以及与其他管理机构协作的新型警务系统。这些活动都是以预防和减少机会的模式为基础的，并通过商业企业、教会和其他民间社会机构的慈善事业提供资助（Andrew，1989）。警察将是一个监督机构，协调和监控所有相关机构的警务工作。

范·朱斯蒂（Van Justi）在他 1768 年完成的论文《警察的一般要素》（"Eléments generaux de police"）中，谈到"警察科学包括……在规范与社会现状有关的一切事物方面，在加强和改善社会现状方面，在看到一切……为社会成员的福利做出了贡献的事情方面"。卡尔·马克思（Karl Marx）写于 1843 年的文章中，重申了 18 世纪的观点，认为"安全是市民社会的最高社会概念，警察（police）的概念表明，整个社会的存在只是为了保证维护自己每个成员的人身、权利和财产"（K. Marx，1967：236；斯皮策，1987：

43）。有了这样一个崇高的概念，警察在运用关于风险的科学知识来管理警务活动的对象时也就没有什么限制了。因此，杜谢恩（Duchesne）在《1757年警察法典》（*1757 Code of Police*）一书中说道，"从某种意义上而言，它所包含的对象是无穷无尽的"（Pasquino，1991：109），200年后，这句话得到了法国一名高级警察行政长官的响应，他宣称自己的全部任务只不过是一个无所不知的"代表国家利益的警察新闻工作"（Brodeur，1983）。

在这些术语中我们可以发现，"警察"作为一种需要借助知识解释的概念，与"政策"一词具有一个明显的共同词根。警务活动是"智力劳动，不仅涉及新思想的诞生，还涉及文件制作、计算以及评估的新程序的出现……使用不同的权力和知识，能够对一些领域进行切实可行的操控并易于干预"（Miller and Rose，1990：3）。作为政策的警务活动将人们及其组织转换成话语，一种不是关于越轨行为、控制和秩序的话语，而是关于风险、监控以及安全的话语。

2.2 监管法律

尽管作为风险、监控和安全的警务活动具有早期现代社会的传统根源，但在现代社会后期，它采取了不同的路线。识别出的风险在不断发生变化，解决这些风险的通信规则、格式和技术也在不断变化。在风险社会中，一方面，警察处在由众多公共机构组成的复杂网络之中；另一方面，警察还处在私人企业和慈善机构形成的环境中，要求进行法律变革。

风险社会是一个规则型社会。在以合规为基础的执法模式中，监管体系已经有所扩张。这种扩张符合风险的保险逻辑（Lowi，1990）。风险管理和安全提供的保险逻辑以及对由此产生的风险的自反性，为无穷无尽的新规则、格式和技术的发明奠定了基础。

为与保险和赔偿有关的行政机构工作的专业人员不断进行创新。特定的风险专业知识采用一种孤立的、分段进行的、零碎的以及单一问题、单一解决方案的逻辑思维方式，应对风险管理中的每一个新的校准基线，而非运用其知识和其他知识之间的系统化联系来解决风险管理中每一个新问题（Bauman，1992a）。源于专业知识的法律和行政法规，同样具有零碎和分散的特征。因此，仍然需要进一步地改进更多的监管规则，以加强监管并确保规则得到遵守和服从。

以合规为基础的执法活动是"一系列针对管理人员的指令，而非针对公民的命令"（Lowi，1979：106）。反过来，这些管理人员的工作是指导他们选区的选民如何选择值得承担的风险，在此过程中，推动相关企业持续不断地对风险和不确定性进行建构和解构（Reiss，1989）。

以合规为基础的执法模式与根据刑法的威慑性执法的模式明显不同（Reiss，1984a；Hawkins，1984；Manning，1987），因为这种执法模式所处理的是以条件或情势状态形式表现出来的不受欢迎的组织活动（比如环境污染），而不是个人行为。不受欢迎的活动是无穷无尽的，而且在很大程度上是可以容忍的。人们能够容忍这种行为的部分原因在于，人们在权衡可能造成的危害结果与组织有效运作的需求之间的平衡时，存在道德判断的不确定性情况。基于风险的科学知识的执法活动，与法律规则以及不断发生变化的标准交织在一起，而且这种缠绕状态是连续不断地持续进行的。服从不仅仅是决定不采取行动，而是采取一些积极的行为来改善条件或状态以达到谈判达成的标准。在表明愿意服从时，态度和行为一样重要。正式起诉意味着未能确保服从的迹象，而且这种情况极其罕见。取而代之的是规则监管官员与受监管者之间的谈判程序和细节，以及对风险管理系统知识的不懈改造。所有这些以合规为基础的执法特征，都意味着不受欢迎的活动是一种行政工作的创造物或衍生品，行政官员持续地向社会清晰地阐明他们必须承担哪些风险。

在这种基于法规和风险科学知识的合规执法（compliance-based law enforcement）的背景下，警察的角色发生了改变。他们成为这种以合规为基础的执法系统的一个组成部分，因为他们受到其他从事合规警务活动的机构的知识需求的驱动。有关警察的研究未能解决这一转变问题。例如，赖斯（Reiss，1984a：85-86）认为，只有公共警察非正式地行使其自由裁量权做出不进行逮捕的决定时，警察的合规性职能才显现出来。然而，他忽略了这样一个问题，即公共警察在为其他机构提供满足其风险知识需求的格式化的正式事件报告时，如何为这些机构提供合规性职能服务。因此，他未能考虑一个关键但被忽视的问题，即在其他寻求合规性警察职能服务的机构那里承担的合理性风险，是如何成为警务工作的一个组成部分的。

在应对基于合规性的执法模式的风险知识需求时，警察正在越来越积极主动地生产其所需的知识。正如赖斯（Reiss，1984b：23-24）所预测的那样，"个人和组织的原型执法策略将更像国税局（Internal Revenue Service）的工作方式，而不像地方警察机构的执法方式……人们期待威慑型执法活动应当更为积极主动，而非被动的反应式动员形式，特别应该积极使用作为社会控制工具策略的主动型执法技术"。

在以合规为基础的执法系统内进行的警务活动，不仅是为了满足政府监管机构的知识需求。基于合规性的执法过程，也受到私营部门对风险和监管的认知以及私人警务的管理体制的影响。在典型的以服从型执法和预防损失为主导的私人警务中，"当人们的关注重点从在道德上应受谴责的个体转移到制造混乱机会的人员类别时，监控的本质就发生了变化"（Shearing and Stenning，1984：340）。就像公共警察的情况一样，私人警务也是通过"提供持续监控的文件系统以及提供实时监控和回溯性监控"的方式开展工作的（Shearing and Stenning，1984：340）。公共警察和私人警察的文件系统相互交叉，但是有关警务的研究却一直忽略了这种交叉的本质特征。

警察和私营保险机构的文件系统被紧密地整合起来。这种整合反过来又促成了法律制度的整合和一体化。在所有以保险为目的的警察知识供给工作中（比如交通事故调查和财产犯罪调查），都会出现法律多元化现象（O'Malley，1991）。比如，对于入室盗窃案件，通过逮捕罪犯而破案的结案率一般是3%左右，从保险的角度看，对入室盗窃案件的报案登记数据的关注，主要是满足保险目的的良好的风险管理数据的需要，实际上真正运行的法律不是刑法，而是保险合同方面的法律。保险法涉及刑法无法满足当事人需求的领域。因此，警察成为保险监管的代理人。正如奥马利（O'Malley，1991：172）所述，"为了保护自己的利润，尤其是免受刑法并未禁止的道德风险的侵害（因此潜在地可能会受到国家警务的约束），保险公司必须在保险合同的框架内确立自己的法律秩序。保险合同（以及最近的保险合同法）为执行网络的运行建立了强制性条件，该网络致力于规范住户行为并惩戒违规行为，以便将假定的道德风险降低到最低限度"。

保险合同形成的法律秩序强迫被保险人自己进行风险管理。例如，投保的住户被迫停止在家中开展交易；充分遵守适当的安全技术标准以保护自己的资产；向警察报告任何可能造成损失或已经引发损失的行为；将所有相关信息资料提供给保险公司，并作为保险公司的证人出庭作证；接受社区警务

"守望项目"及其指导，以更好地进行风险管理。奥马利（1991）揭示了警察是如何成为合规性执法秩序的组成部分的。警察不仅成为保险公司风险知识的代理人，还扮演着保险计划共同推动者的角色。他们是犯罪风险管理策略中不可分割的组成部分。

除刑法以外的其他各种法律分支都已经成为解释社会风险实践的工具。在这些分支中，法律首先依赖于科学的风险知识。福柯（Foucault）和他的同事们（Burchell, Gordon, and Miller, 1991）认为，科学就像法律一样，不仅充满了规范自己的方法论实践，也为监管人群提供了行为规范的方法。特别是社会科学与精算科学交织缠绕在一起（Hacking, 1990），通过加入法律实施的方式参与监管计划，对一个案件或问题任意实施强行终结，以便其可以进入下一个案件或问题。法律对探寻真相的科学程序予以确认，而证明真相的科学程序帮助法律完成工作。此外，它还能将风险负担分配给其他监管机构。

特别是民法，以控制风险的名义有所扩张。"现代民法的主要功能是控制风险"（Priest, 1990：209），这可以说它比任何监管机构的措施都更为有效。在民法的各个领域，风险分配和赔偿的问题都是权利问题，风险被进一步合法化（Lowi, 1990）。民事法庭通过维护责任规则和法定权利的损害赔偿金来处理所有可能发生的风险。关于动机、意图和惩罚的问题，在很大程度上是无关紧要的，因为法院主要关注的是如何分配变化引发的风险，这些风险变化给当事人双方都带来麻烦。法官是精算司法的工程师，将当事人双方纳入一般的行为人类别中，并决定哪一方能够更好地预防损失，承担遭受的一切损失或伤害的成本。诉讼的最终裁决是确定哪家保险公司将为此买单。

在民法中，区分正常和异常行为的二元对立现象不复存在。所有的行为都是根据其造成的损失的可能性的大小来评判的。不再考虑致损行为的道德性，而是定量评估行为对风险的影响。功利主义道德准则就变得至关重要。尽可能有效地控制风险的目标，成为压倒所有其他事情的头等大事（Priest, 1990：209）。自相矛盾的是，我们在某种程度上都是有过错的，这种在道德原则上应受谴责的程度，是根据我们可能造成损失的贡献率进行校准的："我们每个人都必须认识到，我们所有的行为都有可能会以某种方式伤害社会中的他人。因此，每个公民都处于持续性地与法律保持潜在的互动联系的境况，因为每个行为都可能引发责任承担。"（Priest, 1990：215）。

"无辜者地位的衰落"（Ericson，1994c）现象，伴随着个人责任的上升而出现。每个人必须反思自己的行动，确保自己的行为不会增加损失的风险。在风险分类技术和法律之中，很容易发现自反性（reflexivity）的存在，这种自反性是明摆着的，因为两者都提供了永久性的监控。监控失败的风险就是法律诉讼，在民法的风险控制框架下，法律责任更容易产生：

> 我们的现代民法鼓励将诉讼作为一种内化风险控制成本的工具……我们的现代法律制度，专注于对风险的每一种贡献，是一个具有规模维度非常庞大的制度框架。这个制度框架希望对社会中以任何方式引发风险的所有活动实施法律控制。因此，几乎每个公民实施的每项行动，都可能受到潜在的法律审查，因为每项行动都会以某种方式增加损失的风险（Priest，1990：4）。

2.3　系统监控与精算司法

刑法也不得不"遵守"影响风险社会中所有机构的风险的"社会法则"。因此，正如我们所述，它必须"遵守"其他机构的风险沟通规则、格式以及技术。其结果是，刑法的目标、原则以及程序，朝着以合规为基础的执法活动和精算司法的方向发生了转变（Ericson，1994a、1994b；Feeley and Simon，1994）。

刑法推动风险社会朝着更好的风险管理系统和远离主权的方向发展，而主权被定义为主权国家在面对来自外部和内部敌人的竞争与抵抗时声称能够统治领土的能力（Garland，1996：4）：

> 人们认为，高犯罪率已成为常态，刑事司法机构的局限性也得到广泛的公认，已经开始侵蚀现代社会的基本神话之一，即主权国家能够在其领土边界范围内提供安全、法律、秩序以及犯罪控制的神话。这种对国家的法律和秩序神话的挑战越来越有效，也越来越不可否认，因为这种现象出现在广义的"国家主权"概念已经在许多方面受到攻击的时候（参见 Hirst，1994；Lash and Urry，1987）。

国家主权让位于无数公共机构和私营部门开展的碎片式的风险管理工作。按照强有力的中央权力当局的想象意志提供的确定性日趋减弱，而每个风险机构承诺的确定性却日渐增强。风险社会的承诺是，世界将由自动排除故障的风险技术而非容易犯错的人们主宰。它推动任何可能减少不确定性、促进自我监管以及防止损失的治理技术的发展。

我们可以通过现在的犯罪控制和正当程序的二元对立现象，来理解刑法理论、实践和改革（Packer，1968）。一方面，需要控制犯罪，通过确保有效消灭犯罪来保护公民免受反复无常的、具有任意性的犯罪行为的侵害。另一方面，重视保护公民自由的权利不受损害，这会导致保护受害者的权利在价值上超过保护犯罪嫌疑人、被告和罪犯的权利。刑事法律制度，特别是警察，有能力查明并逮捕罪犯，同时确保无辜的嫌疑人不受追究。

与刑事诉讼程序作为传送带的愿景相反，有人认为刑事诉讼程序应该是一个超越障碍的训练场，因为刑事诉讼程序法规定了主要的跨栏障碍物（McConville、Sanders and Leng，1991）。需要保护公民免受刑事司法人员反复无常的和任意武断的诉讼行为的侵害，确保嫌疑人、被告和罪犯享有法律规定的权利，例如告诉他们逮捕的原因，他们可以保持沉默，他们可以保留第三方援助的权利。保护公民免受不公正的惩罚和保护公民自由的权利不受损害，其重要性大于有效地逮捕和惩罚罪犯的社区共同利益。人们认识到，人类及其机构是不可靠的，也可能会犯错误，警察和其他刑事司法官员也需要承担相应的法律责任。

人们每天都可以在关于犯罪、法律和正义的新闻报道中发现这种双重对立的故事（Ericson，1991、1995a、1995b；Ericson，Baranek，and Chan，1991）。然而，在刑事诉讼程序的法律文化中，事情以截然不同的面貌出现。犯罪控制和正当程序之间的二元对立界限模糊，并且发生着分解和转换。

不可否认，警察有时能够有效地逮捕那些后来被判处长期监禁的严重犯罪的犯罪人。在许多地方的司法管辖范围内，尤其是美国，监禁率急剧上升（Zimring and Hawkins，1991）。警察专注于抓捕罪犯，法官专注于判罚，媒体始终专注于创造适宜于犯罪控制的氛围，都带有戏剧化的成分。但是媒体并没有什么错：大量的影视戏剧在描述这方面的事情时，极力渲染警察如何抓捕罪犯和法官如何对罪犯定罪量刑。从这个角度看，媒体是法律机构的一部分，帮助司法机构对一般威慑的神话进行戏剧化处理，并支持建构所谓

"正面威胁"（decent coercion）的概念（Ericson, Baranek, and Chan, 1989、1991；Ericson, 1996）。

然而，在现实的日常警务活动中，有时很难发现所有公共文化所讨论的犯罪控制实际上指的是什么。公共警务活动的一个特点是，它很少涉及如何直接处理犯罪的问题。在应对犯罪的大部分工作中，公共警务组织没有能力承担其应尽的职责任务，而是系统化地将犯罪控制的责任以社区警务的名义转嫁给其他机构。这种能力缺陷与隐私制度相关（Stinchcombe, 1963），该制度加大了调查犯罪的难度。如果你问，你所在的城市中有多少人持有大麻或在昨晚酒后驾车，这种提问逻辑就好比在问"这根线有多长？"或"这一堆小麦有多少粒？"（Ditton, 1979）。

或许有人会说，尽管警察在调查犯罪方面面临着严重的局限性，但当他们设法逮捕了一名嫌疑人时，他们可以有效地将案件提交起诉。然而，即使嫌疑人已被逮捕并能够提起诉讼时，他们也往往不会被逮捕。例如，在英格兰和威尔士，"警察发出警告的案件数量和范围，多年来一直在稳步增长"（Royal Commission on Criminal Justice, 1993：82）。在一项针对某英国司法管辖区如何处置成年犯罪嫌疑人的研究中发现，"事实上，警察的日常经验和检察官的决策往往导致销案……在所有已结案的案件中（样本数 $n=1068$），有不少于49.4%（$n=528$）的案件在没采取任何法庭诉讼行动的情况下结案，主要是通过不采取进一步的诉讼行动、提出正式或非正式的警告的方式结案"（McConville, 1993：86）。

在英美国家的司法管辖区域内，警方对绝大多数被逮捕的青少年提出警告或转处，而非将其起诉到法院。在1990年的英格兰和威尔士，被逮捕的72%的男性和85%的女性受到警方的警告，而没被起诉到法庭并被定罪（Evans, 1993：2-3）。在米汉（Meehan, 1993）对一个美国司法管辖区的研究中发现，社区或警察几乎没有提出采用正式程序处理少年犯罪嫌疑人的行政要求，致使"主要控制形式转为监控和内部记录保存"。通常情况下，警方并不采用正式诉讼或惩罚的方式来处置青少年，仅仅将其行为予以记录存档。这些记录可能在将来为警察所用，并将这类记录传递到其他警察机构和监管部门。

刑事被告被定罪的情况，从统计学上来看是很少的，即使有，判处的刑罚也相对较轻（McMahon, 1992），例如在加拿大的安大略省，1951—1984

年入狱率下降了 30%，长期监内服刑率降低了 20%。最主要的处置形式是罚金。安大略省大约有 90% 的刑事案件采用罚金处理。即使不考虑交通事故，罚金的使用量仍远远超过所有其他类型刑罚的总和。此外，在安大略省所有收监服刑的人员中，占有相当大比例（约占 1/3）的监内服刑者是由于不履行缴纳罚金的处罚而被收监执行的，实际上创造了一种债务人监狱的现代形式。正如加兰（Garland，1996：15）所观察到的那样，如果没有这些刑事司法制度努力"明确界定越轨行为的标准"（Moynihan，1993），"我们将会在每个社区都设立一个监狱，而不仅仅是推行邻里守望（Neighbourhood Watch）项目那样简单"。

当然，刑事法律的适用一旦涉及犯罪控制时，其制裁措施有时是非常严苛的。在加拿大，最近修订的《刑法》已经大幅降低了最高刑期，但这些刑期却依然很长，长期监禁刑几乎从未被放弃过。维持较高水平的刑期上限的原因在于，法律是使用公共话语写成的文本，是大众文化的一部分，有时用新闻话语描述的事情，比用法律文化语言描述的事情对公众更有吸引力，更容易为大众所接纳（Gusfield，1981；Ericson，1996）。作为政治叙事终点的法律改革，必须不可避免地就犯罪控制问题做出强有力的戏剧性声明，即使法律通常被忽视甚至没有得到执行而成为一纸空文，或者未能得到公平公正的执行，或者可能会进行修订。

上述因素意味着，在执行刑法时，监控取代了犯罪控制的位置。我们将监控定义为通过官僚制度等级来生产关于嫌疑人群的知识，并对其进行风险管理（Giddens，1985；Dandeker，1990），而不是通过大众流行观点认为的那种采用卧底警察的危险方式来打击不法分子和犯罪组织（G. Marx，1988）。与风险社会中的所有其他机构一样，刑事司法机构更偏好有关强制的知识，而不是实际上的强制胁迫（Stehr，1994），尽管有时需要使用强制力来获取知识。

作为一个主要协调机制是知识的系统，刑事司法系统寻求将嫌疑人转化为知识对象，用于进行风险画像分析。风险画像本身就是一种目的，作为刑事司法系统图景中犯罪控制、最大数量的起诉以及严刑峻法的硬边线，已经让位于获取和记录关于人群中可疑人员的知识的需要。与以合规为基础的法律体系一样，起诉通常意味着未能通过其他手段达到合规的迹象，包括其他风险机构内部可用的方式。法律仍然得到执行，但现在已经很少采用起诉的方式执法。对犯罪控制的效率的狭隘关注让位于对管理嫌疑人有用的知识的高效生产与分配。刑事司法监控的目的是高效地采用载体格式记录和获取有关人群的详细知识，并希望这些知识能够在未来刑事司法系统与他们打交道时派上用场，或者在与其他机构（如信贷、福利、保险、医疗、教育等）打交道时能派上用场。

与监控嫌疑人同步进行的是将警察作为嫌疑人进行监控。恐怕没有一个职业像警察那样需要进行彻底监控。这种监控产生于不信任，这是风险社会所特有的现象（Giddens，1990）。刑事司法制度本身有一种信念，一旦有机会，警察会经常逃避职责，犯严重错误，伪造证据，并一般依据职业文化中的非正式规则行事，而不是遵守正式的行政或刑事法律规则。这些问题对刑事司法系统获取用于对嫌疑人实施风险管理的有用知识的能力造成了威胁。因此，刑事司法系统使用的解决方案就对自身进行监控，开发监控警察的新的通信规则、格式以及技术。这种监控的目的是维持对警察机构的信任，即使个别警察仍然受到怀疑。

为英格兰和威尔士的皇家刑事司法委员会（Royal Commission on Criminal Justice，1993）准备的报告，反映了这种不信任的文化。英格兰和威尔士的一项法律规定：对警察讯问嫌疑人的过程进行录音（这种规定本身就强烈地反映了对警察的不信任）。为了加快录音审查的过程，某些警察被指派依据录音内容以标准化表格的形式编写案情摘要。鲍德温（Baldwin，1993：23），一份委员会研究报告的作者，建议控辩双方的律师实际上都应该听听这份讯问录音，他认为，这是"避免转录失真这一高风险的唯一方式……目前转录的准确率大大低于俄罗斯轮盘赌中的概率"。马圭尔和诺里斯（Maguire and Norris，1993：115），另外一份委员会研究报告的作者，提倡对侦探的调查行为进行独立的随机调查，并指出侦探和主管上司之间的信任是与其他刑事司法代理人诚信相待的关键障碍："信任……难以真正确保合规性执法，是一种虚弱的服从保证，考虑到信任在很大程度上主要是一种私人契约，它很容易被滥用。为了解决这个问题，我们建议应当确立一个'质量控制'系统，这样就可以证明警务人员的正直诚实品格，而不是假定的正直诚实。"

在风险社会中，所有职业都受到监控，它们担心自己独特的非正式文化会违反程序正当性。尽管职业文化中的实践知识（craft knowledge）对公平和高效的社会组织而言是至关重要的（Manning，1992a），但在所有社会机构中都会受到越来越多的行政监督和干预，因为人们认为实践知识具有很强的任意性（武断专横而非系统性），这会使实操人员逃避责任。因此，皇家刑事司法委员会（1993：7）主张，为了解决警察的玩忽职守问题，其补救措施在于"需要建设一支更为训练有素、装备精良、接受监管的警察队伍，而不是仅仅心照不宣地默默服从法律程序的要求"，因为，他们认为这才是警察实践知识的本质及其"行为方式和手段"的本质。马圭尔和诺里斯（1993：109）在《论攻击的"文化"》一文中，以攻击文化为背景，提倡培训年轻的侦探，避免他们被"吸入""传统的侦探文化"（"大男子主义"和"精英主义"的态度，这种文化观念相信"规则就是用来突破的"，过度的保密性和怀疑局外人，等等）的泥潭之中而不能自拔。

警察们敏锐地意识到这样一种现实，某人越被信任，他就越容易受到监控机制的监视，这些机制提醒人们，信任往往是依情况而定的，通常需要他证明自己的清白。使用监控机制对警察进行监控以及由此产生的心理与情感反应，体现在 1981 年安大略省皮尔郡警察局总部大楼对外开放时，《多伦多环球邮报》的记者报道之中，记者写道：

> 基本思想是控制接近和进入大楼的人员的运动。对警察的控制通过计算机门禁卡实现。该楼共有 18 个防盗门，只有一些门禁卡内存有打开所有门的程序。所有进入情况都会被记录下来——门禁卡的卡号、日期和时间以及因未经授权进入而触发警报的情况。

> 尽管在外部已安装了能够通过远程控制拍摄、变焦并倾斜的摄像头，如果入侵者仍然能进入大楼的话，则他会发现自己身处一个方形走廊之中，这里有标准长度的安全镜头以及防篡改摄像头。

> 受过专业训练的文职警察 24 小时工作，控制和监控这些相机和其他物品（如电子门铰链，在门未能自动关闭时发出报警信号）。他们坐在一个大的控制台前，该控制台显示了整栋楼的图像、出入口灯光信号，以及 18 个安全摄像头的电视监视器。某些最高安全级别区域还安装有声波入侵警报装置，整个大楼外部由高强度钠灯照明。

> 大楼使用的是条带形窗户，双层玻璃呈 45 度倾斜，以抵御子弹和石头的袭击，并安装在离地面 7 英尺高的位置上，因此它们无须覆盖。

除此之外，它们具有反光性，即使周围建设了公寓大楼，也无法看到该楼内部的情况。(Kashmeri, 1981)

这个警察局总部大楼就是风险社会中监控活动的一个标志，认为公民和警察都是狡猾的、腐败的、不值得信任的、有风险的、罪恶的。因此，它代表了风险社会中的风险画像实践，该实践以这样一种观念为基础，即在信任和可接受的风险之间存在不平衡现象，这种失衡必须加以纠正。此警察局总部大楼的安保措施反映了最新技术能够带来安全这样一种信念：获取这些技术被视作"明显"、"自然"和"进步"的事情。这些技术确保了此类活动的效率，即确定某人是否清白，是否能够参与特定的工具性交易（instrumental transaction）；某人是否有罪，是否需要阻止他进入特定地点、参与特定活动、享有成员资格。

采用新的监控技术意味着，警务监督的性质正在发生变化。传统的警务监督是个体性的、回溯性的，强调调查形式的完整性（Punch, 1983）。"警务监督的焦点主要集中在警务活动结果上而非活动本身，简而言之，第一要务是确保'文书工作是正确的'。"（Maguire and Norris, 1993：14）然而，监控技术现在意味着警务监督工作越来越具有前瞻性，因为它被内置于信息系统和技术之中。警察知识的计算机化的报告格式，提供了从根本上影响警察思考和行动的分类。警务监督前瞻性地嵌入格式当中，并回顾性地嵌入监督人员对归档报告的检查中，同时，正如目前所显现的那样，监控报告的技术能力也越来越强。

警察机构有组织地实施更多控制犯罪的能力不足，以及其他机构对风险相关知识的需求日趋旺盛，意味着很难在警察的日常活动中体现正当程序的要求。当然，正当程序仍然在整个刑事审判过程中发挥着重要作用。事实上，进入审判阶段并展现关于犯罪、正当程序以及惩罚全貌的重大刑事案件，正是媒体报道法院工作时所关注的中心点（Ericson, Baranek, and Chan, 1989：第2章）。正如对犯罪控制的戏剧化呈现那样，在重大案件的审判过程中，能够发现大量的戏剧场面，法律的威严、正义和仁慈得到了充分的展现。从这个角度看，媒体是一个法律机构，通过加强公众共识、文化一致性以及秩序感的方式，帮助维持其自身的神话。公众对法律抱有幻想，同样也是现实（Gusfield, 1981）。

然而，在警察的日常工作中，很难发现所有公众讨论的正当程序的实际含义。就像上面所提到的那样，大多数警察与嫌疑人打交道的形式都是监控、提出警告或提醒等，而非以正式起诉的方式处理犯罪嫌疑人。这种"对监控依赖的增强不仅避开了正式程序可能会带来的耻辱，而且绕过了它所保证的权利保障，颇具讽刺意味地强化了警察的控制"（Meehan，1993：504；McConville，Sanders，and Leng，1991）。即使案件被起诉，绝大多数案件也是通过不经审判的辩诉交易方式解决的。所有参与者知道，即使有另外1%或2%的案件进入审判程序，刑事司法系统也将会崩溃（Ericson，1982，1993；Ericson and Baranek，1982；McConville，Sanders，and Leng，1991；Miyazawa，1992）。

在辩诉交易时，多种组织逻辑交织在一起。警方推定嫌疑人有罪，并根据这一推定收集和提供案件材料。这一事实不仅有大量的学术研究支持（Ericson，1982，1993；Ericson and Baranek，1982；McConville，Sanders，and Leng，1991；Miyazawa，1992），在关于审讯和供述方面的标准化警务手册中也体现得非常明显。例如，在英博（Inbau）和里德（Reid）编写的《审讯手册》（1967）中，有一章共68页，题为"审讯罪行确定或基本确定的嫌疑人的策略技巧和战术"（Tactics and Techniques for the Interrogation of Suspects Whose Guilt is Definite or Reasonably Certain）。警方采用了鼓励认罪和解等辩诉交易（pleabargaining）的方式指控嫌疑人，包括"拔高"犯罪类别按照最严重的罪名提起指控，以及提起尽可能多的罪名的指控，从而达到这样一种局面：检控方可以通过减少指控罪名或撤回对某些罪名的起诉以换取嫌疑人的有罪供认。

通常情况下，辩护律师只能在警方告知被告可能有罪的前提下开始辩护工作，一旦警方做出推定有罪的决定，辩护律师便会促使警方在第一时间提出正式指控。如果案件通过警方与嫌疑人的原始交易得到了有效处理（比如嫌疑人做出有罪供述或者被没收财产），这个时候律师是很少在场的。即使律师出现在最初的辩护交易认罪的现场，其活动范围也会受到限制，原因在于：一是律师需要维持其与警察的合作关系；二是警方会有选择性地为其提供有关案件的知识，而且律师自己对有关法律与秩序以及刑事司法系统效率的态度往往与警察一样。从法律实践工作的整体来看，刑法工作的地位相对较低，办理刑事案件的辩护律师的收入微薄，刑事律师收入的主要来源是法律援助。因此，从商业的角度来看，一般在省级法院审判的刑事案件，具有警方推定有罪和案情一目了然的性质特征，不值得律师付出更多的努力来克服警察设置的障碍。辩护律师是法庭的一名普通成员，他必须与警察和检察官保持信任和互惠关系，才能尽力为自己的当事人的利益最大化与检察官和法官进行"交易"。事实上，在许多司法管辖区，辩护律师也担任兼职的皇家检察官，以弥补自身收入的不足。面对所有这些限制，律师在常规案件中最能做的事情，就是利用其对地方法院运行的一些"秘诀知识"，最大限度地办好情况糟糕的案子。律师可以对这类案件的各种可能结果及其成本费用进行统筹谋划，如哪些罪名的指控可能会在法庭上被撤回或哪些起诉罪名的指控等级可能会被降低，以及在通常情况下，什么样的罪名可能会判处什么种类及刑期的处罚（Sudnow，1965）。律师也可以在量刑听证会上做出对当事人有利的陈述，以便在一定程度上减轻处罚。

相对于警察而言，皇家检察官也处于不利地位。通常情况下，警方要跟辩护律师接触交流案件情况，以期在庭审日期之前的认罪答辩中达成辩诉交易，以认罪和解的方式解决案件，在大多数案件的第一次开庭前，只有在那时才寻求获得皇家检察官对辩诉交易的正式批准。皇家检察官之所以信赖警察的工作，是因为在此之前警方已经终结了案件的调查工作，并正式向皇家检察官办公室提起控告，一同移送了起诉状及其"卷宗材料"（案件档案），皇家检察官只能就卷宗材料中对特定事件的描述进行书面审查工作。在审查起诉的当天，皇家检察官要面对大量的起诉案件，面对浩如烟海的卷宗材料，不可能详细阅读研究每一个案件的档案材料（通常是因为其认为会通过认罪和解的辩诉交易了结案件）；检察官是法庭的普通成员，必须与警察和辩护律师保持信任和互惠的关系。

基于警方对被告做出的有罪推定，他们认为理所当然的是，为了获取有罪供述和同案同判的结果，他们采取的所有方式都是可取的，他们希望皇家检察官也持有同样的观点，对于他们已完成的工作，皇家检察官只需批准即可。当皇家检察官、律师和警察的协同配合关系意外遭受挫折时，下面的案例会清晰地表现出本是按日常惯例操作的各方，将会面临的精神和心理失衡的状况（Ericson，1993：189-190）。

一位侦探指控两人犯有多次入室盗窃罪以及其他财产犯罪。他已经获取了每个嫌疑人的签名口供，每个嫌疑人都供述了其实施的每一次犯罪行为的情况，同时侦探还追回了一部分被盗财产。在案件侦查阶段，警察做了大量的调查工作，签发传票传唤询问了所有的证人，将查获扣押的被盗财产移送到了法院，为皇家检察官准备了详尽的庭审意见书，这些事无巨细的工作耗费了警察巨大的精力。当皇家检察官表示，这个案件涉及的犯罪行为众多，可能面临的指控罪名复杂，还需要进一步查明相关情况时，侦探就表现得犹豫不决，声称提交的辩诉交易方案已明显能够解决问题，不需要做出特别的努力再进行这些麻烦的工作。以下是在皇家检察官办公室中录下的两位检察官之间的对话：

> 你看看，这都是什么案件，这些家伙进行了大约 900 次的非法入侵，这是什么狗屁案子，还想要得到"预期的认罪和解"（侦探在卷宗材料里面写了这样的建议），你知道这意味着什么，这里不会有任何证人，所以啊……玩蒙提·霍尔"三门问题"① 游戏的压力太大了。

稍后，第一位皇家检察官（刚才引用的那个检察官）又对第三位检察官说：

> 我手里有六个案件，其中三个是故意伤害案件，另外还有一个盗窃案和一个侵占财产案。那个侵占财产案的案情不明，没有什么案情摘要，简直太简洁了，信息清单页面上都是一些鬼画符的东西，这样

---

① 蒙提·霍尔"三门问题"（Monty Hall problem），也称为"蒙提·霍尔悖论"，是一个源自博弈论的数学游戏问题，大致出自美国的电视游戏节目 *Let's Make a Deal*。问题的名字来自该节目的主持人蒙提·霍尔（Monty Hall）。这个游戏的玩法是：参赛者会看见三扇关闭的门，其中一扇的后面有一辆汽车，选中后面有车的那扇门就可以赢得该汽车，而另外两扇门后面则各藏有一只山羊。当参赛者选定了一扇门，但未去开启它的时候，节目主持人会开启剩下两扇门的其中一扇，露出其中一只山羊。主持人随后会问参赛者要不要换另一扇仍然关闭的门。问题是：换另一扇门是否会增加参赛者赢得汽车的概率？如果严格按照上述条件的话，答案是"会的"——如果换门的话，赢得汽车的概率是 2/3。虽然该问题的答案在逻辑上并不自相矛盾，但十分违反直觉。人们根据不确定性信息做出推理和决策需要对各种结论的概率进行估计，蒙提·霍尔悖论与英国数学家贝叶斯（Thomas Bayes，1702–1761）提出的"贝叶斯定理"相同，都是用来描述两个条件概率之间的关系。"三门问题"不仅包含了概率学和逻辑学，还包含了心理学，但研究的角度是不同的。心理学研究人们主观概率估计的认知加工过程规律。这一领域的探讨对揭示人们对概率信息的认知加工过程与规律、指导人们进行有效的学习和判断决策都具有十分重要的理论意义和实践意义。——译者注

的卷宗材料都想获得"预期的认罪和解"，我们是愿意进行辩诉交易，但是，你得知道，"很久很久以前，就有人不请自来强行加入参加游戏的童话"。

此后，第一位皇家检察官要求侦探仔细审查对每个被告提出的指控，并提供更多案卷材料的细节。侦探不太高兴，开始抱怨皇家检察官对案件的态度，认为"这种刑事司法制度"是荒谬的，因为两位被告仍然没有表示认罪，虽然有证据表明犯罪分子违法所得的财产已经被没收，对犯罪事实供认不讳，并在供词上签名：

> 侦探：我们对犯罪嫌疑人进行了预审，获得了他们对每个犯罪事实的口供和认罪陈述，收集了各式各样的证据材料，查获了大量的财产，难道这还不足以起诉和进行辩诉交易，简直是太荒谬可笑了。
>
> 皇家检察官：我们得慢慢来，案件得一件件查清楚，犯罪嫌疑人的罪行也得逐一核查清楚，犯罪分子只有认罪服法，才能谈得上进行辩诉交易并达成认罪和解——否则就达不到认罪服法的效果。
>
> 侦探：就这样把犯罪嫌疑人强行拖到法庭上受审，就会有不公正的事情发生。律师不会告诉我们他们在做什么，或者犯罪嫌疑人是否会聘请律师。

在对一些指控的犯罪行为进行了仔细查检和认真讨论之后，侦探又补充说明了下面这段话：

> 问题你是知道的，这简直是太荒谬了！你怎么能从这些家伙那里得到十份认罪供述，随后他们转过背就开始翻供，推翻他们之前的所有有罪供认，并且在没有律师的陪同下就上法庭受审，在没有其他证据的情况下，向法庭陈述他们在警察审讯期间没有承认犯罪，对指控的犯罪不服。在法庭上出示的证物非常多，有好几大箱子，有香烟和其他大量的被盗财物，你知道的，为了上法庭做证，我们做了多少准备工作，要将这二十个犯罪分子带上法庭，还得整天坐在这些东西旁边，每天都得把这些东西搬进搬出法庭并且还要逐一排列好，你甚至都不知道他们在法

庭上到底在做什么。

皇家检察官随后试图确定在法庭审判中指控罪名的顺序，但是侦探又拒绝了，并再次提出抗议说，需要各方进行合作以加快进行辩诉交易，并提出了一个"明显的"理由：

> 我不在乎你说什么……我没办法处理所有这些该死的工作以及这些该死的家伙，懒得理睬这些没人管的混蛋，管他们在法庭上有没有律师陪同，这些可怜的家伙是否能够获得认罪和解以及任何东西，与我何干。这真是荒谬啊。

最终侦探、辩护律师和皇家检察官以辩诉交易结案，使侦探免于应付额外的工作。

对这个故事的一个反应是，那又怎样，这些人都是有罪的。为什么要浪费专业人士（法官、律师、警察）和证人、被告的宝贵时间？为什么要让每个人参与刑罚过程（Feeley，1979）？毕竟，被告才是唯一应当接受惩罚的人。当然，这正是无罪推定弱化带来的情感。借助确定性和效率的名义，我们无须担心过程，尤其是因人类过错产生的昂贵、复杂的过程。为了建立确定性、常规性和效率，我们假设人是有罪的，他们有经验、狡猾、腐败、不值得信任、具有风险和罪责。

在美国，打折正义（discount justice）的制度化形式已经达到了顶峰。在大多数美国司法管辖区内，刑事案件公开在法庭上进行辩诉交易（open-court bargaining）的制度取代了审判的地位。通常情况下，在"没有警方的起诉文件、证人证言、法医证据或能够证明熟悉指控或被告的法庭官员"的情况下，案件就被处理完毕了（McConville and Mirsky，1993：1373）。举证责任——国家必须排除合理怀疑理由，证明构成犯罪的每一个要素——被否定了，对抗式诉讼模式被反转了。对抗式诉讼制度具有调查性，取决于被告对指控罪行的公开承认的合法性及其生存状况：

> 因为辩诉交易将对抗式诉讼模式轻而易举地变成这样一种局面，要求某人在一系列选项面前做出选择，这些选项或多或少会给嫌疑人带来

负有义务性质的麻烦，而非从一开始就确保国家拥有在法律上看来是充分确凿的证据，对起诉的案件很少进行甚至根本没有进行任何审查。相比之下，依赖一种开放的刑罚折扣制度对于警察和检察官而言具有诱惑性，这能使他们在独立而全面彻底的侦查过程中获得最主要的有罪证据——口供。（McConville and Mirsky，1993：1381）

法官直接与被告及其律师进行辩诉交易，不再具有中立性质。法官与诉讼的结果相连——一份辩诉交易协议和通常范围内的刑罚惩罚——而非按照对抗性诉讼程序开庭审理。如果法官的建议被拒绝，被告就要在审判过程中被定罪，量刑"总会在实质或任意的程度上超过最初的'认罪和解交易'的请求"（McConville and Mirsky，1993；也可参见 McConville and Mirsky，1995）。

这些事实背后的一个观点是，该制度确实是根据刑事诉讼程序中所涉及的职业文化的组织逻辑来运转的。职业文化中的非正式规则才是"真正"的操作规则，而不是刑事实体法和程序法的执行规则。这一直以来都是研究人员采用的视角，他们沉浸在这些文化中，并运用这种文化视角去理解所谓的"真正的规则"（Manning，1977；Ericson，1982、1993；McConville，Sanders，and Leng，1991）。但是，这种方法存在两个主要缺陷。第一，同义反复，这导致从观察到的"非正式"实践中引申出规则，然后反过来将其用于解释这些实践。第二，研究人员认为，警察和其他刑事司法人员千方百计规避、绕过或者干脆无视法律的规定，研究人员推定这些法律充满了正当程序条款的法律精神。然而，法律本身往往并不体现或涉及正当程序规定。

例如，辩诉交易被纳入法律本身的结构之中。因此，认罪答辩通常被视为减轻量刑的一个因素。英格兰和威尔士的皇家刑事法院为那些认罪的人提供了一个量刑标准，可以减刑 25%~30%。皇家刑事司法委员会（1993）建议采用一种浮动比例的减轻处罚标准：如果在收监拘押阶段达成认罪和解协议的，可以减刑 30%；如果在被拘押至第一次刑事法院审理期间认罪，可以减刑 20%；如果在第一次听审之后至两次提审时达成认罪协议，则可以减刑 10%。我们必须记住的是，皇家刑事法院是英格兰和威尔士最高级别的"审判"法院，是英国司法公正及其包括无罪推定原则在内的主要原则的一个关键象征。法院不是节礼日的哈罗德商场（Harrod's on

Boxing Day)①，也不是波托贝洛的鱼市场（the fish market at Portobello)②，任由人漫天要价、坐地还价。

在所有英美法司法管辖区内，对多重罪名指控和"加重指控"有多个解释性的维度，反过来，又为警察运用有罪答辩换取刑罚的从轻或减轻处罚提供了基础。法律中设定的刑罚处罚幅度上限鼓励犯罪嫌疑人与警察和检察官通过有罪答辩获取法官较为"温和的"刑罚处罚，在被告眼中，这就是个"交易"的过程（Ericson，1982、1993）。

其他的权利则被法院和法律改革者逐步削弱了。美国著名的米兰达规则（Miranda ruling）虽然在 1968 年保留了它在流行文化中的地位，但在法律文化中受到了根本性的侵蚀。英国新的《刑事司法法》（*Criminal Justice Act*）取消了嫌疑人有保持沉默的权利的规定。皇家刑事司法委员会（1993：115）指出，在重大诈骗案件中，如果被告拒绝与检方合作披露起诉证据的话，那么就会受到藐视法庭的指控，"这将允许法院对被告立即处以短期监禁，我们希望一旦进行必要的合作，他们就会被释放"。在谈到他们建议取消被告选择皇家刑事法庭作为其审判地点以代替较低级别的治安法院作为审判地点的权利时，皇家刑事司法委员会的理由是，"被告将不再有权坚持说（正如现在每年发生的 35000 个案件中那样，这与法官的观点是相反的）他们的案件应在刑事法庭上审判。我们认为，被告不应仅仅基于'他们认为审判地点不同，案件处理的公正程度不同'这样的观点而有权选择审判法院。我们也不认为被告有权选择诉讼模式，他们认为在某些诉讼模式下更有机会被宣告无罪释放"（Royal Commission on Criminal Justice，1993：88）。

刑事侦查程序的多个领域也未能体现正当程序。例如，最近出台的《加拿大刑法》（*Canadian Criminal Code*）中设有"犯罪所得追缴"一章，但谈到适当裁决前获取证据和扣押财产时，有关正当程序的规定连影都没有。加拿

---

① 节礼日（Boxing Day），圣诞节后的第一个工作日，是公司企业送礼物给雇员的日子。每年的 12 月 26 日是英联邦国家的节礼日，传说中全年商店折扣最大的一天。标志性的顶级百货商场哈罗德据说在 27 日才开始打折。因此，节礼日的哈罗德商场，意思就是犯罪嫌疑人漫天要价，检察官和法官坐地还价的意思。——译者注

② 波托贝洛市场（Portobello Market），是位于伦敦西部的诺丁山最有名的集市，集市分布在波托贝洛路（Portobello Road）上，是一个很有波希米亚风味的地方，也是伦敦最富有的地区之一。波托贝洛市场是英国数百年发展的影集，是英国历史、文化、艺术、生活的缩影。——译者注

大的搜查和扣押法律非常偏向警察一方，只要警察具有（搜查）资格，那么他就能证明搜查的合法性。即使搜查被认定为非法搜查，由此获取的证据仍能借助法官的自由裁量权而在法庭上成为可采证据（Ericson，1981、1982、1993；Law Reform Commission of Canada，1983；Hutchinson，1995）。

在英格兰和威尔士，皇家刑事司法委员会（1993）允许为了获取嫌疑人信息而进行强行搜查和扣押，该信息不仅能用于犯罪侦查，还能满足警察科学的需要。委员们认为，由于法医学的发展，警察应该可以强行获取头发、唾液以及源于嫌疑人身体的其他体液样本。在这里，正义等同于刑事司法制度的监控需要："鉴于头发样本越来越具有提供 DNA 证据的能力，我们建议，基于正义的利益需要，不管是通过强行拔取还是剪发的方式获得头发，都是合理的。"为了增强警察从嫌疑人那里获取证据及在科学上有用的知识的权力，委员们建议将攻击、盗窃以及其他可逮捕的犯罪进行重新分类，使警察在嫌疑人不同意的情况下，仍然能够采集样品。

这些因素表明，正当程序和犯罪控制之间的二元对立在法律内部被分解了。"遵守正当程序的目的是控制犯罪"（McBarnet，1979、1981；Ericson，1975、1981、1993；Ericson and Baranek，1982），程序性规则使警察能够侵犯个人隐私并获得他们认为能够满足监控目的的知识。在这方面，麦克巴尼特（McBarnet，1979：39）发表了最强有力的评估报告：

> 合法性要求平等，但法律又歧视那些无家可归和失业的人。合法性要求官员受法律管控，法律以事后决策为基础。合法性要求每个案件都能够根据自己的事实进行判断；法律将前科作为对某种行为进行定罪的依据与理由。合法性要求定罪证据作为逮捕和搜查的基础，法律为了证明确有犯罪事实存在而允许实施逮捕和搜查扣押。合法性赋予个人对抗警察或国家利益的公民权利；法律使国家和公众利益成为无视公民权利的理由……偏离合法性是法律本身制度化的表现。法律不需要改变来消灭对警察造成的束缚：因为这只存在于虚幻的言辞之中，本身就不存在这样的束缚。

这样来看，法律并不像其宣称的那样。此外，这些华丽的修辞语言并未体现在法律文本之中，而是公共文化和大众传媒的逻辑的问题。毫无疑问，法律的目的显然是控制犯罪，但从根本上来看，也是监控的需要。虽然正当程序条款仍然限制警察的某些侦查行为，特别是在具有重要社会地位的当事人参与的重大案件的审理全过程中（Cooney，1994），但通常情况下，法律也拓展了监控实践的合法性基础（G. Marx，1988）。慢慢地，越来越多的"正当程序"规定几乎与当代警察活动没有任何联系（G. Marx，1988：189-189）。随着科学和技术的进步，警方的监控能力得到提升，作为监控机构的法律及其合法性，几乎同时发生了变化。传统的警察对合法使用武力的垄断与知识获取的垄断方法交织在一起（Ericson and Shearing，1986）。

正如犯罪控制已经让位于监控一样，系统权限取代了正当程序的地位。也就是说，为了获取嫌疑人信息，对监控系统权限的偏好已经侵蚀了嫌疑人的权利。嫌疑人的合法权利不仅被剥夺了，而且还正在与国家集中化的统一权利实体相割裂。权利越来越多地被赋予和嵌入刑事司法制度中，使其能够生产、分配和使用任何被认为是必要的知识，以有利于刑事司法和其他风险机构对嫌疑人实施有效的监视和管控。

因此，精算司法法理学（jurisprudence of actuarial justice）得以产生（Feeley and Simon，1994）。公共正当程序的目标为私人目标、碎片化的风险管理目标所取代。刑事司法制度并非按照双方一致同意的规则行事，而是根据专门的和特殊功能区域内的安全需要行事，主要目的在于预防损失而非对犯罪事件做出反应。通过公开羞辱表现出来的威慑和惩罚，仍然通过警方活动的实况电视报道和法庭审判的影视化方式进行着戏剧化呈现，但都因为对监控和个人犯罪登记的排斥而显得黯然失色。

这些法律变化的原因有多种，特别是那些需要警察提供知识的其他机构所使用的"风险模板"（templates of risk），以及风险社会中其他机构对科学和法律知识的需求。在某种意义上讲，犯罪学的贡献就在于它已经成为以受害者为中心和刑事司法制度为中心的风险管理科学（Ericson and Carriere，1994；Garland，1996）。法律和经济运动参与了这些变化，其重点关注制度、集体财产、定量分析以及实用主义思维方式（Feeley and Simon，1994）。侵权法强调社会效能和风险管理，具有广泛的影响（Priest，1990）。颇具讽刺意味的是，正当程序规则拓展了风险分析画像的对象范围，将警察和其他刑事司法人员涵盖在内（Feeley and Simon，1994）。在第三章中，我们就要分析这些发展成果如何为社区警务所吸收。

第3章 社区警务和风险沟通

3.1 社区警务

社区警务模式（community policing model）为风险社会中的警务提供了一种理性和正当的模式。社区警务拒绝采用以前的警务模式，包括尚武精神的军人主义（秩序维护）、法条主义（legalism）（法律执行）和专业主义（公共服务）。在社区警务模式中，人们期望警察能够与当地的机构和组织共同工作，并帮助它们完成好自己的风险管理工作。

社会科学家通常将社会机构（social institution）的模式理解为与现实脱节的一种意识形态观念或是华丽辞藻的表达形式。作为意识形态观念和修辞形式，这种警务模式掩盖了社会的真实发展状况，从而有助于将一些做法合法化，这些做法令人感到不安或对有关人员具有冒犯性。人们通常是在这种语境下理解社区警务的。一本关于该主题的论文集《社区警务：理想还是现实》（*Community Policing*：*Rhetoric or Reality*）（Greene and Mastrofski，1988），认为理想和现实两者相互排斥、互不相交或者处于一种二元对立的地位。一些支持这种观点的人士声称，社区警务更多体现了理想而非现实（Bayley，1988），是"旨在塑造和控制公众意见的警察策略"的又一个例证（Manning，1988：40），是"机构合法化（institutional legitimation）的一个重要的新渠道"（Murphy，1988a：179）。

许多分析人士认为，警务活动的本质在于警察强制力的使用，而社区警务模式恰好将这一点神秘化或加以掩饰。比如，沃丁顿（Waddington，1984：95）谈道，"社区警务"给我们造成一种浪漫的错觉，它的出现不是为了让我们"找回曾经失去的世界"，相反，是为了一个我们从未拥有过的世界。

社区警务将为我们展现出一幅和谐的诗情画意般的田园生活画面，在这样的意境中，警察是我们每个人的朋友。以前，从来不存在这样的社会，"未来也不太可能有这样的理想社会"（Klockars，1988；Mastrofski，1988）。沃丁顿声称，只要有警察存在，就意味着他会在社会上使用或可能使用武力。因此，在紧急状态下，警察需要获得进行武力干预的权力，而诸如社区警务这样的模式正好有助于他们获得这种权力。与这种观点相类似的是，克洛克卡尔斯（Klockars，1988）将社区警务视为一种"隐瞒和委婉表达"潜在暴力的思想意识形态。继比特纳（Bittner，1970）之后，克洛克卡尔斯认为警务活动的实质是国家对在政治领土（political territory）内合法使用武力的垄断。因此，克洛克卡尔斯将以前尚武精神的军人主义、法条主义、专业主义模式失败的原因，解释为这些模式不能让警察具有暴力性这一事实更容易被人们接受，归根到底，客观的事实就是警察具有暴力性，警察应当拥有暴力并在必要的时候使用武力。既然克洛克卡尔斯认为，警务模式只是为了努力掩盖"必要时"警察暴力的合法性，我们最好把"社区警务"理解成为相当悠久的迂回委婉表述传统中的最新一种，其目的在于将警察分配不可转让的强制暴力的事实掩盖起来，增添其神秘色彩，并加以合法化（Klockars，1988：240）。

这种分析并没有解决阐释事实真相的方式问题，即如何通过修辞的方式组织动员事实以构建社区、犯罪以及控制的政治现实。在分析社区警务的性质时，我们不应该把社区警务的思想理论和现实对立起来，相反，应当将思想理论的修辞表达与实际操作这两者视为政治表征（political representation）进程中相互构建的组成部分（Gusfield，1981、1989）。也就是说，社区警务是一个对话平台，通过话语、文字、重要对象、标志性实践的方式，进行有意义的机构间的沟通交流（Macdonell，1986；Valverde，1990、1991）。社区警务话语体系，能够反映前语言事实（pre-linguistic realities），但并非以一种简单的方式服务于任何机构的前话语利益要求（prediscursive interest）。作为一种中介型实践（mediating practice），社区警务带来了现实和利益。它与社会、文化、空间关系交织在一起，为警察如何思考、感觉、说话、写作、着装、定位他们的立场、组织动员等方面提供了背景。因此，社区警察的行动和他们对事情做出的评价同时具有真实性、利益相关性和语言性，而正是"话语的要素……超越并消除了表达语言和现实真实性之间的通常差别"

（Valverde，1990：71）以及知识和意识形态观念之间的差别（Foucault，1980）。

　　作为一种话语体系和对话机制，社区警务将从警务政策的官方表述到街面日常实践各个层级的想法和行动进行了组织和连接。社区警务不仅是价值偏好的表露，还是将其应用于实践的途径。正如吉登斯（Giddens，1991：150）所观察到的那样，"对传统的象征符号或实践本身也可以被自反性（reflexively）① 地组织起来，然后成为一系列内部参照的社会关系的组成部分，而不是与之相悖"。

　　让我们再回到克洛克卡尔斯（Klockars，1988）的观点上来，显然，他将意识形态观念和实践分割开来的做法，表明他并没有意识到警察垄断武力的努力陷入各种不同的警务模式以及它们所极力推行的机制中。对强制暴力的垄断既体现出官僚主义以及尚武精神的军人主义、法条主义、专业主义下行政官僚机制的发展，也体现出社区问责机制的进步（Dandeker，1990：66；Giddens，1990：59）。正如国家一样，警察本身并没有内在本质特征。他们是具有强制力的，带尚武精神的军人主义、法条主义、专业主义色彩的、以社区为导向的，包含更多其他特征在内的力量。这些不同的警务模式不仅对警务实践有指导作用，而且正是它们塑造了警务实践的样态。

　　关于社区警务的论著表明，这是一种话语体系，一种对话机制，正如上文这个术语所定义的那样。下面我们分析一下特洛加诺维兹和卡特（Trojanowicz and Carter，1988）的观点。一方面，他们强调，社区警务与其说是一种战术或实践，不如说是一种哲学或感性认识。另一方面，在继续详细阐述社区警

---

　　① 自反性（reflexively），有的译为"反身性"或"反射性"，简而言之，自反性就是相互决定性。在数学上，一个元素等价于自己，称为它具有反身性。因为这个元素是怎样的，就决定了它的等价元素是怎样的。在语言学上的反身代词是指两个指代同一事物的词，因为它们具有相互决定性。反身性理论最早由社会学家威廉·托马斯（William Thomas）提出，后由同为社会学家的罗伯特·默顿（Robert K. Merton）完善，默顿创建了富有特色的经验功能主义、中层理论学说和科学社会学的思想，并为我们提供了大量现代社会学上广泛采用的新概念。反身性理论是传统经济学理论的全新的突破与完善，其建立的基础是对传统经济学中的均衡性的质疑、人类理解认知活动的不完备、社会科学研究方法与自然科学的完全不同性、参与者偏向及参与者思维对参与对象的相互影响等等。自反性在理论上可以分为以下两种。一种是结构自反性，在这种自反性中，从社会结构中解放出来的能动作用反作用于这种结构的规则和资源，反作用于能动作用的社会存在条件。另一种是自我自反性，在这种自反性中，能动作用反作用于其自身。在其中，先前动因的非自律之监控为自我监控所取代。通俗地说，所谓自反性就是某事物在追求其自身的目标的过程中，酝酿了另一事物能够反作用于自身并使自身要么更加强于追求目标要么被它消解。——译者注

务的哲学性质时，他们又用策略性实践和战术技巧的语言进行表述。

> 社区警务是一门哲学而非特定战术，它是一种旨在减少犯罪、失序甚至犯罪恐惧感的积极主动的、去中心化的警务模式。社区警务采用将同一警察长期安置在同一社区的做法，警察能够提供为了实现上述目标所需的信息和帮助，因此社区居民逐渐建立起与警察合作的信心。社区警务要运用许多策略，从车巡与徒步巡逻相结合到徒步巡逻再到警察深入社区，鼓励双向信息流动，从而使社区居民变成警察在街面上的眼睛和耳朵，在警察机构确定优先解决的事项和制定警务政策方面起到帮助作用。除此之外，警察可以将居民提供的信息传递给警察机构内的其他部门，用于解决问题和提高生活质量。……社区警察化身为穿着警服的武装力量，起到震慑犯罪的作用。但同样重要的是，其也在公民的帮助支持下采取行动，在问题爆发演变为犯罪之前解决问题（Trojanowicz and Carter，1988：17）。

对警察来说，"社区"为主导的问题解决方式并不是其独有的，这种方式在刑事司法的其他领域里也很明显，例如社区矫正（McMahon，1992）和通过风险管理进行治理的其他领域（例如公共卫生等）也有所展现。"以社区为主导的问题解决方式是一种旨在抑制高水平的风险集中（high levels of concentration of risk）而设计的专业化的环境干预（environmental intervention）机制"（Gordon，1991：46）。风险管理工作由与其利益相关的社区机构成员开展，同时，政府机构以"顾问、专家、朋友"的身份出现，避免直接干预（Lasch，1980：182）。国家公务员的作用在于确定如何公平公正地分配风险并将争议事项交给其他主体解决。这种方法只是各种问题解决方法中的一种：

> 利用冲突，而非试图消灭冲突，通过在社会伙伴和公民个体中间宣传推广接受和分担责任的新程序（持续性再培训、自我管理、去中心化），对相互冲突的需求和利益施加新的现实认识。……权力下放的去中心化的过程……是一个中心多元化的运作过程，将国家的问题重新交还给社会，从而使社会接受解决这些问题的任务。在这方面，人们原本期待国家能给出满足社会需求的解决方案（Donzelot，1991：178）。

3.2　警务沟通

　　社区警务理论话语为我们详细阐述了早已制度化的风险社会的发展进程。社区警务是一种对已经发生的事情进行调解和采取适当措施进行处理的努力，同时也对警察组织进行相应的调整。我们最好是把社区警务理解成在后现代社会中，关于风险沟通的警务措施。在前现代社会和现代社会中，社区的特征就是沟通交流，其中包括分享、传统、高质量的面对面的互动关系和当地组织，与之相伴的还有对直接结果的一种临场感（sense of immediacy）和机会感。后现代社会的特征反映在围绕恐惧感、风险分析评估和安全提供建立起来的多个机构中。正如我们前边谈到的一样，这些机构——保险公司、社会保障部（social security agency）、监管机构（regulatory agency）等——将社区重塑为一个就生活中的各个方面展开风险沟通的平台。风险沟通拥有以前社会中的沟通机构所不具备的品质特性。在前现代社会和现代社会中，人们之间的关系并非面对面的沟通交流，相互之间的联系是不在场的，通过没有人情味的电子媒体进行传输并记录下他们之间的交易和交流情况。这些交易并不会带来临场感或直接行动的感觉，也不能固定在某一确定的地点。社区成为不同机构进行风险管理沟通的系统性制度方法。

　　社区警务方面的文献（Greene and Mastrofski，1988；Goldstein，1960；Leighton，1991；Moore，1992）采用的是"社区"一词的传统概念，强调在拥有共同事物和共同身份及对传统的共同体认同感（communitas）[1]的人们之间的沟通和交流（共享）。社区意味着沟通能够促进同理心而非恐惧的产生，从而让人们感觉到自己是集体中的一分子。社区还意味着沟通能够激发人们参与"集体行动的热情"。社区表露出人们对集体结果（collective outcome）的积极情绪。社区是为了赞美特定形式的组织而使用的"欢呼叫好之词"（hurrah word，一种用于表达在整体上或者指某些方面达到一致的喜悦、兴奋、欣赏、鼓励或类似情感的感叹词）（Bay，1981）。"不像所有其他用来描述社会组织（例如国家、民族、社会等）的术语，'社区'一词

---

　　① 共同体认同感（communitas），拉丁文，也有的译为"共睦态""交融共同体"等，意为"作为人的群体之间发展起来的分享感和亲密感。也指参与同一宗教仪式的人群之间产生的共鸣、齐一、平等与团结的状态，通常以强烈情绪为特征"。——译者注

似乎从来没有被不适宜地使用过，也是一个从来没有被给予过任何积极或相反的与众不同含义的术语"（Williams，1983：76）。

在使用这些概念的前提下，社区警务方面的文献将社区利益看作自然中立、客观、预先设定的，而不是机构干预的历史呈现。传统社区给人们的印象是，其与社会以及社会机构之间的关系是疏远的。正因为这样，社区警务方面的文献是社区警务话语的重要组成部分。这些文献同样也诉诸老式的价值观和利益，并将其作为缓解风险社会中社会变化的一种方式。但是，这些文献并没有将风险沟通问题化，只是对安全产品的消费者的意见给予了关注，这样一来，这些消费者的风险感知可以成为警察处理他们的任务环境的一部分（Winkel，1991）。

现代风险机构组成了传统社区，吸收其合理内核，甚至消灭了传统的社区。实际上，包括警察在内的风险机构的数量越多，我们能够发现的传统社区就越少（Black，1976）。社区作为事情直接发生的客观位置，可直接采取行动的可能性，已经让位于一个不再提供"场所感"的机构社区。以机构技术（institutional technology）为中介的交易削弱了直接行动的紧迫感和可能性，取而代之的是工具交易（instrumental transaction）和风险评估的常规性的知识生产。社区成员在缺乏"场所感"的情况下（Meyrowitz，1985），从事基于利益的交易，社区成员很少参与包括宗教庆典在内的各种欢庆活动，热心支持社区活动的社区支持主义（community boosterism）的论调听上去显得空洞虚伪而又苍白无力。也就是说，社区这个词被每个人都认为是纯粹的繁荣主义的符号象征，将社区一词作为对利益共享的、回归传统的、信守承诺的地方治理发出溢于言表的热情赞赏的一种术语。这种治理模式与我们每天所经历的有着很大不同，我们所经历的治理主体是一群官僚式风险机构，它们在地方治理方面缺乏相互作用，忽视传统做法，不具备责任能力和担当精神。

通过社区警务这个对话平台，警察能够以常规的例行程序定期回应其他风险机构的知识需求，向它们提供专家意见或建议，并帮助它们管理风险。"责任化"（responsibilization）（Garland，1996：8）策略的创制，将治理犯罪的责任转移到其他风险机构身上，同时，警察有责任帮助其他风险机构扩展它们的职责，除了强化对犯罪的监管之外，还包括许多风险管理的应对措施。以问题解决者形象出现的警察，化身为针对任何可以预料到的风险问题的专业分析人士，直接或者间接地提供风险解决方案，或者将风险问题转交给其他风险机构的专家，帮助他们解决问题。警察还与其他机构建立起持续的管理关系，以帮助它们更为有效地评估风险和熟练地分配风险，提升它们有效地处理风险的能力。

社区警务的警察支持者们认为，犯罪控制和社会秩序维护的责任不能只施加在警察一方身上，单靠警察是不能肩负起这种重任的，这种期待对警察来说是一种"不可能完成的任务"（Manning，1977）。其他政府部门、商业公司、公民个人都要担负起风险管理的责任："不管是对社区这个公共安全服务的'用户'，还是对提供公共安全服务的地方机构——警察而言，'犯罪和失序问题'都是他们的'共同财产'（joint property）。作为这一'所有权'原则的基础的核心假设是，社区内居民对犯罪、失序混乱、恐惧的感知程度与公众参与警务活动的程度紧密相关。"（Leighton，1991：487）

在进行完初始程序之后，犯罪案件将会被转送到其他解决和管理机构中，或者更好的情况是，一开始就由其他机构进行处理，这样警察就成为"只不过是个催化剂，让人们参与到管理自己的活动中来，努力成为管理好自身事务的警察"（Trojanowicz and Bucqueroux，1990：16）。奥马利（1991）在其著作中，对这一过程进行了详细的描述，他对在澳大利亚的邻里守望计划中警察如何与保险业合作进行了分析。由保险业提供主要资助，邻里守望计划成为提供风险知识、技术和销售保险的"配送点"（distribution point）。这项计划促进了保险业和警察在"常态管理"中的合作伙伴关系，提升了合作水平（Swaan，1990）。

社区警务亦旨在让警察与其他机构一道参与更为广泛的风险管理活动，以此拓宽警察的管理范围。在"问题解决型警务模式"（Goldstein，1960）中，警察在建构和管理社会问题中的参与程度是没有界限的。尽管在犯罪控制和针对属地上存在的风险而开展的警务活动方面，警察放弃了一些直接责任，但是他们在涉及组织和个体风险的治理方面，又担负起了一些新的责任。正如加兰在英国所观察到的那样，这种职责再造产生了：

> 在未来可能会形成一种新型的治理形式……（国家）仍然保留了它全部的传统职能——在同一时期，国家机构实际上扩大了其规模和产出——除此之外，国家还发挥了一系列新的协调和激发活力的角色作

用，这些新的角色作用经过一段时间后，最后会发展形成一种提供支持、进行资助、展开信息交换、促进合作的新型结构。在该结构发挥作用的领域——我们不要低估促成该结构发挥作用过程中遇到的困难——"责任化"策略使得处于中心地位的国家机器比以往任何时候更为强大、更为有力，在行动能力和影响力上都得到显著提升。但是，与此同时，这种策略削弱了国家作为公众代表和主要保护者的观念……（这种策略呈现出）将一种已在其他领域得到充分发展的新的治理形式，扩展到犯罪及其控制问题上。（Garland，1996：11）

社区警务将警察定位为具备专业知识的专家，因为他们掌握着对其他机构有价值的、关于风险的抽象知识。职业（需要专门技能尤指需要较高教育水平的某一行业）在某种程度上指的就是"难以捉摸的职业群体，他们将有些抽象的知识应用到特定的情况之中"（Abbott，1988：8）。人们往往认为，职业就是根据控制抽象知识以及产生抽象知识的实用性技术和技艺来定义职业一词，并确定其合法管辖权。抽象化要求对问题和任务进行持续的再定义和防御，以及确保新任务的安全："除非我们能理解职业所处的环境，否则职业的组织形式就是无意义的。"这种环境总是与"职业知识体系"的力量及其作用有关，也与"他们采用知识系统新的方式界定旧问题的抽象能力有关。抽象化使生存成为可能"（Abbott，1988：30）。

社区警务体现出警察参与的诊断、处理问题、做出推论、绘制蓝图等的专业工作的广阔范围。这一点在"问题解决型警务模式"中得到了例证，这种警务模式要求警察在诊断、处理问题的过程中关注问题产生的根本原因，并且强调与其他专业人士和机构的合作，作为专业知识来源和寻找问题解决之道的合作者（Eck and Spelman，1987；Trojanowicz and Carter，1988；Goldstein，1960；Toch and Grant，1991；Leighton，1991）。

显然，社区警察作为专家、顾问、参谋（Stehr，1994）的职业形象比以往任何时候都更专业。在很多方面，警察职业与医疗职业非常相似，专业特性突出。"警察在政府治理中的地位就好比全科医师（general practitioner）在整个医疗机构中的地位。"（Goldstein，1960：106；Trojanowicz and Bucqueroux，1990；Sherman，1992）将警察与医生相比是特别恰当的。因为，和警察一样，全科医师也需要由外部机构组成的专家系统的"支撑"。虽然这些专家系统扼杀了专业人员在工作中的主观能动性，抵制了在许多方面的创造性和积极性，但它们仍要借助专业人员运用其专业知识进行问题诊断、处理和抽象的能力（Castel，1991）。此外，如果警察能像医生那样，强调他们为客户所做的事情的话，他们的专业精神就被视为理所当然的，"专业化"模式不再只停留在思想意识层面。

同样地，社区警务还通过促进不同职业间的专业人士的沟通交流与合作，来提高警察的专业化水平和职业精神。鼓励开展"警务社会化"（Skolnick and Bayley，1986；Leighton，1991），即雇佣专业人士并将其安排到专业职位上，而不需要他们事先接受警察培训或要求他们具备警察工作经历。正如在第一章谈到的那样，"文职专业人员"——律师、计算机专家、行为分析师、公共关系专家等——不仅能够强化警察机构内部的职业特质和专业精神，还能够提升他们与其他机构的专业化合作水平。此外，警察组织招募拥有研究生或专业学位的新警候选人，并鼓励现职警员接受培训，成为不同领域的专家，这又再次促进警察与外部其他职业的密切联系。

警察不断地与外部其他职业的专业人员保持合作，以有效地开展风险沟通管理。其中的大部分工作是为了寻找能够使风险沟通得以常规化和系统化的规则、程序和技术。因此，社区警务的另一个组成要素是设计出对风险知识的外部需求的技术响应措施。社区警务所采用的沟通交流技术，旨在防止知识经纪人职业成为一种令人全神贯注且带有成见的职业（Sparrow，1991）。"社区警务不是反科技的，……实施社区警务战略的警察就好比漏斗的底部，面向基层，使用从各种'高科技'来源过滤下来的各种各样的信息；面向上级，提供其从所服务的警管巡逻区域内的邻里社区及周边地区获取的信息。"（Trojanowicz and Carter，1988：20）。

无论何时何地，社区警务通常通过建立专业化的犯罪预防和情报单位的方式（Manning，1992a：367），将积极主动的警务活动重新定位为"促进安全"的手段（Sparrow，1988；Ericson，1995c）。因此，加拿大安大略省的一份政府官方文件强调，社区警务应当包含"一种根本性的重新定位，警察应当从以前那种狭隘的单纯通过快速反应（事后反应式）的方式开展犯罪打击活动，转向从更为宽阔的视角关注社区安全问题，并通过合作和协作的方式解决安全与犯罪问题（事前主动式），这种策略视野开阔，措施手段综合"（Solicitor General of Ontario，1991：13）。被动反应式警务（reactive policing）在制度层面得以重组，警察在响应其他机构的知识需求的同时还能对其施加影响，目的在于帮助其他机构开展针对它们负责的特定人群的风险管理工作。

正因为这样，社区警务清晰地阐明了前面讨论过的以合规为基础的执法方式的转移。社区警察在相互关联的三个方面体现了以合规为基础的执法方式。首先，他们是对不满其他风险机构的工作而提出的申诉做出反应的投诉管理者（complaint managers）。每位警察都是"负责调查政府官员所有舞弊情况的巡视员，接受公众投诉，具备相关知识、保持接触联系和有能力向其他公共和私人机构施压，要求它们提供公众所需的服务"（Goldstein，1987：19；Trojanowicz and Bucqueroux，1990：16）。其次，他们是在其他组织机构内开展的活动的检查员。为此，他们要使用调查研究和其他系统的数据采集方法（Toch and Grant，1991）。例如，设立专门的部门或成立特别小分队来检查学校、公共交通、小客栈以及医院的安全及风险管理的工作（Skolnick and Bayley，1986）。美国密歇根州底特律市的警察，就像私人保安一样，将像"雪花"（snowflakes）一样的安全警示宣传卡片（提醒居民注意保管好财产）发放到那些对造成财产不安全状态负责的疏忽大意的职员办公桌上（Shearing and Stenning，1982），他们"挨家挨户，走街串巷，进行安全检查，组织动员人们参与各种守望计划。如果有人不在家，警察就会给他留下用谦恭有礼的语气写成的提醒注意安全的'通知单'，上面列举了容易受到犯罪袭击的脆弱场所……警方邀请居民按照预约参加个人安全调查"（Skolnick and Bayley，1986：59）。再次，社区警察作为倡导者，为其他需要更好的法律或技术资源以满足其自身安全需要的人提供咨询服务和指导。他们向政府机构施压，要求其"担负起现有责任，或在某一区域投入新的资源。他们可能会采取行动推动改变其他政府机构的政策，或呼吁立法以使警察能够更为有效地解决明显需要逮捕和起诉的犯罪问题"（Goldstein，1987：17；Trojanowicz and Bucqueroux，1990；Toch and Grant，1991）。反过来，社区组织也成为警察的拥护者，支持他们要求增加预算、改变法律与政策的需求（Fleissner et al.，1991：61-62）。

社区警务所反映的警察视角的转变是一个循序渐进的过程。警察在许多情况下都是以知识工人、风险领域的专业顾问、以合规为基础的执法者等形象出现。当警察是偏远地区唯一的政府代理人时，警察的这些角色特征尤其明显，一些加拿大皇家骑警、魁北克省安全警察局和安大略省警察分队的情况也是如此（Murphy，1986；Landau，1994a）。然而，在城市中的警务活动同样也存在很明显的问题，这是警察自身在侦查犯罪以及对犯罪问题和其他问题进行风险管理方面的能力不足导致的。卡明（Cumming）等（1965）发现，在全部的报警电话中，有一半涉及个人问题，其余的是关于诸如机动车事故这样的财产风险问题。警方通常综合使用将问题转处其他机构、提供建议、要求双方当事人"保持冷静"这样的方法进行回应（Punch，1979；Ericson，1982）。斯科甘（Skogan，1990b：9）在对英国犯罪调查（British Crime Survey）数据进行分析后发现，在警察和公民打交道的事项中，占用时间最多的是信息交换，既包括公民为警方提供与犯罪无关的信息（占警民交往的16%），也包括请求警察提供的信息（占警民交往的23%），报告犯罪只占到了全部互动交往的18%。墨菲（Murphy，1988b）对多伦多社区警务实践的研究成果表明，该实践取得的成效与警方以往从事的活动取得的成效保持了一致。他的结论是："多伦多警方已经根据公民需要部署警力资源，警察认识到了社区邻里面临的重要警务问题，这两方面的证据揭示出即使是传统警务活动，在某种程度上也是以公民和社区为基础。"（Murphy，1988b：407）。

公民报警的原因除了报告和请求控制犯罪之外，还有很多原因。实际上，被动反应式的呼叫报警服务模式，通过面对面的互动交流，提供了大量的个人方面的服务，在这一方面，人们对警察的角色作用是有争议的。正如卡明等（1965）提到的那样，当人们因为各种各样的麻烦寻求警察帮助时，警察化身成为"顾问、向导和朋友"。这种方法与将社区作为人际交流互动的渠道的做法是一致的，都表现出重视传统，重视高质量地、面对面地处理相关事务以及结合当地的地理空间环境，为社区公众提供了一种亲临现场的即时感或场景感，等等。社区警务替代措施的使用日益增多——不把警察派往现场而是通过电话将待处理事项转交其他机构、通过电话或邮件记录投诉等——意味着警察并没有出现在公众最需要他们亲临现场处理的场合中。警务活动中，警察本应到达现场，但是大量替代措施的使用成为一种信号，标志着社区居民与警察的交流正变得越来越具有非情境性、没有人情味，意味着警察正在一个"虚拟"的社区中开展警务活动。

被动反应型警务的面貌正在发生变化。根据相关制度的规定，这些变化正在机构层面出现。其他机构——诸如跨国保险公司、大众传媒等——按照知识需求和利益准则进行运作,这些机构基本不考虑也不尊重当地社区的边界范围、场所位置感或社区临场感的重要性。社区警务是一个关于社会制度和社会关系不断变化的故事,其中与特定种类的机构诸如教堂、地方性政府机构和当地少数族裔群体及宗教团体等进行的沟通交流,在对知识的需求的驱动下,正在让位于与风险机构进行的沟通交流,这将有助于他们确定问题、评估风险、管理他们负责的特定人群。正如特洛加诺维兹和卡特(Trojanowicz and Carter, 1988:20)认识到的那样,"过去的徒步巡逻警察身处与现在不同的环境情境(environmental context)中,享有各种非正式资源,比如大家庭、教堂和少数族裔群体及宗教团体等。现代的社区警察必须要依靠正式的公共机构和私人机构。因此,我们需要成为一名社区问题诊断专家,维系与社区机构之间的联系"。

社区警务构成了警察的传统治理角色(Hacking, 1990),即将人们"团结"起来,形成他们的组织和他们的机构。社区是通过这些相互联系的人员、组织和机构的共同努力才得以形成的。

警察通过使用带有隐喻性质的口号比如"打击犯罪的战争""打击毒品的战争"等来解决风险问题,并创建社区使之形成命运与共的利益共同体。正如尼采(Nietzsche, 1914)提到的那样,危险是道德之母。社区通过寻找"合适的敌人"(Christie, 1986)并且通过努力根除或矫治那些因卑鄙、软弱、渺小或无价值等而被他们所轻视所不齿的人的活动,诠释着自身的含义。因此,从这个角度看,社区警务通过促进对有关风险的反思来建构社区:"我们开始通过问题棱镜反射出来的问题使社区苏醒并重新充满活力,这些问题从本质上看构成了最为急迫的社区利益。在任何特定的地理区域内,犯罪、失序和犯罪恐惧感等问题,为警察提供了必要的统一原则,使他们能够进入社区,以便最有效地开展工作,完成他们打击犯罪、处理失序和犯罪恐惧问题的任务。"(Trojanowicz and Moore, 1988)

通过向敌人宣战的方式建立群体认同(communal identity)并非新生事物。这正是美国《独立宣言》(*Declaration of Independence*)的精髓所在(White, 1984:231-240),从那时开始,《独立宣言》就一直成为美国公共文化的核心(在打击毒品犯罪的战争方面,参见 Scheingold, 1990;McGaw, 1991)。社区警务的目的在于,在一个令人恐惧,人际关系冷漠、疏远和基础设施支离破碎的环境中，构建一个积极的社区自我概念。在某些情形下，警察是社区唯一能够凝聚共识的标志，也就是把社区所有人员团结在一起："在我们经常陷入混乱的城市社会中，失范行为随处可见，许多城市居民的超然身份是犯罪受害者，他们有变成犯罪受害者的可能性。他们的邻居可能正是他们所害怕的人。在这种环境下，警局可以促进甚至创建一种社区意识，这是以前压根就不存在的或者只有一个模糊影子的社区意识"（Skolnick and Bayley，1986：214）。

因此，警察是使社区组织机构变得更好的强大的积极力量。后现代社区组织发展进程的吸引力，要求"巡逻警察提供带有'催化剂'性质的援助和专家意见，这种催化作用能够促进社区联合会（neighbourhood association）的形成"（Trojanowicz et al.，1982：10）。这需要一种"我们最懂社区"的方式，将警察推销成为社区中最为重要的机构："大部分沟通工作是警察主动向公众进行的，解释并宣传事先经过精心设计的警务策略，但这些策略的设计制定并没有考虑特定社区及其居民的利益偏好，不符合他们的心理预期……实践当中的联合行动，意味着公民在做着警察认为是最好的事情。"（Mastrofski，1988：52、56；也可参见 Murphy，1988a：184；Carriere and Ericson，1989）

参与磋商社区警务的机构并不代表基层的利益。博姆（Bohm，1984：451）指出，"这些参与磋商社区警务的机构并非它们所代表的社区的缩影"。马斯特洛夫斯基（Mastrofski，1988：51）同意这一观点，认为"它们像所有的社会机构一样，也受到其领域内的权力、地位、财富分配的极大影响。即使是在那些会员规则不设限的自愿参加的协会组织中，也往往是那些具有较高社会经济地位的、已婚的、有孩子的房主，才有参加的意愿倾向"（Rosenbaum，1987：108）。

社区警务同样与更为明显的社会经济不平等现象相联系。建立在威胁、恐惧以及渴求安全基础上的社区支持主义（community boosterism）是一种捍卫财产价值的手段。由此产生了两类遗世独立的人群：一类是融入全球经济浪潮中境况较好的象征性工人（symbolic worker），他们能够支付更为优质的安全服务；另一类是穷苦的服务行业工人和无业人员（Reich，1991：42-44）。"'安全'成为一种'地位性商品'（positional good），这种'商品'的价值及其获得是那些收入达到能够享受到私人'保护性服务'的人所定义的，以及由那些居住在有高墙保护的合院住宅或与带有限制进入区域的郊区别墅大院的某些人所界定的。"（M. Davis，1990：224；Spitzer，1987）

社区警务并不能确保身份安全。马斯特洛夫斯基（1988：50）为我们描述了纽约市一个地区中意大利和犹太裔群体联合抵御黑人袭击的事件。这种将具有威胁性的群体逐出社区的行为，可以说增强了意大利和犹太人已经感受到的共同的团结意识，但是警察在此之外所做的工作显得"警察自身带有某种偏见"（Mastrofski，1988）。换句话说，当警察面临的是由多个种族或其他群体组成的社区中存在的问题时，他们任何支持一方的举动将不可避免地排斥另一方，使其产生不平等感。

社区警务所参与的风险分配制度体系中，同样也存在不平等现象。风险社会中的一个大趋势是风险的公平公正分配，社区警务正是该趋势的一部分。风险的公正分配（风险共担）比预防（降低风险）、消除（没有风险）或惩罚那些应受道德谴责的人更为重要。作为风险社会中这种转型的一部分，包括警察在内的许多机构将保险业视为可资借鉴的模板。因此，在社区警务的语境下，我们能够看到这样的陈述："如果警察局的管理工作主要是以坚定的决心减少他们必须处理的问题，那么它的运作方式就好比保险公司，后者为了金钱，而不断努力以减少损失。警察就相当于研究导致保险索赔发生的保险分析人士和持续评估用户情况的保险商们"（Goldstein，1960：73）。保险机构的问题在于，它们并不能做到公正合理地分配风险，因此会导致某些领域的不平等现象。有些人比其他人更有能力负担得起保险，无论是由国家提供的社会保险或失业保险，还是由私营部门提供的财产或人身保险。在那些有保险的人和没有保险的人周围，形成了不平等现象，以及在那些受保险商青睐的人群或不受保险公司待见的人群之间也存在不平等现象。正如瑞克曼（Reichman，1986：152）所观察到的那样，"风险弥漫的社区似乎并不能体现出集体意识或某种特定形式的道德团结。它们只不过构成了工具性网络或通过击鼓传花式的传递方式，对分散的人群进行控制"（Donzelot，1979；Smart，1983）。

在风险管理的沟通回路中，并没有哪一个机构或个人以监督者的身份凌驾于该系统之上。问责制已经完全被嵌入机构网络之中并得以扩展。社区作为机构间沟通交流的场所，缺乏来自负有责任的代理人的直接反应，或者出现了某种临场感的缺失。这种社区就是风险社会。

风险社会

第二篇

第4章 风险话语

在本书的第一部分中，我们对警务研究的批判性回顾，深入分析了风险社会的多项特征。现在，在第二部分中，我们要对风险社会进行更加全面、抽象和系统化的审视。首先，我们将风险的特征视为一种治理话语（discourse of governance），并考察风险是如何通过行政制度和监控的形式表现出来的。其次，我们详细研究主要的机构在风险话语的框架下如何组织起来并开展治理活动，在该框架之内，我们以保险业为例来介绍风险管理的机构逻辑和实践。我们同样关注通信技术和影响职业重组的过程，是怎样与风险的机构性生产和管理联系起来的。本章中，我们还论述了在风险话语语境、机构、技术和专业背景下发生的社会变迁。最后，我们把自己对风险社会的分析与之前对于风险社会中警务活动的探究，与引领我们在第三、四、五部分开展实证调查的研究问题联系起来。

4.1 话语

所谓话语（discourse）① 指的是知识的制度化建构（institutional

---

① 话语（discourse）是特定社会语境中人与人之间从事沟通的具体言语行为，即一定的说话人与受话人之间在特定社会语境中通过文本而展开的沟通活动，包括说话人、受话人、文本、沟通、语境等要素。根据法国思想家福柯（Foucault，1926-1984）的研究，话语是更丰富和复杂的具体社会形态，是指与社会权力关系相互缠绕的具体言语方式。话语分析是研究语言的一种方法，即通过对实际使用中的语言的观察，探索语言的组织特征和使用特征，并从语言的交际功能和语言的使用者的认知特征方面来解释语言中的制约因素。话语分析的理论流派众多，以福柯为代表的社会话语学派，主要对话语秩序、意识形态、社会关系、社会联盟等有关社会实践和社会变革的问题进行了研究。该理论流派研究主要是通语篇和话语分析其所折射出的社会实践、社会事实以及相关问题。语言不仅反映（转下页注）

construction），发生在一个由领土、物质对象、人口、规则、格式和技术组成的社会组织之中。话语所构建的是表征框架（representational framework），即代表世界上的物体对象、事件、进程、事务状态的分级和分类。这些框架为我们共享对许多问题的认识和理解提供了基础，其中包括理解、改变或者拒绝表征所需要的知识。知识是在公共机构表达中被客观化的东西，是一种提供行动能力的财产和资源。

我们并不对信息和知识两者进行区分。在这里，信息就是知识，因为，如果想使一件事物存在意义，那么就必须有制度性的表征框架，并以此来定义和建立其逻辑及含义。虽然知识根据其常识和抽象特征的变化而采取不同的形式（Geertz，1983），但即使是高深莫测的知识也可以被"简化为键击"，即通过几个按键将知识表现出来（Abbott，1988：146）。

该观点与人们所表达的传统观点截然不同，例如丹尼尔·贝尔（Daniel Bell，1985：17）在他的著作中写道："信息是新闻、事实、统计数据、报告、法律、税法、法庭裁决、决议以及与之类似的东西，并且非常明显的是，有关这些信息的数量还在不断激增……但这并不必然是（甚至通常不是）知识。知识是在上下文语境中的解释、注释、关联性和概念化过程中进行的解读，是论证的不同形式。"被贝尔称为"信息"的东西其实就是知识，在他个人的理解中，人们在不同的语境下解读这些"信息"并赋予其特定的含义。当它们在不同机构的不同表征框架的语境中被转化时，它们可能会被赋予新的含义，但这并不能导致其在附加的语境中所称的"知识"的含义，与其在原始语境中的"信息"的含义有着根本性的不同。信息在所有的语境下都是知识，这是因为它们被赋予了一种客观化的真实含义，能够付诸行动并产生社会后果（Ericson，Baranek，and Chan，1987：11）。

相应地，机构类别和分类的表征框架，又是以各种不同形式的简短描述性铭文（inscription）为依据。铭文记录的技术装置能够将物体转化为话语，

（接上页注①）社会秩序，而且形成、建构社会秩序，建构个人与社会的互动。语言、文本和话语非常有效地建构社会，调节并控制知识、社会关系和机构，它们具有建构和体现人的社会身份和行为的功能。另外一个影响比较大的流派是批评话语学派，主要研究话语如何产生权力和权势并使之合法化和合理化、话语如何反映说话者之间的权势关系、话语如何维持不平等的权势关系、话语如何操纵社会活动。这个学派分析话语的目的是揭露并最终试图抵制权力的不平衡，抵制不平等、不合理的行为和其他不公平现象，从而最终达到质疑、改变话语使用现状，改变社会活动，消除不公平的目的。——译者注

提供了概念性的表达形式，同时使其能够受到监管（Miller and Rose，1990：5）。在所有形式的治理（在国家和私人机构中都能发现）中，人口、组织、事件、进程以及事务状态"必须呈现为信息，如书面报告、图画、图片、数字、曲线图、表格、统计数据等。这些信息必须以一种特定的形式表现出来，该形式是稳定的、可移动的、可合并使用的以及可进行比较的。这种表格形式能够支持某一领域的相关特征，如货物种类、投资额、人口年龄、健康状况、犯罪状况等，并在做出决策的地方以文字表达的形式表现出来"（Miller and Rose，1990：7）。

因此，话语形成了实践，在话语的实践过程中，实践反过来也同样构成了话语。但是，从分析的角度看，保持话语和实践两者之间的分析性分离（analytical separation）是很重要的。话语是在社会过程中组织起来的。话语对社会组织具有重要影响，社会组织以话语为条件（Archer，1988）。

在下文的分析中，我们通过对危险的制度定义来研究风险话语的社会组织方式，以及如何设计铭文记录技术以应对这些危险。同时，我们还要考虑风险话语的表现框架和技术如何为现代社会提供制度基础。

4.2 逻辑

在风险社会中，治理是为了提供安全服务。安全指的是一种"特定种类的危险得以抵消或降到最低限度的情境。安全的经验通常取决于信任和可接受的风险这两者的平衡状态"（Giddens，1990：35-36）。提供安全保障服务的机构通过保证（消除某些风险的承诺和保证）、担保（常规的、确定的、有信心的和稳定的）以及可预测性（使其常规化，使人们能够以可信的、理所当然的方式进行下去）的形式，提供信任和可接受的风险。

各种社会机构试图使信任显得更为真实更为确切，比如，通过提供书面形式的退款"担保"凭证，将雇员塑造成为社区中受人尊敬的品行端正的成员，金融机构甚至将自己打造成"值得信赖"的公司的形象。但是，信任通常建立在一定程度的信念和无形的基础上。风险同样也具有短暂性，总是受到政治文化更迭的影响（Douglas，1992）。此外，风险管理技术只能提供可能性陈述，表明人们必须接受一些部分未知的风险。因此，与其说风险是一种远离人们的事实，不如说安全是人们心中的一种渴望。

人们对于安全的渴望，驱使人们对更多更好的风险知识的无尽追求。但是，在寻找永无穷尽的详细而且连贯的风险管理知识时，每种新的知识形式以及由此产生的可见的安全保护措施，都会形成新的关于不安全的知识。海德格尔（Heidegger，1974：216）曾经详尽地阐述了这种悖论：

> 保障生命安全的工作……必须持续不断地确保自身的安全。就现代生活方式的基本态度而言，就某种指导性话语观点来说，所谓的信息……首先，信息指的是尽可能迅速及时地和全面地、尽可能清晰和完整准确地提供能够指导现代人行为的报告，报告确保满足其需要、要求和规定的相关内容……然而，尽管信息可以起到指导作用，当信息被报告的时候，即报告形成的同时，它自己也在进行组织和定向，为人们指示方向并校准目标。

对危险的关注以及对危险正在被抵消的永久怀疑，使得风险社会具有否定逻辑（negative logic）的特征。对于贝克（Beck，1992a）而言，风险社会受到"厌恶品/不当行为"（bads）或者危险的分配的驱使，在这一点上，风险社会与工业社会明显不同，后者主要与实体性的正当的"商品"的分布相关。在风险社会中，风险管理和"厌恶品"的分配本身被物化为一种"商品"，并占据着大量的社会资源。

作为一种关于危险的否定逻辑，风险话语在谈到有关不规则的行为、生活的阴暗面、未知或不可知的事物和混乱无序等问题时，产生了持续不断的坚定的自反性（relentless reflexivity）。风险成为"客观化的乌托邦的消极意象"（Beck，1992：49）。自反性预知（reflexivity foreboding）在运行过程中与概率思维和风险分析技术形成双马串联的并行之势。正如尼采（Nietzsche）所述，它有时会采取极端的形式，呈现纯粹不规则（pure irregularity）和最黑暗的人类形式，体现出人性最为阴暗的一面（Hacking，1990：10）。更为常见的是，风险话语在机构的制度框架内运作，将存在的各种问题解释为诸如差错、缺陷、裂隙和故障等。风险话语不断提醒我们，"知识往往深深地嵌入无知之中，安全被不安全因素所包围，在无法预知的进化面前，正常规划（natural planning）不可避免地变得支离破碎"（Van den Daele，1992：330）。风险话语孕育着不安全，将其视为代人受过的替罪羊，迫使人们接受关于风险的专家知识——一种创造新的不安全的风险知识，作为唯一可行的解决方案（Christie，1986；Edelman，1988；Scheingold，1990；Douglas，1992；Bauman，1992a）。

否定逻辑的结果是，不安全社会的价值体系居于主导地位。"最微不足道的破坏"的感受占据上风。"风险社会仍然具有特别的消极性和防御性。从基本情况来看，在风险社会中，一个人不再关注获得一些'好的'东西，而是关心预防最坏的情况的出现，自我限制（self-limitation）成为目标。"（Beck，1992a：49）由于受到恐惧聚集的驱使和普遍焦虑的共性的推动，"规范的反制措施"（Beck，1992a：240）的目的被限制为开发新的（人们希望是更好的）能够帮助管理恐惧和焦虑的风险管理技术。

这些思考指出了风险逻辑的另一个特征，即通过理性手段控制非理性。恐惧是理性行为的基础。非理性是一种未知的东西：隐藏的威胁和危险以及无法预知的决策后果。此时，当发明风险技术来控制这种局面时，事物的发展也就有了机会。理性需要进行可能性计算，如果不能完全消除情况再次出现的可能性，就应该抑制或驾驭机会。确定的风险理性是"恐惧形势整体境况的一个组成部分，因为它的存在本身就包含了无秩序……'风险理性提供'了由思想建立起来的'避难所'，人们可以在这里休息，至少是暂时地从早期不成熟的经历和怀疑的暗潮汹涌中解脱出来"（Tuan，1979）。

风险理性的目的在于，将不确定性降低到参与行为人对采取行动有信心的程度。基于概率思维（probabilistic thinking）和预测，风险理性允许取消选择特定因素，从而指明更为适宜的行动方法。风险理性是超理性的和非常成熟且务实管用的，总是寻求解决那些导致丧失行动能力的问题的技术方案。风险理性避开了因果关系，转而支持建立符合客观事实标准和客观知识基础的规律性的法律准则（Hacking，1992）。风险理性将事情变成了韦伯所确信的那种状态："深思熟虑的、体系化的、可计算的、客观（非个人）的、工具性的、精确的、定量的、受规则控制的、可预测的、具有方法论意义的、有目的的、清醒冷静的、审慎严谨的、有效的、可理解的和连贯一致的"（Brubaker，1984：2；Gandy，1993：240）。

风险的合理性也会使生活变得真实。正如霍布斯在《哲学的元素》（*Elements of Philosophy*）中谈到的那样，"现在，任何人都无法想象，事物的名称怎么能由它们的性质所强行赋予呢？"自然界中的事物充满了风险理性，这种理性首先试图使事物成为存在物——也就是福柯（1973：131）所描述的"对有形事物的提名"——随后赋予其类似法律的规则性，这种规则性能够使它们被驯服。使其成为存在物的创造过程涉及差异的分类，这些分类不仅提供了对现存事物是什么的一种特别关注，而且还提供了对不存在的和可能存在的东西的一种感觉。

风险话语是以未来为导向的。风险的基本原理及其嵌入的技术，将想象中的未来带到现在。由风险技术制造的自反性，使得人们按照未来而非过去或现在行事：

> 风险意识的中心并不在于当下，而在于未来。在风险社会中，过去失去了决定现在的能力。它的位置被将来所替代，也就是人们将某种不存在的发明、人们创造出来的或虚构的东西，作为当前经验和活动的"原因"。我们现在积极行事的目的在于预防、减轻、缓解以及采取预防措施防止明天和后天可能会出现的危机和问题——或者不采取任何措施。数学模型中预测的劳动市场存在的瓶颈，对教育行为有着直接的影响（Beck，1992a：34；Giddens，1990：36-38）。

人们究竟"驯服"了什么？没有人能够给出确定的答案。风险常常包含了即将发生的实际结果的不确定性。人们所能做的最好的事情，就是通过校准和测量将来可能会面临的风险来获得安全，希望借助测量风险来减少预想的损失或伤害。对于风险的测量工作，包括出台和优化关于安全威胁的可计算的法律。风险科学与法律紧密相连，为这类威胁提供组织有序的描述。

风险技术预设危险的存在，但其目的在于在某种程度上减少危险。他们通过对风险进行抽象的差异分类，使危险的实际发生成为视情况而定的偶然事件，并以此作为追求的目标。风险的测量告诉人们，某一想象的事件、程序或事态的危险发生概率及潜在危害性。它是对一个事件发生的概率、过程或事件发生的状态以及如果事件确实发生，它可能造成的损害结果的最佳估计值。

尽管风险逻辑建立在人们对威胁和危险的恐惧之上，但它也能产生积极效果。它提供的知识和技术能使人们降低恐惧感并采取行动。它揭示出最低限度的事实真相，即现实在确定性和连贯性两个方面都足以使人们继续前进。

虽然结果往往是不确定的，事物发展的最终结果是随机产生的，但这些事实恰好可以用来帮助人们理解这样一个事实，即风险逻辑可以帮助一个人获得更多的规律并更好地控制自己的事务。正如威廉·法尔（William Farr）在1860 年认识到的那样，人们"有能力在一定的范围内改变人类活动行为的现状，这是统计数据能够决定的"（Hacking，1990：115）。这是一种让人们冒险的力量，抓住稍纵即逝的机会，当机立断采取行动似乎是值得的。

与此同时，在把握和驯服机会时也会面临着大量的复杂问题。风险知识不只是风险管理的一种手段，同时还是新的风险的制造者。风险社会就是一个知识型社会，因为科学知识和技术是主要风险的源头，也是旨在控制这些风险的安全努力的主要基础。也就是说，人们掌握科学的目的不仅是要用科学原理和方法对待自然、人及其他们的机构，还要用科学的态度对待它们所产生的结果（Stehr and Ericson，1992）。正如贝克（1992a：183）所观察到的那样：

> 当今社会，人们通过解决风险来感受自身的存在。风险是人类行为和疏忽的反映，是高度发展的生产力的表现。这意味着危险的来源不再是无知，而是知识；不是知识匮乏和对大自然缺乏了解，而是对大自然的完美掌控；不是那些人类无法控制掌握的，而是那些在工业时代建立的规范和客观约束的制度。现代性……已经逐渐成为一种它自己创造的威胁以及从威胁束缚中解放出来的承诺。

以前的行动产生的未预料到的后果会持续发生。人们的应对办法是对行为和结果进行更为精确的监测，希望可以更为容易地获得风险管理的结果。但是补救方法往往跟不上事态发展的速度，人们永远处于风险之中。

风险是一个由科学和法律设定的标准问题，能够对危险及其可能的后果做出规则有序的解释。具有讽刺意味的是，标准和危险呈正比，标准值越高，危险性就越大。比如，科学测试能够发现即使是含量很小的杂质，制定要求越来越高的法律标准，会导致官方认可的环境污染程度加深。这是对更为普遍的问题的一个例证，因为风险是由科学知识和法律产生的，它们也会被科学知识和法律规定或放大或最小化或遏制（Hawkins，1984）。

那些争论科学知识和法律是如何放大、最小化或控制标准的人，通常需要用更多更为复杂的科学知识来对其做出解释。这是因为，风险仅仅通过"科学的感官器官"而存在（Beck，1992a：162），风险知识通过重新分类和安排等级、新的技术和新的媒介得以扩张，产生更多的风险知识。

意想不到的结果、可协商的标准以及科学化的风险话语的主导地位都表明，知识是一种权力，而不仅仅是一种力量。风险知识既是一种同时进行的方式，也是一种未知经历的程序方式。这是一种决定该做什么事情的方法，但会导致做错事情的风险。它既是一种采取公开行动的手段，也会破坏所采取的行动。正如波斯特（Poster，1990：4）在金融市场上所观察到的那样，"为了更好地获取信息而与世界金融中心紧密联系的通信网络，同样也会给自身带来突发性金融崩盘的威胁"。"自反性现代化"（reflexive modernization）（Beck，Giddens，and Lash，1994）意味着权力与风险知识一样令人难以捉摸：

> 现代化正在变得具有自反性；它正在变成自身研究的对象和主题。技术（在自然科学、社会和人格领域）的发展和使用问题，产生了大量的政治和经济"管理"问题。这些问题包括：观察、发现、管理、告知、避免有关危险，同时也包括了惩戒隐瞒此类危险的管理制度。安全承诺不断随风险和破坏的增加而被加码，需要不断对技术经济的发展进行修正和干预，才能抚平那些警醒的和持批判态度的公众的担忧（Beck，1992a：19-20）。

风险并非完全由科学知识来评估。标准是可协商的以及结果只是可能发生的这一事实，意味着它们经常要受到道德、政治和美学知识的影响（Douglas，1992）。关于危险的种类和程度、可能涉及的相关人口数量、随着时间推移产生的效果、责任主体、救济措施和赔偿的形式等，产生了无数的评估问题。这些决定在特定文化中的知识分子的可接受（rational acceptability）范围之内，符合这些人的一般的标准（Putnam，1981：130），而且一直是一个伦理问题。一个没有伦理道德立场的人，是不可能参与风险话语讨论的。在风险话语中，可能性陈述与社会、道德和政治利益相融合，构成了一种定量的道德观念（Beck，1992a：176）。

风险的社会理性不断地迫使科学理性驳斥他们自己声称的有能力客观地调查风险的主张。社会理性确保不存在对理性的科学垄断（Beck，1992a：

29）。这一事实在每一次使用风险评估将关于该怎么办的不确定性转化为行动的可见性中表现得非常明显，因为行为人同时也在思考做错事情所带来的风险。正如马基雅维利（Machiavelli）所言，"我们在逃避一个困难时，往往会进入另一个困难之中，在理解如何认识困难的本质和将危害程度最低的坏事视为好事时，谨慎是存在的"。

虽然如此，社会理性取决于科学。当人们评估风险时，它们仍然要依赖于危险的标准化测量。此外，不管议事日程上还有什么需要改变，科学理性本身是不属于改变范围内的。科学在管理风险方面保持自身在认知上和社会上的优势地位，迫使人们依赖他们部分不赞成的东西或认为不该做的事情（Beck，1992a、1992b；Stehr and Ericson，1992；Stehr，1994）。

未知的状态仍在持续。风险的社会理性从未解决一个问题，即何时怀疑和恐惧才是合理的。恐惧仍然超过了人类可得的现有知识。当"常规事件"（Perrow，1984）出现时，接踵发生的危险不仅是人们尚未预料到的，而且是难以理解的。我们不断地被提醒"我们所具有的组织能力与我们的一些有组织的活动中内在固有的危险不相匹配"（Perrow，1984）。优化或改变风险技术的努力为权力的行使创造了新的机会，进而反过来又使更多的未知事物出现。不仅是意外事故，突发事件或紧急状态也变得正常起来。"这种例外情形的威胁有可能成为常态。"（Beck，1992a：24）结果是新的监控形式产生，这在以前被认为是难以想象和不可思议的，但现在看上去似乎是正常现象。

4.3 生命权力和治理术

福柯（1978：143）提出了生命权力（biopower）的概念来"说明是什么将生命及其机制带入显式算法（explicit calculation）的范围中，并且将知识权力（knowledge-power）视为人类生命转变的行为主体"。生命权力是个体生命历程所反映的权力，是一项为了安全管理和提供安全保障的需要而构建和描绘人群的生命历程的权力。它与福柯提到的政府权力的另外两个方面有所不同：纪律惩戒，即使人受到常规的和可预测的常规支配影响的技术和实践惯例；主权，即中央权力当局在领土上发号施令的控制权。

生命权力、纪律惩戒和主权并不是国家及其政府机构所独有的，尽管福柯本人主要关注国家政府内部的知识权力机制的发展。这些权力形式同样是非政府机构及其治理形式的一部分。在实践中，生命权力、纪律惩戒和主权存在于政府和非政府机构内部以及相互之间的多个空间之中。该观点体现在唐泽洛特（Donzelot，1979）关于"社会"的概念之中，即在国家和市民社会内部及其相互之间的空间中，政府机构、慈善机构、私人企业机构之间存在大量的协商治理活动。"社会"是生命权力存在及其运行的空间，这是因为，当各个机构在协商不同人群的分类时，同时还要协商不同类型的人群之间相互交流沟通的格式，以及在负责任的政府中如何对这些人群进行分类以及这些分类应如何遵行。同样，社会还属于"最广义上的政府安全领域；是政府形式的登记注册的表现，反过来，又作为社会安全问题的表层记录……，安全的合理性……不仅涉及闭合的控制循环问题，还涉及对可能性和合理性的计算问题……它将政府构建为问题化的一种实践形式，是在权力行使以及逃避权力控制的任何东西之间的一个开放的交相作用的区域"（Gordon，1991：35-36）。

从字面上看，生命权力创造了人类。人口的风险分级和人口管理的目的就在于按照字面的意思从实质上将人类融入社会肌体之中。该过程以规范的逻辑为基础，并且按照该规范逻辑标准对人们及其制度实践进行评估。由于统计数据和概率定律使规范的逻辑变为现实，因此它在19世纪后期的社会思想和实践中开始崭露头角，并在20世纪占据主导地位。"正常的人"（normal people）取代了"人性"（human nature）成为评价人类行为的试金石和标准（Hacking，1990）。"正常的人"这一概念也允许在权力上与"人性"概念具有同等效力的社会差异、等级制度和社会排斥等概念存在，因为它创建了关于人类行为事实上客观和可评估的方式："它使用一种与亚里士多德所称的一样古老的力量，在事实与价值区别之间架起了一座联结的桥梁，并轻声细语地告诉人们，正常的事情就是很好的事情"（Hacking，1990：170）。

当然，除非某一特定机构的精算及风险管理需要，没有一个人或群体实际上是正常的。此外，正如哈金所强调指出的那样，这种测量是不准确的，统计数据反映出来的可能性并不精确，不可预知性是永远存在的。偏离均值实际上就是正常。每个被纳入风险画像分析的人都沿着一个连贯的不精确的反常行为轨迹运动，简单点说就是持续地处于一个风险统一体中。这一点解决了我们在第二章提到的那个观点，即风险的概念现在正在代替常态和越轨的概念，成为关于某个人或群体的主导心态。

在按照生命权力形成的人群方面，同样也会影响主流的敏感性。围绕规范逻辑的组成过程在某种程度上是成功的，因为它背后的分类和心理假设，不仅在实际意义上构成了人群，而且在客观上还被这些人群所接受。如果人们接受了在各种不同的风险人口分类中描述他们的方式，那么他们将反过来按照那些描述行事。如果他们承认这些分类就是他们的身份，那么真正描述人群生涯的传记实际上就成为一种权力，新的行动可能性就会出现。

除福柯之外，许多理论家也阐述了生命权力对身份的作用问题，他们都强调了制度风险分类在塑造人的身份方面的效力，也就是说制度风险分类能够塑造人群的类别。布尔迪厄（Bourdieu，1984）描述了制度性分类如何给人们烙下深刻的印记，使他们成为应当成为的人、做他们应当做的事情，直到他们只能透过机构制度的玻璃镜子大厅看清自己的本来面貌。制度性分类计划形成的差异意味着：

> 社会秩序逐渐铭刻在人们的思想观念之中。社会部门（Social divisions）成为有组织的社会世界形象的分层原则。客观的限制变成一种限制感，一种通过客观限制的经验而获得的对客观目标限制的实际预期，一种使一个人将自己排除在商品、人群、场所、地方等之外的"一个人的位置感"……个人和群体使用普通分类系统的特殊含义的"兴趣"，比他们使用这个术语的通常含义的"兴趣"要大得多：这是他们的全部社会存在，一切都定义了他们自己的观念，最初的心照不宣的对比，或者说由法律效力而产生的明显差异，使他们将"我们"定义为与其相对的"他们"和"其他人"，这种对比也是那些被排除在外的人和被包括在内的人，按照在普通分类系统生产的独特性，发挥其作用并产生影响的基础。（Bourdieu，1984：470-471，478）

布尔迪厄所描述的过程，并不是对在风险分类计划方案中明确塑造的身份的一种消极被动的接受。当人们自反性地意识到"人格的多种可能性"的时候，尚存操作的空间——"不仅是意识到我们过去做了什么，现在正在做什么以及将来要做什么，还会意识到我们本来应该做什么以及能够做什么"（Hacking，1986：229）。换句话说，风险分类计划为参与行为人提供了构建自我和行为的指引脚本以及在不同的机构空间和活动中构建自我的脚本。当人们一直通过追求更高层次的证书和更受人尊重的信誉证明文件，这些证书和证明文件将使他们能够从更好的角度来看待自己，从而来向机构证明自己时，这就有了即兴创作的空间。当然，这么做的能力每个人差别很大。例如，一些机构，比如与刑事司法、健康和福利相关的机构，它们的部分目的是做其他人自己不能做的事情。通过生命权力把握机会同样也会通过身份默许（identity acquiescence）驯服并控制那些依赖的人群。正如道格拉斯（Douglas，1886：100）所述，"就像（以前未设想到的和到目前为止无法想象的）新型医疗技术及其方法被迅速地发明出来一样，或者像新的刑事犯罪类型、性行为方式和道德分类的诞生速度一样，很快就会自然而然地产生新的人群类型且这些人群将不由自主地接受这些标签，并相应地按标签界定的内容生活。对新标签的响应性表明，他们超乎寻常地乐意被归类到这些新的人群类型中，并让自我被重新定义"（Hacking，1986：229）。

自我的重新定义是实现自我治理的一种手段，当人们接受风险机构构建的行动模式和分类并利用它们来推进他们的活动时，就实现了自我治理。风险模型以及一般意义上的人群的风险画像的总体情况，与自由主义的治理形式保持了一致，因为它们创造了积极的、自主的、自治的个体（Burchell，1991；Miller and Rose，1990；Nock，1993）。

治理术（Governmentality）指的是确保自由主义的自治得以实现的风险技术和实践。福柯（1991c：102）将治理术定义为"通过机构、制度、程序、分析和反思、计算和策略组成的集合体，允许行使这种非常具体但复杂的权力形式，它以人口为目标，以知识政治经济学（警务治理科学）为主要形式，以基本技术手段为安全装置。风险模型和技术通过赋予人们群体身份，例如少数族裔群体成员、享有较高声望的信用卡持有人、接受社会福利资助的人、作为受过高等教育的人以及残疾人等，将人们整合进社会生活的循环之中。风险管理是政治经济学的一种形式，旨在管理一定范围内各种不同的人群的命运"（Miller and Rose，1990）。正如莫罗尼（Moroney，1951：1）所观察到的那样，"从历史上看，统计数据只不过是国家计算（State Arithmetic）这样一种计算系统，通过采取平均值的方法来消除个体之间的差异。事实上，它已经被运用于——现在人们仍然在使用——让统治者知晓他们在搜刮管治对象的钱包时，他们的活动在多大范围内是安全的"。

运用政治经济学的统计算法进行风险管理，并不是一个单向的过程。不同的政府和非政府机构，出于竞争和监管的目的都要进行风险画像分析。实际上，这是自由治理的一个典型特征，通过允许人们对政府提出意见的形式对自身行为提供了自反性监视。因此，自由主义和风险社会就是这样紧密相连。两者通过监督的方式对政府提出了一种制度化的批判性反思。人们对风险和权利持有一种可疑的警惕，对政府是否有任何哪怕是短暂的越权行为的倾向进行监督检查（Foucault，1991a；Burchell，1991；Barry et al.，1996）。

4.4　科层制和监控

生命权力和治理术是通过科层制和监视实现的。科层制本身是一种规模庞大的监控计划。科层制是一种基于抽象知识的指挥控制和风险沟通规则、格式和技术的权力形式，其目的是生产和传播对管理有用的知识。正如韦伯（Weber，1964：196）在 1922 年所写的，"科层制管理意味着以知识为基础，从根本上行使控制权力"。

科层制监控——对风险管理和行政管理有用的知识的生产和传播——构成了社会生活中每一个可以想到的领域的人群。甘迪（Gandy，1993：63）列举了 11 个内容广泛的领域，在这些领域中，机器可读的、网络连接的数据文件形成了自由主义主题本身。他列举的事项（包含了所生产出的数据项目的类型）有：有关个人的各种证明文件（出生证明、驾照）；金融活动的数据信息（ATM 卡、信用卡、纳税申报单）；保险文件（医疗保险、家庭保险、机动车辆保险）；社会公益服务（与社会福利、医疗保健、养老金相关的文件档案）；公用事业服务（与电话、有线电视和供热服务相关的文件档案）；不动产（购买、销售和租赁协议）；娱乐（旅游证件、剧院门票、尼尔森收视率调查）；消费活动（购物记录、信用卡账户、消费偏好调查）；就业（申请、审查、绩效评估）；教育（申请、记录、参考资料）；法律事务（法庭记录、法律援助文件）。

一些监控机制促成了每个领域内的知识的生产（Dandeker，1990：37）。这些知识包括收集和存储有关人和物体的知识；监控被监管人员；鼓励被监管人员使用从监控中获取的知识来构建他们自己的自律行动过程及指导方针；为监控对象提供行动指南；通过设计物理环境为监控对象提供目标指引；对是否遵守风险标准进行协商和监视。

建立和维持监控机制的能力取决于监控能力。监控能力问题涉及多个方面，包括：可利用的资源；在科层制和监控目标对象之间进行多点接触；具有有效地储存和检索知识的能力；对知识进行集中化处理的能力；与其他官僚机构建立联系；具有创造力；符合法律要求；能够与监控对象达成协议，即监控机制对他们有利，因为它们能够使被监管群体进行自我管理。

监视通过三个连续性程序得以运作（Gandy，1993）。首先，需要确定由相关的行政标准所定义的风险，需要对风险的索赔要求进行认证和授权。其次，要开展风险分类，在该过程中，根据识别信息将人、事件、进程和事态归入不同的概念组别中。最后，风险评估详细阐述并明确表达了可接受的风险标准，并分配风险。

监控的目的与韦伯（Weber，1978：350）在 20 世纪早期所列举的科层制特征类似，即"精确、迅捷、清晰、熟悉文件内容、连贯性、自由裁量、一致性、严格的等级、减少摩擦和节省材料及个人成本"。韦伯接着说道，"所有这些事情通过一套强有力的科层制，特别是独裁管理，加上训练有素的官员个体，比任何形式的集体组织、荣誉和职业管理机构，都更为有效、更能够达到最优水平"。但是，在 21 世纪前夕，通信技术的发展使得在没有人员直接参与的情况下，监视能力得到显著提升。通过"网络数据监控"（Clarke，1988）——在"针对一个或多个人的行为或通信进行调查或监控时，系统化地使用个人数据系统——科层制数据库而不是行政官员本身，才是通过知识获取主导地位的基础要素"（Weber，1978；Dandeker，1990；Poster，1990、1995；Gandy，1993）。"知识丰富"是一个整体的和机构性概念而非个体性概念。

正是在这些术语中，科层制监控能够"实现远程治理"（Miller and Rose，1990），通过诸如计算机和摄像机这样的能够扩大监控范围、增强监控的深入性、使监控常规化的通信技术，能够实现远程监控。"遥感"（remote sensing）技术获得的概率统计数据（probability statistics）（Gandy，1993：59）也使远程治理成为可能，换句话说，无须直接接触这类技术所适用的监控对象以及参考在风险分析系统之外便没有意义的人口成员类别。甘迪（1993）的"全景分类"的比喻是恰当的，因为信息技术及与风险相关的信息技术和概率统计数据，使得一种不同于边沁（Bentham）设计的实体的圆形监狱之外的新型监控系统成为现实。"以'信息革命'为基础，不仅是监狱和工厂，还包括社会整体，开始成为等级和纪律惩戒的全景式机器"（Gandy，1993：10）或者发挥着通过传统的价值观和获得的知识背景排除某些人的"差异机器"（difference machine）的作用。

4.5　自反性

风险社会的一个显著特征是"处于持续进行中"，在多数情况下，会同时出现对风险评估和采取行动的即刻的自反性。"自反性现代化"（reflexive modernization）（Beck，Giddens，and Lach，1994）完全整合进入科层制监视、科学以及日常生活之中，成为其不可或缺的一部分。

作为一项监视技术，自反性地监控是科层制管辖范围内的活动，同时也是科层制存在的理由。监控是"机构自反性"（institutional reflexivity）的条件，同时在一定程度上也是其产物的组成部分（Giddens，1991：149-150）。考虑到电子监控技术的复杂性，基本上任何事物都能被监控，当然，也包括监控机制本身。TRW（Thompson Ramo Wooldrige Inc.，汤姆森·拉莫·伍尔德里奇公司）的事例能够说明这一点。TRW 是美国主要的国防承包商和主要面向消费者的复杂知识系统的开发商（Gandy，1993：92-94）。TRW 拥有 1.38 亿消费者的信用卡信息数据，它将其卖给了零售业和金融机构。与此同时，通过它提供的信用证明文件，TRW 向消费者出售由同一信用机构制作的有关消费者自身信用风险的画像分析情况。并且，在消费者使用这项服务时，TRW 能够收集获取更多的信用信息并出售给其他机构。为了回应公众的批评和法律诉讼，TRW 甚至研发了一款隐私风险评估评分系统，以帮助数据主体（data subjects）评估风险数据收集和传播对他们可能造成的伤害。

社会科学也是自反性中不可或缺的一部分。实际上，正如吉登斯（1990：14、16）所强调的那样，社会科学的影响不仅体现在特定的政策或思考世界的方式上，更重要的是体现在它如何帮助制定制度分类方案和实践上。同样，波斯特（Poster，1990：36）呼应了福柯关于"社会科学客观化"（the objectifying social sciences）的言论，他谈道："科层制和社会学话语的'真理'是完全相同的。"社会学和科层制监控存在同一性的最好例证，可能是福特汽车公司（Ford Motor Company）早期成立的臭名昭著的"社会学部"（Sociology Department）。该部门的任务是负责在上班时间和下班时间监视公司职员的行为活动。其职权包括对烟酒消费和其他恶行实施道德管制。后来，其又运用社会学的群体生态理论及制度来惩戒作为消费者的工人，为他们提供行为准则（Ettema and Whitney，1994）。

正如上文提到的，自反性现代化（reflexive modernization）的另一个特征是，科学将其自身视为一种风险。也就是说，科学逐渐认识到风险是由于其自身的探索发现及其在技术上的使用而产生的。风险评估和预防性措施必须要整合到科学生产的每个步骤中。

因此，科学生产既是"自反的"也是"主要的"，既有"反身性"也有"原初性"："科技文明已经进入一个新的阶段，不再仅仅用科学知识去处理自然、人类和社会的问题，而是越来越要求对自身、自己的产物、效果和错误进行科学理解。科学不再关注从预先存在的依赖性束缚中'解放'出来，而是更多地关注其自身造成的风险和错误的定义和传播"（Beck，1992a：158）。

自反性科学化具有讽刺性的效果，即产生了对科学的激进性怀疑，因为它削弱了科学提供某些特定的知识的信念，甚至使这一信念破灭。怀疑变得具有机构化、制度化的特征，因为在科学的自反性实践中、专业知识的自反性使用中以及日常生活的自反性监视中，知识一直处于被修正的状态。

由于风险只是在科学的想象结构中存在，因此人们在日常生活中都接受科学的风险意识。"抽象系统对日常生活的侵入，加上知识的动态本质，意味着风险意识几乎渗透到每个人的行为中。"（Giddens，1991：111）我们每天所经历的生活就是对特定情境下行为可能性的计算，以及对反事实情况（指在不同条件下有可能发生但违反现存事实的情况）的辩证推理。人们总是觉得有必要知道关于一些风险的描述，他们正在做什么，现在应当做什么，为什么要那样去做，风险话语告诉他们应该做什么，谁应该做什么，应该成为什么样的人。自我是"根据她或他对自己的生命历程的自我理解"（Giddens，1991：53），而一个人的生命历程就是由一系列风险话语组成的。

风险的合理性无处不在：当我们做饭时，想知道如何使食物的有害作用降到最低；当我们坐在电视机前，一边吃饭一边观看棒球比赛时，我们主要关注每个球员在每次移动中所产生的风险概况的数据统计；当我们使用信用卡购买一台新电视时，它可以在瞬间将我们的消费偏好传送到其他机构中供其使用；正如我们阅读报纸时发现的那样，报纸上告诉我们的犯罪被害的风险，可能远远超过我们的想象。常识不断被风险理性改变和重塑。哈金（1990：15）一方面记录了关于自杀和国籍以及气候的关系，另一方面，又描述了这些民间传闻是如何被记录的自杀统计数据所驳斥的。曾经有一段时间，欧洲人将英国人视为所有欧洲国家中最具自杀倾向的人，并将其归因于英国冬季气候的影响。但当统计数据显示，英国人是自杀率最低的欧洲人，而且在夏季，世界各地的自杀事件的发生频率更高时，这个常识性的观点就被推翻了。

自反性并不局限于科技认知的领域。正如拉什（Lash，1993）所说，它同样存在于美学和情绪感知领域。关于风险的自反性意味着恐惧可以证明自身的存在。也就是说，在对风险意识做出回应以及设立安全机制管理风险的过程中，对威胁的感知以及由此带来的恐惧也会重新出现。哈金（1982：286-287）观察发现，在 19 世纪的法国，"记录下来的犯罪和越轨行为的数字之大"意味着"每个沙龙都弥漫着恐惧的氛围，……在普通教育教会人们识字之前的 30 年，由于流言蜚语的影响，文盲是规模庞大的犯罪群体中的一个主要群体……《悲惨世界》使人们对官僚机构所提供的统计数据产生了一种病态的和恐惧的依赖"。在我们自己这个时代，按照哈金（1990：4-5）的说法：

> 在关于美国黄金时段的电视节目方面，声明可能含有暴力行为的节目数量要多于明确表明有暴力行为的节目数量（笔者对节目广告进行了统计）。人们经常就潜在的各种危险的可能性进行无穷无尽的讨论，这些讨论涉及公众的恐惧感问题：灾难的发生、癌症、行凶抢劫、地震、核冬天（指核战争以后全球气温会骤降）、艾滋病、全球温室效应等。下一个关注的忧惧问题将会是什么呢？除了这些可能性本身之外，我们似乎没有什么可害怕的。这种对发生危险的机会的强迫性妄想，以及对改变机会的治疗方法，直接源自被人遗忘的 19 世纪的信息和控制的编年史。

第5章 风险机构

风险话语是机构的一项产品。风险只存在于关于机构自身的知识中。每个机构都致力于及时化解风险，希望建立一种关于风险的结构感和连续性，并使人们更能理解风险，对其含义的把握更为确定。了解风险就是了解一个机构是如何确定风险的含义和进行风险分类，以及如何应对风险的。了解一个机构就是了解它是如何采用支持和稳固该机构自身的方式来选择和界定风险的。

风险知识机构化是一个选择和界定风险的过程。当人们认为应当进行风险分类，以及当机构行为者（institutional actor）由此产生的心态、思想、方法和敏感性使他们习惯性地认识到什么才有意义，哪些行为具有可能性或什么是可能的行动时，一些知识就会变得机构化。实际上，当风险知识机构化时，这些分类确立了人们发掘自身偏好的标准，其他可供选择的含义要么被认为是不现实的，要么压根就不可见（Douglas，1986；DiMaggio and Powell，1991）。

风险话语的机构化是通过一种包含通信规则、格式和技术的系统而实现的。风险沟通系统及其沟通机制指明了行动（要做什么事）和身份（什么人做）的方向，提供了脚本。它还为以一种真实的方式报告有关机构的风险活动提供了叙事结构。例如，警察在汇报时必须要使用众多的表格，如果关于事件真相的相关性标准尚未融入表格的分类计划中，那么警察就无法说出他们必须报告的事件的真相。

机构化使作者身份（authorship）远离个体。人们只是按照机构剧本提供的方式去做，而不是自主地即兴创作。机构化限定了个人发挥的边界和底线，是一个建立日常活动规则的过程："如果握手是一种问候的机构化形式，某人拒绝伸出手……也就意味着他建立了机构的某种规则；如果某人收回他的手而不是迎上去伸出手……也就意味着他所采取的行动方式是背离机构原则而不是遵从。"（Jepperson，1991：148-149）。机构化提供了反身性的限制，这是继续从事并完成手头工作任务的必要条件。

高度机构化的规则、格式和技术允许一个机构跨时空移动，并参与与其他机构的系统联系。在系统层面上，一个机构不受个人操纵的影响（Giddens，1984）。当它卷入了其他机构的风险分类政治中时，它就失去了很多自己的机构特性。在相互生产以及相互传播风险知识时，机构不可避免地会为风险的定义和分类而斗争。这些冲突不仅会建立机构关系，而且还会改变机构关系。风险社会中的政治涉及的是适用哪个机构的风险逻辑以及风险机构之间的适宜关系如何。

围绕风险分类的大部分政治行为本身，都经历了机构化的过程。这在政府的管制机构和受其监管的私营部门机构之间的关系中表现得非常明显。私营部门机构经常"邀请"政府参与风险管制工作，以帮助其抵御风险造成的损失。政府的风险管制与私营部门的风险承担相辅相成，这点非常突出地表现在美国储蓄贷款协会（U. S. Savings and Loan Association）"为了利益进行风险管理"的安全网络上面（Lowi，1990：32-33；Zimring and Hawkins，1993）。

风险机构同样追求机构霸权。许多有关风险社会的文献，都是关于在风险分类的政治中，科学机构是如何为其他机构提供基础支撑的。由于风险仅存在于机构的风险知识当中，对以其他知识为基础的无尽的社会建造物是开放的——被戏剧化、边缘化或改变。虽然在界定风险时，科学知识仍旧占据主导地位，但是在风险的分配和使用方面，这种突出地位则荡然无存，因为相互竞争的机构逻辑使其变得政治化。市场、职业、利益群体和大众传媒的逻辑正是那些使科学知识失去独占地位的逻辑之一。因此，科学知识不仅"越来越具有必要性，而且同时，对真理定义的社会约束的重要性也越来越小"（Beck，1992a：156）。科学知识受到其他社会机构——特别是商业企业、法律和大众传媒的影响——受制于支配它的真理，因此科学知识既是"真理不可或缺必不可少的组成部分，又无法成为真理"（Beck，1992a：166）。

5.1 风险行业①

许多作为风险机构化的东西，是风险行业活动和专业系统中专家知识划分的结果。风险行业是一个职业群体，它声称拥有关于如何解决特定风险的独特抽象知识以及提供风险管理专业服务的特有能力。阿伯特（1988：30）谈道："正是由于抽象，法律科学和会计学陷入疯狂的相互斗争中。前者通过抽象来制定法律，后者则争夺对法律规定的数字的含义的定义权……正是通过美国医药界对无孔不入的疾病隐喻（disease metaphor）的抽象，从而界定了所有的不当行为。"

正如我们在关于警务活动专门知识划分的讨论中所强调的那样，专业知识不仅掌握在人（专家）的手中，还存在于通信规则、格式和技术的机构系统中。专业人员越来越少，他们的位置被表格、电脑、步骤化程序所取代，这些东西使专业知识商品化，并将其简化为选择框、按键和自助式指南等。

不管是以人类行为还是技术为表现形式，风险行业的任务都具有足够的自反性，同时具有足够的果断性，以结束反思，进而制定法律（Stehr，1992、1994）。风险行业专业人员使风险可见，通过评估和验证风险过程使其合理化，同时，为了确立和执行标准，提供了必要的风险解读（Abbott，1988：232）。正因如此，风险行业处于风险社会的治理的核心地位（Miller and Rose，1990）。

风险行业还是依赖性产生的动因或影响因素（Bauman，1992a）。人们被迫依赖关于危险的专业知识，以放弃他们自身的"认知主权"（cognitive

---

① 关于 Professions 的译法问题，在英语中表示职业的单词比较多。Professions，具有职业、行业、同业等含义，以前常指要受过高等教育（尤指法律、医学和神学）才能获得的职业，现在一般指为谋生的职业，尤指从事脑力劳动和受过专门训练，具有某种专业知识的职业。occupation，主要是指职业，即个人所从事的服务于社会并作为主要生活来源的工作；泛指任何一种职业，既不分什么行业，也不管是脑力劳动还是体力劳动。Job，通常指一切有收入、不分脑力劳动与体力运动、不论是否需要技术以及时间长短的职业。Vocation，是较正式的用词，语气庄重，指长期从事但不一定以此为生计的职业。Career，指经过专门训练，终身愿意从事的职业。Major/Specialty，译为专业，是指主要研究某种学业或从事某种事业。本书中我们将 Professions 译为行业。——译者注

sovereignty）（Beck，1992a：53）。这种强迫源于人们的恐惧以及随之而来的使非理性看起来显得理性的愿望。依赖同样源于一个事实，即风险仅存在于有关风险的专业知识当中。在被其他机构评估之后，风险通常会回到专业的、具有科学知识的评估人员那里，因为风险只存在于他们的知识当中。这在贝克（1992b：212）关于环境风险观察的论述中精妙地体现出来，"集体的咳嗽、抓挠和叹息都不起作用，唯有科学才可以做到"。

一种职业是由其机构关系和维持机构管辖范围的能力形成的。正如阿伯特（1988：320）所指出的那样，"相比 19 世纪的医学，现代医学的地位与现代护理学、药学、法学和会计学的地位有更大关系"。

首先，机构的管辖范围由若干相互关联的因素组成，各个因素之间相互竞争。排在首位并且最重要的因素是，一种职业的机构管辖范围取决于抽象知识系统使风险可视化、戏剧化并为处理风险提供分类分级和技术的能力：

> 实践技能是从抽象的知识系统中发展出来的，对职业的控制体现在对产生实用技术的抽象知识的控制。技术本身可能被授予其他的工人使用……只有抽象控制的知识系统才能够重新界定其问题和工作任务，防止外界侵入者的干涉和伤害，并抓住新的问题——正如医学最近发现了酗酒、心理精神疾病、儿童多动症、肥胖以及其他大量的新问题。抽象知识能够确保行业在竞争中得以生存（Abbott，1988：8-9）。

让我们思考一下医疗行业及其管辖权范围对犯罪和犯罪行为的影响。医生并不向"具有危险性的罪犯"和"少年犯"提供常规性的直接服务，而是为那些从事这项工作的人们提供抽象的模式和风险分类技术。医疗模式和风险技术成为各种不同机构的一部分，比如刑事司法机构，成为该机构在生活的心理和道德方面进行监管的系统的组成部分（Menzies，1989）。

其次，机构的管辖范围取决于展示并证明一个人的抽象知识系统的能力——包括其模式以及随之而来的风险技术——较其竞争对手的优势。通过对其他方式的风险进行戏剧化描述以及宣称自己独特的办事方式，专业人士将其专业知识推销给其他机构。在将分类和技术带入政策研究和市场这些公共领域之前对其加以机构化改造，通过这种方式完成这项策略，人们会把分类和技术看作既定事实。例如，这项策略在遗传基因工程的发展及其医学应用中体现得非常明显（Royal Commission on New Reproductive Technologies, 1993）。正如哈金（1992：145）所观察到的，专业人员具有知识系统的优势，即处在一个可以"决定哪些阶层具有重要的价值以及如何定义它们"的位置上。"通常情况下，专业人员的价值重要性远远超过了普通大众的区分方式，更确切地说，是真正地实现了这种区别。"一个行业通过使用它在持续性地公开应用之前发展起来的分类方法，描绘其机构现实以及管辖范围。

机构管辖范围也是一个管制的问题。每个行业都试图通过保护相关知识、使非专业人员无法充分获取知识、为其管辖范围内的管制活动制定标准以及控制评估效率的方法等来维持自身的认知霸权（cognitive hegemony）。为了实现合理的自我管制，有必要寻求和创建多种形式的外部权威。在这一点上，总是会寻求法律机构的介入，但同样重要的是对程序适当性、效率以及职业地位等主流文化价值观的更为普遍的呼吁。"职业工作中的纯粹技术合法化是不可能存在的。"（Abbott, 1988：209）

很明显，构成风险行业的机构管辖范围所涉及的上述所有要素，都有助于使该行业本身制度化，并且将其牢固地嵌入机构间系统中。实际上，正像坎布罗西奥（Cambrosio）、里摩日（Limoges）和霍夫曼（Hoffman）（1992）所表明的那样，专业知识被不恰当地视为拥有它的专业人员的一种财产，而实际上，它应当被看作机构通信系统的一种财产，专业人员正是通过该系统进行互动交流的。尽管专家明显拥有懂得如何做的"专业知识和专门技能"，但他们的专业知识只有在进入机构通信系统之后才能变为专业知识。正是通过这样的系统，专业知识才会变得足够标准化和强劲有力，才可以用于专家进行的常规诊断、分级和处理决策。

所有专业人员在风险沟通系统中发挥作用。风险沟通系统使所有单个专业人士独立运作并为客户提供纯正的个人服务的观念都过时。专业人员的主要功能在于帮助顾客将知识输入风险沟通系统中：

> 干预措施的基本组成部分不再采取护理者和被护理者、帮助者和被帮助者、专业人员和客户之间的直接面对面关系的形式。取而代之的是，基于对一系列被认为可能产生风险的抽象因素的核对整理，从而有利于建立起畅顺的人口流动……（在医学领域），对病人的检查往往是

对病人就诊记录的检查，这些就诊记录在不同的情况下由各个不同的专业领域和不同的专业人员提供，他们仅仅通过个体病案的循环传递而相互联系起来……诊断综合的位置不再是与病人的具体的关系，而是构成病人档案的不同专家评估之间的关系，专家通过病人档案建立起与病人之间的关系……实际上，不再存在与某一主体的直接关系，但是（仅仅）由各种因素和同质性要素的数据统计相关性取而代之。他们解构了干预措施的坚实主体，并重构了一个容易产生风险的因素组合……现场的操作人员现在变成管理者的一个简单的助手，作为体力劳动者的他或她向管理者提供从上述专家的诊断活动中获得的信息。然后，这些信息条目被储存、加工处理以及分配。这些信息的分配特别使用了计算机化的数据处理的媒介，与专业实践采用的渠道截然不同（Castel，1991：281-282、288、293）。

巴尔金（Balkin，1992：1974）对律师在律师事务所的机构化语境下，如何发挥作用进行了相似的分析：

我们一周中安排了 70 个小时的按时收费工作，一案的案情摘要往往被多案使用，这家拥有 500 名员工的律师事务所艰难地处理着堆积成山的文书来向客户证明自身价值。我们有大量的诉讼和司法行政事务要去处理。目前，大部分的联邦司法审判的意见是由 25 岁的年轻人起草的，所以司法意见所使用的语言并不能表现其真实含义，因为它毕竟不是由说话有分量的人做出的。

信息管理人员和电脑专家在风险知识系统中的地位显得越发重要，其影响力越来越大（Altheide，1995：第 2 章）。他们的影响力与其在帮助客户确定什么是相关信息以及将确定的信息进行分类、转化为计算机格式并输入计算机程序方面所发挥的作用相关。同样地，统计员作为解释概率的专家在各种机构和行业中发挥着自己的影响力："统计学家们在各地传播他们的技术，并让他人滥用这种技术，以修复糟糕的应用来维持生计。"（Abbott，1988：236）

在复杂的风险管理系统的网络中，专业人员的管辖权及能力范围在不断地发生变化转移。专业人员在风险系统中使用了与建立殖民管辖权相同的方式来维持其管辖范围——抽象知识、竞争、管控、科层制以及专家系统的参与——同样也是这些手段方式使专业人员失去其控制管辖权、被同化和变得动荡不安。

5.2　媒介格式

风险媒介格式（risk media formats）使风险可见，并接受评估与管理，通常包括一些影响监视、分配知识以及提供风险分析的电子媒介以及平面媒介。例如门禁磁卡、市场调查、监控摄像头、计算机终端、社会调查、科层制形式以及精算格式。

风险媒介并非与机构相分离，而是参与机构的形成与变革。它们被嵌入机构之中，并且具有强有力的社会影响。它们是连接机构的"筋骨"和"肌腱"，使永无止境的风险连接与风险表达成为现实。它们是意识和社会存在的经纪人与协调者，定义了什么应该被视为客观实在，并界定了客观真实的内涵。它们创建了关于什么人应该知道什么事的知识结构，从而建构了包容和排斥的机构环境。它们以两种标准组织起社会联系：一个是人口分类；另一个是关于谁应该与谁联系、联系的基础和前提是什么以及出于什么目的。风险媒介"审视"着整个世界，通常是根据它们自身特有的高效管理标准来扫描风险和有效管理风险。

风险媒介没有地域场所感。它们赋予了机构被吉登斯（1990）所辨识确定的所谓后现代属性：时空分离（time-space distanciation）、脱域（disembedding）① 以及自反性。风险媒介允许在任何地方生产、分发以及管理风险知识。它们允许远程控制（Cooper，1992；Zuboff，1988）以及从行动中抽象出思想观念，以便它们能够在一定的距离外开展管控活动。当机构活动在不同机构的风险知识网络中移位和转换时，风险媒介使机构活动的流动性和协调性降低。它们组织起时间和空间上的意义，迫使复杂性进入即时分类的狭窄的凹槽空间内，以便进行有效的风险管理。远程控制、位置转移以

---

① "脱域"（disembedding），是英国社会学家吉登斯男爵在《现代性的后果》一书中提出的理论，指的是社会关系从彼此互动的地域性关联中，从通过对不确定的时间的无限穿越而被重构的关联中脱离出来。——译者注

及沟通复杂性的降低使得机构程序在风险发生以及风险管理时呈现出来，因此，一眼就能看到在瞬间同时发生的结果（Zuboff，1988）：

> 远程控制是表征形式本身固有的便利性经济的基础：一个人自己可能无法移动一座山，但是可以很容易地移动山的模型或图片。这种表征形式的可移动性帮助我们理解为什么各种各样的文书工作对组织如此重要：移动性是控制的核心。表征形式剔除了不可避免的和顽固的东西；它否认了固定场所的观念，并强调了运动性。因此，位移意味着可移动的和不可定位化的关联。因此，例如，讨论组织及其环境就变得不合时宜，因为这给人一种印象，即其在时间和空间上是分开的不同范围的两种东西。（Cooper，1992：257）

某一具体机构的风险媒介会渗透到其他机构之中，并从根本上影响其他机构成员的思考方式和行为方式。一种风险媒介可以将其"基本的和公认可识别的组织原则和特征提供给另外一个权威机构，从而帮助塑造公众对该活动的感觉、期待以及合法性，同时还能塑造活动本身"（Altheide，1985：232）。风险媒介提供了双重视野，使机构行为者能够将三维世界转变为风险在计算机屏幕上的二维表现：

> 科层制的力量在很大程度上源于计算机数据库所建立的语言形态，这种数据库编码创造出一种精确的语言形式……现代监控的建立并不能简单地归结为技术创新（即电脑）的产物。它要求对语言进行编码，从而使符号能够转变为电子形式……就借助电子媒介进行沟通的主体而言，其对象往往并非语言中体现出的物质世界，而是信号物（signifier）本身的流动。在信息模式下，使主体区别于信号物流动"背后"的"真实"存在，将会变得越来越困难甚至没有意义，其结果是，社会活动变成了一种指导主体接收和解释信息的实践。（Poster，1990：38，14-15）

机构主体同样也可以生产和分发传播信息，其中包括依赖自己购买的远程控制设施。不管他们处在机构等级制度中的什么位置，其都可以利用这样一个事实，即风险媒介使风险知识具有多种用途，其中包括抵御风险危害的作用。通过机构的边界监视来控制这类知识传播的方法是不可取的，因为这里有大量的完全垂直的风险沟通，事实上，尽管知识被传播出去后可以被获取，但是知识仍会留在其最初的发生根源地或原来的位置上，而知识一旦被人知悉和掌握以后，就永远无法被回收。远程控制就意味着没有人处于控制之下。

5.3　保险格式

通过考察保险业，我们对风险机构、风险行业以及风险传播媒介的分析变得更为详细具体。保险是一种抽象的风险技术。实际上，风险这个词本身就是保险技术创造的一个新词。保险作为一项技术和一个机构，居于其他安全机构的中心位置。保险是风险的首要的技术及机构，涵盖了所有其他主要的公共和私人机构，并从根本上影响了它们的知识系统。保险作为社会政策的一种模式和在风险事务及风险责任方面的一种治理机构，它已变得越来越重要。

保险具有八项重要特征，使其成为风险社会治理的主要模式之一。

第一，它将任何事情客观化（objectifies）为一个事件或一场意外事故。根据伤害发生的可能性及其程度，保险将世界分为各个不同的等级，进而配置各自不同的成本费用。这包括了对客观风险的真实生产按其字面意义进行界定，对客观风险按其本来面貌进行定义，旨在使事故正常化，从这个意义上来讲，压根就没有所谓的意外事故之说。

第二，保险使不确定的可能发生的意外事件变得能够计算和可预测。客观化通过具体事实的产生和精算技术的使用来进行概率陈述。在直接生产的层面上，世界被简单地归类为事实，即可以简化为复选框，从而使人们能够做出必要的精算计算。

> 所谓事件就是在时间和空间上有着明确不同界限的事实——它们本身就是完整的，没有理由，没有现在或将来……人们很难描述它们，而且它们的身份被简化为数字形式，使人们能够将其转换成一个标点或一个单位数填入表格之中……最初注意到事故或者死亡事实的保险商对其

发生原因漠不关心……事件的重要一点是它们的发生，或者更确切地说，它们的发生是重复的、多次的、有规律的。事件会变得具有完全的偶然性，并通过与它们自身的比较而得以客观化。（Ewald，1991b：143）

第三，保险具有整体性或集合性。从某种意义上说，保险商是人口统计学家，能够将已经识别出的与风险利益密切相关的人群客观化，并加以计算。风险的现实情况是，其以成本费用的形式分布在人群中；人群中的每个成员都贡献了一点，只支付少量的保险金，以便在随后发生灾害时能够获得赔付，从而节省很多钱。

第四，保险形成资本。对保险公司而言以及在某些情况下对投保人而言，保险是他们进行资本积累的一条途径，同时还是防止资本损失的一种手段。实际上，被保险人或投保对象发生的风险事件，并非对相关公众造成伤害或损害的特定灾难性事件，而是保险人或承保商提供赔偿的资本。

第五，保险具有管理意义。它提供了一种可供选择的直接监控，作为保卫领土安全的一种手段方式。保险监管是一种超越领土管辖权之外的治外法权。它的风险管理工作建立在技术基础之上，并对分散在不同时间和空间范围，但基于共同利益而集合在一起的人群实施远程监管。保险商的利益体现在保护投保人的共同利益上，保护资本的安全就等同于减少损失。

第六，保险是一种法定权利，是合法的。它使风险处于合同和法院判决的影响之下。同时，它帮助法律将损失责任分配给最能通过保险分散损失的那方。

第七，保险具有文化属性。作为以客观化、可计算、整体性、资本性、管理性和法律性意义等术语表征世界的范本，保险转变了人们的文化心态和感觉。例如，在证券期货市场中，保险改变了时间和命运的概念。在规避因果关系，使风险集体化和资本化的过程中，保险改变了天意、责任和正义的概念。在宣传世界管理化的过程中，保险将生命视为无限循环的经济效用计算。通过将世界客观化，保险迫使某一个人透过风险属性的镜子来看待自身，并且每天都这样做，以确保其不会被重新分类。

第八，保险具有政治属性。这一点是自由主义治理的核心，因为它结合了公共集体福利和个人自由的各个方面的特征。这种结合可以导致通过保险精算实际形成的群体，比如接受福利的人，成为为获取自身利益而奋斗的有效的集体行动者。此外，保险能够支持自由主义以及自治的更为极端的形式，因为它能够根据人们与人群中其他人的差异来进行分类，这样能够使不同的人群解体。"解体"（disaggregation）能够使人失去具有主权主体属性的政治身份，迫使他们孤立和分裂，仅为他们自身的安全负责。

保险同样也为政治纷争的解决提供了框架，毕竟保险也有解决不了的问题。有些事情公然拒绝保险，正是这种意识加剧了人们对潜在可能发生的混乱局面的政治焦虑。可归纳推广的社会保险的成功需要"在整个社会中进行相对稳定的风险分布，这种风险分布也能够被去政治化，或者受到'控制'而得以解决。在一个反思性现代化的时代中，这些问题变得越来越不确定。就人类和自然的行动环境而言，人为制造的风险都是不稳定的。人们无法再通过精算的方式，即通过控制环境的'日常失序'，包括控制资本主义的生产环境以及自然环境的方式来面对和控制人造风险"（Giddens，1994：150）。

诸如全球变暖之类的环境问题，诸如核电站崩溃等技术性灾难问题，以及福利国家的财政问题都表明，在这种层面上的有些风险是不可予以保险的（Beck，1992a）。危险超越了风险技术的控制范围，进而揭示了保险的局限性，即人们并不能控制所有事件的发生。

第6章 风险和社会变革

6.1 累积性变革

风险社会并非突然变化的产物。相反，在相当长的一段时间内，风险一直受到驯服过程的影响（Hacking，1990）。但是，就我们的目的而言，试图挖掘并查明风险社会起源的时间、地点和起因，是不会取得成功的，其努力并不是富有成效的。相反，我们应该更为广泛地关注当今对科层制监控和风险管理的一些先例情况。

管制机构一直希望了解人口的详细知识。出于社会和政治目的，运用统计数据来描述人口状况的做法，可以追溯至古代。人口普查（census taking），特别是为了支持税收而开展的人口普查，是一种深深根植于犹太教-基督教共有文化中的政府监督形式。正如哈金（1992：140）所述，《圣经》整本书的内容都涉及以色列的人口调查，简单地说，该书中充满了有关以色列人口的"数字"。哈金（Hacking，1992：140）还补充说道："耶稣出生在喂马的食槽中，因为他的父母在回家乡办理人口调查登记和纳税的途中，其母亲临盆了，后用布将耶稣包裹好后放在马槽中。在文明社会，统计数据描述是如此普遍，以至于我们可以将其称为人类治理的普遍原则，这是有秩序的社会的其他两个普遍原则即征兵与赋税的产物。"

早在1666年，加拿大就进行了一次详尽的人口调查，主要目的是加强税收征管，同时也是为了制定一项激励计划，即鼓励家庭多生孩子。《美国宪法（1787年）》第一条第二款要求开展人口调查，以确定国会选举区以及哪些居民具有选举权。哈金（1982：290）讽刺地说道："你可以说美国梦的第二个重要特征是计算人口数量……也就是确定国会选举区的规模，赋予所有的自由民以平等的选举权……除了'未承担赋税任务'的印第安人外，所有的其他人都按照五分之三个自由民进行计算。这就是我们所谓的启蒙运动，如果没有其他更为准确的表述的话。"

19世纪，在涉及公共卫生和安全方面的问题时，对人口进行风险画像分析就成为自由主义者的实用主义政治改革中具有工具意义的重要组成部分，并且一直就是如此。1862年，恩斯特·恩格尔（Ernst Engel）在一份普鲁士政府的统计出版物上发表了评论，对于运用风险管理统计数据进行警务活动的维度和效果进行了精妙的阐述，他的观点同样适用于我们这个时代的"全景类型"（panoptic sort）：

> 为了获得一个准确的陈述或精确的表征，统计研究伴随个人的一生。统计研究会记录下他的出生、洗礼、疫苗接种、教育及其获得的成就、他的勤奋、逃学、接受的继续教育及发展；一旦他长大成人，服兵役要求的体格和能力都会被记录在案；在他人生接下来的发展过程中，统计研究仍然存在，记录下他职业的选择、安家及其家庭管理的过程；他是否在青年时期存下足够的钱供年老时所用；他是否结婚、何时结婚以及选择谁作为妻子——不管他经历的是顺境还是逆境，数据都会记录下来。在他的一生中，如果他遭遇了海难，承受了物质损失、道德或者精神上的伤害，数据都会如实地记录下来。只有当他死亡，确定记录了他死亡的准确年龄以及导致其死亡的原因之后，记录才不再继续。（转引自Hacking，1990：34）

正是自由主义治理对人口健康和安全的关注，导致人口普查超越了赋税和国会选举区的范围而兴盛起来。虽然美国第一次人口普查（1790年）时只包含了针对家庭住户的4个问题，但是第十次人口调查（1880年）则包含了针对各种机构和个人的数量庞大的明细清单，总计13010个问题（Hacking，1990：2）。

科层制人口管理是为了应对紧急情况下的需要而出现的。战争——想象中的、即将要发生的或者实际上发生的——为监控技术和创新型风险管理技术的兴盛提供了肥沃的土壤（Giddens，1985；Dandeker，1990）。人们发现，对似乎传播迅速但难以发现病因并进行控制的重大疾病的识别，同样也促成了特殊的风险政治技术的诞生。艾滋病（AIDS）是现代社会的一个典型事例，与此同时，鼠疫（bubonic plague）是以前社会的例证。欧洲针对瘟疫或传染疾病设置的监控机制，与边沁提出的全景监狱模式一道，为福柯（1977：195-197）提供了他对生命权力和纪律惩戒的指引性的隐喻。福柯（1977：197）把欧洲的瘟疫隔离制度描绘为：

> 这种与世隔绝的封闭的和被割裂的空间，处处受到监视。在这一空间中，每个人都被镶嵌在一个固定的位置，任何微小的活动都受到监视，任何情况都会被记录下来，一种不间断的未受到干扰的记录工作与中心和外围保持着联系，权力根据一种连续的等级制度统一地运行着，每个人都被不断地探找定位、检查和分类，划入活人、病人或死人的范畴——所有这一切构成了规训机制的一种微缩模式。用以对付瘟疫的是秩序，秩序的功能就在于厘清各种可能的混乱：当肉体混杂在一起时，疾病就得以传播；当恐惧和死亡压倒了禁令时，罪恶就会滋长。

主要的人口流动，比如那些与快速城市化或大规模移民有关的人口流动或大迁移，同样也会导致监控和风险管理技术的优化。当工业化迫使人们从农村迁移到城市生活时，这也迫使政府和私人保险公司创造出新的居民福利和安全形式。早期发明的为个体劳动者提供的人寿保险和年金机制，在很大程度上是城市雇佣劳动带来的不安全感取代了乡村生活的共同安全感的产物，保险和养老金机制正是都市化和工业化早期发展的产物（Hacking, 1991：191）。

风险管理也随着科学知识的进步而发展，甚至激增。贝克（1992a）关于风险的论文的基点在于，风险社会是现代科学技术的负面效应带来的必然产物。一直以来，社会总是必须管理诸如瘟疫那样的高危险性风险。当代风险社会的不同之处在于科学技术对结构性社会条件的转换。科学技术是产生风险的主要原因，相应地，其又将风险科学化。科学化以螺旋式上升的方式产生了风险（Beck, 1992a; Stehr, 1994; Stehr and Ericson, 1992）。

科学知识的进步是风险社会的组成部分，与之相伴的是专家及其专业知识和专门机构的激增。关于风险的专业知识多样化和飞速发展的原因有很多，人们需要解决真实的、重要的问题只是其中之一。但是，专业知识系统内部本身的一些特征也促进了其扩张。驯服机会或"控制机会"通常是务实的、零碎的，解决紧迫的实际问题而非抽象的智力问题。正如哈金（1982：289）所述，启蒙运动与其说是一个伟大的哲学时代，倒不如说是为阐明人口管理的实践问题提供了新的思路。在风险社会中，专业知识的实用主义观点和方法与专业知识的高度分化特征交织在一起。其结果是在每个职业中形成了狭窄的框架，使专业人员根据系统化的结果孤立地看待问题及其解决方案。专家决策的意想不到的后果不断增加，这些反过来又助长了在不同条件下有可能发生但违反现存事实的风险话语的飞速发展和扩散（Giddens，1991；Bauman，1992a）。正如裴洛（Perrow，1984；322）所说："专家的实用型定义就是指一个能够比其他人更快或者更好地解决问题的人，但是在提出错误问题方面，他比别人具有更高的风险。借助他或她的专业方法，问题被重新定义以适应该方法。"

风险职业生成依赖性的方式加剧了每个职业内单一问题/单一解决方案引发的医源性效果（iatrogenic effects），即因医生的治疗而引起的副作用。在一个基于社会距离、隐私、怀疑、对自由的恐惧感以及碎片化知识的社会中，风险专业知识发现了一个肯定有利可图的交易行业："实际上，可以有很多方法来确定一个人的身份，并由此采取很多预防措施。但是，这些预防措施让我们显得时时处于担忧之中，担忧他会突然从他原来的生活中消失。"（Sartre，1966：59）专业知识同样也会带来一些负面效果，因为人们开始依赖这些专业知识，而非相互依赖。由此，身处这些行业中的职业人士通过制造新的风险，以维持自身的存在，从而在风险市场为自己保留一个适合的安身之地。

作为风险制造者，科学知识和专业知识与技术交织在一起。与专业知识一样，风险技术也是自我合法化（self-legitimating）的。正是它们的方便性、行业声誉和地位，以及其他的资源份额，证实了人们对它们的需求（Ellul，1964）。当他们开始查找问题时，风险技术就开始假扮成问题的解决者。以前，有些危险被视为命中注定，但现在，这些危险被风险技术变成了基于他人利益的选择，由此创造出分散的、偶然的东西。而风险的当事人也因此被排除在决策之外，从而产生了依赖性。

特定的技术发明尤其对风险社会的构成做出了深远的贡献。统计性思维（statistical thinking）发展到这样一种程度，即每个组织的决策都是根据其条款规定做出的："在缺乏统计基础的前提下，我们是不能做出公共决策、风险分析、环境影响的，也没有什么文韬武略。我们通过客观性掩饰自己的意见，让计算取代了判断。"（Hacking，1990：4）正如西蒙（Simon，1987：87）所指出的那样，当我们在高速路上飞快地行驶时，我们和其他的驾驶员一样，都觉得这没什么，不过也有一个例外，也就是说，我们给彼此创造了危险，以及我们如何通过道路设计和汽车的设计、驾照、交通扣分制度、雷达、空中监控和事故报告等这样的风险技术来管控和解决这种危险。

风险社会的技术贡献之一是通信技术。计算机及其相关的电子通信基础设施使风险知识的收集、处理、存储以及分发传播变得更容易，这又反过来增加了风险机构及其专家生产和使用更多的风险知识的压力。计算机拓宽了监控的范围，加深了监控的程度并使其常规化，因为它们能够超越时空界限，使看不见或几乎不可见的监控形式成为可能，其中包括让人们进行的自我监控，并为精算分析打开了方便之门，提供了空间，精算分析允许风险机构创造各种不同的怀疑类别，并自动将某些群体排除在机构以及制度利益之外。正如波斯特（Poster，1990：38）所强调的那样，计算机的这些威力并不能只归结于其本身的技术能力，还要归结于该工具如何创造了一种新的语言形式，一种固定选择复选框的语言，它提供了没有选择的确定性："科层制的力量在很大程度上源于计算机数据库所建立的语言形式，这种代码产生了一种没有歧义的数字编码的语言形式。"（Poster，1990，38；也可参见 Altheide，1995：第 2 章）

在计算机程序格式中形成的统计学和概率理论，构建了事实真相。它们将风险数据作为客观标准的基础，人们"必须"将这种标准作为客观现实予以接受，进而用其形成他们的身份和行为。尽管风险分类及其类型，以及由此产生的身份识别和行为都是在社会中构建起来的，但它们从出现之时就是"相对于无而言的"，并成为标准（Hacking，1992：135）。它们变得真正的理性，并通过制度程序中常规化的变革推动社会变革。

正如韦伯（Weber）所意识到的那样，旨在管理风险的科层制监控并不愿意接受理性批评和变化，除非在自己的理性标准之内。在风险社会中，这些都是统计概率和计算机程序的标准格式。"让一个人提出一个反统计数据的观点来反映其个性，并且抵制宇宙中普遍存在的可能性，下一代人能够毫不费力地接收其观点，使其成为信息和控制的标准统计数据机制的一部分"（Hacking，1990：141）。人们被改变以适应格式的要求，而不是相反，"我们获得了一个具有冒犯性行为的被统治阶级的数据，进而尝试改变我们认为是构成该阶级的相关条件，以改变该阶级所遵守的统计定律（laws of statistics）"（Hacking，1990：141）。

风险社会的兴起也与超越特定制度变革的文化转向有关，即从唯物主义的"生活标准"（standard of life）取向转为后唯物主义的"生活质量"（quality of life）取向，后者包含了持续不断地追求不受风险影响的自由。当前对风险管理产品的重视其实就是对关于风险的专业知识和技术的重视，它们可以允诺提供更高的生活质量。风险、企业、进步以及现代性之间的系谱相互信赖性——这种信赖性首次出现在 19 世纪——造就了新的文化生活，并且在风险和安全产品方面有一个繁荣的市场。通货膨胀的逻辑随着风险的商品化而发展。市场力量促进了创新性，从而创造出新的需求，而不是仅仅调整供应水平以满足现有的需求（Bauman，1992a）。

随着市场力量在分配风险方面发挥作用，新的不平等形式随之而来，并对风险管理提出更进一步的要求。法律成为帮助风险管理的产品。环境条件与风险情况的平等性成为具有指导性的法律力量，即使以牺牲自由为代价。自由主义治理的公共政策现在必须比以往任何时候都要更多地将风险管理和赔偿的民主化作为一个法律权利的问题予以解决（Lowi，1990；Priest，1990）。法律越来越多地迫使风险制造者承担风险预防和保险的责任，他们最能够预防风险。法律还参与关于风险的科学知识的构建，其中包括风险如何进入专业人员中并嵌入科学技术中。正如坎布罗西奥、里摩日和霍夫曼（1992：354）就基因工程创造出的生物有机体所做的评论那样，监管的常规分类"参与风险评估事实的构建……它们本身就是一个混合构建过程所产生的结果，通过该程序，不同种类的科学工作……与立法话语的执行性部分相互作用、相互影响"。

这里分析的累积性变化造就了一个带来若干累积性效果的风险社会。以下四种因素需要我们进一步展开论述：隐私和信任的变化，碎片化，新的不平等形式，道德、责任、问责制以及权利的新组合。

6.2　隐私和信任

我们可以把隐私（privacy）定义为"未经其被指定作为其所有者的个

人或组织的同意，他人通常不能随意侵入的地点、空间以及事项"（Reiss，1987：20）。风险社会重视隐私保护，这意味着赋予个性化、私有化的家庭生活方式以神圣不可侵犯性。但是人们同样也重视私人事务中的隐私，以及在公共空间中的匿名性带来的自由。因此，隐私是由那些逃避机构风险管理监控的东西构成的。无论是政府机构（Giddens，1991：51）还是非政府机构（Gandy，1993：97），都参与制定法律规则和其他标准，以界定监视的范围和公私边界。

人们对隐私的追求部分来源于风险社会的结构性特征。人们越害怕公共参与的风险，他们就会越来越陷入私有化的生活方式中。根据他们的人群身份来分析风险的人越多，他们就越会感到个性化，就越会与那些没有这样进行身份辨别的人分离。

正如托克维尔（Tocqueville，1840）所述，由于私人化的公民数量增多，科层制的监控就变得比以往更有必要。监控使个人和组织的相关特征被人们所熟知，以便他们的可信度可以根据与他们进行的特定机构性交易的目的来衡量。人们因使用信用卡、门禁卡、驾照、护照、心理疾病筛查表等诸如此类的东西而被了解和信任。通过常规性审计技术以及各种不同的问责形式，组织被人们所了解和信任。隐私只能通过信任来扩大，但信任只能通过监控来扩大。

总之，伴随隐私存在的是对隐私更大程度的入侵，因此人们可以通过风险管理术语来认识彼此。私人场所、空间和事务的"后台"（backstage）被瓦解或崩溃了，外界渗透进个体和组织的生活之中（Meyrowitz，1985；G. Marx，1988）。必须使用监控机制来建立信任，且使用这种机制的频率越高，人们就越能认识和体会到这样的信任值得怀疑。对不信任的推测越多，适用监控的空间就越大，如此循环往复，监控空间得以不断扩大。

参与某一特定制度关系的人们，都面临着一个悖论。他们认识到自己并未受到充分信任，而被视为一种风险，但他们又必须信任该机构的风险管理实践。信任存在于机构及其抽象的风险管理系统中，而非系统中的个体身上（Giddens，1990、1991；Nock，1993）。人们逐渐变得越来越依赖该系统，进而出现一种"信任不平等"（trust inequality）的结果。正如拉什和韦恩（Wynne）在他们为贝克所著的《风险社会》一书所撰写的介绍中所解释的那样：

风险总是在社会系统中不断地产生，比如在那些应当管理和控制风险活动的组织和机构中产生，并对这些组织和机构的活动产生影响……因此，物理性风险的量级大小及其重要性是社会关系及其进程质量的一种直接作用或正函数……因而，即使就最具技术性的活动而言（实际上也许尤其是对它们来说），首要的风险也是他们对机构以及行为人的社会依赖——按理来说，这些人相对于那些受到相关风险影响的大部分人而言，他们正在变得越来越陌生、模糊以及难以接近。因此，在风险领域中才出现了信任和信用的问题。

信任以人们事先意识到的一些风险情况为前提，但是大部分人在他们自己采取行动时，并没有充分地意识到这些风险情况。他们被强迫将自己的信任建立在机构的可信赖性及其专家系统之上，以帮助他们管理风险，这种信任填补了他们有限的知识和采取行动的需要之间的空白。实际上，只有在一个信任的框架内，人们才可以将风险样态模式适当地制度化，并且转变成为常规行动。自相矛盾的是，隐私、信任、监控以及风险管理在创造风险概率和提供行动的可能性方面密切相关，往往是齐头并进的。

6.3　碎片化

风险社会是支离破碎的，呈现一种碎片状态。这种碎片状态源于这样一个事实，即风险作为一种危险颠覆了由来已久且习以为常的机构及制度间的边界。风险模糊了专业知识的范围，提出了需要运用跨学科方法进行研究和解决的复杂的伦理问题，迫使人们采用更为严格的机构责任和问责制，并建立新的机构间联盟。

碎片化同样还源于风险管理技术和实践的一些特性。风险管理是面向未来的情况。过去的情况及其传统的处事方式让位于未来框架的建构工作。当过去只有在不与现有的知识和未来的行动计划产生冲突的情况下，过去才会有保留意义。一个人很可能会逃避过去，但是永远不会逃避机构发展的未来。风险社会对未来的定向，在比如保险提供以及股票和商品交易的"期货市场"（futures market）中表现得非常明显。但是，通过"即时的"风险画像分析和反事实思维（counterfactual thought，指在不同条件下有可能发生但违反现存事实的一种思维）的扩散发展，风险社会对未来的定向也存在于所有的机构中。个体和组织痴迷于获取通信流量，这些通信流量将创造未来，随后可能因为个体利益和安全而被殖民式地开发利用。与过去和碎片化的未来的断裂脱节是一个始终存在的永恒的现实。

风险技术和实践需要推介解决特定问题的有效方案。效率要求人们在更为广阔的社会环境下发现问题并解决其面临的"整体问题"。最终获得的解决方案是零碎的，被分割为人们可以管理的众多碎片。除了局部问题的临时解决方案之外，这些碎片一无是处，除了给人一种碎片化的感觉外，没有任何意义。

碎片化也是风险社会的治理实现多元化、分散在众多复杂的公共与私人机构和空间中的结果。贝克（1992a）认为，"政治性的"东西（即强大的政府）已经被去政治化，"非政治性的"东西（即非政府组成部分的机构）却变得政治化："政治机构成为发展进程的管理者，这种发展进程既不能事先进行规划，也无法进行建构，但必须以某种方式予以证明。"它们成为代表政治化、非政府机构利益的组织者，帮助它们生产、分配以及使用风险知识来管理其未来。因此，它们在风险管理方面越来越失去创新性，只在非政府机构的技术系统内成为风险管理的代理人——成为那些不能改变的事情的知识经纪人、监管者和立法者：

> 在现代化的权力结构中，这种劳动力分化现象使政府陷入多重耽延效应（multiple belatedness）中……人们不再期待通过议会辩论或制定新的法律能够产生所谓的"替代性社会"（alternative society），而通过机构及他们对于微电子学、基因技术和信息媒体的应用却能够产生某种替代性社会……其他任何人——即使是最负责以及在政治和科学方面知识最为丰富的人——或多或少地需要依靠从亚政治（sub-politics）的规划表上脱落下来的信息碎屑为生。（Beck：213、223）

个体层面体验到的碎片化，是通过主要的机构向其提供的人口身份类别的方式表现出来的。自我变成了风险画像余像（after-image）的映像，这些画像就像自我参与的机构数量一样支离破碎（Gergen，1991；Gandy，1993）。进行风险管理的机构打破了社会团结（social solidarity），并培育出了自私自利的个人主义。

社会团结的崩塌并不意味着社会融合（social integration）从此消失，只是表明它发生了变化。目前，在对特定风险的管理工作中形成了共同利益，负责执行该任务的机构也有着自身的风险逻辑，社会融合就建立在共同利益基础之上（Douglas，1986、1990、1992）。此外，社会融合的另外一个基础是，个体与风险沟通的社会交往回路机制（social circuitry）的相关联系，这些联系是为了满足人类的安全需要而提供知识。

6.4 不平等性

并不是每个人都在特定领域的风险具有相同的利益关系。人们在风险面前是不平等的。在风险社会中，阶级分化现象是客观存在的，但与工业社会的阶级分化有着本质的区别。然而，传统的阶级问题依然存在：市场经济是如何使社会交往成为可能的？风险社会除了改变经济安全保障条款外，还通过解决一系列不同于工业社会所解决的风险来回应此问题。在风险社会中，市场经济的可能性取决于与领域、担保物、职业和身份有关的风险管理的可能性。

可能性或风险概率本身就构成了阶级。在任何一个风险领域中，它们通过对人口进行确定、分析、管控并将其作为一种社会现实，从而构建了另外一个风险领域（Hacking，1990：120）。它们构建了一种"风险地位"（risk position）标签，作为特定风险的阶级地位的标识。每个特定的个体或组织都是为数众多的这类人群中的一分子，因此也就有了多种风险地位。此外，某个个体或组织在其所从属的风险地位中还有不同的阶级地位等级排名。有些风险地位与特定的威胁和利益相连，具有暂时性。其他的风险地位会在更长的时间内存在，比如那些与提供终身安全保障的保险计划相连的风险地位。还有一些持续时间更久的风险地位，例如那些与年龄、种族、民族、性别以及慢性疾病有关的风险地位。

以危险面貌出现的风险之间也存在着不平等性。有些风险具有平等和民主的属性，因为它们影响着每一个人。贝克曾用"回旋效应"（boomerang effect）一词来描述这样一个事实，例如，有些制造厂主自己的工厂在制造污染，但他同样也可能遭受污染侵害，"需要具有等级性，但雾霾是民主的"（Beck，1992b：204）。然而，富人常常凭借自己的财力免遭风险侵袭，或许是在更为安全的社区内安家，或许是在环境更为优美的地方购买第二套住房，又或许是购买更健康的产品。根据平均法则（the law of averages），即使是那些被宣传为"平均无害"的东西，也可能会对那些风险地位处于等级制度"金字塔"最底层的人们产生不利影响："一个询问平均值情况的人已经排除了许多社会不平等的风险地位，但这恰恰是这个人无法知道的。也许在某些群体和生活环境中，'平均无害'的东西会构成致命的危险？"（Beck，1992a：25）

富人作为风险承担者也受益良多。尽管他们对于政府监管问题喋喋不休，但当其政府能够使他们在冒险中获益时，富人们还是非常希望接受监管的。那些污染环境的人乐于接受政府对新设备提供的补贴，或为贯彻执行更高的安全标准而提供的税收优惠（Pearce and Tombs，1990、1991；Hawkins，1984、1990、1991）。美国储贷危机清晰地表明，当其损失可以通过政府存款保险计划进行弥补，并且政府愿意为所有人口的未来提供抵押贷款时，金融机构乐于拿普通老百姓的钱去冒险。此外，这些个人和组织还从他们自己制造的风险和危险中获益。他们通过出售风险管理技术来管理那些他们所制造的危险，获得巨大的利润。以危险面貌出现的风险为风险技术创造出市场机遇，这些风险技术及其机遇也处在政府的管控之下。在这方面也会存在着结构化上的不平等。正如裴洛（1984：311）所观察到的那样，"令人吃惊的是，那些认为我们在寻找安全保障的过程中放弃了冒险的人们，只是在谈论大型企业和私人利润相关的技术风险或富有侵略性的军事姿态。当涉及可能会减少贫困、降低依赖和减少犯罪的风险社会实验时……企业和军事冒险者最终通常会规避风险，这使人感到非常意外"。与此同时，面对他们自己制造的危险，处于较低社会风险地位的人们永远会搬出那些具有更高社会风险地位的人做替罪羊，并且还要妖魔化他们，采用这种方式不断地重新解释和调整他们的恐惧感（Christie，1986；Edelman，1988；Beck，1992b）。

在风险管理的各种构成要素中也出现了不平等现象。在风险知识方面存在不平等，因此在处理不安全感的自反性能力方面也会出现不平等。"生活的自反性行为，对自己的生活目标和社会关系的规划，会产生一种新的不平等，即处理不安全感和自反性的不平等。"（Beck，1992a：98）在官僚机构的抽象系统中，风险知识也存在等级，这样一来，即便是那些预先掌握了这些知识的官员们，也不知道它们如何发展，也不知道是它们如何被用于进行风险画像分析的。人们依赖于这样的专家系统以及个别专家来规避风险，但发现他们自己已经被"置于风险之中"并会遭遇更多的风险。

风险管理技术将偏见和选择性歧视以制度的形式确立下来。人们通过统计概率远离风险池，而这种概率同样需要依靠质量不高或者虚假的违法犯罪行为指标（Reichman，1986）。在无法考虑环境和情况的条件下，这些技术可能会错误地解读这些指标，或者简单地按照当地的官僚传统来填补盲点。甘迪（1993：131）为我们提出了这样一个事例，有一个广告邀请大学毕业生申请信用卡，于是一位毕业生就去申请，但是因她所学专业为英语语言文学而被拒绝。对于那些被吸收到风险池中的人而言，风险技术确立了一种衡量标准，依据该标准，池中的人起初是相互平等的，但只是作为慢慢产生差异并最终形成不平等的一个垫脚石：

> 实际上，这是该衡量标准能够提供的唯一的客观事实：原则性行为规范使我们每一个人将自己想象成与他人不同，迫使个人回过头来审视自己的具体情况，自己的个性和令人难以置信的特殊性……原则性行为规范在确认差别、差异和不同时是最为有效的方法。原则性行为规范并非集权主义的，而是个人主义的……然而，尽管各种个体的权利诉求也有其自身的力量，但是，还没有人能够逃脱共同的标准的约束。（Ewald，1991b：154）

从竞争能力的角度来看，风险技术可以用来构建命运。人类既不是独立于风险社会，也没有完全重新融入风险社会，风险社会知识根据他们的竞争能力将其分配到不同的组别当中。边缘性和向心性一样受到管控。管理活动存在于一种"下向流动的机制"中（Gordon，1991：44），该机制的一个重要特性是保持警觉的回收工作，让边缘性发挥作用，即使结果证明它只是一个低级的功能。

作为危险的风险的不平等和风险管理的不平等都不可能被消除。这主要是由于风险话语自身导致的。风险的不平等只能通过构成风险的新知识以及如何管理风险的新知识加以改变。实际上，这种改变正是风险社会中政治的意义所在。在政治活动的分类、定型和污名化过程中，"偏见和排他性行为也证明了自己的有效性"（Douglas，1990：15），改变了风险的公正分配。同时，这也是"何种程度的公平才是足够安全的"这一问题的政治意义所在（Short，1990：186）。

6.5　道德、责任、问责制以及权利

一些分析人士认为风险话语排斥道德。吉登斯（1991：445）声称，"道德的消失……在道德准则与风险概念及控制的动员机制背道而驰时，道德感将不复存在"。就对未来的殖民化开拓问题而言，从本质上讲，道德准则是一种外在的东西。虽然道德戏剧（寓言剧）仍出现在大众媒体中，但是风险话语已经渗入其中（Stallings，1990；Coleman，1993）。在风险机构中，计算机技术（Poster，1990）、风险技术（Simon，1987）、专业技术人员（Bauman，1992a）以及法律制度（Priest，1990）融合成复杂的风险管理系统，造成了道德水平的下降。

认为道德准则游离于风险管理系统之外的观点是错误的。相反，道德准则内化到风险管理的技术和专家系统之中，这些道德准则反过来又会促进一系列提高民主制度与平等权利的新要求的出现。

道德准则已经被内嵌于风险技术和风险管理系统之中。当概率分析科学在 19 世纪首次出现时，人们将它称为"道德科学"或"伦理学"，如今，道德准则依然被内嵌于用于进行概率计算的分类方案和风险评估数据之中。正如贝克（1992a：176）所言："有关风险的论述就是对科学化的社会的道德陈述。更准确地说，由风险分析构成的标准或规范，既具有事实特征，又具有道德印记：规范可能是常见的或典型的，但是我们最为强大的道德约束力也被称为规范。"人们将其经历的风险评估的事实视为规范义务，因而将其作为采取行动的范本。

风险管理的机构分类有着自己的一套评估规则。即使是在二元固定选择的极端前提下，这些分类也体现出道德意蕴，进而可以推动进一步的分类。因此，机构性的分类方案将道德真理和合法性机制渗透到它们日常生成的事实当中。围绕在风险周围的大量事实便是一种道德建设。正如古斯菲尔德（Gusfield，1981：74）在他关于危险驾驶风险的公共话语的分析中颇具智慧地指出的那样，事故仍然被认为是由不按道德规范行事的人导致的：

从有关酒精与车祸的研究中发现，酒精是导致交通事故的主要原因。如此迅速地做出酒精是交通事故的罪魁祸首的论断，体现在事实构建中的道德因素。如果没有这种道德指向，很难将交通事故的具体数据转变为正式的政策指令。因果多重性特征削弱了使控制成为可能的能力和目的性……"醉酒杀手"的故事深深地根植于一个个人主义的世界里，烙印于每个人的头脑之中，在这个世界里，道德行为会给人们带来安全，而不道德行为威胁你我他，还会给肇事者自己带来危害。

在实践中，机构在做出与风险相关的实际决策时，道德就是准则。例如，古斯菲尔德（1981）的研究表明，执法机构关于醉酒者的危险驾驶的实际执法决定是与对酒驾司机及其事故状况进行的细致的道德评估交织在一起的。与之相似的是，霍金斯（1984：207）发现，在对环境污染事件做出执法决定时，并不仅仅采用科学测试和科学标准设置这类指标："污染控制是在一个道德而非技术的世界中进行的。"我们的观点是，道德世界和技术世界相辅相成。人们是在技术系统的风险分类方案的框架中理解道德世界，并按其要求行事的。关于这个观点，一个典型的事例是保险行业使用"道德风险"一词来描述一件在统计学上讲属于超越合理界限而变为错误的事件，需要采取补救和预防措施。这正好印证了我们的观点。

因此，风险社会中的道德具有完全的功利主义特性。减少损失的效率正是道德上的要求。除此以外，在特定环境下，绝对的和固化的价值观及其标准会让位于不稳定的反复无常的决定，而这类决定能够满足合乎需要和可接受的实际目的。价值观并非源于先验，不是从事实推断的结果，而是在无休止的比较中形成的。在比较过程中，既定标准其实是"一种妥协形式，是一个'公分母'，一个注定会消失的参照点——用于表现组群与个体关系的度量标志"（Ewald，1991b：152）。

伴随上述风险社会的道德转向的是权利话语体系占据优势地位。经济权利（比如与福利和金融安全相关的权利）、政治权利（比如与政治问责制和参与行使政治权力相关的权利）以及公民权利（比如与法治和言论自由有关的权利）是阐明风险社会中民主道德的关键工具。这些权利与政治的非集权化一道进入风险制度之中，促进一种分配正义的特殊的手段的出现。它们与将政治解构并分散为风险机构的进程密切相关，且几乎是同时进行的，这促进了一种分配正义的特殊手段的形成。其对于解决风险机构的运作过程中所包含的排斥结构是必要的。与此同时，由于这些权利在政治上和法律上被表述为普遍的道德价值观，在解决风险机构中的特定风险时，矛盾就会出现。将风险管理细分为管理众多特殊人群的管理策略，这就意味着经济、政治和公民权利只能在部分区域、个别领域以及排他性的条件下实现，从而在连续的反馈循环中引发更多的权利话语。

权利话语解决了在面临特定风险时应当适用哪种机构性风险逻辑的问题。它详细描述了风险机构之间的适当关系，以及应当如何管理这些关系。因此，权利话语是风险社会出现的差异政治的核心。基于道德原因，差异政治质疑是否应该以特定的方式对人们进行分类，并对人群中的特定成员进行风险画像。它还质疑如果人们作为这些人群的特定成员获得或没有获得特定的安全保障可能会带来的相对危害。差异政治代表了风险社会中的概率伦理，该伦理已经被嵌入权利的法律规则之中。法律机构在使风险合法化的过程中，获得了新的政治上和伦理上的重要地位，因为它越来越多地将风险分配从政治机构的手中拿走，将风险分配从政治问题变为法律问题，并使风险分配成为一种权利问题。在法律机构中确定权利有助于使组织和个人负责管理自己的风险，并为没有尽到风险管理职责而承担相应的责任。

道格拉斯（Douglas，1990：10）谈道："文化是一种使人们相互之间彼此负责的系统。"在西方文化中，人们采用原子主义、个人主义和自由意志主义的术语来构想"人本系统"（system of persons），并将该"系统"融入自由主义的治理形式之中。人们被期望通过对自己的行为负责，包括他们为自己和他人创造的风险承担责任，从而为社会整体做出贡献。在这方面，个人能力被定义为自给自足，如果有人失败并进而产生风险，那么就会被贴上应受谴责的有罪的标签。事实上，罪责被认为是创造一种自我治理能力感的必要条件。因此，作为"生活世界中社会再生产单位"的个体（Beck，1992a：88；Giddens，1991：5），被要求对自己的生活目标和生活方式及生命历程负责。个体需要通过家庭、学校和大众媒体进行社会化并受到教育，以完成其政治经济学规训过程。也就是说，个人必须首先明确自己的人生奋斗目标并创建适宜的生活方式，然后才有能力管理自己的生活，并利用生活中的各种机会。

当然，更多的个人责任并不一定意味着更多的自治权。风险社会中的社会生活方面的个人主义和个性被风险沟通规则、格式和技术高度机构化。随着机构化到来的是标准化，在机构规范镜像及其所反映出的差异中，人们不断地将自己与他人进行比较。因此，个体的境况：

> 不再只是私人情境，同时也是一种机构情境。机构外部的显而易见的特性内化到个体生活的目标之中……自由的个体逐渐对机构产生依赖性……作为机构和次级机构的（行为的一种）结果，个体对机构的这种依赖性给个体的生活目标打下机构的烙印，使其依赖于时尚、社会政策、经济周期和市场，这与在自我意识中创建的个体控制形象相反……因此，个性化意味着精确的机构化和机构性形塑，进而具有从政治角度建构生活目标和生活境况的能力。（Beck，1992a：130-132）

贝克的研究表明，尽管个人责任是在个体层面上进行培养的，但实际上受到机构的制度层面的控制。在机构层面，当涉及机构间的交易时，个人责任和问责制再次消失，权利进入系统之中，以获取风险管理所需的知识。在系统内，"人们可以做一些事，并在不必为此承担个人责任的情况下，继续做这样的事情。这就好比我们实际在做这件事，而我们的人并不在场。我们的身体在行动，但与道德和政治层面的行为无关。广义的系统的其他方面，在系统内部或者通过系统自行运作：这就是文明社会中的奴性道德，在这样的系统中，人们的个体行为和社会行为仿佛都受到自然法则的束缚，即系统的'万有引力定律'的约束"（Beck，1992a：33）。

6.6　研究风险社会

由于所有主要机构都是围绕风险知识组织起来的，因此，在任何机构中都可以基于风险社会进行研究。然而，警察机构是特别有助于我们理解风险社会的一种具有指导意义的工具。警察工作与所有其他主要机构都有交叉，其主要功能是向其他机构传播风险知识。正因如此，警察工作受到其他机构的风险知识格式的管理。警察的思维和行动方式表现出风险知识结构对更为广泛的社会生活的引领和支配。

按照福柯的观点，"我们的"是一种谱系学、考古学和知识/权力关系方面的研究。就谱系学而言，我们希望看到机构是如何运用风险的合理性使它们的活动实现可视化。我们关注的是"理性的形式如何融入实践或实践系统中，以及它们在实践中扮演着何种角色，因为，事实上，如果没有某种理性制度（regime of rationality），'实践'便不复存在"（Foucault，1991b：79）。警察组织在与其他机构交流过程中所理解的风险机构的理性制度是什么？这种理性制度告诉我们，风险理性是如何被机构化并成为社会生活的治理基础的？

就考古学而言，我们考察了风险话语所存在的条件、它的制度配置方式以及被运用的实际领域。正如贝克（1992a：23-24）所言，在风险社会中，"知识获得了新的政治意义。因此，必须用一种关于风险知识的起源和传播的社会学理论来更加详细地阐述和分析风险社会的政治潜力"。所产生的风险知识是什么？风险知识的听众是谁？它的必要性依据在哪里？它如何在机构内部和机构之间进行传递？由谁来传播风险知识？风险知识能够发挥什么作用？它的效果如何？正如福柯（1991a：59-60）曾从宏观的角度对风险话语提出了他的疑问："什么样的个人、哪些群体或阶级可以接触到某种特定的风险话语？风险话语、演说方式和目标受众之间的关系是如何被制度化的？话语与其说话者的关系是如何被明确和定义的？阶级、国家、语言、文化或民族集体化之间是如何争夺话语控制权的？"

就知识和力量而言，我们试图将治理理解为风险管理的艺术和行为活动。这种追求需要我们深入细致地研究治理是如何在日常的琐事上以及最普通的风险知识生产和沟通中完成的。正如米勒（Miller）和罗斯（Rose）（1990：8）所认为的那样：

> 为了理解现代的规则形式……我们需要对明显是简陋和平凡的机制进行调查研究……这类机制看上去似乎使治理成为可能：符号和计算以及推定的技术；检查和评估程序；诸如问卷调查类工具的发明和诸如表格类演示形式的创新；培训系统的标准化和惯常行为的灌输；专业技能知识和词汇的运用；建筑设计和建筑形式……以及"权力的微观物理学"（microphysics of power）都是对传递和相互依赖关系的复杂性的重视，它们可以使政府的治理方案能够对其所关注的那些场所、个人和特定人群采取行动和干预，并产生作用。

某种"权力的微观物理学"是构建一个风险社会的宏观社会学的必要条件。它是将福柯的治理传统与贝克、吉登斯以及拉什等创建的风险社会理论联系起来的基础。

相关的基础知识已经介绍完毕，我们现在通过在加拿大各地的警察管辖区进行的田野实地调研，来了解风险社会的日常、惯例和平凡的治安世界。我们关注的重点是外部机构对警察提供的风险知识的需求，以及警察如何通过通信规则、格式和技术来满足这些需求。本书两位作者都参与了1992~1993年进行的共计92天的实地调研。我们的方法包括开放焦点访谈、直接观察和文献分析。

在理论抽样的基础上，我们对155位警察雇员进行了开放式焦点访谈。这些警员代表了各级警察组织的各种不同知识工作角色。表6-1对被访谈警员的类型进行了归纳总结。我们采访了49名从事具体执法工作的一线警员，其中包括14名管理层警察人员（警察巡官和有更高警衔的警察官员）、12名督察警长（警察下士、中士和高级上士）以及23名普通警员。我们还采访了48名担负信息系统和记录职责的警员，他们的工作内容包括电信、计算机系统管理、记录管理、报表编制、报表管理及其安全工作。另外还对警察雇员进行了31次访谈。

表6-1　警察雇员访谈

单位：名，%

警察雇员类型	访谈人数	百分比
一线警员		
行政管理人员	14	9.0
监督人员	12	7.7
普通警员	23	14.8
小计	49	31.5
信息系统及其记录人员		
信息管理	21	13.5
程序管理	13	8.4
表格管理	9	5.8
信息安全	5	3.2
小计	48	30.9

警察雇员类型	访谈人数	百分比
特殊监管部门		
组织监视	15	9.7
人员监视	6	3.9
领域监视	3	1.9
证件监管	3	1.9
监管战术	4	2.6
小计	31	20.0
警务政策制定、犯罪预防和犯罪分析		
警务政策制定	7	4.5
犯罪预防	4	2.6
犯罪分析	5	3.2
小计	16	10.3
规则系统		
行政管理人员和审计员	5	3.2
小计	5	3.2
咨询顾问		
顾问	6	3.9
小计	6	3.9
总计	155	99.8

访谈的对象则是在与组织（如银行、保险公司、汽车制造商、学校、政府管理机构）、个体人群（如儿童、大龄青年、种族以及民族组群）、场所领域（如那些与危险品和保护特定财产相关的地点）、证明文书（比如员工和特殊活动参与者的安全证件）以及监控战术（比如电子监控和秘密潜入）、相关的特殊监控小组中工作的人。我们采访了 16 名参与警务政策制定、犯罪预防和犯罪分析的警员。还采访了 5 名参与起草内部规则手册和审计监督规定执行情况的警察。最后，我们还采访了 6 名警方聘用的非警察顾问，比如警局设计师和信息系统专家。

我们实地观察了在不同环境下的警察知识工作。我们花费 170 个小时观察了几个警察组织不同部门的巡逻工作。我们用了 46 天时间来观察警务工作的其他方面，在此期间，我们观察警方知识工作的一般流程及其报表，并与参与该工作的警员进行交谈。这些采访活动使我们有了更多的机会进入警察的办公室深入地接触警察，进一步拓展了我们对警察行为的观察结果。

在访谈和实地研究过程中，我们得到了相关的警察报表和文件的副本，事实证明这些资料非常有助于我们的分析。从一些警察组织那里，我们获得了成套的警察报表。我们还获得了现在已经失效的几十年前的各种报表，包括指导警察如何填写表格的手册，处理与表格相关的程序和其他操作程序的管理手册，有关信息系统和管理活动的内部报告，有关我们研究对象部门的内部报告，以及分发给各种其他机构和公众的安全建议小册子。

我们现在已经准备好继续进行对于风险社会中的警务活动的实证研究。在第三篇和第四篇中，我们将考察警察组织如何满足其他机构提出的就领地、担保物、职业生涯和身份识别等有关的风险知识需求。在第五篇中，我们将研究警察如何看待外部机构对风险知识的需求，以及他们如何通过建立更为详尽的通信规则、格式和技术来应对这些需求。

领域风险

第7章　领域描绘

7.1　跟踪及治理

国家的一个显著特征是在自己的领土内合法使用武力，具有垄断地位。在风险社会中，尽管机构权力的来源呈现碎片化的特征，但是在内部领土安全问题以及使用武力维持这一安全问题上，国家仍然居于主导地位。虽然国家有些基于财政和知识形式的权力在私营领域受到全球化机构（globalizing institutions）的挑战，但国家仍然具有对领土完整的垄断权："所有的现代国家都或多或少地成功地垄断了其领土范围内的暴力手段。不管一国的经济实力有多么强大，这些工业企业终究不是军事组织（正如其中一些组织在殖民时期所表现出来的那样），它们也无法在特定领土区域内将自己打造成为维持其统治的政治/法律实体"（Giddens，1990：71）。

强调风险社会中的知识生产和分配并不意味着警察已经放弃了对法律划定领土内的人口进行强制监管的传统重点。然而，这确实意味着执行警务的方式发生了变化。今天的警务不只是以维持秩序、执法或社会服务为目的（Wilson，1968）。相反，强制警务是以监控设备为基础的，有助于领土和人口的治理。通常情况下，当它们正常工作时，这些监视设备所造成的强制并不明显。

"纪律的运用以一种基于观察法的强制机制为前提。"（Foucault，1977：170）建筑环境的构建为人们提供了观察的机会。希林（Shearing）和斯滕宁（Stenning）（1984）曾将迪士尼乐园作为研究案例并指出，人群的分类、空间移动的精确跟踪、监视设备的普遍使用以及大量美观设计结合在一起，所有元素相辅相成，创造了一种微妙的嵌入式强制，因而使人完全没有被强制的感觉。然而，在更为宽广的城市景观中，这种微妙和美学特征只能让位于现有警管巡逻区的划分。在洛杉矶案这样的极端案例中，"对物理安全系统的痴迷和对社会边界的建筑监管，已经成为城市重构进程中的时代思潮，成为 20 世纪 90 年代新兴建筑环境的主流……这种前所未有的趋势将城市设计、建筑学以及警察机构融合到一个综合且一体的安全体系之中"（M.Davis，1990：23）。

对建筑环境的观察依赖于其他形式的监控。警察组织配备先进的电信系统、电子监控装置以及风险画像技术，以管控领土内的常住人口和流动人口。这些系统、装置和技术表明，武力垄断和领土管控是通过官僚组织的监控活动实现的（Giddens，1985；G.Marx，1988；Dandeker，1990）。

事实上，从警察的话语中可以明显体会到，对领土的监控和强制性警务活动这两者是交织在一起的。在我们观察到的警察文化中，始终在使用着与知识工作相关的军国主义的、强制性的比喻。但是，在公共文化中，许多与警察相关的比喻带有误导性，因为它们未能反映警务活动的暴力实质（Manning，1993：17；Klockars，1988）。但在与警务工作相关的职业文化中，使用强制性比喻是其日常知识工作的一部分。警察称自己为"武装速记员"（armed stenographers），因为对他们来说，"信息也是一种武器"……正如他们腰间别着的手枪一样。一部分警察并不参与外出执勤工作，而是作为知识中间人和系统管理员。这些警察认为，"所有警务工作都需要靠信息得以推进"。他们还称赞新的信息技术对警察起到"规训"作用，将警察"融入数据流"之中，从而使警察和数据"受到更为严格的监管"。在一些警察打击犯罪的案件中，常常形容警察是"用信息来制服罪犯"。

前文我们展示了警察在风险社会中使用的这种强制性文化语言与其所从事的知识工作是相互联系的。在本章中，我们将研究警察如何与其他机构一同追踪、勘察他们所管理的领地和人口。在第八章中，我们将分析警察如何组织调动以管理不同区划的领地和零散无序的人口。在第九章中，我们将回到社区警务这一话题之中去探究风险社会的治理。

对辖区内领地和人口信息的更高需求不断推动警务工作向前发展。因此，警方也投入了相当一部分警务资源用于追踪领地和人口信息。这里的"跟踪"指的是"观察""寻找标志和痕迹""发现"。观察和调查是指，当某物移动时，对其位置进行监视、跟踪以及标记。在该项工作中，细节是关键。任何路径、标志或者痕迹，都有可能帮助我们更精确地掌握领土信息，或对一些组织和居民做出更合理的推测。人们发现、跟踪目标，并费尽心思地标记、勾勒、描述，旨在呈现其所掩盖的事实。

警察已经研发出先进的电子基础设施、空间布局以及检查装置，使其追踪能力得以最大化。接下来我们将分别研究这些跟踪技术，但需要牢记的是，在实际的跟踪活动中它们是同步运转的。

7.2　电子基础设施

现代警察组织为其成员配备了一些电子技术产品，用于追踪威胁领土安全的相关风险。警车化身为移动办公室和技术实验室。车上配有收音电台、车载电话、计算机辅助调度终端、笔记本电脑、雷达、摄像机、远程麦克风、呼气测醉仪、传真机、打印机和车辆定位器。

巡逻车有时无法同时承担如此多的技术工作。在某些情况下，巡逻车前排乘客座椅会被移除，警察与技术伙伴，而非人类伙伴一道实施巡逻。在其他情况下，驾驶员座位和前排乘客座位之间不再放置猎枪或其他武器，这标志着力量象征转变为作为权力的知识象征，知识也可视为一种力量。即使仅从外部观察警车，它的科技特征也已然相当明显了。每个电子设备都需要单独的天线，警车因此化身为"天线场"。一位警察高管曾愤愤地说："现在的警车已经突破了标准的电力消耗量，通用汽车目前想办法提高可用电力负荷，以保证警车上的所有设备得以运行。最后我们可能得拖一个柴油发电机跟在警车后面！"

除了在巡逻车中安装电子设备外，警察还可以使用其他配备电子设备的车辆进行追踪。我们陪同一名巡逻警官开着他的面包车去了一片住宅区，接到的报警信息是那里有些人持有非法枪支。这辆面包车配备有纸质的和电子的城市地图、住宅区域图、双筒望远镜、拍立得相机、窃听专用工具等各种追踪设备。在制定好强行进入目标场所的方案后，其中一些设备可同时用于监测犯罪嫌疑人。除此之外，所配备的望远镜也具有强大的功能，可用来监视目标场所，车上的远程窃听设备也可连接到电话线上以监控通话。

较大的移动型监控指挥车辆也可用于监控领土以及领土内所发生的状况。我们所研究的警察组织曾收到一个私人公司赠送的礼物——一辆大卡车。该警察组织决定在卡车上配备先进的电子监控设备，包括全套的通话设备、电话监听和视频监控装置以及电视监视器，用于实时了解一些重大事件的新闻报道。

警察管理者敏锐地意识到，重大事件会吸引新闻媒体的眼球，而新闻的呈现模式通常决定了人们理解、回应这些事件的方式（Ericson，Baranek，and Chan，1989；Schlesinger and Tumber，1994）。因此，他们研发工具以捕捉新闻媒体是如何跟踪这些事件的。某警察组织拥有一个大型的活动房屋，专供新闻媒体在报道重大事件时"入驻"。当我们参观这辆车时，负责接待我们的警官说道："这是一个能避免我们陷入僵局的地方。我们发现，去适应媒体才是正确的选择。告知他们当下的情况，而不是逼他们越界，试图自己发掘真相，这才是更好的做法。其间你会遇到一些不配合的怪咖，但是大部分人还是挺好合作的。"

警察还使用其他的领土地图绘制技术，用于跟踪领土内的人群及其所造成或面临的风险。对警区和警队情况的介绍能够帮助警察对其管辖的领土和人口有所了解。每个警察组织要编制一份长达 5 页的表格，建立警区档案，档案内容包括警区边界、公路长度、人口特征（诸如年龄结构、民族构成等）以及一些特殊问题。该表格还被要求提供更多信息，以说明警方监测和处理辖区问题的战略。

许多加拿大的警察组织正纷纷购买计算机绘图系统（Gandy，1993：88），此类系统经加拿大国防部批准，采用了美国军事技术。通过运用这些系统，领土可被分解成更小的单位，最小单位只有一平方米。装配该系统之后，巡逻警察可以详细了解官方记录的犯罪和其他问题。这类问题通常发生在巡逻区狭窄的范围之内——街区、建筑物甚至是建筑物的某一部分。我们所考察的一个系统能够识别诸如种族之类的人口特征。介绍这项技术的警察告诉我们，"你可以看到，这项技术在哪些方面对社区警察具有很大帮助。他能回到车站，搜索犯罪行为已经发生的特定区域。如有需要，他也可以获知特定时期内卖淫或性侵（sexual assault）案件的发生地"。当被问及该系统只包含官方记录的犯罪信息，这会不会带来不便时，该警察回答说，"这些信息对我们来说是真实的。我们只能处理真实发生的犯罪，而非我们所'认为'的犯罪"。

警察在确定何为犯罪时，需要考虑领土以及在领土之上的人们所引发的问题。比如，警方在案情报告方面建立了新型语音输入系统，在应对这一转变时，警察组织要对整套报告格式和分类系统进行修订。警察提出了新的分类方法来确定犯罪"热点"（Sherman，1992），比如本地人聚居的住宅区、年轻人聚集并制造麻烦的公共交通场所。

正如我们所提到的，警察也使用视频监控设备来跟踪领土上的风险。据官方介绍，某警察组织内的视频制作小组被官方描述为"配备有直播级质量的摄像头和全套的视频编辑设备"。这些小组会拍摄公共关系和警察训练视频、监控诸如游行之类的重大事件，以及监视某些场所和人员。

一些警察组织在巡逻车内安装了摄像机。我们在某警巡区进行实地工作期间，就目睹了在巡逻车上安装摄像机的情况。带领我们的一位巡警认为，这些摄像机有许多用途。一位受访者说，这些设备可用在"任何你能想象得到的东西"上。

警区内的警察十分确信摄像机能够提供更为确凿的证据。警察会向犯罪嫌疑人展示其被逮捕时的录像，从而有助于其供述、认罪。正如一位警官所说，"就算嫌疑人对其犯罪事实有所质疑，但只要是被录像录进去他们就无从狡辩了。录像就摆在那里，没有什么'以及''如果''但是'。录像的内容已成定局"。

摄像机也可用于监视犯罪嫌疑人。它们可与雷达一起用于探测超速车辆，因为视频图像本身就能够显示目标车辆的速度。警方还使用摄像机监控一个臭名昭著的俱乐部。所有进入、离开俱乐部的人都会被拍摄下来，警车内的计算机系统会对他们的汽车牌照以及车主的犯罪记录进行检查。摄像机还有助于确定诸如暴乱、警戒线冲突、政治示威、酒吧斗殴、喧嚣派对等重大骚乱活动中参与人的身份（Doyle and Ericson，1995）。

摄像机也可作为事故重建的调查工具。一位警察认为，在未来的重大事故调查过程中，录像可能会成为一种减轻公文用纸负担的有效方式。传统做法是，警察需要带大量的纸张出庭，上面需要一一标明"这是她死亡的地方，这是他出现的地方"，而未来就不用这么做了。通过录像，警察在法庭上作证时可以播放录像并在相关证据的画面上按下暂停键，且还能将其细节放大。

警用摄像机具有音频录制能力。警察可以将发射机别在腰带上，将对话传送到一定距离之外的同伴那里。警察认为，这种技术在处理麻烦的家庭纠纷时特别有用：

一个警察配有麦克风，别的警察在警车里坐着收听。如果事态失控，他们可以马上赶到事发地点。如果没什么问题的话，他们就会原地待命。此外，这意味着坐在车里也能做"记录"。如果那个老家伙躺在沙发上喊道："你这个贱人，他们一走我就打爆你的头。"那么不好意思，他的所作所为已经被记录下来了。接下来你就可以直接把他带走，因为你的证据就在那里，全部都在磁带上。实际上，证据实在有太多的用途了。

巡逻车辆内的摄像机为警方提供了培训素材，这里的资料记录了好坏各异的警务工作实例。从同一渠道获得的影片也可以为电视上的警察真人秀节目提供特殊的视觉效果（Doyle，1996）。

与其他警务技术一样，摄像机能够追踪警务人员的活动。然而，我们发现警察也有很多方式能够规避这种跟踪。例如，警察可能会采用一种特定的拍摄方式，诱使观众对警察而非嫌疑人产生共鸣（Holloran，Elliott and Murdock，1970；Tumber，1982；Ericson，Baranek，and Chan，1989）。有位警察曾经承认，"我不是罗德尼·金或者其他什么人的狂热爱好者，但换一种方式，让摄像机展示我们的一面也不错"。

巡警对录像的方方面面进行技术控制。他们可以随心所欲地打开或关闭录音机和麦克风。录音机放置在后备厢里，而唯一的钥匙就系在汽车的钥匙链上。尽管篡改可以被检测出来，但警察也可以轻易废掉一个给他们带来麻烦的磁带：重新插入磁带，六个小时之后，整个磁带的内容都会被抹掉。

在我们的实地研究中，一位警察主管对他打算安装的录像系统会同时显示警车及其所追缉车辆的速度一事表示忧虑。他担心的是，即使有时警车只是在执行日常工作，但也会被经常记录为超速行驶。例如，在巡警追缉另外一个超速行驶的车辆时，在限速 100 公里/小时的区域内以 125 公里/小时的速度行驶，视频系统会将该警车的速度记录下来。此时就变成，警察正在按法律行事，但同时自己又在违反这项法律。因此，系统安装人员同意删除警车的速度显示器，只记录对方车辆的速度。

静态拍照也用于监控活动中。警察使用拍立得相机来记录嫌疑人在犯罪现场的位置。某警察组织出具的"喧嚣派对参考报告"要求在逮捕现场，每位犯罪嫌疑人都要站在对其实施逮捕的警官身边拍照留证。警察要在照片旁边记录下逮捕地点和被逮捕人的相关细节。在照片的下方要对逮捕情况进行详尽描述。

　　这一警察组织还使用拍立得相机对所有已知的性工作者进行拍照，以记录其"工作"地点。警察们还会在毒贩、买卖赃物者以及性工作者经常来往的酒店做记录，对定期出入相关场所的人员拍照。

　　从视觉上记录风险的方式来看，警察采用的技术与新闻媒体相同，因此他们会选择性地为新闻媒体提供他们认为有用的资料（Altheide，1993）。出于同样的原因，媒体有时也会为警察提供他们所需要的资料（Doyle and Ericson，1995）。这里所涉及的"模仿"（Baudrillard，1983）有时是很复杂的。在我们的一次巡逻过程中，警察在电脑上收到一条警告消息，上面显示抢劫案专案组正在某地拍摄教学视频，警方模拟实施的抢劫案包含枪击现场，非常逼真。这使得警察回想起一个案例，在该案例中，他的一位同事发现在某商业广告中的一位司机并不具备驾驶资格，因此该警察以无证驾驶为由对此人进行了处罚。人们认为此事极具新闻价值，从而引发了进一步的电视报道！

　　警察同时还装配了多种电子基础设施，以便他们能够即时获取人员和地点信息。警车内的计算机终端实时接入加拿大警察信息中心（Canadian Police Information Centre，CPIC）系统，该系统包含犯罪记录数据、未执行的通缉令等内容。在警察的"停工时间"，也就是没有填写报告的时候，他们会在计算机的帮助下对人员和车辆进行随机检查。我们发现多达 15% 的执勤时间会用于在路上或停车场中随机检查车辆。车牌检查提供了车主的身份，对车主身份的检查又能反映其是否有过犯罪记录或被通缉，这均为警方进行进一步的调查研究提供了方向。这种检查的限制要素在于警察所拥有的时间以及他们的输入速度。一位访谈对象刚刚收到他的车载计算机终端提供的信息，他是这样描述自己的使用经历的：

　　　　该装置就放在你的旁边，花上两秒输入一个名字及出生日期，你就可以查询任何人的信息。如果你查询到了某人并想做进一步的了解，你就可以在加拿大的任何地方发送一条消息到加拿大警察信息中心终端。你可以询问其是不是本人，是否被通缉，有没有前科之类的……你可以继续向前行驶，查询驾驶过程中遇到的车牌。你可以一直检查你所怀疑的所有事情，车辆也好，人也好。如果你叫停了某人，你可以在路边对他询问。我个人倾向于一路走一路问，就查询那些沿途遇到的车辆……我现在做了更多的随机查询，因为我可以驾驶在路上，看到想了解的汽车就上前询问。也许是因为我想知道这是什么车，车主是谁。也许什么原因也没有，就是路过而已。

计算机终端还能接入其他机构研制的数据系统。在许多警区内，警方的计算机终端会与省级机动车专用数据库相连，它能提供车辆的许可证状态、车辆登记、车辆安全检查等信息。它也经常被接入市政物业账单系统，能很方便地查到一个人的地址、电话号码以及信用状况。在许多警区，这些连接可通过警车和警用计算机直接相连而获得，但没有配备该系统时，电话可以承担起必要的联系工作。一位警察曾经说过："我们要与其他机构保持联系。我最关注的问题是省级电力安全，因为每个人都需要电。如果我恰巧遇到一个房子，想知道谁住在那里，我会以安全的方式与相关工作人员进行通话。他可以用自己的电脑输入我给的地址，随后就可以告诉我谁住在那里。"

警方还拥有关于领土上特定风险类型的专业数据库。例如，加拿大爆炸物数据中心会收集国内所有与爆炸物有关的事件报告，这些报告通过目标、官方回应、发出炸弹（bombs）威胁的人的特征等标准来分类。其还要按照口音、声音、说话方式、用语以及态度等细微之处对报警者进行画像。用一位受访者的话说，这样做的目的是"追踪一名连环爆炸案袭击者……（并）将这些事件通过司法鉴定联系起来"。

设计警用电子基础设施也是为了侵入私人空间。警察组织内部具有"技术入侵""技术服务""安全工程"等方面的专家。这些专家进入私人场所，安装监视设备并进行调查。在一个警察组织中，官方任命的技术服务小组为警察工作的各方面提供专业电子监控技术。该小组必须遵守《刑法》第六部分（侵犯隐私）规定，根据司法部部长和副检察长的要求履行报告义务，并要充分利用研究和规划性预算，使警方的现代化电子监控能力在技术上保持领先地位。另外一个警察组织的小组拥有40多名雇员，其中大多数是接受过社区学院培训的技术人员和大学教育的工程师。该单位的一名员工谈道，他们的主要任务之一是"在电话线内安置窃听器，录制房间内声音，进行视频监控、跟踪等这类的事情"。

在我们研究的另一个小组中，有一群专门从事"进攻援助"（offensive assistance）的人，换句话说，他们为了调查跟踪而入侵私人地点。组内有一个分队专门从事"熟练的强行进入"（skilled forced entry）工作，比如撬锁进入某场所以安装适当的监听设备。一位员工告诉我们，该小组的研发项目用于提升专业技术水平。这种技术能够确保他们即使在面对阻力的情况下，也能尽量不为人知地执行入侵活动：

> 员工：我们从事各种类型的研究，比如如何熟练地侵入某个场所。在我们当下所处的时代，即使你面对的是一扇封死的门，你也需要掌握快速进入其中的能力，所以里面包括的就是这类研究……如何通过这扇门……除了开着带有前端车叉的装载机撞毁墙体外，当然这种做法很不实际，所以这件事难度还是很高的。
>
> 我们：这要是上电视，场面就难看了。
>
> 员工：是的，你说的很对。所以我们在探究除了使用炸药之外的其他方法。我的意思是，使用炸药不仅会给警察同时也会给里边的人带来风险。我们研究的就是类似的工程问题。

该小组成员在每次技术入侵后都要填写一份表格。表格内容非常像一个入室盗窃案件的报告，只不过执行任务的主体是警察。警察要说明（除其他事项外）其是如何进入目标地点的，是否有报警系统，是否有门锁或其他安全装置，运用固定选项描述入侵类型："打孔、撬、剥、劈、磨、钻、火烧、热喷枪、炸药或秘密方式。"

这些小组试图独揽满足工作要求的电子入侵能力以及强力入侵时所需的专业知识。他们的存在基于一个假设，即一般的警察缺乏强力进入和电子跟踪装置安装方面的专业知识。然而，这些小组之外的警察偶尔也会使用他们自己的监控设备。一位巡警告诉我们，他一直在监视一位犯罪嫌疑人，并认为他在两处地点藏有赃物。由于靠他自己每次只能观察一个隐匿点，所以他借来了朋友的电子婴儿监视器来监控第二处隐匿点。当嫌疑人出现在第二处隐匿点时，该设备就会向这位警察发出警报，进而他就能及时到达并逮捕嫌疑人。

这些小组研发的技术同样可以用于"反技术入侵"，即防止他人的电子入侵。我们的一个研究对象将这种专业技术描述为"击垮或规避某些（电子）系统的方法和手段"。她说，为了实施犯罪行为，嫌疑人会利用某些方法规避或破坏电子安全系统，他们的大部分专业知识就是从此处获得的。除了改进受损的安全系统之外，从此类调查中获得的知识也被用于打击他人实施的电子入侵行为，以保护辖区内的人员和地区安全。

警察组织负责保护各类客户的秘密（知识），特别是由市级、省级以及联邦政府成员所掌握的机密，其中也有警方的介入。因此，技术入侵和安全工程知识用于审查开展秘密讨论的空间环境中。一位向我们介绍维持"线路安全"工作的访谈对象谈到了该领域专家的任务，"利用线路安全……我们进入加密数据空间。数据加密后，我们就不能进入该线路中，随后解码这台电脑接收的信号，并把一切掩饰为正常运行，然后将它放到黑匣子当中……这种方式有点像 ADT（一个私人安保公司）卖给你的双 A 线，它已被加密，设有信号交换程序，能够保证事情进展顺利"。

当然，并不是所有东西都有这么高的科技含量。在低技术目标下，警察知识安全小组对碎纸机、文件柜等其他知识保密设备进行评级。某警察组织内的一位安全工程专家描述了她对政府碎纸机的测试，其测试内容围绕"碎纸切割尺寸和其他物理要求"展开。她还描述了一个文件柜的评级体系：文件的丢失、盗窃风险与文件柜的安全性成反比。

> 在处理文档时，可能会出现一种过于谨慎的错误倾向。例如，你可能会把某件事归类为非常高的级别，而实际上它并不会对公共利益或国家利益造成损害，也不会危害别的任何事情。所有这些都会对安全容器的使用产生影响，因为如果你将某物的安全等级定得非常高，你就需要一个能够抵御攻击等诸如此类的安全容器。所以现在很有必要审视安全需求……如果你只需要用一个容器来执行一分钟的保护，那它就会比一个能保护 20 分钟的容器便宜得多。

7.3　空间布局

正如本章前面所说，警察通过进行空间布局和建立程序驱逐不良分子，并以此来跟踪领土状况。在公共地区，警察与商业和住宅团体合作，阻止特定人口使用特定的空间。这种"建筑管制"通过制造"建筑和符号壁垒来过滤不良分子"（M. Davis，1990：257；Bauman，1992a），从而使空间内的人口组成更具同质性。被驱逐的不良分子已经被全盘分类并为其他空间所排斥。这种空间排斥与电子风险技术的排斥效果相结合，使这些不良分子变为制度化的信息（Gandy，1993：228）。

官方报告声称，到处都是无家可归的人，由此带来的"可感知的威胁"严重影响了公众对市中心的安全感。在我们研究的一个警巡区内，警方的环境设计专家在看到这份报告之后，对市中心一处户外购物中心进行了改造，这里曾经是不良青少年和无家可归的人聚集的地方。长椅、树木和盆栽等被移走，美观度大打折扣，也使得该空间不再那么宜人。为了起到额外的遏制作用，上午 6 点到下午 6 点之间，公共广场区域将变为公共交通道路。我们所采访的一位环境设计专家透露，这样是为了消除很多使流浪者聚集"合法化"的因素。游手好闲的人虽然确实被转移走了，但这一问题并没有得到根除。因此，对于接下来要遭遇该风险的地区也要做出改变。例如，作为获得装修许可（renovation permit）的条件，企业必须在厂房外的公共空间提供高强度的照明。

正如 M. 戴维斯（M. Davis，1990：第 4 章）所观察到的那样，"抵御流浪汉"装置非常精致且有创意。一位建筑警务专家曾经讨论过这样的问题，在美国设计的电话亭内安装倾斜的地板，避免人们在里边长时间停留。另外一个警巡区的受访者对通勤列车的安全设计提出了如下批评："这里已成为又一个坏人聚集区。不良分子就是在城市里晃来晃去，到处作案。现在，不管你什么时候去车站，都能听到他们搞古典乐的动静，真让人抓狂。当然，这群人里面没有几个孩子……音响的声音也盖不过他们，真的能把人烦死……他们是从别的地方学的这一招。"

警方为一些客户提供空间设计以及保护服务。例如，他们与酒类营业许可当局密切合作，当一些酒吧遇到麻烦时，警方会协助其规范空间安排、顾客容量以及顾客群体。学校也同样与校方警察合作管理。在某些警区内，有专职警察在学校工作，以排除非法侵入者，组织学校监控项目，监管教室中的视频监控录像。被政府指定为"重要设施"的组织必须服从警方的"重要点"风险评分系统。警方会为那些得到高分的组织提供关于安全工程和设计的全面建议。

　　警察和政府组织间的安全关系具有特别高的制度化特征。不管是在市级警察组织和当地学校，还是在省级警察组织和省级立法机构，抑或是在联邦警察组织和联邦政府部门的关系中，警察都如私人保安组织那样运作。从特定职能上看，加拿大皇家骑警（Royal Canadian Mounted Police，RCMP）属于一般的安全机构。然而为维护加拿大交通运输部的利益，该警察组织曾在机场执行任务，这就证明了前边的结论。在 20 世纪 90 年代初期，RCMP 的近 800 名警察被派往机场工作。他们的职责包括对机场安全的空间布局出谋划策，监督所有私人安保人员和航空公司员工完成乘客登机前的安检工作。RCMP 就该项工作及其监控的乘客数量编制每日报告，呈送加拿大交通运输部。其间出现的任何普通刑事问题，均由当地的市政警察而非机场 RCMP 处理。某些 RCMP 还要为加拿大交通运输部中的安全官员提供领土安全风险的相关信息。在与加拿大交通运输部的关系中，RCMP 将相当一部分预算投入对狭窄领土范围内的空间安全进行全天候的监控上。

7.4　检查装置

　　RCMP 始终扮演着政府检查员的角色。这个角色在过去是必要的，因为那时 RCMP 会被分配到偏远地区，那里通常没有其他政府官员。RCMP 参与联邦政府对移民和海关等事务的管理，也有助于其作为检查员的工作。RCMP 在早期具备的许多检查职能被保留至今，例如，他们可以代表能源、矿产和资源部继续检查储存炸药的设施。同时，RCMP 也获得了新的检查职能，如那些与机场安全有关的事项，这些职能源于政府对特殊财产的所有权。

　　检查功能也是日常公共安全警务活动的核心。正如我们在第 2 章中看到的，警察已经成为监管者和以合规为基础的执法者，而不仅仅是以威慑为基础的刑事执法者。在这方面，他们的主要作用是追踪人员，以便把他们安排在适当的位置。

　　"联系卡"是警察在进行人口检查时最常用的工具。它被用来报告警方观察对象的外出行程以及与不良分子的接触情况。巡警须按定额提交联系卡。这些卡片被发送给分析人员，分析人员将数据输入计算机系统，随后制作并分发嫌疑人及其可能位置的报告。一位分析人员曾这样描述，联系卡"是一个很好的信息来源。它们能告诉我谁一直在四处闲逛。你会发现，警察只有发现某人在做坏事时，才会填写这些东西。他们可能没有确凿的证据，但是最起码他知道这家伙不是好人"。

随机检查中常常会涉及联系卡。在我们的一次例行巡逻中，一名警察知道一位司机有犯罪记录，于是就截停他的车。他指控司机没有出示有效驾照，并开具通知，要求其出示购买汽车保险的证据。警察还提交了一张表明驾驶员及其乘客之间关系的联系卡，并向研究人员解释道："这一片是问题地带。该区域内有很多银行，仅这两个银行没有遭受抢劫。现在没有，但谁知道未来会怎么样呢？"

联系卡通常出现在更为随机的情境中。另一个警区的警察说："我们在夏天会经常检查搭便车的人。你永远不知道会发现谁，发现什么事。知道些什么总是好的。有时它让人们在错误的时间出现在正确的地方。你当时不一定知道这是为什么，但很可能两周后就什么都明白了。"

警车内的计算机终端能够电子录入街面检查信息。这种技术创新与更多的期待一起促使警察实施更多的随机检查。至少在拥有计算机终端的警察看来，这种技术创造了更多的可能性，可以对那些似乎不应该出现在这里的人群展开更为广泛、系统化的检查。正如一位巡警所说：

> 你可以在这台机器中编写一个街面检查程序……而之前我都懒得填写表格……因为它们太费时间，很烦人，没有人愿意去做……我们所做的就是主动巡逻……去居民区转转……写下任何感到可疑的事项。比如一些车辆以及凌晨两点钟还在街上闲逛的年轻人。但相对于街面检查而言，这要简单得多……这能提高我们街面检查700%的效率……（以前）我们没有办法去跟踪移动中的目标。而现在进行街面检查时，我们可以在凌晨四点的社区内截停特定汽车。当夜很可能有入室盗窃或汽车盗窃案发生。你可以再回去查一下这个人，他可能就是那个盗贼。你知道的移动目标越多，你就要进行更多的跟踪活动……在特定地带，我们会在深夜悄悄这么做，将警车停在路边，看谁正在路上走，还可以对开车或步行的人进行随机检查。也许这会让我们了解到谁在夜间闲逛，这个人可能正准备偷车或入室盗窃……因为我们希望能够识别出潜在的罪犯以

及他们可能具有的犯罪模式。如果你想要2月份的街面检查记录，警车内的计算机终端就能向你提供这些信息，包括检查对象、地点以及时间。

另外一种联系卡系统为跟踪居住在目标区域的人员提供了方法。警察在访问住户时使用调查表格，记录与此地犯罪和其他风险有关的系统化数据。在一个警区内，警察要就该区域各家庭中每位十四岁以上的成员填写一份表格，内容包括姓名、婚姻状况、车辆所有权、职业和雇主、前任配偶的姓名和地址以及邻居的人数（须标明成年男性、成年女性和儿童）。表格中还提醒警察"对受访人的本能反应保持警惕"。鉴于入室盗窃案的常规破案率为3%，警察认为，这种人口调查会在未来而非当下的破案进程中体现价值。正如一位受访者所言，"你必须向左、右、街对面的邻居打听一下……对一些人来说，这不仅麻烦，而且最终很有可能一无所获。但我们经常发现，你可能就是在寻找马路对面的那个人。这下，他不就能出现在你的电脑里了吗"。

即使没有特定的事件或问题的推动，警方也会进行类似的人口调查。我们研究的一个警察部门就有针对公寓大楼和企业的联络记录表。这些表格能够提供单位地域上的详细信息。例如：公寓表格中包括与房间数量、业主、经理、保安等相关的一些问题；企业表格中包括商业类型、财产性质以及安全部署等相关问题。这两种表格都提供了一个版块，供业主和高级员工发表对社区的态度和意见。

警察也在市中心的"越轨贫民区"（Scull，1984）进行检查。我们所研究的一警察组织内部设有"市中心部门"，下设四个与邻近地区的人口和地域相关的特别信息室。

第一室内挂着一张巨大的辖区地图，上边用不同的颜色标记了最近发生的犯罪事件。房间内还有：用于报告近期案件的剪贴板；几本书，用于协助其各方面工作，比如其中一本是对"习惯性"犯罪青年的画像；一块布告栏，上面贴着此类犯罪青年的照片和描述；一张列有"十大亚裔通缉犯"的美国海报。

第二室内有多个计算机终端，在这里警察可以了解到加拿大警察信息中心所没有的嫌犯信息。

第三室内存有其他内部编写的书籍，包括一份剪报，里面有关于近期案件和问题人物的信息，比如前些日子一个性工作者与一名喝醉了的英国士兵"滚床单"，并从他那里偷走了 270 美元。尽管这个女人无疑就是小偷，但由于该士兵将被转送德国，警方因此并没有对她提出指控。剪报的最后写道，这位女性在精心挑选受害者，我们应当对她加以密切关注。

第四室专门提供了与一家问题酒店相关的信息。有一整面墙上都是酒店常客的照片和描述，主要是性工作者、皮条客和毒贩。墙上再高一点的地方挂着禁止人们进入酒店命令的副本，以及禁止对象的照片和描述。房间内还有许多厚厚的书，里面夹着在酒店及附近活动的性工作者的拍立得照片。

在巡逻期间，我们造访了这家酒店。这次警察注意到，在酒店酒吧的后门处，出现了新的毒贩。在从酒店业主处得知了这个人的名字后，警察在加拿大警察信息中心进行了调查，发现他有大量犯罪记录。警方下一步要为他制作一张联系卡，记录下他在该酒店的新身份。

这类检查和人口调查的方法反映了警务活动中的风险管理导向。警察的目标是通过采用以合规为基础的执法模式（而非打击招致麻烦或非法的行为），管控领土及人口的风险。本森（Benson，1993：87–88）提供了一个类似的人种志例子，说明了警察是如何应付和管理一些高风险人群的：

> 俱乐部的新管理层想要改变俱乐部的传统客户类型，将俱乐部向"高端市场"发展。为了实现该目的，俱乐部觉得有必要禁止吸毒者入内……（但）警方的毒品打击队与俱乐部业主交谈，希望其维持现状。因为通过该俱乐部，警方可以了解附近有什么毒品，哪些人参与其中，谁在购买毒品，谁是此地的新人等。这样看来，该俱乐部对警方的毒品打击队非常有用。这些信息对控制当地毒品使用和接触毒品供应商而非吸毒者来说，是非常有必要的。

风险管理也能为针对性工作者的警务活动提供指引。正如我们刚才看到的问题酒店案例一样，警区将其大部分精力用于了解性工作者及其活动范围。实际上，这些警察拥有一张专门针对卖淫及相关交易的特别联系卡，上面记录着当事人属于性工作者、脱衣舞娘、皮条客还是社交陪同；其名字、社会保险号码、警方的拍立得照片编码、其近亲或密友的电话号码。拍照留证是必要的，正如一位警察所说，因为警察"想要知道其中每个人的身份以及皮条客的业务对象……他们其实可以拒绝拍照，但没有人提出来过，这可能是因为他们并不知道自己还有这个权利"。

我们在该辖区的巡逻中发现，该区的巡警对性工作者的工作区域有着详细的了解。在一天晚上的巡逻中，我们跟随的一位警察驱车来到一个废弃的仓库后，他准确地预测到会在这里逮到一对卖淫嫖娼人员。在对两人进行一番问讯之后，警察接着使用电脑对二人进行检查。性工作者详细地提供了她的犯罪记录、皮条客信息，通过和计算机系统上的数据对照，证实了这些内容属实。她还提到她通常在另外一个渠道工作，"服务"更高档的顾客。但是，她目前处于缓刑考察期，因此没法在那个区域工作。她还说，当她想把客户带到私人房间时，遭到了客户拒绝。警察责令她到别处"开展业务"，还解释道，该地区老年人十分反感在晚上散步时看到相关情景。

警察也采用其他方式对性工作者在公共性较弱的场合进行的工作予以跟踪。例如，城市内所有社交陪同都被予以许可认证。警方的一个小组负责所有的市政许可，但警方缉捕（刑警）队要对社交陪同服务及其对象进行额外的检查。

长期以来，人们希望通过知识实施管理活动。这些对性工作者的跟踪形式恰好代表了技术的进步。道德科学始终对"性工作者和政治家感兴趣……他们被监视，而我们实施必要的监视"（Hacking，1990：120）。有位代表曾说，在1867年举行的一次国际统计大会上，"很明显，如果根据年龄、家庭状况和运动范围调查并核实这类人（性工作者）的统计数据，我们将会发现其对政治家非常有用，这些数据能帮助他们确定一些人产生不良品行的首要动机、生活方式、可能的过失以及监控组织"（Hacking，1990：120）。

警察还必须检查快速通过他们负责的领土上的人和事。这方面的主要任务是跟踪车辆及其所有者和经营者。警察担负着大量的车辆检验职能。例如，作为随机检查项目的一部分，他们会运行针对司机和车辆的联系卡追踪系统。其中包括为了发现酒后驾驶和安全违规行为的停车检查，使用电脑进行的通缉令检查等事项。这些项目大部分合规，但也会用到一些威胁手段。例如，我们研究的一个警察组织发布了一项关于车辆安全缺陷的警告，包含以下声明："此通知中没有罚款内容，依赖于你的自愿服从。未能遵守该通知的将因上述缺陷招致起诉……"

除了日常巡逻，警察还通过空中监控和图像雷达来跟踪车辆。后者能够生成交通流数据和趋势，供省级机动车和交通运输机构使用。警方还提供了基于系统观察的交通分析报告，以及非常详细的交通事故报告。我们采访的一位政府交通分析人员谈道："道路安全问题和（警方）数据紧密相连……如果你想从事监管工作，那么必须要有数据的支撑。"

从我们研究的一个市级警察部门的"卡车小组"中，可以看出警察是如何进行车辆跟踪和监管的。该小组当时由五名警察组成，负责跟踪、监管商用车各方面的情况。该部门认为，由于进行检查时需要大量专业知识，且适用的监管法律相当复杂，因此在独立小组中配备具备某类专业知识的警察是非常有必要的。

卡车小组中的警察必须通过商用车辆安全联盟（Commercial Vehicle Safety Alliance，CVSA）认证，该联盟内成员包括加拿大、美国和墨西哥。认证课程为期两周。卡车小组的成员还必须是训练有素的卡车司机，并需要学习当地消防部门提供的为期两周的危险材料课程。该小组的主要任务是根据北美使用的 CVSA 认证通过的检查表对商用车进行随机检查。这份检查表是依据政府和行业制定的标准制成的，而非依据警察机关制定的标准制成。如果车辆通过检查，警察就会在车上贴上一枚检验合格标记。如果需要进行小修小补，则警方会签发一份为期 14 天的修理通知；如果需要大修，则警方会将车辆拖走处理。

卡车小组与许多政府和私人机构有着重重关系。例如，它与省级汽车运输服务机构达成合作，后者在卡车小组负责的市级工作范围以外实施 CVSA 规定的安全检查。这种合作包括有权使用对方的设备且双方可开展联合检查。卡车小组同时也是一个多机构委员会的成员，该委员会负责确定危险货物运输的卡车路线。卡车小组的一位成员在采访中说："我们不希望危险货物经过医院、老年人生活区以及任何人口密集的地方。"该小组还与市政府委员会联合工作，参与涉及毒害性工业废气和危险品泄漏的管理。该小组成员与城市危险品检查员、消防部门的危险物领域专家共同开展工作。他们同时还是省级卡车司机协会的安全委员会成员，该协会每月召开一次会议，与所有主要运营商的安全主管讨论新的安全设备、道路和桥梁限制、依法执法的统一性以及该领域的"灰色地带"。此外，该小组成员还是卡车驾驶比赛的裁判。

卡车小组和大众媒体也有着重要关系。卡车小组常利用大众传媒宣布交通路线和规例的改变，并倡导社会关注交通问题。一位小组成员说，大众媒体"不再偷偷摸摸，试图用骗人的方式获取资讯，而是能够和我们直接交流'这正是我们一直寻求的信息，我们想要报道它'"。他给我们举了个例子：多辆卡车自身碎片脱落致使挡风玻璃破裂，卡车司机和保险公司各执一词，反复上演辩论战。随后媒体迅速跟进这一案件，并展开了大量报道。在之后的"清扫行动"中，当地电视台播放了该小组成员向卡车司机分发扫帚和资讯贴纸的画面。此外，电视台也向公众表明，相关罚款已从60美元增加至200美元。

以上的例子表明，卡车小组采用的是一种以合规为基础的执法模式。合作水平的提高和标准的优化是衡量成功的指标，而签发传票则可以看作失败的标志。一位小组成员向我们描述了他们的工作方式，他说：

> 通常情况下，联邦政府、省、市出台的法案都能对案件起到管制作用，所以挑出最适用于案情的法案至关重要。这对于卡车司机来说十分难办……对我们来说这都是件麻烦事，在他们看来就更加不明所以了……更重要的是，他们想弄清楚我们到底想要什么。我们强调合作。解决问题最简单的办法就是签发传票，这谁都能做到。但是如果你能通过其他方式让人服从，你懂得，让他们自觉遵守规章制度，那才是我们的目标……这个小组没有必须签发多少张传票的压力……相反，我们倡导组员多四处走动，与这些群体做好沟通工作。

虽然该小组主要采用主动检查的工作形式，但也会处理和解决来自个人和机构的投诉，例如前边提到的那个挡风玻璃破裂的案件。在另外一个案件中，一些卡车在经过某新区时因噪音过大遭到了居民投诉，该小组就此问题召开了会议，将附近居民和卡车协会的人召集在一起，制定了新的卡车重量限制与行驶路线细则。有时，卡车司机会状告雇主以解雇相威胁，强迫他们驾驶危险车辆。面对这种情况，警方也会帮助他们解决问题。有时，这些卡车司机会与警方达成合作，共同参与针对雇主的抓捕和执法活动。卡车行业内的竞争对手有时也会告发对方。

典型的执法对策是，先向问题公司发出警告。若警告无效，卡车小组就会派人到访该公司，并就如何使结果达标提供专家建议。如果在该阶段的协商也以失败告终，就会执行更为严苛的对策。一小组成员向我们描述了当时的情况："我们就坐着不走，在他们妥协之前我们绝不松口。之后大有让他们花钱的地方。"最近，一辆卡车因超重而违反规定，卡车小组对其处以了8700 美元的罚款。该小组成员说："各行各业都存在这样的情况，很多企业会打电话给我们，拜托我们给他们发放超重、过桥的许可。"他还指出，长期不遵守规定可能意味着公司会破产，因为警察将会吊销其营业执照。最终，这些公司别无选择，只能遵守规定。

卡车小组是警察参与环境监管工作的一个例子。在某些情况下，比如当车辆造成环境危害时，警察会直接参与监管。沙吉特（1990：14）对安大略省的巡逻警务进行了观察研究，他发现当地警察都需要进行为期一天的《环境保护法》执法课程学习。（一名）警察表示，在学习过程中，他需要观察从排气口里冒出的黑烟，这与机动车排放的废气是类似的。从那时起，他掌握了如何判断黑烟到达什么程度就能够根据上述法案规定对公司提起"尾气排放不达标"的指控。获得结课证书后，他便有资格就这一罪行在法庭上作证。

更多时候，警察会与其他以合规为导向的执法机构共同管理环境。一名受访警察向我们介绍了一个废物处理公司进行商业欺诈和非法倾倒化学物质的案件。他回忆道："我不知道在垃圾场里待了多久，我们穿着连体的工作服，监督着每一个桶的挖掘和移送工作，并对其进行计数和采样。"一些农村地区的警察会向联邦野生动物保护机构报告濒危物种的现状、被猎杀的动物情况和已询查的猎人信息。我们研究的一个城市警察组织与相邻地区的鱼类和野生动物保护员有着密切合作。这些保护员可接入警察的无线电系统，使用警用表格记录犯罪，在进行涉嫌违反鱼类和野生动物保护法规的停车检查时，可申请警方的协助。

正如我们在卡车小组事例中看到的那样，警方还是政策和规划委员会的一员，该委员会负责追踪环境风险。建立这些委员会是为了应对当地可能遇到的特定风险，例如洪水或有害物质的非法运输。该委员会能够综合利用许多私人和政府机构的专业知识，并和警方一同从事社区教育。

必要时，警方还要承担特殊的领土检查任务。例如，若存在针对重大事件（比如体育赛事、政治和商业会议）的破坏活动或恐怖主义活动的实质性风险，警方则会对此开展大量的检查和风险分析。如要举行政府会议，警察将对会议地点是否被反对党占有或使用进行相关分析。此外，警察还要选取一个备用地点，且该地点也要通过风险画像分析，以应对自然灾害或恐怖袭击导致原定地无法使用的情况。风险分析也用于对与重大事件相关人员的认证工作，比如酒店和餐馆员工、安保人员和记者。雇主需按照警方要求，令所有员工提交认证申请。认证申请表上写着该过程均遵循自愿原则，但没有人会不提交申请，因为不提交申请就无法得到认证。在加拿大，申请人需要提交电子磁带，并由国防部、加拿大安全和情报部、CPIC 以及其他警察情报组织进行检查。一位受访的情报人员向我们描述了一个连接申请人和组织的计算机程序，他说："你仅需要填写信息……填完之后按下按钮，就完事了。就这么简单。"

本章所举的事例说明了警方如何结合电子基础设施、空间布局和检查装置来进行领土追踪。在此过程中，警方还需要追踪对象的合作和配合。在下一章中，我们将探索如何运用大量资源来动员公众开展"自我警务"活动。

第8章 领地动员

8.1 守望项目

警察通过设置住宅、商业以及一般的守望项目来开展领地动员（mobilize territories），目的在于说服居住在或穿越特定领地的人们反思性地监控自己的风险，并向警方报告相关的风险信息。

诸如街区守望（Block Watch）、邻里守望（Neighbourhood Watch）以及公寓守望（Apartment Watch）之类的守望项目动员当地居民对风险进行反思。这不仅是为了预防犯罪、逮捕罪犯，还能帮助居民在风险面前做出自己的情绪反应，对自己所处的领地安全负责。

一些警局分发的住宅安全小册子促使人们加入邻里守望项目，因为"冷漠是犯罪的温床，公众对犯罪的冷漠不容易测量，但我们肯定的是，这种现象在日益增长——它和犯罪率本身的增长速度几乎一样快"。但没有数据支持这些主张。一份街区守望小册子称，设计该项目就是为了通过强化包括自我警务在内的领地监控，以帮助人们应对恐惧以及犯罪，"（街区守望）通过居民之间的融合，减少恐惧感及犯罪率……增强对可疑活动的识别能力和报告意识……（和）提供社区凝聚力……了解你的邻居……最适合流动人口较少的社区……街区守望需要观察不寻常的活动，采取常识性预防措施……预防犯罪不是系列讲座，而是日常生活的一部分"。

公寓守望向公众传递类似的信息，但具有一些针对高收入人群的特征。其理念在于通过产生集体性的恐惧来构建社区。警方分发的一份公寓守望宣传册指出，该项目针对的是人口密度较高且人口流动性较大的社区。该项目帮助公寓居民了解他们的邻居，提高社区凝聚力，打造更安全的社区，它提供了与警察交流的方式，指导居民如何正确报告可疑活动。与其他所有守望项目一样，警方发给居民高度结构化的表格，指导他们如何对可疑的人、车辆以及事件进行分类。这是警方联系卡的民众版。即使在大城市，公寓守望项目也被宣传为，"该项目以小城镇的概念为基础，在那里，人们充分了解他们的邻居，因此可以彼此关心和照顾……如果发现陌生人出现在本不应该出现的地方，人们就会报告警察。在实现公寓守望的过程中，公寓或公寓区实际上变成了一个敌视犯罪的小镇"。

在实践中，这些住宅守望项目难以实施，除非张贴街道标志和窗户贴纸等象征性标识，宣告该区域"受到保护"（Bennet，1993）。负责动员民众参与这些项目的警察表示，当数据表明此地具有高犯罪率和犯罪恐惧感时，这些项目更容易开展。在风险社会中，消极情绪和恐惧有助于动员民众和维持其自发参与犯罪预防活动的积极性："街区守望……（是）一项在实际操作中难以维持人们参与热情的项目。负面事件利于这类项目的实施，反之则使其变得困难。"

警察提供了其他的住宅保护手段，其象征性功能同样是多方面的。例如，加拿大的一些警察组织已经开展了"信心之盾安全保护项目"。该项目与房屋建筑商、保险公司、政府建筑法规监管机构等部门合作，警察负责认证新住宅的安全技术和设计是否符合安保规定。建筑商需要在三个时间点上（施工前、建筑框架完成时、竣工时）与警方的犯罪预防部门联系。警察需要检查建筑框架和已竣工的建筑。如果通过检查，警方会提供证书和证明材料，表明其已符合标准。该标准是非常详细的，摘要如下。

1. 位于以下三处能够控制外部照明的灯具

（1）主卧。

（2）前门区。

（3）后门区或厨房。

2. 在 20（a）① 以外的照明设备和 3 米（10 英尺）以内的照明设备，应当防止被人非法篡改

3. 除了 20（a）规定的照明灯具之外，其他所有的外部照明灯具必须

---

① 20（a），原文如此，作者可能引用某个未经说明的标准。根据上下文，这里可能是 20 米，或者 20（a）规定的某个标准。——译者注

达到每盏白炽灯至少为 60 瓦的标准

这里谈到的检查、培训以及住宅守望职能都是警方为了开发商、保险公司以及居民的利益所做的合规工作。

住宅守望项目的实施也要使用电子基础设施。以"个人计算机社区组织预防系统"（Personal Computer Community Organization Prevention System，PCCOPS）为例。该系统以自动拨号系统为基础，能将预先录制好的消息自动发送到居民家中。在我们研究的一个警区内，8 个分局安装了该系统。在一个分局的联系人数据库内，包含了大约 13000 个住宅数据和 1500 个企业数据。项目组织者说，已经开展的调查研究用来确定居民如何定义社区。调查证实，居民认为社区是一个空间结构，以居住地的第二或第三条街道作为社区各个方向上的边界，居民对于边界之外的地域则漠不关心。因此，该系统将会在如上述所定义的社区单元中得到推行，每个社区单元中约有 300 个电话号码。该系统通过 4 条线路运行，每条线路能同时拨打 4 个电话，这样每小时最多可以拨打 320 个 3 分钟的电话。

PCCOPS 能提供多种类型的预警。它会发出最近的犯罪行为、狂犬威胁、小孩走失等紧迫问题的"警报"，还会向居民发送信息，提醒居民要注意安全。其他功能包括向居民发送将要举行邻里守望会议的通知，以及发送将要开始的公共工程项目会造成道路不便的通知等。一位被采访的居民说："该系统具有教育意义，是对令人厌烦的社区会议的替代。一方面，PCCOPS 能为我们创造一个秩序井然的、更具公共意识的社区；另一方面，我们可以不必出席每两周必须参加一次的会议，讨论我们不想做的事情。"

在我们研究的一个警区内，PCCOPS 开展的动力源于一位城市政治家的努力，他的照片、姓名、地址以及电话号码都清楚地印在发给居民的宣传单上。与我们交谈的警察和其他人认为，他推崇该项目的同时也是在推销其政治理念。

在我们所讨论的警区内，PCCOPS 起初是当地邻里守望项目的产物。在一位发起者的眼中，鉴于"邻里守望"并没有实质性作用，它是邻里守望项目向前发展的一大步……尽管人们仍挂着守望的标志，将贴纸贴在门上，但大势已去。当地"邻里守望"委员会筹集到了足够的钱，以安装当地警察部门提供的拨号系统。最初，该委员会还登记了 10000 名电话所有者（他们会收到这样的消息："这里是城市警察——邻里守望计算机拨号警报服务"）。对本地系统的发展发挥了关键作用的一位工作人员说道："一些邻里守望成员担心他们会被计算机程序所取代。"但是，该工作人员向他们保证，这种风险"不可能发生……（该系统）会提高邻里守望项目的水平。我们仍然需要街区监督员深入街区并问候社区新居民，告诉他们关于拨号系统的知识"。

PCCOPS 作为一种减少风险的有效措施在社区内开展。一个宣传册声称，它能减少 38% 的"犯罪"，但没有说明具体的时间段并给出证明。支持者说，它的一个好处在于打击"犯罪"，能够产生社区感。我们采访的一位支持者是这样说的，"居民不仅能了解他们的社区内发生了什么，也会觉得自己能在某种程度上帮助社区降低犯罪率……只需要打几个电话，但从此之后，你真的开始觉得你是一个项目的合作伙伴"。据说，这种合作感鼓励了其他项目采取类似的参与形式，包括参与如"宾果夜"（Bingo Night）这样的筹款活动。

由于 PCCOPS 的推行依靠居民对社区的感情，所以支持者担心会产生过于情绪化的风险。作为参与的条件，居民需要填写一份表格，同意接受可能带有警报性质的电话。一位警察解释说，"我们的担心是这样的，当我们与一位老年人取得联系，告诉他现在有大量的入室犯罪现象，我们必须考虑到这可能会使他生气、沮丧。他们可能会因此心脏病发作。我们不希望这种情况发生。所以我们需要征得居民的书面同意，才能证明他们希望参与这个项目"。

他接着说道："我并不认为 PCCOPS 可能引发恐惧是一个重要的问题。在我看来，公众应该更关心犯罪。他们可以充当我们的眼睛，为我们提供一些情况。"

警方认为，PCCOPS 除了具有监控和社区构造功能外，还是一个使常规任务简单化的工具。当居民与警察进行直接的、面对面的交流时，人们可能会提出令人讨厌的要求，这些要求基本与当前的任务无关。警方考虑，依靠如 PCCOPS 之类的计算机辅助拨号系统避免面对面的交流会好得多，警方指出：

> （当你挨家挨户走访时）你告诉他们，隔壁的小约翰或小玛丽失踪了，虽然他们担心，但他们还是会说："你要去走访我的邻居吗？"你说："是的。"他们会说："你能不能顺便提醒他们，他们的狗在晚上非常吵闹。"所以你在每户居民家中都要停留 5 分钟。就小孩失踪案件而

言，你在每户居民家中停留 5 分钟，走访街道一侧的 12 户居民，就会花费一个小时的时间……而我在拨号系统内记录信息，在一小时内就可以联系 60~80 户居民，因为他们并不会对那台机器说隔壁还有只狂吠的狗。而一旦我作为专业人员到现场去，就不能失礼，所以当进行当面对话时……我必须这么做，因为这是面对面的交流，不管你跟我说什么我都要听着。

虽然计算机系统已经安全地隔离了大部分无关的事情，但是，警方还是要提前采取措施以回应没有正确履行职责的投诉。我们在这里介绍的系统已经使用了七年，警察会记录下它拨出的每个电话。作为我们研究对象的一名警察是这样描述该监控活动涉及的风险逻辑的，"如果有人在路边报警，他认为警方并没有尽力处置。我可以这样回答，'嗯，是的，我们确实发出了一条计算机信息。事实上投诉人在下午 1 时 30 分接到了电话，我们给他们发出了信息……就是这条'"。

PCCOPS 表明社区警务实际上是通信式警务。一位警察告诉我们，尽管在一些情况下，我们通过该系统逮捕了犯罪嫌疑人，但这并不是其核心职能。"你无法评价它在犯罪预防和侦查中的有效性……它为我们提供了一种与社区交流的常规方式，并且无须挨家挨户敲门去做宣传。我们也没有足够的人手去这么做。"当地政府官员说，该系统的实质"还是警务活动，警方和社区实施的社区警务"。他发现，犯罪预防是起初推行该系统的最佳"广告词"，但从长远来看，这个系统可能会在更广泛的治理活动中发挥作用。他曾经参与开发该系统以回应公众的抱怨："究竟发生了什么，为什么我不知道，为什么我看不到警察，为什么在我的社区内没有召开任何会议？"

他指出："城市内部的社区存在孤立现象，你可能仅住在两个街区之外，但是也许你依然不了解某个事件等。所以我想，让人们了解信息的最佳方式是使用计算机。警察或社区自己举办的大量会议，不断分发小册子、信件，真的是在浪费时间和金钱，而且资源是有限的……所以，投身社区建设，同时也是在预防犯罪……所以我真的认为这是未来警务活动的一部分。"

正如上文所述，有专门为企业设计的守望项目。其目标与住宅守望项目一致，也是使参与人员对自己的风险管理负责。

责任的开始是企业在自己的领地内对"可防卫空间"（defensible space）

进行反思。正如警察发放的企业安全手册提到的那样，"安全形象越强，抢劫犯就越不可能选择你的企业作为犯罪目标"。在许多警区中，警察负责企业安全检查，帮助企业监控自己的领地并确定他们的风险管理需求。同时，这些活动使得警察对企业所有者和经营者以及他们引发的安全风险进行风险画像。

虽然企业守望项目主要是为"可防卫空间"的保护技术提供建议和帮助，企业有时会招募志愿者或聘用安全干事。在我们研究的一个警区内，警方告知工业园区的企业不会再进行预防性巡逻。于是，企业纷纷成立自己的安全组织，以每小时七美元的价格雇佣私人保安人员，并试图向政府索取这笔开支，但未获成功。企业还成立了"车队守望"（Fleet Watch）组织，该组织由工业园区内负责货物运输的司机组成。他们配备了民用波段无线电以及货运公司的调度系统。"车队守望"组织成员在工作过程中进行监控。参与该组织的一位警察将其称为"更为严密的监控，潜在的犯罪嫌疑人会感到不舒服，因为他们永远不知道自己是否处于别人监控之下"。

在一些商业区中，警察是风险管理委员会的一员，该委员会决定特定问题的应对方式。例如，市中心的购物区设有一个管理委员会，其成员包括负责管理该区的警员和督察员，警察需向督察员报告。城市另一头的餐厅、酒吧和娱乐区也有一个由警察、业主、酒类监管机构和城市官员组成的风险管理委员会，监督其权力所及的区域，尤其是酒类消费、舞厅面积以及噪音水平。全职警察负责该地区中合规的执法活动。

许多守望项目有着更为广泛的职责。例如，无线电守望，正如（由警察分发的）官方手册中描述的那样，包含民用波段无线电使用方面的专业知识……成为额外的监控手段。无线电守望志愿者与警察一起工作。他们会在诸如购物中心的停车场或者工业区进行监控，并向警察报告任何可疑的活动。在某些警区中，志愿者没有民用波段无线电，警方给他们配备老式警用电台，并给他们设置一个警察一般不使用的频率。他们使用这些无线电设备，在巡逻过程中，报告酒后驾驶以及其他招致麻烦的活动。

警方还招募辅警以及其他类型的志愿者，开展特定形式的区域警务活动。一个警察组织实施了"警察活动"项目，招募童子军和女童子军①参与

---

① 童子军（Boy Scouts）和女童子军（Girl Guides），它是一种野外活动的训练方式，这种方法用以培养青少年成为快乐健康有用的公民。目前全世界约有 2.5 亿多名童子军。——译者注

与警察相关的工作。另一个组织实施了精心设计的全职员工参与的志愿者项目。根据 H. 贝克尔（1963）的说法，该项目是一个典型的"道德事业"。志愿者被招募进来后要举办一个特殊的庆祝活动。在此之后，几乎 300 名志愿者愿意与警方继续合作。我们与一位警察的对话记录如下：

> 警察：我们已经把（这群人）发动起来了，现在要考虑的是让他们做什么。
>
> 我们：你是说志愿精神我们已经有了，现在警方必须考虑"哦，我们要拿这些志愿者怎么办？"
>
> 警察：完全同意，绝对应当弄清这个问题。所以，这不是管理这个志愿者项目的最好方式……这有点落后……不像其他志愿者机构，我们，到处都是想要做志愿者的人。
>
> 我们：你主动招募志愿者吗？
>
> 警察：（摇摇头）
>
> 我们：你不同意这样的提法？
>
> 警察：不，绝对不是这个意思。
>
> 我们：你主动阻拦他们当志愿者？
>
> 警察：有人主动站出来，想要抽出自己的空闲时间参加我们的活动，但是，我们并不能让所有人都参与进来，这真的很困难……我们每天都接到电话，人们每天都来柜台咨询相关问题，想知道他们如何能参与进来。

成为志愿者的原因千差万别，但那些想成为警察的人确信，作为志愿者，能够增加入警机会。从更为宏观的角度来看，这个警区内的居民似乎很享受警务活动。在一项当地开展的犯罪和安全调查中，37% 的受访者表示，他们个人曾经参与过一些犯罪预防项目。

根据一份项目年度报告，志愿者参与了 109 种不同的警务工作，其中包括在警察局内接收报告，提供信息，交付传票，加入"犯罪终结者"（Crime Stoppers）和犯罪受害者援助组织，进行电话调查，举办警察毕业典礼，发放预防犯罪小册子，提供计算机编程专业知识，对惯犯（habitual offenders）的风险画像和其他调查数据予以分类，参演警方出品的视频，组织全国犯罪预防周（National Crime Prevention Week）活动，充实警察力量，在向社会展示大量赃物时负责安保工作，参与警察训练，实施人群控制（crowd control），出席街区守望会议以及筹款。志愿者对警务工作富有想象力的探索以及支援项目参与人数的增加，使得劳工部门出现问题以及引发工会投诉。因此，志愿者活动要受到警方人力资源部门、警察协会以及文员工会的审查。

另一个带有一般巡逻任务的守望项目是物业守望（Realty Watch）。该项目的历史表明，住宅、商业和一般的守望项目相互之间并不总是存在绝对的差异。

根据加拿大房地产协会（Canadian Real Estate Association）出版的《物业守望手册》（*Realty Watch Manual*），"物业守望是一种不固定的犯罪守望机制……是警察的一种额外监控手段……采用主动而非被动的警务方式，提高了邻里守望（Neighbourhood Watch）和街区父母项目（Block Parents programs）的水平"。这本手册还指出，"传统的执法型警务模式未能遏制加拿大不断增长的犯罪率。该工作的关键是让公众更为紧密地参与预防性警务活动……如果加拿大112个房地产董事会选择开展物业守望项目，那么将增加72000多双眼睛确保社区安全"。

物业守望项目的一位警察协调员说，"我个人认为，它的主要好处是，在盗窃高峰期（从早上10点到下午3点）显著提高监控能力。我们共有3800名房产经纪人。他们在这些时间里都会出现在社区之中……因为他们了解社区"。

该手册明确介绍了物业守望项目的监控功能。房地产经纪人会在一切情况下保持警觉和主动："训练有素的房地产从业者无论走到哪里都会观察、留意可疑活动。"房地产经纪人永远要保持怀疑，即使是在他们可能放松警惕的闲暇时间也不例外。"物业守望是常识，当你走路、开车、工作和放松时……要当心周围正在发生的事情。有些人不报告（警察），仅仅因为他们认为这些平常的活动并不可疑。"为了指导他们的监控工作，警方向房地产经纪人提供了包含17个指标的"可疑活动检查表"，内容好像是警察的可疑行为迹象指南（Sacks，1972；Shearing and Ericson，1991）。17个可疑活动的指标如下：

●一个或多个青少年从社区门口走到后院或汽车旁边等（特别是

此时本应该是他们的上课时间）；

- 一个人在奔跑，特别是当他（她）携带着贵重物品时；
- 载有一人或多人的汽车在异常时刻停在异常地点；
- 车内有明显的商业交易，特别是在学校或公园中。如果有青少年参与，这可能是出售毒品或与赃物有关。

警方提醒房地产经纪人，"不要忽视报告任何潜在的风险：任何一个参与物业守望项目的人发现可疑事项都应该向警察报告。不要担心'打扰'警察——他们敦促所有公民报告一切异常情况……要报告一切犯罪活动。还要报告一切危险情况，如孩子们沿铁轨玩耍，或者在掉落的电线旁玩耍"。

在某些警区内，风险自反性以解决自身安全的子项目形式回到房地产经纪人那里。在我们研究的一个警察组织中，物业守望项目的风险自反性的这一方面受到了公共关系的负面影响，因为警察和房地产经纪人想表明，该项目是公益性质的，是为了社区的利益。此外，在警方通过制定次级计划提高对风险的敏感度之前，物业守望项目的组织者没有强调风险对房地产经纪人的威胁。我们就这一点询问了一位警官，对话如下。

警察：诱因就是社区参与。他们（房地产经纪人）想表明，房地产董事会及经纪人……正在协助警方。我们刚刚举办了一场精彩的新闻发布会……（但）我们真的不希望媒体知道（房地产经纪人）的人身安全是一个重要问题……我们希望从物业守望项目组织者那里得到积极的反馈。我们不希望犯罪嫌疑人认为，"哎呀，现在是抢劫的好时机，这个女人在她本不该出现的地方举办家庭招待会"。

我们：起初，是否有房地产领域的人关心安全问题？

警察：没有，直到我们提出了这个问题。但在美国这样一个问题复杂的国家中，担心是肯定的。

除了成为警察的"眼睛和耳朵"，物业守望项目使得本地成员既成为监督者也成为被监督者，从而成为"自我管控的实施者"（Shearing and Stenning，1983：504）。在一个警区内，房地产董事会出资印制安全小册子，内容涉及老年人以及街道上儿童的个人和家庭安全。儿童安全小册子是房地产董事会、当地街区父母组织以及警察组织中的校园安全和犯罪预防小组通力合作的产物。老年人家庭安全小册子中包含了识别可疑人员和车辆的高度结构化的指南。

《物业守望手册》指导房地产经纪人如何推进该项目。该手册建议，应当借助一切机会将上文提到的安全小册子、一般性物业守望小册子以及其他预防犯罪的小册子发给客户，强调安全的重要性。应强调该项目在减少犯罪方面的有效性。例如，该手册中提出，该项目起源于 1981 年的费城，在第一年的操作过程中就使"犯罪率"降低了 27 个百分点。推动该项目发展的建议包括"当物业守望项目向警方提出的建议起到犯罪预防作用时，要让媒体充分报道"。其他的建议还包括宣传视频、奖励项目、发放参与证书，以及为"犯罪终结者"项目筹集资金。为了营造安全感，要鼓励人们将物业守望标志贴到城市边界上（类似于"这是一个邻里互助社区"的标志）。该手册指出，物业守望标志让犯罪行为人了解他们自己的处境，保持公众对物业守望项目的关注，还可以提高房地产业的形象。该手册还建议将物业守望标志贴在日用品上，巩固企业对安全风险管理中道德价值的认识："将物业守望贴纸、按钮、垃圾袋和钥匙链送给客户比单纯提醒他们要预防犯罪更加重要。这同样是在社区内展示我们房地产经纪人的服务——当卖家寻找房地产专业人员出售自己财产时，这很有帮助……如果有助于增长业务量，房地产董事会成员将期待参加这个项目。"

物业守望项目的企业基础是显而易见的。通过为社区谋取利益或至少表现为这样——房地产经纪人也增加了自己的商业利益。《物业守望手册》中充满了参与这个项目可为房地产行业带来回报的语句。事实上，该手册开篇就承诺，物业守望是一个极好的社区服务项目，注定会取得能够提升业务范围内房地产行业水平的巨额红利（big dividends）。

我们对物业守望项目的分析表明，警方的领地动员与企业关系和赞助密切相关。下面我们对企业联系及其对风险构成和管理方式的影响进行更为系统化的研究。

8.2　企业项目

在为了风险管理而进行的社区动员中，警察与公共和私人企业机构合作。警察为企业提供他们在领地安全设计和风险分析方面的专业知识，为企业客户调试私人安保系统。他们也加入经营风险管理设施相关商品的企业之中，进而获得其对自身活动和项目的赞助。

领地安全设计和风险分析领域的警察专家在犯罪预防分析小组内工作。这些小组——警察的研发部门——与其他机构中的企业安全设计师和分析师密切合作。下面以我们研究的一个警察组织为例。

该警察组织中一位区域设计专家担任公共和私人企业的顾问。她说，大部分"作品"的灵感来源于奥斯卡·纽曼（Oscar Newman）的"可防卫空间"理论，并受到了她在美国学习的一些课程的帮助，这些课程教会她如何以具有吸引力的方式提出自己的想法。她解释说，这些课程教她如何说服客户购买这项服务。这里面肯定有市场的因素。

这位专家曾在多个市政委员会任职，包括社会服务机构、城市规划部门、交通部门、公园部门、零售业协会、社区联合会、开发公司以及大型私人企业。她除了要为这些委员会提供"统计分析数据和建议"，还要与这些委员会合作开发安全审计系统，编制城市衰落地区复兴的长期计划。在她看来，"振兴"意味着诸如人口密度增加、社区"公共生活"水平的提升之类的事情，它们能够使居民更为关注对方，"自然监视"（natural surveillance）——例如不在高危地区建造高栅栏或其他影响能见度的障碍物；改善照明、确定色彩方案，在人们会感到恐惧的通勤火车站等地区播放音乐。

该专家也曾与警方合作，对开发许可证申请进行安全设计评估。以警察提供的书面安全评估以及他们对巡逻区的认识为基础，她向警察局长呈送相关报告。她的另外一项任务是向私人企业提出与建筑相关的安全建议。例如，她对自动提款机的位置提出建议。她回忆起一个案例，说道："我直接与建筑师协商做出一些改变——照明水平、景观功能（landscaping feature）。"她说，这位建筑师后来意识到，"如果我能提前处理这些（问题），然后提交申请，说明我已经解决了警察局所担忧的问题，那么我就会更为轻松，无须费力编制计划和改变他们"。她还帮助了公用事业公司，那里需要一个新的办公室入口设计，以防止被取消服务的敌对客户带来的威胁。

同一警察组织内的分析小组聘用了拥有社会学、环境设计学、统计学、经济学以及金融学等学科硕士和博士学位的人进行工作。他们为大型企业办公室提出搬迁选址和安保方面的建议。这个小组也从事一些类似设计专家执行的任务，比如对那些极易遭到犯罪的零售企业进行"目标加固"（target-hardening）。在本书的研究过程中，税负过重导致香烟价格非常高，从而使得香烟对小偷的吸引力非常强。该小组研发出一种"香烟犯罪"（cigarette crime）数据库，对犯罪模式进行分析，从而为制定预防措施提供信息。

该小组还为企业高管提供专业知识。例如，为来该市居住的企业高管提供建议，告诉他们哪些住宅区最安全。一位受访者表示，这些建议"对他们非常有帮助，因为这些信息可能在我们企业内传播开来，可能对其他人也有所帮助"。该小组专家为因特殊事件参观城市的政要提供安全建议。例如，餐馆筛查服务。我们得知，政要不想看着广告上的餐厅说，"嘿，这里的餐饮看起来不错，我们到这里大餐一顿吧"，然后发现那里是大量无业游民闲逛的地点。

该小组也有许多负责特定类型犯罪的专家。例如，一位分析师负责维护街面抢劫以及金融机构和零售商店抢劫的数据库。一位采访对象这样描述这位分析师的工作，"他不断地浏览检索我们现有的数据库，寻找（犯罪）模式和相似点，寻找那些我们需要的信息……寻找那些我们遗失的资讯以及我们需要挖掘出来以澄清身份或证明的个别案件"。

上文提到的那位采访对象强调，这个小组具有最为广泛的授权，"我们可以查看任何事项，"他说，"计算机技术和数据分析技术使我们的任务没有任何束缚。"所有的东西不仅被研究，而且被视为潜在的有用的东西，"我们不会丢弃任何数据。没有什么数据是不能用的，或者有一天是不能用的"。

警方的区域设计和分析专家也愿意竭尽全力检验安防效果，对改进项目提供建议。作为访谈对象的一名警察向我们提供了一个私人公司的例子，该公司担心危险物质集聚区域。这名警察安排两名便衣警察去破坏该区域的安全系统，进入这个关键区域，来研究其安全隐患。穿着白色外套、拿着笔记板的两名便衣警察进入该区域内，有人拦住他们进行盘问，但是当他们说，"你是第一个质疑我们的人，这将会写在我们的报告上"时，两名警察得以继续前进，没有受到进一步的质询。然后他们进入了关键的房间，将两枚那位访谈对象提供给他们的硬币放到了一个容器中。该访谈对象后来陪同公司总裁参观了房间，发现了那两枚硬币。他是这样给故事结尾的，"现在我告诉你，他的脸特别红，就像这个黏合剂一样。因此他们不得不坐下来，重新审查自己的安全规定"。

一些警察组织内的小组帮助企业添置安全设备。企业高管有时寻求警方的支持，希望证明在新的安全设备上的支出是有价值的。警方还可以帮助企业安装监控探头、警报器、自动门锁之类的安全设备，这些设备可以在警察到来之前困住嫌疑人。

大型警察组织雇佣电子安全专家。我们所研究的一个城市警察组织内就有这样一位负责警报装置的警察。他的工作主要是为警报装置生产厂家提供改进产品的建议，告诉银行和石油公司这样的大型企业如何提升电子安全水平。按照政策要求，他不能明确支持特定的产品，但是他会建议不要使用那些记录较差的公司出品的警报装置。这个建议不是随意提出的，而是以专家自己对报警装置生产厂家进行的复杂风险评估为基础的。专家系统实际上是一个关于风险管理技术的风险评估系统，它依据城市条例建立起来，要求对报警系统进行登记，以便对利害关系人追踪以及对警报监控。该条例规定，当某地假警报的数量超过一定水平，警察将不在受其影响的区域开展行动。但是面对 91% 的假警报率，警方在 4 年间将无响应阈值从 40% 降到 20%，再到 15%、10%，最终在 12 个月内降到 3%。

这位负责警报装置的警察说，"我们严格执行这个警报条例，每次有装置报出 3 个虚假电话时，电脑都会打印出一封信，上面写着警方将暂停对该警报做出回应。但是作为一种典型的合规监管活动，只有当该信件被送交警报装置的主人时，严格执法才有意义"。据他所说，他下一步的工作是与生产商协商减少误报的问题。"如果我认为，他们所做的事情有助于消除假警报，我们将撤销他们的'暂停使用'处分，所以我们每天在电话里接触的都是要求撤销'暂停使用'处分的人们。"在我们与该访谈对象共处的 11 个月里，他一共发放了大约 1500 个"暂停使用"通知信，所以每天都会接到很多相关的电话。

这位警察告诉我们，这种合规的执法打击活动的主要效果在于促进版本升级、销售更为昂贵的报警系统，并导致一些较大的公司对报警回应系统进行彻底的私有化改造，"有一些较大的公司，比如拥有 200 个报警系统，他们几乎每天都要面临一个或多个报警系统被暂停使用，实际上他们对所有的警报都进行私人回应"。

警察暂停回应警报并不意味着警察将自己的报警管理责任转移到私人安保人员那里，而是在与报警相关的领域继续与私营部门合作。例如，警察电子安全专家帮助私营企业开发新的、经过改进的报警系统。他们与受雇于加拿大贝尔公司和 ADT 等大公司的专家分享信息。一位警察电子安全专家告诉我们，这些关系有时是复杂的。例如，一个为银行提供帮助的城市警察部门可能会求助于 RCMP 的电子安全专家，这些专家会征求 ADT 或加拿大贝尔公司的建议。据我们的专家所言，"行业联系的水平非常高……否则我们就会很孤立，不能接触最前沿的事物、观念等"。

技术合作包括私营企业和警察组织互派专家。一位访谈对象说，她所在的警察组织中的一些电子安全专家在警报系统公司旗下的工厂工作。其目标是"确保获取我们所需要的，他们知道我们的需求。所以我们已经与很多公司完成一些非常密切的合作"。这个警察组织还为企业专家提供临时职位，他们因此有机会熟悉警方的技术标准和要求，并将这些知识带回公司用于研发：

> 我们与相关公司密切合作。一般来说，我们试图让公司自己来解决问题。从授权的角度来看，我们必须注意，……我们不是私人公司的研发中心，所以这是一个有趣的平衡。我们可以告诉他们，好吧，这就是问题所在。但我们不会告诉他们如何解决这个问题。这是你的工作……（但）只有在这个系统中，其质量和水平才符合我们使用的要求，而我们在其中也发现了问题。这时，你可能会被迫说，"嗯，问题就在这儿，但如果你只做这个或做那个，那就好了"。但是我们尽量不要这么做。

警方保持联系的对象还有对电子安全设备感兴趣的保险公司调查人员。一位警察电子安全专家提到他曾与加拿大保险商实验室（Underwriters Laboratory, UL）确立侵入者警报和闭路电视系统的标准。他说，"这项工作非常重要，因为如果你忽略或者遗失了关于系统缺陷的基本信息，那么制定警报系统的伟大的 UL 标准是毫无价值的……该系统将一无是处……所以我们在那里就是为了确保 UL 标准不要忘记这类事情"。

8.3 商品化

警察在调动企业在区域动员中的积极性时，加入了公司联盟。他们实施富有创造力的广告和营销策略，说服消费者接受他们的项目。警方"推销"这些项目的方式是与一些主要销售安全产品的公司取得联系。他们因此为这些企业的产品挂上了警方支持与协作的招牌。一名中层管理警察曾经这样说道：

> 你可以使用企业销售产品的全部技术，并采用在商业世界中使用的策略将你的产品引入警察世界……我们将召开会议，好吧，我们会谈论街面青少年的问题。这可能是一个社区问题，可能是我们警察的担忧。这并不重要。我们会听取他们对街面青少年问题的意见，并使他们开展名为"街区守望"的住宅安全计划。所以你会俘获一名听众，"既然你在这里，我有一些其他的东西想给你看，这个特别的产品……"这是一份销售工作……一旦你找到了人并向他们出售了产品，你必须给他们一个保证，让他们了解相关信息和变化……你说，"好的，我们的货架上有一款产品可以满足你的需求或解决你的问题"……我认为社区守望项目就像一个销售组织……这是一个古老的多层次营销系统……把小项目包装得漂亮一些，取一个名字，在圣诞节那天卖出去。

销售工作包括将犯罪和其他风险戏剧化地呈现，诱发人们产生恐惧并使人们反思，他们将承认购买产品的必要性。这种方法普遍为大众传媒和安保行业所使用（Spitzer，1987；Featherstone，1991；Sparks，1992；M. Davis，1990；Massumi，1993）。警局的一位管理人员向我们解释，"你必须寻找提高人们意识的方法。我在社区新闻和论文中使用的一种方法是，……提升恐惧因素的地位，引发人们在社区内的活动兴趣"。有一次，她发现一个没有街区守望项目的特定社区的犯罪率高于周围有该项目的社区。然后，她"制作了漂亮的小图表……向居民展示违法犯罪分子向空调系统上泼洒的粪便。然后每个人都开始互相打电话"。此后不久，该社区签署了街区守望项目。

严重犯罪或事故的受害者有时能帮助警察"推销"项目。一个受访警察指出，警察赋予受害者"谈论犯罪存在于社区中及其程度"的权利。这样能在特定条件下引发人们的恐惧感，警察可以在法律限度内，使用个性化、戏剧化的言论说服消费者购买他们的项目，因为这确实是社区关注的问题。

消费者也需要被灌输这样的观念：区域风险管理程序在与赞助商合作时，效果最好。一名作为街区守望"销售商"的中层管理警察说，他的工作是让潜在的消费者重新思考社区的意义。在销售会议上，他告诉潜在的消费者：

> 不要认为它只是一个住宅项目。你必须唤醒自己的社区意识，因为你已经接触到作为社区一部分的当地企业……这与住宅安全有什么关系？好吧，这有两方面的关系。一方面，这些人想进来卖给你产品——门闩、门锁等。另一方面，你需要他们的钱生产新闻，所以我们现在可以做一个交换。如果你帮我印制发放到每家每户的小册子，我可以给你的产品做广告。所以我们警察又一次产生了这个念头，举办一场家庭安全展示怎么样……（以便）接触一些做安全产品销售业务的当地企业。

警察和企业"交换"的迹象随处可见。企业赞助的标志出现在预防犯罪广告、小册子、小饰品、水杯等物品上。企业提供财物建立社区警务站，比如提供印有自己形象标识的标志物、办公设备、办公家具等。他们还赞助展示自己产品的预防犯罪视频。我们研究的一个警察组织制作了住宅及商业安全视频，一家锁商为其提供了资金支持。一名受访者指出，"虽然我们没有明确表明对该公司的锁的支持，但它是唯一一个在视频中出现的（锁），尽管视频的旁白非常'慷慨地'谈论不同类型、风格的锁——我们不认为这是一种利益冲突"。

提升风险管理策略的警察特别活动也与企业广告具有联系，这是它们的特点。在一个警区中，学校安全巡逻计划的宣传册由当地报纸免费印制，条件是该报纸的名字要印在这个小册子上。一位警察告诉我们，"当地的快餐商也参与了这个项目，他们提供小袋零食……多年以来……零食的数量很多……不管是什么商品……这是一个古老的交换系统……我们警察是主导者，因为某商家打了广告，孩子们吃了他家的零食，他家的销售额因此增长"。

这里还有许多其他公司的例子。在加拿大，当"儿童寻找组织"发现了走失的儿童时，主要航空和铁路公司会提供免费服务，帮助他们和无法支付交通费用的家人们团聚。一家零售商场为前面描述的 PCCOPS 的计算机升级支付了费用。在一个警察组织中，一名汽车盗窃案的调查员正在与保险和汽车行业相关人员谈判，即保险和汽车行业向警方提供财政资助，警方认可他们的车辆防盗保护策略：

> 两个行业想为警方打广告……让我在广告中以高级警察的身份出镜，并说："我和我们委员会的同事想告诉你们，我们将努力解决长期问题。"他们想为我们支付广告费用，自费制作视频，并把视频买下来，或者投资来与我们展开进一步的合作以及拍摄广告……我们可以使用以前不具备的资源……我发现……我们越来越需要外界的帮助。

上文所述的许多案件都是最近才发生的，是警察预算收紧带来的结果。大众传媒对犯罪进行的戏剧化呈现，提高了人们对安全的认识与反思，也促进了警察与企业的合作。此外，长期以来，警察与某些企业有联系，这是一位警察指出的，他说，快餐店向警官提供免费或有补贴的食物会给他们带来安全方面的好处："每隔几个小时，就会有一辆警车停在他们的餐厅前面。相比于一个汉堡包的价格来说，不再动辄花费数百美元的安保，是对快餐店很好的安全保障。"

企业使用警察形象表明自己产品的安全性。在实证研究过程中，我们看到了一个大型广告牌，这在某种意义上表明警察几乎到处可见。在广告牌上，有一个非常高的男警察站在一个非常小的凳子上。下边有个标题，"不管你把手机放在那里，警察都会陪伴你"。这是一个能够显示来电者号码的手机广告，与警察的关系明显提高了该设备的安全属性。手机广告也对安全性做了强调，即可以在任何地方拨打求救电话。

警方与电子安全和通信公司合作的许多安全工作也涉及营销。例如，前面描述的假警报遵守制度使警报公司有机会向失去警察响应特权的人销售更昂贵的产品。检测警用电子安全产品的警察研究人员也帮助私营企业改进、销售他们的产品。一位警察研究人员指出，"尽管我们并不实际参与检测家庭安全产品，不过……我们检测满足自己安全所需的产品，这会产生一个衍生行业"。另外一个警用产品研究人员说，"我们所做的大多数东西都具有商业应用价值，已经将其投入市场，……这是一个具有特权的衍生行业……公司纳税……帮助加拿大人口就业"。

警方向私人安保公司提供与其产品开发、营销以及服务相关的风险画像的研究数据。一位警方的数据分析师说，销售安保产品的私人安保公司"比任何人都更需要信息，如果信息可及，那么这些公司就能得到……他们想去当地销售他们的产品"。他在另一个警管区的同行说，在警方对社区的犯罪数据收集方式做出改进之后，"安保公司的人登门造访，试图获得这方面的信息……这可是一笔巨大的财富啊"。

8.4 想象中的社区

设想一个陌生人驾车行驶在一个中型城镇里。她首先能看到一些标志，它们表明该社区正在实施邻里守望、街区守望、PCCOPS、街区父母项目以及物业守望等多种多样的守望项目。待她进入一个品牌快餐店后，她立刻发现当地警察正在那里吃汉堡。在排队等候点餐时，她读了一本有关个人安全提示方面的小册子，上面还有赞助商的企业标识。由于她正好赶上了国家预防犯罪周（National Crime Prevention Week），她点的咖啡被盛在免费的预防犯罪纪念杯中。至少在杯子被打破之前，每抿一口咖啡，她都能意识到自己承受着风险，需要保护自己免受风险侵袭。

快餐店的警报装置突然响了。不用担心，因为警察已经到了。如果这是个假警报，只是虚惊一场，那么唯一的后果就是，在购买到更好的报警系统之前，警方将暂停响应服务。

她离开快餐店继续行驶。她还在小口喝着咖啡，发现学校操场上正在举办一场热闹的庆祝活动。这是学校的安全日——国家预防犯罪周的标志性事件。她停下车来仔细观察，发现人们得到了免费的零食。那些向大家介绍安全知识的参与者获得了额外的零食，以示奖励。刚才的汉堡已经让她吃饱了，因此她对这个免费的零食并不感兴趣。然而，一个特别热情的警官劝她来参加这项活动，她难以拒绝。她进入一个帐篷中，一边大口地吃着零食，一边观看着关于个人安全的免费视频。

回到高速公路之后，她感受到温暖，尽管从来没有来过这里，但她感觉这个社区很亲切。这种熟悉的感觉让她认为，她在一个安全而非陌生的地方。当她享用社区提供的物品时，这种感觉非常真实。她仍在喝着咖啡，叹了口气，然后笑着对自己说，"这才是一个真正的社区"。

第9章 领地共同体

9.1 组建共同体

前文中，我们扼要介绍了社区警务作为一种官方话题，是如何构建风险社会中人们不断变化的心态、敏感度和实践的。在本章中，我们将为读者展示在这一命题的范围内存在着对领地的溯源与组织问题，由此帮助我们进一步理解这一命题的建构。正如社区警务话语所揭示的那样，警察确实与其他机构合作，携手建立警务共同体。

在警察工作中，他们的脑海里存在一种强烈的意识，即一个社区的概念是以一定的领地范围以及那些从属于该领地的居民而存在的。据此，在构建社区警务的概念时，警察强调"地盘"的属性。从这个角度来看，我们的一位受访的警察声称，社区警务通常是"带有地盘所有权的老式警务活动，而人们希望知道关于这个'地盘'的全部信息"。由此可以看出，警察关注"地盘"并不新鲜，但他们关注"地盘"的方式已经发生了变化。

在描述社区警务所发生的变化时，受访警察认为这些变化与过往的做法有着类似的地方。例如，他们注意到，RCMP 和位于偏远地区的省级警察出于需要，总得成为社区组成的一分子。一位受访警察告诉我们说，"当我被派到社区时，我们实际上就是社区的核心。我们为每个居民扮演着不同的角色。他们因为各种各样的问题来寻求你的帮助，因为只有你很清楚到底是怎么回事。警察是一个重要的信息来源。我们为社区提供了宝贵的服务"。

在引入社区警务这个概念之前，城市警员也发出了类似的言论。例如，他们提到了加拿大西部城市中的社区联盟制度（Community League System）。其中，社区警务的任务之一是向社区中的居民介绍风险常识，警察也以此来了解当地居民希望他们处理哪些风险。受访警察也采用社区警察的一些术语，构思了一些长期警务项目。在管辖区业已开展了20多年的校警项目被视作社区警务之精髓。一位受访警察认为，他所在警区中的校警"是以社区为本的警务的先行者……让一名警察与2000名公民共处一个房檐下，警察与校区开展各类互动"。他接着说道，校警基本上都是"小镇上的警察……虽然我们的工作还不具有社区警务的名分……但我们最终在部分学校里解决了基本上不属于警务工作的问题。如果我们出现在街面上，人们一般不会为此叫警察帮忙"。

社区警务这个标签现已应用于加拿大警察组织的各个层面了。传统的警察职能也使用该名称。例如，整个巡警部门已被重新划在了"社区警务署"（Bureau of Community Policing）的名下。诸如此类的名称上的变化反映了风险社会中警方与其他社区沟通方式上的变化。

社区警务是警方运用新社团主义工作方法的体现。一位警方中层管理人员向我们描述了他如何从警察生涯初期的一个"捕快"角色，即所谓的"守夜人"，过渡到了今天以"商业模式为导向"的警务人员：

> 当我开始工作时，我们采用的是以小分队为单位的老式市政警务模式。我们有30辆汽车，划分了22块巡逻片区……我们下午或晚上上班，没有融入社区。当我开始工作时，基本上就像一个守夜人。你查看你的片区，敲敲门，发现一个敞着门的办公场所。然后你叫来巡逻车上的警员，他们在探员到达之前一直守在那里。你返回继续敲门……（一位新任警察局长）在工作中引进了更多的社区导向观念。这就像RCMP所采用的小型班组的警务模式一样，在一个特定区域内对社区诉求做出回应，满足社区需要，与社区成员进行更多的交流。我们按照这种警务模式进一步发展，社区需要警察部门提供更多的服务和项目；我们需要各种性质不同的犯罪预防计划，以便能够积极主动地减少犯罪。从时段上来看，我们在20世纪70年代末80年代初资金充足，警察规模庞大，钱不是问题，我们可以雇佣很多人。就公民人数占比而言，街面上的实有警察数量是很高的。我们能够提供社区所需或我们认为社区所需要的全部项目……随着我们的工作逐渐以商业为导向，文档工作也随之增多。当你回头看看警方的原始报告，它们是非常的简明扼要。报

告内容归结起来就是：我来了，我看到了什么，我做了什么，我离开了。在对警察每年一次的评估期内，一位高级警官会说，"这里有 17 个分类，我会在 1~7 个分类中确定你们是怎么符合评测表中的要求的……评分标准为 1~5 分，这将决定你能否得到晋升"。确定是否晋升或工作有效性就这么简单。随着向商业导向型警务模式的转型，我们的工作方法与其他任何公司都变得一样了……现在一切似乎都要通过文档来完成。在处理任何公民投诉之前，必须要有一份书面记录，而之前则是"好嘞。我会尽快处理的"。现在不但公众要求警方提供更为准确的日期，还有来自政界人士和警察委员会的压力。问责性因素变得越来越细化了，越来越琐碎，所以对看到的一切都要完成更多的非报告性记录，我该怎样把这些细节放在一起，整理成一份建议报告，对市议员或警署专员或警长或这个那个的都有所交代。

社区警务的"商业导向"对上报形式提出了新要求，随之而来的无疑是文书量的激增。越来越多的机构对问责提出要求，而警方则需要获取更多的针对社区人口风险管控方面的知识来满足这些要求。例如，警察开展公众调查，以确定哪些团体存在最为紧迫的风险以及他们认为警察应该如何管理这些风险。这些调查帮助警方将人口类别（如种族、族裔、性别、年龄、和等级等）统筹考虑，弄清它们与警方管辖区域内的特定问题的关联性。正如一位负责社区警务的警方管理人士所说，此类调查有助于"迫使那些有抗拒心理的警察开展社区警务工作"。

针对社区警务项目的若干审计程序也起到相同的作用。开展这些审计的目的在于确保不同群体在社区警务委员会和社区警务项目之中均有代表。例如，在某一警察机构中所设计的社区警务审计就是为了确保社区顾问机构应"由社区的一个'横截面'，即包括青少年、老年人、穷人、少数族裔以及专业人士在内的人员构成"。

社区警务和通信技术并驾齐驱地发展。在我们研究的所有警察机构中，我们发现，作为一种管理社区警务提出的新型上报要求的工具，通信技术在潜在地使用者中得到了推广。警方的一位计算机专家为我们举例说明这项工作是如何进行的。我们采访他的时候，他正在帮助警察机构为巡警安装一套新型笔记本电脑系统。他说，这一举措，以及警察机构的所有技术措施，必须向警方高管和警察委员会证明能够用于社区建设："如果我们只是到处说'给我一百万'，他们会笑话你的。但如果我们说，'给我一百万，或给每个下属部门五十万，用于支持原住民警务以及社区警务的开展，我们将会减少开支，提高工作效率，减少办公室中的行政事务，我们可以做与社区警务相关的其他事情'，这样我们就不会受到讥讽了。"

将通信技术作为社区警务的辅助工具予以推销就不再是希望获得更多经费的托词了。相反，一方面，警方意识到，在风险社会中，通信技术是社区建设的核心要素。通信技术作为必要的工具对人口进行追踪、分类，并以此确定社区的概念及其代表的内涵。一位受访警察高兴地谈论起他的计算机地域制图系统：

> 我们使用市内其他机构提供的大量数据。以自动制图为例，我们的调度系统中包含一幅能够叠加大量情报的城市地图。该地图背后具有数以万计的数据，若干不同的系统为该系统提供数据。该调度系统还包含一份城市合法地址的完整清单，这能让我们更高效地在街面上开展工作。我认为这与社区警务措施相关，因为警察可以使用该系统确定报警电话"热点"地区。当派遣警察时，我们可以告诉他最近有多少电话从这里拨出，以便其采取相应的行动。

当然，从另一方面来看，计算机系统和社区警务项目的设计人员意识到事情并没有那么简单。事实上，将计算机格式与社区进行有意义的对接不是一件容易的工作，且始终烦事多多。上文刚刚提到的受访者的一位同事参与了该系统的概念研讨与设计，他说，"不同计算机系统从定义上来看就意味着不同的社区。在第一个系统中，社区建立在地理坐标系统的基础上。之后，我们对不同（人口身份）社区进行了更为精确的界定"。

警察机构聘用的一位信息技术专家为其研发了一套价格昂贵的信息系统以支持新型"社区警务"工作的开展，价格虽高却也合理，"这是因为开展邻里警务将会极大地增加社区提供给警方的信息量。当然，这些信息必须到达警察的手中。警察必须掌握有关自己管辖社区之内的信息。这样才能使他们在社区的地理范围之内行其事"。不过，他也说，尽管他尽全力与警察同事合作，但准确界定社区具体是由何组成的也极为困难。他指出，社区并不具有自然属性，也并非简单地像一个自然村一样通过赋予城市行政标识就能被确定。他不无懊恼地说道，"如何看待社区……是一项艰巨的任务，因为我们实际上并不知道什么是社区……地理范围的问题是一个真正的大问题，因为我们在试图寻找一个目前并不存在的实体单位"。

该信息技术专家在试图将警务之含义融入计算机的格式中时也遇到了类似的棘手问题。如果从社区的角度去定义警务，其就不可避免地被碎片化为多个社区和多种类型的警务。这时的警务便成为与众多的守望项目相结合的公共空间的警务，以及与各种机构（如学校、商场和工作场所）相互合作的私人空间的警务，与少数群体（如同性恋者、少数种族、少数民族、老年人、青少年、残疾人和穷人）一起合作的身份识别警务：

> 在社区警务中，社区与警方之间的信息交换的形式将会发生变化。当我们知晓社区警务的构成之后，便进入项目的第二阶段……不同的人群和不同的群体涉及其中，观点也不尽相同……目前我们正处于项目的初始阶段，仅仅和警察事务打交道。但现在很难界定什么才（不）是警务。而对警务尚未做出清晰的定义。

其他受访警察说他们也同样纠结于如何构建社区。有些人说，一些特定的群体永远不会理睬什么社区警务的措施。例如，一位警察说，作为邻里守望项目，"南市区"的格式不适合"北市区"的格式，也不适用于原住民社区的格式："（因为）它与原住民的社会组织架构不匹配。"对很多警区来说，招募参与社区警务的非专业人士也是一个问题。当地群体通常将社区定义为处于特定风险管理形式中的利益共同体。一位警方管理人士指出，在他管辖的区域内，"并没有一个真正意义上的社区……有时社区居民只是一群犯罪受害人，只有这时，他们才会被关注。这突然就营造出一个社区，而在此之前他们并没有真正的互动或联络"。

尽管守望项目具有吸引人的包装，但人们通常仍无动于衷，由此也不得不进一步提升促销活动。一名警方管理人士说，为了招募社区警务委员会成员，"一些警员在报纸上做了广告，另外一些不得不强拉硬拽。最初，很多警察将熟人任命为委员会成员。然而，他们被特别告知不允许仅仅任命市议员和当地政界人士……从目前来看，我们只是尽力让人们参与到社区警务中来"。

面对此类困境，警方使尽各种招数将自己象征性地置身于社区的核心位置，并愿意与他们认为合法的一切机构或团体开展合作。象征意义所表现出的一个关键方面就是警局的建筑。与第 2 章中描述的皮尔郡警局不同，新型社区警局显得更具亲和力。例如，多伦多城市警局的总部大楼内将一个美观的警察博物馆作为大型入口的一部分。路人被一个类似于附近高档百货商店所使用的大型橱窗的展示吸引到这个博物馆里。一些新成立的警察分局专门打造了"社区之家"供所有合法组织使用。以前，社区团体会在教堂、学校和市政厅集会，而现在，他们被鼓励在公认的社区中心——警察局集会。社区之家扮演着通信空间的角色——作为照亮众人的灯塔，其用心显而易见，尤其当我们揣摩帮助设计该空间的建筑师的话语时：

> 该区域从警方的主接待区伸展出去，实际上已与警局剥离开了。我们使用了玻璃砖，原因之一是使那个房间的光线充足，始终保持明亮。我们知道这个房间大部分时间无人使用。如果我们安装传统样式的窗户，路人就会看到这个房间无人问津，而当有人使用时，屋内的人也可能会拉上百叶窗帘。有了玻璃砖，我们可以让灯一直亮着，你就不知道有没有人使用。这个光亮的房间变成社区的象征，24 小时敞开。

除了具有亲和力的警局入口和舒适的社区之家，社区警务站保留了许多体现皮尔郡警局特征的环境设计和电子技术。例如，有一群专门从事社区警务站规划的设计工作的设计师编制了一份宣传小册子，进一步提升了诸多安全保障特性，该宣传册内容包括"一套监听设备；一条单独为青少年罪犯设计的中等安全等级的过道；各个杂物间的音频监控……（以及）每个入口处的电子键盘控制装置"。在风险社会中，社区警务之命题均强调通信技术和安全。

警局现有地域也在努力调整，建立与社区成员之间的联系。位于一所中学旁的警局中的管理人士还决定请求交通管理部门将学校的公共汽车站移至警局的正对面。此举鼓励中学生在恶劣天气情况下将警局入口处作为他们的公交候车亭。一位受访警察表示，这一创新使得青少年与警察的距离拉近，因为他们不可能在警局大厅前进行毒品交易。

警方的一些特殊设施也被用作社区的建设。在警区里，警方的应急反应小组有一种单独的培训设施。为了鼓励社区的参与，该设施的管理人员求助于电视娱乐节目，从那里获取灵感，将此设施变成了一个旅游景点。一位设计师点评说，"（这）是一个备受关注的警务设施。人们可以去那里参观，看警察从绳索上滑下……商业团体和童子军们也去那里参观。那里的警察可以随时给你展示让人肃然起敬的徒手格斗……他们会提供一流的讲解。过去人们通常看到这些警察身着黑色制服，现在他们也以友好的面貌示众。无论怎么说，绝对没有任何不良之处"。

9.2 社区网络

警察清楚地将社区警务视为搭建社交网络的途径。对他们而言，社区警务就是通信式警务，一种使用新型报告的风险管理模式。它牵涉到与其他机构的进一步沟通，而这些机构则需要对其风险地域和人群有所了解。同时，它也包括加强与各种各样的公众的沟通，如向公众推销守望项目的能力。在社区警务中，通信技术是警务工作的核心要素，因为通信技术有助于警察根据人们从属的地域高效地进行社区（地域与人口的）分类，并将这些知识提供给共享社区网络平台中的其他机构。

一警察机构将其巡逻部的名称改为"社区警务署"，同时也成立了一个"现场支援部"。该部门负责一系列特别服务，其中包括犯罪预防、多元文化联络、校园安全、青少年联络、受害人援助以及志愿者协调等。官方描述指出，该部门的工作涵盖了能够提升警方为公众、媒体及其成员提供服务的职业形象。这依赖于积极发展的公共关系、有效的沟通渠道、创新的社区警务项目。

警察机构中的一位区域经理注意到，所有警方的沟通活动都对社区警务的理念保持一定的敏感度，其观念在于与社区建立联系将会提升警方的监控能力，让警方向外部机构传递知识，在社区公众中树立权威。他将社区警务定义为一个"在社会其余部分环绕的卫星"，使警察成为"信息的来源与推动者"。

警方在定义社区时会考虑到他们将自己作为提供服务的机构性社团。新社区警务站的一位设计师告诉我们，她的由警员组成的设计团队将社区定义为一个诸如商业公司、基督教青年会、同济会、省廉价房产公司等企业和服务机构的总和。一位负责商业中心社区警务署业务的警方管理人士说，"对我来说，位于商业中心区的社区就是营业中的商店和商务楼。从本质意义上来看，这就构成了一个社区……车辆问题、办公室盗窃……唐人街等，这就是一个特定的社区"。

一位担任社区警务小组长的警方管理人士说，他所在的警察机构按照多个社区而非单一社区的思路去考虑问题："在任何一个社区内都可能存有多个社区。如果你所在的社区里出现了大量存款不足（NSF）的支票，那么这实质上就是一个商业社区，不同的社区并非通过地理位置来界定。"另一位参与社区警务工作的警方管理人士对其同事的观点做出了回应，他说："在我管理的社区中，问题并非来自骑车的儿童或集体出行的团体，而是来自商务专业人士，比如律师、会计师、商务经理等，他们整天和正在发生的经济问题以及经济违规问题打交道。"

我们的访谈对象强调，社区警务促进了警方与其他机构的沟通。这样便提升了监控能力和效率，从而使公众更为满意。警方的一位汽车盗窃案件的侦查专家说，社区警务使其小组与保险公司的犯罪预防办公室联合开展侦查活动，并与汽车行业的官员互换信息。他兴奋地说："我认为，社区将会意识到警察与保险行业之间的合作是可行的。我们以前从来没有这样做过。社区警务或许是一个新名词，但我们从来没有像今天这样如此贴近社区。"

在关于社区警务的基本培训、在职培训和职业发展日期间，其重心放在了与外部机构的沟通上，以及如何提升警方与这些机构的风险管理沟通水平上。警察告诉我们，警察机构的全体成员都要接受为期一周的名为"提升社区警务问题解决方案"的项目培训。该项目的主要目的"是让参与的警察与不同的机构进行接触……当你陷入困境时……你要有能力判断从哪里能得到专家的支持"。另一位警察说，在社区警务的职业发展日期间，通常会有某特定机构的代表举办讲座，然后大家一起讨论如何强化风险知识共享。她举例说，"移民局官员给我们讲解了该机构能为当地警局提供的帮助或者我们如何利用他们提供的信息"。在社区警务中，警方与移民局合作，将一些特定人群驱逐出社区，这项工作被证明是行之有效的：

> 警察们知道有若干坏分子存在，但并未获取起诉证据，然而，根据我们的侦查所知，他们可能最近才来到我国。因此，我们虽然不能对其

提出刑事指控，但我们可以向移民机构致电："看，情况就是这样。这就是我们正在处理的案件。"移民机构会做一些背景调查、文件查阅和其他相关事情等。稍后，他们会发现，"嘿，等一等，你的签证已经过期了，或者你存在非法逗留等情况"。所以，尽管我们不能采用刑事手段对付他们，但可使其接受移民机构的处罚……依据移民法规，联邦政府机构拥有更强大的权力来获取指纹。如果指纹相符，就将根据刑事法将嫌疑人移交当地警方……这就是移民机构经常谈到的一种情况。警方能够帮助移民机构，反之也从那里获取某些信息。如果在文档或信用卡欺诈案件中遇到可能与移民相关的情况，比如，有落地移民实施了信用卡欺诈行为——我们警察过去单独处理该问题，并不与任何机构通报情况，现在大不一样了，我们仅需打个电话："我们查到了一个 X 先生，他是一名落地移民，我们指控他实施了信用卡诈骗行为。"他经过刑事审判，可能被定罪，也可能不被定罪，但经过移民机构的处理，他就要离开我国……我以为这只是社区警务中的冰山一角。过去，我们只局限于跟经常有联系的相关机构合作，现在看来范围实在是过于狭窄了。

一位警方管理人士指出，社区警务的设计旨在加强警方与其他机构之间各种形式的沟通活动，特别是用于风险定位的系统化通信网络。他是这样描述由红十字会统筹、其他机构参与的一个灾害管理项目的："（它们拥有）很好的计算机程序来收集所有与灾害相关的信息……这是一个合作的范例……共同目标是对信息的收集。"他还提到自己在城市医疗咨询委员会中的工作。成立该委员会的目的在于通过制定一些处理受害者相关信息的协议，以便更好地为医院提供关于诸如受害者方面的信息。

社区警务极大地推进了通信网络的使用，定期为社区里各个风险评测组织提供犯罪、事故以及灾害等数据。一位专门从事风险数据生产工作的受访警察说：

　　　我们可能向公众发布信息，告诉他们在哪些区域更易受到某类犯罪的侵害。这些信息会被提供到区和片区一级。人们可以利用这些数据确定所在社区内出现的犯罪类型，随之锁定目标……例如，（房地产经纪人）将犯罪数据作为一个实在的卖点……我们将（犯罪）信息提供给房地产集团。我们可能会提醒他们注意对数据诠释的某些不当之处，但不会试图限制他们获取这些数据。

从事社区警务的警官们宣传自己是风险管理专家。在某警察机构向商业和住宅"客户"发放的一份小册里，他们强调以下几点。

- 警察的职责是向您介绍如何减少被害之风险。
- 您的警员将向您展示如何提升家中和所在区域的安全水平。
- 遵循警察的建议，他是一位犯罪预防领域的专家。
- 任何时候需要警察时，都要毫不犹豫地给他打电话。他是"您的"警察，他的首要职责就是保护您的安全。
- 搞好您与邻居之间在打击犯罪方面的合作关系。和其他领域一样，人多力量大。
- 加强您、邻居以及警局之间的沟通。
- 提供安全方面的"个性化"建议。

这里以及其他所有与社区警务相关的措施的重点在于风险知识平台的打造。"与我们（警察）交流并提供风险知识，作为对您的报答，我们将向您提供风险管理方面的专业知识。"某警察机构计算机系统主管指出，"随着我们向社区警务的转型，统计数据和信息的需求量将会增加……情报共享的需求也会增加"。

警察特色的建筑和警察信息系统就是为了满足这种需求。某受访者介绍了一个用于管理购物中心内青少年暴力行为的社区警务新型"卫星"站，他告诉我们，在警方惩处了一些青少年犯罪者并禁止他们进入购物中心后，他们发现该卫星站是一个吸引线人并起到重要作用的场所，能让购物中心正常地运转。警察们将"犯罪终结者"项目视为电子版的信息中心（Carriere and Ericson，1989）。一位"犯罪终结者"项目的警方主管将其定义为社区警务，原因在于该项目执行委员会由社区领袖和接听线人电话的社区志愿者组成。她将"犯罪终结者"项目形容为："这是我们真正融入以社区为根基的首批项目之一……就侦查活动而言，这是社区真正参与的首个项目……甚至在志愿者接听电话时，我听到他们说'犯罪终结者'项目不是警方项目。

这是一个社区项目。"

社区警务强调对警察以及警察对其他机构提供信息的需求。流向警方的信息一方面来自线人向社区警务卫星站或匿名致电"犯罪终结者"项目所提供的特殊情报，另一方面也得益于警方对通信网络的积极构建，大大方便了这些信息的流动。例如，一位受访者强调守望项目和其他监控项目中的"合伙人"如何与警方合作，对信息的流动进行系统化的处理。为了协助那些意欲报告可疑活动的人，安全产品公司打印了守望项目的宣传册，内容包括描述嫌疑人和嫌疑车辆的详细表格。保险公司和驾驶员培训公司提供的宣传册也包含了可供公众向警方报告自己发生的驾驶事故的表格。受访者激动地表示，这才是社区警务的"真谛"。"我们和警察都不是孤军作战。我们和警察都是社区警务的一分子……（我们）真的很幸运，真的从大公司提供的诸多支持项目中获益匪浅，并从努力成为优秀企业公民的活动中受益良多。"

社区警务的问题解决导向策略（Goldstein，1960）也使得警方必然直接从其他机构获得常规信息。如果警察想要成为各种各样社会问题的专家、顾问和咨询者，他们需要从公共和私人医疗、福利、教育和保险机构等那里获取系统化的数据。一位受访者提及一份重要的关于警察机构未来走向的内部文件，说该文件关注点是作为问题解决者的警察职责。从此角度来看，信息收集和共享是核心要素，强调的是要借用社区各部门的力量和资源。也就是说，信息方面的工作变得至关重要。

问题解决话语是警方试图将责任转移到其他机构时所使用的主要方法。对警察而言，该目标是最终获得其认为公正合理的结果。当然，要获得这样的结果就要通过与其他机构的合作。下述的通信网络案例将帮助我们理解这一环节：

这是一位老人，他有一个救生按钮，作用就是，当他掉下床无法自救时，可以按下该按钮以得到急救。这位老人一直在不停地按按钮，于是警察——这类报警电话都需要优先处理的——亮着警灯，开车穿过拥挤的车流，到达老人家中，破门而入以救助老人，而救护车人员亦然如此，但结果他们发现老人实际上只是喝醉了。大致情况是这位老人确实患病，卧床不起，但最大的问题在于他喝醉了，之后从床上摔了下来。

所以警察们把他抬回床上，但也知道老人可能随时再次掉下床去。警察们指出，首先，眼前的情况的确令人震惊，老人独居，床边除了一个酒瓶外啥都没有。我们自然对报警电话的回应次数感到担忧……我们能做的就是立即致电社区医疗组织，由他们派出护士对其进行（健康）评估。护士们来到这里，确定老人确有酗酒问题。她们比任何人都能更好地寻求医生帮助。所以护士们立即联系了医生，"我们已进入老人家中。我们看到的是这样的情况，怎么办？"这个老人有长期酗酒问题……情况非常清楚了，和我们猜测的完全一样，可问题是我们一直就这样没完没了地跑来跑去吗？我选择了一个营利性质的救生公司，与其取得了联系，他们的遴选程序肯定存在问题，能确定的是该公司设计的系统主要是为病人而非酗酒者使用。这是在我们管辖区内配置的新型系统。他们未曾遇到此类问题，但这些问题在别处肯定也有。于是，他们改变了公司政策。他们从别处派人乘飞机过来与我们会谈，后来他们承认公司的存在与应急服务人员的合作密不可分。如果应急服务人员没有回应或者没有做出适当回应，公众很有可能不会按月购买他们的产品。据此，他们很快解决了这个问题，结果是他们回去对用户说，"由于此类（酗酒）行为，我们无法留住你这个客户了，"而这时老人会说"我也无法再一个人待在家里了"。太好了，这正是我们所需要的。我们最终能说服他加入治疗项目，搬进护养院。所以，对我来说，这是一个解决问题的典范。

问题导向型警务是警方向那些直接负责治理的其他机构交换信息的基础。一位警方管理人士说，他首先考虑的是"这是谁的问题"，接下来要考虑的是，不要让别人的问题成为自己的问题，比如说"等一下，我们警察不再处理此问题，因为这事归另外一个机构管，这是他们的职权范围，社会福利项目就更归他们管了，我们必须把不是自己的事情撇出去……但现在我们又遇到了责任归谁的问题，因为虽然我们把问题推给了别人，可别人同样也不想承担责任"。

信息交换和责任迁移都是在通信技术的格式中得以实现的。正如先前所示，警方发放了一个关于警察机构和其他社区服务机构的小册子，在其开头部分就写道："我们从理念上和操作上致力于以社区为根基的警务……我们最有效的工具是积极地致力于社区关系、教育大众、解决问题和使用现有技术，分析局势、项目趋势以及部署资源。"

受访的警官强调，社区警务终结了过去采用步巡、看守人式的警务模式，并不依赖与社区居民面对面的交流，"我不认为守夜人式的警务（watchman-type policing）在目前这种类型的社区中有意义。我的意思是难道在郊区，我们还要在零下四十摄氏度的冰冷的天气里步行巡逻，挨家挨户敲门吗？别逗了！我们应该在哪里工作？每个人都需要有他自己的办公室。我难道还要把表格和文件放在背包里吗？其实背包里根本就没有放表格的地方"。

其实，这位受访者的话表明，警察们感觉被上报要求绑住了手脚。离开信息这个工具，警察就无法实现他的职能。警察必须处于机动状态，于是警车便成了他的办公室，至少目的于此吧。在我们乘坐警车巡逻时，我们常常听到警察们提到"社区警务"，这就意味着车内信息技术能让他们经常出现在街面上，而非整天坐在警局里写报告。社区居民也希望见到更多的警察，即整个社区居民都希望看到警察在移动的"办公室"里使用电脑办公。

巡逻警车化身为办公室，这就往往意味着警察被技术包围，几乎没有给他人留下太多的空间。正如在第 7 章中提到的，目前警车内配备了大量电子装置和计算机化设备。在某些情况下，这些杂七杂八的东西塞满了整个前排座位区，使警察与公众的友好交往变得越发困难。在巡逻途中，一位警察不满地抱怨道，"通信式警务遍地开花，沟通和交流取代了心爱的手枪的位置。当警察试图为求助者创造一个令人安心的环境进而从他们身上获取有效信息时，四周的通讯设置却加剧了这种焦虑。警察移动了手枪的位置，因此没人能和你一起坐在巡逻车前排座。这就是我们的新型计算机系统的好处所在，它是一种奢侈品，但手枪才是真正的必需品。如果遇到一位性侵受害者，你绝不能将其放到后座上！出事现场发现有人受伤，但还不需要叫救护车，此时的警车后座就实在太小了"。

人和警务活动传统的强制性特征，均在卫星社区警察站中发生了变化。警方一位信息系统主管意识到，这些警务站之所以存在是因为它们和电子技术接上头了："如果想要的话，我们正在更充分地过滤社区的信息。但每次这么做，我们都需要更多的硬件设备，我们需要更多的通信线路，我们还需要有台打印机。"

与之类似的是，"邻里守望"和类似的项目越发依赖计算机辅助技术，以便开展监控活动并对接收到的信息进行风险定性。第 8 章中所分析的 PCCOPS，就是该趋势的体现。一位参与该项目的警察说："计算机技术为我们与社区进行定期沟通提供了工具，我们再也不用走出警局，挨家挨户敲门来给大家传递消息。"PCCOPS 将社区警务概括为通信网络，即通过信息技术组建社区。另一位受访者兴奋地说，这一系统意味着"警察既在某种程度上参与了社区建设，同时也预防了犯罪……（所以这）相当于警方和社区在一同治理社区"。

电子技术还被运用在某些特定的社区中。例如，某些警察机构在学校使用视频和电脑游戏取代当地传统的警察的亲自到访。负责社区警务的一名警方主管喜悦地说道，

> 警察的计算机程序已经进入学校中……还有一个名为"认识一下你的警察"的电脑游戏。在游戏中，警察的姓名按照字母顺序排列，在屏幕上按下某字母，你就能看到来自世界各地的警察讲述他的国家与文化。例如，如果你按下"M"字母，就会有一位毛伊岛的警察告诉你他所在国家的信息。我认为，这种技术潜力无限，因为我们无须和孩子们一对一的交流。我们可以把在这方面花费的大量时间省下来用在别的事情上……我知道在以"X"为首字母的警方程序中，开始前会有 X 警察局长跟孩子们打招呼。警察到访学校需要占用自己和老师大量时间……现在他们无须花一大段时间去这么做。警察到访学校这个活动如今被一个视频所取代。

曾经到访学校的警员如今却变成了一条视频。人们对这一事实的热情探讨和宣传表明，通信式警务模式已成为主导社区治理的一种心态和理念。那些曾在移动巡逻车中响应报警呼叫的警察，曾与人们面对面打交道的警察，正在被虚拟现实中的警察所取代。警方的一位通信技术执行官指出，"多年来，警察进入警车里，更为关注的是如何在大型区域内对个人报警电话的回应，他们失去了曾经接触社区的机会。新技术使他们重新获取以前失去的与民众接触的机会。通信技术使每人都有自己的电话，可以通过卫星与警察通话，这就使得警方可以与社区保持联系"。

风险技术正在改变领地型的警务活动。这些技术通过公共和私人空间跟

踪公众，并将不当情况记录下来。在社区警务的条目中，领地型警务成为要
负责管控特定领域和与特殊人群的每一个机构的责任。领地型警务的转型很
大程度上归功于跟踪和调动人口的风险技术的进步，以及随之出现的能够立
刻掌握人口信息的通信系统。

　　这些进步也意味着警察采用了多样化的电子通信技术。通过追踪技术、
动员技术和社区警务话语对领地进行治理，这只是风险知识工作的一个方
面。同时，警方还生产出了风险管理方面的知识，诸如在担保物（象征性
归属）、职业生涯（生命历程）以及身份认可（集体主观性）等领域。这些
风险管理形式与传统的领地边界并无关联。它们标识了超越时空的新的机构
界限，但同时还极力让人们安守本分。现在到了该更仔细地去研究这些风险
管理形式的时候了。

担保物、职业生涯和身份

第四篇

第 10 章　担保物

风险社会的警务是一种涉及超越时空的种种风险形式的警务活动。在第四篇中，我们将研究包括担保物（securities）、职业生涯与身份方面的相关风险，这是警察参与的风险社会中的非领地维度的警务的一个方面。

在本章中，我们将探究警察如何帮助管理担保物的风险。担保物属于象征性工具，其中包括金融工具、所有权证书、凭证等文件——所有这些证明了一个人的信用、所有权、身份以及成就等。担保物能够确保一个人履行其义务，抵御损失风险。担保物有助于培养信任的基础，信任对于制度关系的日常运作至关重要。在各机构间通过其担保工具建立信任、提高效率的过程中，警察扮演着重要角色。

在第 11 章，我们将研究职业生涯中的风险。有两类生涯是我们的关注重点：一类是个体生涯风险（考验人们的收入充足与否以及他们作为社会"人力资源"如何生存）；另一类则是组织生涯风险（考验组织的资源丰富与否）。我们还要研究用于管理个体职业生涯风险的技术以及警察对风险管理的参与。例如，对于个体而言，现有私营公司和国家的社保机构提供的保险产品，可帮助他们抵御由健康问题、失业或者未充分就业、退休和其他福利风险导致的损失。警察在这些形式的保险方面充当了知识经纪人和监管人的角色，从而在保障个体生命安全方面扮演了重要角色。

在第 12 章中，我们将考虑由个体和文化身份所产生的风险，例如，其在种族、民族、区域性、性别和年龄等方面作何定义。在风险社会中，警务活动是在与风险相关的身份分类中进行的。警方回应其他机构提出的对人的知识方面的请求，这些请求是按照具体的身份分类形成的，而警察的思维和行动方式反过来又受这些身份分类的影响。在向其他机构提供身份知识的过

程中，警察建构并确认这些身份文化的显著特性。这些分类工作在某些方面给所涉人群带来了帮助，但同时基于文化身份的认同标准，也会给他们带来被错误归类、边缘化和排斥的风险。

10.1　担保物警务

担保物提供了一个保证或正式的承诺，以确保一方免受损失、损害或违约。它们总是得到机构的支持，无论是公共机构或私人机构。它们提供了一个机构保证或正当理由，允许持有人能够宣称对某种财产或身份的所有权，并具有相当的可能性使其诉求得以实现。担保物提供了一个至关重要的标志，即表明宣称所有权的个人或组织可以被信任，因为他/她得到了机构担保（Nock，1993）。正如赖斯（Reiss，1984b：33）所观察到的那样，在风险社会中，"信任关系的内在脆弱性导致围绕猜疑、不信任而建立的机构与围绕信任而建立的机构在同一时间里并存。例如，建立一系列机构的目的是将因违反受托责任而导致的风险降至最低。也有机构是在诸如担保抵押品以及风险集体化这类非信任的基础上建立起来的，旨在使逾期不付或破坏信任关系而遭受的损失最小化"。

内嵌于担保物中的信任提高了行动和通信的自由度。即使交易双方相隔一定距离而非面对面时，交易也能够依据惯例、以双方认可的方式进行。机构之间可以高效地开展交易，交易主体除了持有担保物外，不需要再了解对方的其他信息。

担保工具本身缺乏实质性。它总是超越时空范围代表事物。尽管担保仅在特定机构领地和范围内才具有效力，但其效力也可以超越机构或领地界限。事实上，创设担保物就是为了能够自由跨越领地的边界，在不同的时空范围构建所有权、身份以及置换。

担保物的这些特性将非领地的特殊方面引入警务活动中。担保物警务必然将警察卷入复杂的各机构之间的通信网络中。这种卷入方式不仅使象征性财产变成了其他机构的产物，还涉及象征性财产在机构之间的自由流动。由于担保物警务完全以知识为基础，警察就要有效拥有并重新分配其他机构的担保标识以及与其相关的风险标准。

担保物警务的象征性以及跨机构性的特征也意味着这种形式的警务活动

通常是无形的。例如，对一项商业担保物进行调查时，哪怕其涉及种种跨国和跨机构的复杂金融交易，只要警方想获取其计算机访问数据，只需要警方的片刻工夫。这是警方获取信息的一种尝试，而信息是世界上最难以守护的，因为它即使被窃取了，也还留在原处。一位受访警察指出，有形性取决于警务活动针对的担保类型："有人闯入银行金库，盗走 1 亿美元。你知道钱丢了。就这么简单……（但如果是通过信息技术进行的复杂金融交易），我们需要知道，信息丢失了。信息的丢失可以不需要实实在在地让文档失踪或篡改计算机程序。"

涉及许多机构的象征性交易的抽象性质也使警察难以说服其他人，使他们相信此事理应在警方的管辖范围内。我们的访谈对象指出，很容易说明警方在毒品执法或打击街头暴力投入资源的合理性，因为这些可以通过戏剧化和个性化的手法展现在世人面前（Manning，1980）。相比之下，担保物犯罪代表着抽象和复杂的概念，大多数人不理解，更不用说对其保持警觉了。结果，在担保物警务的劳动分工中，警方通常要将某些地区管辖权交由其他机构处理。警方依赖其他机构，必须努力保持与这些机构的关系以促进警务活动的开展。

担保物交易的抽象性、复杂性以及对其他机构的依赖性意味着警方在有效开展担保物警务时经常面临大量的实质性障碍。正如一位受访警察所言，即使在简单的信用卡或电话营销诈骗案件中，"诈骗犯没有边界，但我们有"。在更为复杂的金融交易中，交易主体及其标识性财产的交易似乎无处不在，对罪犯而言这再好不过了。他们不需要实际触碰到这些财产，很容易得手。他们可以在瑞士、德国以及任何地方实施犯罪行为。当试图追回金钱或股份时，他们必须经历很多难以置信的条约。但这正是全球警务的"新天地"。

警方必须设计新型、多变的策略以求在担保物警务方面有所获益。G. 马克斯（G. Marx，1988：34）指出，"真实的财产权利和可见的犯罪似乎需要制服巡警和强制保护，但更为抽象的财产权利和隐形的犯罪则需要无形的警察和策略"。然而，警察主要的回应形式是代表安全机构的利益，在以合法为前提的基础上来执法。警察是担保物机构的知识经纪人和顾问，协助他们制定和维护标准。该方法包括在这些机构的风险逻辑中开展工作。关注的重点不是所谓的刑事执法本身，而是通过对技术和标准的持续优化来减少损失。正如一位受访警察所述："我们将安全定义为保护财产免受（无论是意外还是蓄意的）威胁……"

在本章的下面几节中，我们分析担保物警务的不同领域，阐明其独特的超越领地的特性。我们首先研究警察如何与其他机构合作监管商业活动，然后我们分析对特定类型担保物的监管，其中包括车辆登记系统、信用卡和支票、股票市场以及电子金融交易。

10.2　商业监管

警方商业监管（commercial regulation）小组的工作重心是预防与遵守（法律），而非调查和执法。一些商业监管小组拥有全职（商业犯罪预防）警员。在向其他一家机构提供商业监管规范的建议时，大家的共识是预防、调查和执法的责任也归属于那家机构。警察组织发放的商业安全小册子的背面言简意赅地写着"安全是你的责任"。警察主要的监管任务是机构间的知识协调、风险定性和审计。直接进行刑事调查和起诉是非常罕见的。

下面，我们以破产案件的调查为例来阐明我们的观点。就破产案件而言，警方受联邦消费者和企业事务部的领导开展调查工作。警方的目标不是直接参与调查，而是采用体系内其他机构的专业知识解决此等问题。在该领域工作的一位警方调查人员将流程描述如下：

> 我们让破产请求人（原告）与执行破产的受托人取得联系，后者与官方接管人打交道……这样我们尽量让各方完成自身工作，而不是让原告直接找到我们。我的理解是，我们处理该问题的立场是由外往里看，确保债权人、受托人、官方接管人都享有全部信息。所以由他们来处理，让原告直接找到官方接管人。而后，官方接管人与我们协商形成一个是否存在犯罪行为的裁决。到这个阶段，我们同意进行调查，他们会签发一道调查令。很多人员参与破产案件处理，但是……在这个资源奇缺的年代，需要让恰当的人完成自己分内的工作……（一些警察组织要求原告聘请一位检查诈骗性财务或账目的审计员）负责主要的检查审计工作，证明其是否存在刑事犯罪行为。

警方在进行商业监管活动中，注重对个人和组织进行风险画像定性，根据标准化指标对涉嫌犯罪的当事人开展"金融情报报告"定性。一名在担保物诈骗专业领域工作的警察在被问及需要接受何种工作培训时回答道，监管人员与其合作过的另一个政府机构一起提供了一门为期两周的特殊课程，指导警察掌握调查程序的知识，教授他们如何填写产品定性、人员与组织的分析表。警方商业监管小组的一位主管说，计算机技术、标准化表格以及工作的常规性意味着将监督最小化："理想情况是给我的手下们一台笔记本电脑或一个笔记本、一辆车以及一组文件，每周见他们一面。"

警方商业监管小组的成员依赖外部机构及外部机构的知识，他们通过与外部机构代表建立联系，将正式和非正式的信息交流活动作为惯例固定下来。举例说明，我们观察到，在警方商业监管小组组织的一场"联络聚会"中，有与该小组合作的政府监管机构和私营金融机构中的 100 余位代表参加。组织该聚会的警察告诉我们，其目的在于以警方为中心，与所有机构开展知识交流。要求与会人员向篮子中投入名片，从而表明他们在未来的交易中愿意为警察提供联络服务。

警方为参与商业监管的外部机构提供各种专业知识。作为犯罪记录的保管人，警方能够为金融机构和工商企业提供犯罪历史方面的信息。警方商业监管小组的一位专家说，他经常遇到银行官员在重大金融交易中请求提供客户的犯罪历史记录以及其他调查信息。他还协助当地商业改良局（Better Business Bureau）开展商业风险画像定性业务。例如，有人联系商业改良局，希望获得合同意向签约公司的情况，这有时就会转到该警察这里，当该公司以前跟警察有过芥蒂或名声不太好的情况下更是如此。此类交流都是私下完成的。正如专家强调的那样，"我们当然会告诉对方，当我们向其提供信息时，不要对别人说出信息来源"。

警方还为商业监管机构提供损失预防和如何开展合法调查方面的专业知识。某警察组织指派一位商业监管小组中的警员到银行审计部门进行为期一年的支持工作。该银行获得的回报是通过学习金融交易的风险评估知识掌握如何识别犯罪行为。该小组的一位警察指出，被指派到这家银行的那位警察"不是从审计的角度，而是从（嫌疑人）招摇的生活方式等方面为审计人员提供关于金融盗窃方式方面的知识……警察具有天生的猜疑性格"。

警方商业监管小组成员根据需要对专业知识请求做出回应。另外一个警察组织的一位受访者指出，大型公司提出了众多此类请求，而这些请求总会得到满足：

> 公司安全员希望从我们这里得到资源材料……课程计划……小册子……公司正在削减安全员数量……他们越来越频繁地来我们这里寻求信息、资源材料和从未参与过的项目指南……我们为需要帮助的所有人服务。我们不拒绝任何人。任何担忧商业安全的人都可以来找我们。这非常简单。任何情况下我们都从未拒绝过任何人。

一般来说，警方商业监管小组更为依赖企业会计专家的专业知识。然而，警察已经开始将自己的专业知识运用于庭审当中，当侦查对象涉及中小企业时更是如此。我们调研了一所大型城市警察机构，他们六年前才开始具备这样的专业知识。警方商业监管小组中的警察被送往大学接受为期两年的全职商业课程学习。结合他们侦查人员的专长，当金融证据被呈上法庭时，大学教育已经赋予了他们法庭专家的地位。尽管该警察组织曾聘请外部专家来确定商业案件究竟是民事还是刑事案件，但大部分决策最终落在警方商业监管小组专家的身上。

受访警察说，他们还为商业安保人员提供沟通方面的专业知识。他们一直在开展工作以确保私营企业中的商业监管人员掌握恰当、合法的沟通方式。一位受访者指出，他的主要工作就是帮助这些商业监管人员学习运用警方的沟通方式进行沟通，以便为问题进行风险定性以及撰写案发报告。

在某些商业领域中，警方协助企业确保其产品免遭侵害。例如，省级和市级警察组织与 RCMP 和国际刑警组织（Interpol）展开合作，记录被盗文物和艺术品。RCMP 的文化财产专责小组中有两位文职艺术史学家，该小组是广阔的跨机构网络中的支点，该网络中包含艺术机构、博物馆、画廊、拍卖行和保险公司等。警察机构对于文化物品的记录（有些采用书面形式，其他则采用电子版本）使得潜在购买者通过他们的经销商检查心仪物品是否为赃物或赝品。这些警察由此帮助私营市场进行艺术品鉴定，保证产品的真实性和合法性。

警方向商业规范机构提供知识服务的回报则是从后者那里获得知识。一位商业监管小组警员说，与商业规范机构的联系使他可以获得一切期望得到的金融信息，即使对方提供的信息有违法律规定。他将这种情况描述为"免费的信息……双向流动。你帮我一个忙，我就帮你一个忙，大家相互帮助"。他指出，

> 我在城市中的任何一个金融机构中都能查询到想要得到的一切账户信息。打个电话我就能知道保险箱的存放位置、在哪个金融机构办理定期存款和注册退休储蓄计划（RRSPs）……账户余额……了解你的信用风险属于良好还是不良级别。这些信息有时是通过合法方式获得的，但有些则不是。《银行法》（Bank Act）对于客户保密做了非常严格的规定。多年来，通过与其他机构的联系，你能够可靠地获取需要或想要得到的私人企业拥有的信息。当然，如果为法庭诉讼而去利用那些信息，则是另一码事。但无论如何，之后你还是可以通过搜查令或其他司法文书，按照程序，使其出现在法庭上……我们遇到的都是金融犯罪，所以必须试图与金融机构保持密切关系……（例如，在最近的一个案件中，一位汽车销售员实施了虚假支票兑换行为），我们很快给银行打了电话，询问以下信息："账户主人是谁？""支票是否进入账户？""账户中有多少余额？""哦，80000 元进入账户之中？""你认为这家伙是一个汽车配件工吗？""他一个月赚多少钱？""好极了！"所以这种联系是非常非常重要的。

尽管警察接受信用信息提供者的特别服务，但在某些情况下需要支付费用。例如，警察购买征信机构的会员，以能够例行访问就业历史、信用账户细节、风险评级以及特定个体或企业信用调查人员信息等计算机记录。一位受访人员将其描述为"每次访问记录要花费 7.5 美元，并支付购买信息的费用。我们作为征信机构的会员……所以不是免费的"。征信机构支持警察的工作，涉及特定个体的任何征信查询都会通知警察，并不记录警察自己的征信查询：

> 比方说，我们要做一个洗钱调查，我不想让别人知道城市警察正在调查此问题。（征信机构）会开展该调查，并迅速将我们的查询记录抹去……一周后有人致电，没人知道我们在调查……征信机构会完全清除

查询记录。因此在信息自由的范围内，你会说，"好的，征信机构，我想看我的文件"，他们必须拿给你看。所以这样做，别人永远都不会知道我们调查了谁。

参与金融监管的一些政府机构也是警方有用的知识来源。我们研究的某城市警察组织可以查阅负责消费者和企业监管的省级部门的计算机数据库。一位警察说，他有时能从加拿大税务局（Revenue Canada）获得个人纳税申报方面的机密信息。警方还与商品和服务税（Goods and Services Tax，GST）管理人员建立日常关系，"我们将其称为 GST 警察……当然，很多时候，当我们指控某公司时，他们会征收商品和服务税，但并不上交。我们向税务局报告，他们也会做出信息反馈。这是一种双向互动。我认为他们可能受《税法》（Tax Act）规制。我肯定他们具有保密条款，但对他们而言，完成自己的工作也需要从我们这里得到信息"。

警察也可以查阅负责监管专业人士的金融与职业伦理行为的记录。一位受访警察说，他与省级律师协会保持了良好的工作关系，后者能够提供律师的信托账户和投诉信息。他之所以能够这么轻松地查阅省级律师协会的记录，是因为省级律师协会的联络员从前是一位警察，愿意提供关于警方所怀疑的特定律师的信息。

通过典当行（pawnshops）我们能看出，警方和企业合作监管标识性财产已具有悠久的历史。许多警察组织中都成立了一个典当行小分队，能够查阅管辖区内全部典当记录。实际上，典当行扮演着一个具备营业执照的线人的角色，这是因为它们要想获得市政营业许可证就必须提供交易信息。在某一管辖区内，典当行则被要求每日提交一份含有以下声明的报告："我兹证明以下内容是一份认证下发前二十四小时内所收全部物品信息的完整副本，符合市政相关条例规定，并证明所述内容均属实。"在另一个管辖区内，警方将典当行小分队的工作描述为监控机构之间的联系，具体包括以下内容："监控具有执照的典当经纪人、二手货物经销商和钱币交易商；向调查人员或其他公共机构发送交易信息的服务；直接或协调起获赃物；小分队成员协助城市执照许可部门（City Licence Department）发放二手货物经营和典当行执照；调查人员可以利用小分队成员确认或起获赃物。"

私人企业为警方提供商业监管领域方面的专业知识。如果警察正在寻找需要科学分析的违禁品——如燃料、杀虫剂或毒品等——他们依靠专家告知物品名称以及监管标准等事项。在窃取计算机和电子通信系统信息的案件中，警察通常会取得受害者聘请的专家的帮助。一位受访者介绍了这样一个案例，电脑黑客访问了某电话公司的长途通信网络，并免费使用其服务。该电话公司指派一名电脑专家与一名警察，他们合作了一个月来办理该案件。

涉及复杂金融交易的案例中同样存在此类安排。例如，检查诈骗性财务或账目的法务会计常常在大型企业内部工作或为大型企业提供个案顾问咨询，他们从事金融调查的各项业务，其中包括是否提起民事或刑事诉讼的关键性决定。法务会计有时以银行审计师或会计师事务所专家身份起家，被指派到警察机构工作相当长的一段时间，提供专业知识，也学习和了解警方是如何从法律角度来处理案件的。具备这些知识之后，他们可以专门从事法务会计事务，工作内容是让企业改变其不当行为，避免警察和刑事司法系统上门找麻烦。警察在以合规为导向的监管体系中发挥很小的作用，出现刑事起诉的概率也微乎其微。即使有刑事起诉的情况发生，也仅在法务会计掌控的狭小范围内出现。商业监管小组的一位警察向我们解释所发生的情况及其原因：

> 在一个公司被骗的时候，他们（私人法务会计）可以为你干活，无须报警……他们会进入民事法庭，这也是刑事法官希望他们去的地方。他们不希望起诉任何人。对纳税人而言，……太昂贵了……冗杂、漫长的起诉白领犯罪的日子不复存在。法庭也不愿意处理……那么你要做的只是整合案件各方面信息，掌握最佳证据，挑选最好的部分充分披露……因为你手头上有证据。所以你要让法务会计帮忙先把事情做得天衣无缝，然后再进入法庭……这就是为什么我们要雇佣法务会计。

我们所了解到的商业法规情况为我们警务模式的观点提供了支持，即在以合规为基础的执法活动中，机构间相互交流风险管理的知识。监管只有在警方与其他机构保持联系（无论是通过电话、电脑等电子媒介还是人际信任与互惠等）的情况下方能有效。警方商业监管小组的一位警员告诉我们：

> 如果没有这些联系，警察就一事无成……一位警察具备很多常

识……（但）他必须从他人和专家那里寻求知识。如果没有通过这些联系获取信息来发现想要知道的情况，警察什么也不是……一位警察就是一个信息采集者……所以我们与以下机构保持非常密切的联系：房地产注册局、车辆管理局、商业改良局、联邦以及省级消费者和企业事务部、特许权税、律师协会、加拿大农业部、电话公司、机场、博彩委员会、担保物委员会、社会服务部、财政局、经纪、合作社、加拿大海关、移民和就业局、失业保险委员会、中央登记处、城市经营牌照许可局，等等。

10.3　车辆登记

车辆警务的范围既有领地警务也有担保物的层面。尽管车辆跨越领地，受到各种监测和电子设备的跟踪，但它们与担保物在所承担的风险方面具有类似性。车辆都带有可以证明所有权和身份证的证书和资格证。这些证书和资格文件包括驾照、保险卡以及车辆登记表等。在本节中，我们专注车辆登记研究以理解在担保物警务中，这些材料如何被嵌入标识财产中。

与车辆相关的大量警察工作包含对车辆登记和所有权的验证。在这方面，警察为汽车行业提供的服务与向艺术品行业提供的服务基本一致，即向消费者保证车辆并非赃物或赝品。例如，警察与消费者和企业事务部（Consumer and Corporate Affairs）合规干事合作，共同执行《重量及计量条例》的相关规定，禁止出售里程表被清零的二手车。警方还投入大量资源，识别车辆登记号码的欺诈性篡改行为。我们采访了一位资深的担保物交易方面的机动车小组警员，他表示：

> 我花了两年时间才成为这个领域的专家……我需要对每一个制造商的车辆的识别特征都有所了解……我大概观摩和动手识别了三四百辆被盗且重新编码的车辆。我去过许多车辆报废现场，观察过几千辆车。我得自己设定一个我认为的专家标准，我做完了这些……我与一名检察官合作，我设定的专家标准意味着将要对所有的车辆被盗事宜开展长期研究和分析以及漫长的个案调查……车辆登记号码的识

别……热酸修复（heat and acid restoration）……所有的事项……（过去）没有正式成文的概念……没有支持这一概念的文档……而我们现在至少有了一个标准，一个被法庭和这里的所有的人承认的标准……现在要使所做工作更为正式和专业……我必须为我在法庭上的专业奠定一个稳固的基础，别人无法挑战我的地位……（现在）没人想要挑战我们，因为他们尚不具备挑战我们的资源。

车辆登记还与车辆、道路、驾驶员安全的风险管理相关。加拿大交通部和省级政府车辆管理机构保存了非常详细的事故记录，为提高车辆、道路、驾驶员安全而进行风险定性。一位负责数据收集和使用的官员是这样描述加拿大交通运输部在研发各省记录查阅系统中所做的工作的：

举例说明一下，为什么某些路段总是发生车祸，这样他们就可以重新规划道路。他们想知道是否有某辆车总是发生同样的事故并致人死亡。因此，他们会去琢磨，并坚持所有汽车生产商都应该掌握这样和那样的信息。因此，他们确立标准。为了建立数据库，他们请求市级和省级警察机关或省政府提供这方面的全部信息……他们想要知道酒精含量的计数，这是因为他们希望了解如果血液中酒精含量很低，甚至在低于0.8的情况下，是否还会发生事故……他们向省级警察机关提出请求，是否可以修改表格形式，纳入此项信息……（目前的做法是）警察需要把涉嫌酒驾的人员带回到警局，用呼吸测定器进行测定后，才能填写计数……但如果可能的话，可以设计一个具有计数功能的移动设备，并有适当的接口，将其连接到笔记本电脑上就可以自动完成表格的输入了。

事故报告是高度结构化和格式化的，目的是满足外部机构的需要——诸如车辆管理机构、保险公司、汽车制造商、医疗卫生机构等等——这些机构需要车辆、道路和驾驶员的风险知识。我们以 1991 年的《阿尔伯塔省（车辆）碰撞报告表》（Alberta Collision Report Form）为例。此表需要警察和事故各方提供以下内容：事故背景、事故当事人、车辆及其车主、道路和环境条件等信息。还有一份 48 页的《阿尔伯塔省车辆碰撞分类和报告手册》

（*Alberta Manual on Classification and Reporting of Vehicle Collisions*），为该表中每个类别和分类提供了非常具体的填写指南。此表和手册将调查人员变成了实质意义上的社会科学实地考察工作者，他们完全受制于为了促进系统观察而设置的固定选项的引导。他们就这样被格式化了，警察必须在外部机构风险相关标准限值的范围内进行事故报告。事故背景、事故当事人、车辆、道路以及环境条件被记录下来，随后进行风险定性评估，以确定是正常还是异常行为。也就是说，警察以及与事故相关的全部其他机构的工作，是确保正确界定该事故是否属于"正常事故"，因为"正常事故"其实根本就不是事故。

警察机构还聘请交通分析师使用一组不同的表格独立开展后续调查。某警察机构有一份非常详细的表格，其中一页用于车灯检查，另一页用于轮胎检查。这些交通分析师收集的数据不仅用于特定案件调查，还帮助汽车制造商和监管机构监控和提升标准。

根据法律规定，必须报告特定情形下发生的事故。发生在公共道路上并造成死亡、伤害或超过指定金额的财产损失事故通常是要报告的。逃离应当报告的事故现场是一种犯罪行为，通常被称为"肇事逃逸"。警方特定小组负责追踪肇事逃逸嫌疑人及其车辆。在某一城市管辖区内，肇事逃逸小组成员被称为顾问、合规警员以及知识经纪人，而非调查执法者。根据官方的描述，该小组为其他警察和受害者提供肇事逃逸事故方面的建议，并监督城市中的汽车修理厂以确保其符合省级法规。同时，使用计算机系统记录所有肇事逃逸事故，能够检索受害者、事故车辆以及部分车辆编号。该小组还负责监督该省"受损机动车修理贴纸"的使用情况，其中包括如下声明："车辆受损情况已按照法律规定上报给了警方。受损部位正在修复，修复工作完成前该贴纸必须被张贴在挡风玻璃上。修复工作完成之后必须摘除贴纸。"当地被盗贴纸交易活跃，因此也受到了肇事逃逸小组的监管。

机动车担保物警务明显具有跨机构的特性。一位机动车小组警员告诉我们，他和同事"试图悄悄'渗透'到（机动车）行业，'渗透'在这里不是贬义，不过我觉得还是用'打交道'更贴切。这意味着警察寻求外部机构的帮助，与二手车（新车）经销商、废车堆积场、保险公司、机动车零售商等机构打交道，尽量说服他们联手打赢这场'战争'"。

除了将汽车行业视为机动车登记系统中调查和认证工作的信息来源外，

警方与该行业合作优化（事故）预防举措。机动车小组的一位警员说，他每天都要接到经理和销售人员打来的十几二十个电话，问题多多。他也是汽车制造商代表委员会的成员，每月开会讨论安全问题。他的工作重点是为汽车行业提供关于汽车安全隐患的合规技术咨询，帮助行业弥补车辆安全方面的短板，他指出：

> 我们发现车辆的安全隐患（如丰田车），是发动机点火器不灵，生产商马上纠正……（我们）明确告诉他们，如果他们不进行一些整改——例如，通用汽车被盗车辆排在首位的是"大黄蜂"——如果不改进点火系统，青少年（犯罪）将不会罢手，因为他们很容易得手，安全隐患就仍然存在。我们正努力游说生产商做出改变，但是联邦政府的游说才有用，汽车生产商只接受联邦政府的指令。

正如这位受访者所表述的那样，合规在以下几个层面得以实施：警方直接找到生产商解决特定问题；与联邦合规警员合作探寻长期监管解决方案。警方可用的主要合规杠杆是，公布安全系数最低的车辆，而汽车行业对此十分担忧，因为这样的曝光行为会减少他们的销售额。

警方与其他公共、私营机构密切合作监管机动车辆的有效证券事项。我们研究的某警察机构与当地法警共同建立了一个信息系统，确保被盗车辆实际上不是依法扣留的车辆。警方还与保险行业有密切的工作关系。一位机动车小组警员说，加拿大保险犯罪预防署（反）机动车盗窃局的调查人员"实际上在使用我们的办公室。我们和一些大型保险公司非常合拍，现在正为其开展大量工作……（例如）我们正在这里进行诈骗案的调查，上报车辆被盗实际上是为了掩盖伤害事故，逃避民事诉讼……为了诉讼目的而谎报事故"。这名警员也负责机动车盗窃投诉信息系统，确定哪些案件是应由保险行业而非警方处理的"保险问题"。

警方的机动车专家和政府机动车登记处聘请的文职专家都渴望获得便于开展工作的技术设备。其一便是含有驾驶员和车辆全部的必要信息（包括拥有权与保险单）的"智能卡"。正如一位受访的政府机动车登记员所想的那样，"他（警察）只需要刷卡就能基本上得到所需的全部材料"。事实上，在美国的一些司法管辖区，已经有了一种限量版的智能卡，其产权登记方案已经生效，智能卡还可提供一些基础信息。智能卡上有拥有权记录，在卖车时可以知悉留置权的情况，也可防止报废汽车回收站变更车辆登记号码（因为拥有权本身是不能改变的）。

10.4　金融工具

正如警察对车辆、艺术品等有形商品进行验证和保证一样，他们还通过帮助人们识别虚假支票来支持金融有价证券行业的发展。警察很乐于扮演该角色，其中包括为其所代表的行业提供实质性帮助。他们接受该角色的原因在于他们认为社区的概念包含了主要金融机构及其证券系统。就警察而言，为金融机构社区提供服务是再自然不过的事情了。通过帮助人们建构证券知识体系，他们可以以此增强人们对金融体系的信任。

一位从事金融证券分析工作的警员指出，警察给预防损失的大型运营商提供支持，这些运营商"寻求如何为其负责的诸如城市交通联运站、海湾百货大楼、伍德伍兹百货大楼、伊顿百货大楼等地可能发生的问题提供一切援助和主意"。他从道德层面出发，决定给这些大型运营商提供帮助，而不给那些直接从预防犯罪中获利的安全产品公司和房地产公司提供帮助，后者利润直接来源于犯罪预防，理由是这类公司：

> 只顾买卖，不顾大局。你懂的，他们经常对顾客说"你们这里破门盗窃的比例最高，所以你们真的应该试试我们的产品"。但这不是我们警方存在的意义。当我们为这些公司提供信息时……这几乎是说我们默认了他们提出的（犯罪）解决方案……与我们合作的公司很多，诸如威士卡、万事达卡、电话安全公司等。这类公司试图预防犯罪，而非像有些公司那样利用犯罪（预防）而去销售他们的业务，又比如说在我们片区的房地产销售公司，他们会说此地犯罪率低，以此吸引顾客在这里买房。

警察广泛参与到金融证券系统中来。例如 RCMP 运行的一套加拿大全境欺诈案件记录系统。该系统由笔迹分析与数据中心（Handwriting Analysis and Data Centre）来管理，1992 年该中心拥有 26 名员工参与系统运行工作。

警察部门将发案报告、虚假支票和其他文件输入此系统中进行审查与分类。1992 年，在该系统中，可以对 35000 条记录进行检索，主数据库中已有 100 多万条记录。员工每月要对超过 100 万条记录进行检查与分类。与之类似的是当地警察机构维护的欺诈识别与跟踪系统。我们研究的一个警察机构聘请了一位计算机专家开发（反）欺诈小组使用的跟踪系统。受访警察相信，该系统有助于打击针对金融证券行业的欺诈活动，因为该行业自身故意不去充分顾及自己的利益。警察告诉我们，其原因在于过度警觉将会冒犯诚实的客户，扰乱日常的交易活动。

警察帮助金融证券行业的方法除了对文件进行全景排序之外还有很多其他方面。例如，包括金融证券行业和警察机构共派代表的委员会，聚焦跨管辖区域的案例和问题，特别是涉及信用卡、ATM 卡和营销骗局等情况。警方还为金融机构设计通信格式，用于报告涉嫌欺诈的行为并监督员工行为。警察做的另一项工作是组织开发欺诈警报系统，涉嫌重大欺诈的案件信息将会被发放到金融机构和警察小组手中。警察的工作还包括为私营金融证券机构提供从其他政府机构（如福利机构和公用事业公司）处获得的信贷风险知识。一位受访警察表示，在调查涉嫌使用空头支票的福利金救济者时，他依照惯例可以获得"他们收到多少钱？他们的补助和需要是什么？"方面的知识，并将这些知识提供给其他机构。

警方还为金融证券机构生产并发送损失预防信息。某一警察机构为零售商提供的一个小册子中包含了 15 条检查欺诈支票的提示，如"谨防用熟悉的名字和你套近乎的陌生人""谨防公司名称不是打印在支票上而是盖章——意味着这是一家非常小的公司或使用空头支票的公司"。另一个警察机构为零售商提供了一份信用卡诈骗预防的小册子，警告他们"毫不分辨地接受信用卡已经造就了一种新的类别的罪犯，即信用卡罪犯"。这个小册子确定了三种信用卡罪犯：独狼罪犯、松散团伙犯罪成员和大型罪犯。小册子上写道，"侦破罪犯的最好方法就是经常保持警惕态，特别是对陌生人、匆匆忙忙的购物者……购买的衣服不合适可以在店内改补但又着急走的顾客……购买同一件商品不同尺码的人"。

警方还为个人消费者提供信用卡安全指导。在某一警察机构制作的一份名为《保护你的信用卡》的小册子中，他们分别列举了一长串注意事项，强调保持不信任和怀疑的重要性。小册子上的警告是，"没有任何一个地方是安全的"："在家中时，盯紧你的信用卡，不要让代看小孩的人、客人或邻居随意使用。"小册子上还有一个赞助企业列表，其中包括加拿大消费者和企业事务部、银行、石油公司、一个大型零售商和美国运通公司。

警方在支持金融证券行业方面的巨额投资解释了后者为何乐意向警方无偿提供信用信息。一位区警长说，即使是对他这一级别——更不用说对特殊的诈骗小组以及更高级别的人来说——很容易获得来自金融证券行业的信息。他发现该行业比警方更有优势获得最新信用信息，并乐意向警方披露此类信息，因为"他们必须将损失降到最低……很多时候他们基本上要依靠警察完成自己的工作"。就警察进行的信用卡调查而言，"他们不厌其烦，在我们所需要的时间段里打印出该信用卡上的所有收据。他们会完成所有的背景（调查）工作，为我们提供所需要的全部信息"。

10.5 证券市场

警察在说明针对证券市场的警务活动的合理性时，认为这有助于保持公众对这些市场的信任。警察与权益市场和抵押物市场的监管机构一道对犯罪嫌疑人实施监控。这种监控发生在以合规为基础的执法活动中。虽然警察面对这些问题很大程度上倾向于采用合规方式解决，但在特殊情况下承担起诉职能。与以合规为基础的执法活动一样（Hawkins，1984），指控一般也具有象征性意义。它使潜在违法者知道挑战监管机构权威以及破坏公众系统信任的系统化、持续性违法活动是不会被容忍的。一位证券市场警察说，"这就是为什么我们进入该领域……维护公众在股票市场的信心……每隔一段时间，我们会对一些人提出刑事指控，（他们）由于没有遵守规则而被要求支付罚金或者坐牢……这就是……我们出现在股票市场中的原因，这就好比如果进行交通执法，抓住超速者使其他司机把车速降下来，从而不再出现恶性事故"。

警察与受聘于担保物委员会的调查人员一起工作，大部门调查人员以前曾是警察，遵循警方的侦查逻辑。他们展开联合调查，这些调查工作都是非常漫长和复杂的。

警察严重依赖担保物委员会和会计师事务所中担保物专家的专业知识。警察主要负责研发并维护实施监控的专家系统，决定是否对违反规定的行为提起诉讼，如果是，则要判断其属于刑事诉讼还是民事诉讼。此外，警察也负责制定（犯罪）预防策略。当需要时，警察会雇佣私人会计顾问与他们合作解决案件。

警察机构内部也有专业人士。我们研究的警方权益市场小组所有成员都是某领域的专家，有的曾经做过股票经纪人，有的是银行家，还有的是律师，其他则都拥有商业管理学位。大多数成员已经参加省级担保物委员会组织的课程的学习。警方需要这些专业知识，不仅是为了了解担保物市场的复杂性，也是为了与监管对象分享相关文化逻辑。

在某些情况下，权益和担保物行业知识欠缺的人会向警方请求提供专业知识。例如，某权益市场警察说，某信托公司的安全主管请教他如何处理一个内幕交易案件，这位信托公司的员工不了解在股价下跌时利用内幕消息卖空并获利的机制：

> 作为安全主管，我很难说，"我对此一无所知"。由于我们之间的关系，他感到应该来找我，向我咨询……再说，这很重要，因为还有下一次……我也需要从他那里得到一些信息……这不一定是某人的账户内容，而是某人在银行中是否开了账户或其他什么事情，值不值得我不怕麻烦去申请一个搜查令。

尽管在权益市场警务中，这种联系很重要，但大部分工作还是通过使用风险定性技术的常规监控来完成的。一位权益市场的警察说，她的工作并不是立刻能够提供关于现有案件事实的专家知识，而是知道如何操作系统去发现什么。她补充说，"股票市场的信息系统对于我们的调查和处理具有非常关键的作用……如果不使用信息系统，我都不知道该如何下手"。

其中一些信息系统由警方开发并维护。例如，RCMP 成立了一个对安全交易进行风险定性的证券欺诈信息中心（Security Fraud Information Centre）。该中心的任务是维护担保物领域的关于欺诈与非法活动的刑事情报信息的国家数据库，并将信息传递给加拿大全境的担保物委员会，以及核验省级担保物委员会建立的欺诈活动数据库信息。该中心的风险数据与 RCMP 其他部门（其中包括犯罪行动处、政策中心、商业犯罪以及其他委员会）的类似档案相互参照。RCMP 系统是警方的一种针对股票交易所的检查机制。例如，警察使用该系统审查寻求上市的所有公司的招股说明书。据 RCMP 的一位警察称，"每份新上市的招股说明书都要接受我们的审查。我……会仔细审阅，看是否与我们正在从事的任何调查相关，或是上面的一些人名可能为我们所熟悉"。

证券欺诈信息中心使用一套名为重组贸易模拟市场（Simulated Market of Reconstructed Trade，SMART）的监控系统探查股票市场的违规交易行为。除了其他功能外，重组贸易模拟市场的一项功能就是匹配买卖指令。监控特定股票交易的数据磁带被用来检测违规行为，如"清洗交易"，即交易双方都是同一方，受益所有权没有发生变化。数据磁带还有助于确定在某些案件中经纪商之间同谋买卖股票，从而抬高股票的价格，以吸引不知情的买家入场。

警方从不同机构获得"股票查看"监控评论以及其他风险定性知识，其中包括股票交易所、担保物委员会（包括美国担保物及交易委员会），以及加拿大投资者保护基金（为股票经纪人建立的保险保障基金）。这些信息用于识别开展进一步风险定性和可能实施调查的潜在目标。

权益警务的工作重心是管控资本的象征意义以维系公众对金融体系信任的外部形象。这种具有象征意义的信任监管是建立在风险管理系统的基础上，该系统受到外部机构的要求与专业知识的管制。因此，此类警务工作以抽象形式开展，面对的事情往往是无形的，但我们接下来会看到，抽象和无形的概念在针对其他种类的计算机化知识的警务活动中将显得更加突出。

10.6 计算机化知识

虽然担保物警务的所有领域都涉及计算机通讯，但对计算机化知识的保护本身就是担保物警务的一项工作。计算机化知识被认为安全的原因在于其与注册证书、金融工具和股票一样也是具有象征意义的货币。事实上，因为计算机化知识与其他形式的象征性财产具有相似性，警方的计算机保护专家有时也在商业犯罪小组内开展工作。

保护计算机硬件变得越来越困难，这是因为它的可携带性变得越来越强。这一点再加上新型电信网络的发展，以及即使知识位于原地，但仍可获得相应的计算机化知识情形的存在，意味着针对计算机化知识的警务活动越来越难以实施。一位计算机化知识专家谈道：

> 有一次我们在一个房间中，开始是在看大部分计算机资源……很少有适用于此类资源的物理安全措施……你原本可以使用系统的查阅控制机制和物理安全措施完成几乎所有事情。可现在发生了极大的改变，当然，系统互联也是如此。大多数系统属于星型网络。系统被置于中间，周边有一堆线路和用户……现在……整个世界的系统都被相互连接起来了。

与合规导向型警务的典型情况一样，计算机化知识保护并不意味着明显地区分错误、事故和犯罪意图。相反，只存在"正常事故"（Perrow，1984）和"普通犯罪"（Sudnow，1965）。所有这些都涉及损失，而目标就是要减少损失。从警方一位计算机化知识专家的谈话中我们可以发现这种观点在警务活动之中依然可行："可以肯定地说，无能者的数量远远超出了骗子的数量，因此他们的错误不断。大多数错误都是意外发生的。更大的威胁出自意外……我们将安全定义为保护财产免受威胁……无论威胁是意外还是蓄意的。"在警方对这些问题做出的回应中，最重要的就是细化系统，避免或纠正技术和人为的错误。根据上文提到的那位警察的观点，他所在的小组关注"研发大量自动控制装置，可将其运用在系统中以验证数据的完整性"。

起诉在涉及计算机化知识的案件中是罕见的。要尽可能地避免起诉，不仅因为系统的重点在于合规，也因为计算机化知识瞬息万变的性质使得收集证据的难度很大。警方一位专家说，"大多数人都不会因为这种事情认罪。在大量涉及计算机的此类案件中，存在很多间接证据。但没有那么实打实的。这里不像是有个人站在一具尸体旁边那么简单，你要依据大量的证据才能定罪"。

在一些案件中出现的一个问题是，办理案件时需要扣押计算机化知识的资产。这种扣押有时会在审判之前导致公司破产。警方在此类案件中不愿起诉，除非有罪判决的结果很确定或存有希望关闭公司的其他原因。

针对计算机化知识的警务活动的这些特性导致警察将自身工作定位于预防而非执法。一位受访警员说，计算机犯罪是一个严重的问题，但人们不去上报，他们拒绝上报的原因是因为其造成的影响过大。所以发现计算机犯罪的最好方法是培养可以调查和识别的人才，和他们建立关系并把他们视为预防安全的一部分，"为我所用"。我们研究的某警察机构试图通过成立一个电子数据安全部门来"培养人才"，该部门由 25 名员工组成，他们成为政府和私营机构的调查专家和预防性安全顾问。

当用户确定发生违法行为，需要取得电子形式的证据时，电子数据安全专家将会介入其中，提供专家服务。例如，在一个欺诈案件的调查中，相关记录都是电子化的，当事人会寻求警方专家的帮助执行搜查令。执行搜查令有时需要把知识从一个系统中迁移到另一个系统中进行处理，还要注意程序规范，并确保被扣押的知识以可让人明白的方式出现在法庭上。

警察的预防职能是多方面的。一方面，对人员和领地开展广泛的风险定性，以确定谁将获准查阅计算机化知识的站点。与之类似的是，要对数据系统进行风险定性，以确定所需的安全程度。警方在该领域的一位专家将为担保物的安全而实施的风险定性描述为：

> （我们）对你的系统进行风险分析，以便让你知晓应用何种安全措施……我们给出建议并教授相关的课程。我们指导别人来做，而不是替他们去做……这里有许多主观因素……你拥有的资产，不管是人力资源、金融资源、提供的服务还是其他任何东西……然后要看看这些资产面临的毁坏、盗窃、变异、泄露、篡改等威胁……你将威胁的可能性与资产价值相结合，最终获得预期的损失大小，即所谓的成本风险度。所以你要找到最大的成本风险度，有的放矢地采取相应的安全措施。

该专家所在的电子数据安全分部还担负着监督政府的检查职能。警方要对政府部门以及与政府具有合同关系的私营企业的计算机系统进行检查，寻找安全漏洞。与私营企业签订的合同往往包含安全条款，这些条款用作此类情况下的评测标准。一位参与检查工作的受访警员告诉我们，合同中：

> 含有安全条款……内容是（私营企业）如何在履行合同期间保护他们能够接触到的信息。我们会按照这些合同条款对信息安全进行检查，提供符合政府信息保护标准的建议……这是对合同安全条款的验证……确保安全机制已经到位，并正常运转，这就是我们要检查的内容。

该部门还承担主要的教育职能。他们发布的一份数据保护公报已印刷了 20000 册，并在国际上发行。他们还为负责保护计算机化知识的政府部门安全协调员提供培训。许多部门员工加入其他政府机构和私人公司，发挥他们的专业特长。

专业知识从来不会单向流动。计算机公司与该部门以非正式的方式互相交流专业知识。它们之间也有更为正式的合作，如进行联合调查、培训警察作为专家证人出现在法庭上。该部门的一位警察提到了与其合作的三家主要计算机公司。他说，开展联合调查可谓家常便饭，但双方都理解公司专家并不参与庭审。公司坚持这种安排，因为他们不想让客户觉得他们这样做是在"报复"。

警察专家有可能面临被计算机行业的私人促销活动所利用的风险。尽管警方可能愿意将技术安全创举内容提供给其他警察组织以及政府部门，但他们并不愿意将其与私营部门分享。警方一位专家如此解释他们所处的立场："我们有时不愿意将开发出的产品给予私营部门，因为这些产品可能会被投放到市场上……我们有一些内部员工开发的调查软件，非常成功，并被应用于警察内部……最近有公司找到我们，想获取该软件并在市场上销售。我们没有同意……我可能平均每天都接到一个电话，有人想卖给我们什么或希望我们帮助他们卖出一些东西。"

担保物警务体现了风险社会中警务的发展趋势。它涉及在预防性损失减少框架内的机构间风险管理知识的交流。警察有选择地将其数据和专家知识提供给外部机构，但作为此举的回报，他们也获得了数据查阅权限和其他的专家知识。警方通常不寻求将风险刑事化，而是应用全景排序技术和风险管理实践对这些风险进行标准化处理。我们将会在第 11 章和第 12 章中看到，同样的技巧也被应用在职业生涯和身份识别的警务中。

第 11 章　职业生涯

人的一生都离不开保险、教育、就业、福利、体育、金融、刑事司法和卫生健康等机构的管理与保障。这些机构会记录下人们所经历的成就与失败、资历与过错、常态和意外。这些信息描绘了每个人的生命历程，同时也在风险社会的制度性阶层结构中打下了深深的烙印。具有特定制度性特征的人所构成的不同群体被称为阶层，如拥有 5000 美元信贷额度的人、阿尔茨海默病病人、具有犯罪记录的人等。这些阶层由于客观的制度性目的而存在，而非自主确立并追求同一利益的群体。

为了维护风险社会中的机构性阶层结构，警察会对与生命历程相关的信息进行调查、研究和登记。此类工作有助于构建个人生命历程概况和群体阶层样态。本章将从 4 个方面分析警察在构建个人生命历程中的作用，具体为：应对意外事故和刑事伤害的保险服务、证书的签发与核实、健康风险管理以及刑事司法机构对生命历程的管控。此前在第 10 章中，我们讨论了警察是如何与金融机构一起构建个人与组织的信贷和金融安全，而本章从 4 个方面进一步延伸了对该问题的分析。此外，本章的分析也为第 12 章搭建了框架，有助于在下一章中分析警察分类工作和教育、福利机构是如何共同构建关于年龄、种族和族群的身份认同的。

11.1　保险

由于保险逻辑主导着风险社会，因此保险制度在警务活动中的运用极为普遍。保险对警务活动的影响主要体现在警察对资源的使用和警察的思维、行动方式等方面。

保险规则不具有特定的地域性，适用于各个不同的阶层和职业。在保险中，世界不再是一个物理的空间，而是一种抽象的分类，在这一分类中，风险被定义为危险，不同的人群暴露其中的危险，这种危险具有可测量性，符合保费和赔偿所规定的条件。德费尔特（Defert，1991）说，"保险作为一种使社会合理化的通用技术（generalizable technology），其效果就像一张清晰的图示，一位社会组织的杰出代表，远远超越了一些思想家在安全系统私有化和国有化之间提出的方案"。保险确立了可投保的阶层，否定了不可投保的阶层，从而建立和产生了不同形式的等级制度和排斥行为。在保险制度的阶层结构中，每个人都获得了相应的生命历程。

在保险制度下，警察也淡化了对辖区内犯罪行为的监控。在诸如交通管制或财产保护方面，辖区监控的力度是最小的，或者说是具有高度选择性的。在辖区范围内，警察与保险机构合作，在保险逻辑框架内实施监管。在提及如何编制盗窃案报告以满足保险而非刑事司法需要时，一位巡警与我们的对话如下。

> 巡警：你知道我们去年非法闯入案件的破案率是多少吗？百分之三！除非运气好，我们几乎没有机会抓住现行犯。
>
> 我们：或者除非他们正好钻进了你的车里？
>
> 巡警：他们不仅要正好钻进一辆车里，还要开着门，坐在后座上等着被我们抓。

在保险机构面前，警察黯然引退，处于次要地位，成为该机构的被动反应式仆人。他们与保险公司合作，联合开展调查，经常充当保险公司的"经纪人"，为其提供保险用途的犯罪和事故知识，并通过制作和发布如何减少损失和防止事故的信息为保险公司服务。在此过程中，他们创造出了与此类受害者个人与保险相关的生命历程，从而为这些受害者的安全和人身保障做出了重要贡献。

警察自认为是保险公司非专业性的服务人员，需要满足他们的相关知识需求。原因在于每个工作日他们都要抽出大量时间，依据与风险相关的保险标准来核查成堆的表。一位警察是地区警察信息中心的负责人，其职责也包括为保险公司提供专业知识帮助，他观察说："许多人都会因为盗窃案而报案，他们对找回被盗物品不抱任何希望，实际上他们没兴趣报告警方，但他们知道只有报告警方才能获得保险赔偿……这基本上只是一项书面工作。"一位基层警察表示，他们唯一的社区警务工作就是为保险公司和加拿大统计局提供那些很难破获的案件的相关信息。如果有人来这里报案，物品被盗且没有嫌疑人和证据，我们能做些什么？我们会出具一份报告，向保险公司和犯罪数据统计局证明，确有此事发生。因此，我们才能继续以这种形式参与社区管理。一位巡警指着一张我们在第10章中提到的类似阿尔伯塔省的交通事故报告表说："这种表我们必须填，这样的话保险公司才能获得这些信息。就是这么回事。"

许多警察组织都设有专业部门去负责处理与保险机构之间的信息合作。我们研究的一个警察组织就设有由10名员工组成的这样一个部门，除了负责其他事项，主要负责与外部机构的交流。该部门主管表示，大约85%的工作都是为了满足保险公司的需要。

该部门中有一位全职的交通事故保险文书协调员，她的工作是审查警方事故报告是否完整一致。她要确保将完整的报告分发给相关各方，包括事故当事人、他们的保险公司、律师和省级机动车辆部门。在我们开展研究时，她正与一所大学的研究团队合作，每发生25次涉及非商业车辆的事故，都要向该团队提交一次事故报告。她说，她平均每天要接到保险理算员和调查人员打来的50个电话，都是为了确认事故报告内容或进一步获取信息。她还负责将警方的事故重建报告以1500美元的价格出售给保险公司。

该部门采用一种不同的方式处理财产犯罪报告。与保险有关的信息会从报告中提取出来，以收费的方式提供给保险公司。这些信息通常会放在一个正式的信函中，并附有"警方财产，仅供您使用，请勿传播"的警告。如果保险公司希望获得更为详细的信息，或者怀疑原告不实申报，该部门会让保险理算员与编制报告或调查此案的警察进行交谈。在某些司法管辖区内，警察与保险理算员交谈按时间计费，这笔费用由保险公司承担。在我们研究的一个警察组织内，费用是每小时75美元。

警察组织内的其他部门会为该部门提供大力帮助，特别是由警察和志愿者构成的、协助提供与保险相关知识的受害者援助部门。该部门为受害者提供必要信息（比如警方发案编码）、帮助他们完成所需表格的填写工作、就如何收集赔偿不足的证据提供建议，以此协助他们完成报告并提出保险索赔。

加拿大警方一直试图改进报告格式和通信技术，以便加速为保险公司提供信息的进程。在我们研究的一个警察组织内，约 1/4 的报案都是原告通过电话打来的，没有警察的介入。一名警察向我们解释说，"如果有人从阳台或露台偷了你的烧烤架，你大概率是找不回来了。但是很多人还是会向警方报告，因为有了案件编号就能进行保险索赔。所以，我们会直接把这类电话转接到受害者语音专线，那里有四位女文员负责记录案件"。在受害者语音专线系统中，被警察接线员判断为低优先性的报警电话将转交文员或语音信箱记录报告，而无须派遣警官。该警察组织中记录部门的一位警务督察专员表示，受害者语音专线系统虽减少了警方的工作量，但仍能满足保险公司的风险知识需求。下面是我们与这位专员的对话。

> 专员：（如果）有人朝你的车窗扔了一块石头，嗯，你知道我们一般要向谁提供信息吗？
> 我们：保险公司。
> 专员：没错。保险公司已经……被宠坏了……很长时间以来都是免费获取这些信息。

保险公司及其调查部门通常能够获得警方记录。在警方管辖区内，他们可以畅通无阻地查阅司机的历史事故档案。一名负责向保险公司提供相关信息的警察解释说，"也许有人遭遇了 20 起事故，每年都要索赔。所以保险公司就要来调查究竟发生了多少事故，然后我就会把案件编号给他们。他们会要走所有案件报告。对我而言，就是多干点活，对吧？然后他们就能查阅确认那人说的是不是真的"。

尽管警察实施逮捕对解决财产犯罪基本起不到什么帮助作用，但他们会与保险公司合作调查威胁保险机构自身的诚信问题。大部分调查是为了发现欺诈性保险，并跟踪无法获得强制保险（如没有投保的司机）的人。在这种情况下，警察允许保险调查人员例行访问数据，由此可以进行记录匹配，从而发现欺诈性索赔。例如，我们研究的某警察组织允许保险犯罪预防署（Insurance Crime Prevention Bureau，ICPB）的调查人员阅读警方的文件。其合理性在于 ICPB 的调查人员通常做过警察，因此值得被信任。另一个警察组织制定了行动手册，正式确立与 ICPB 的信任关系，规定犯罪记录、指纹和照片可供其使用以协助加拿大警方侦查纵火、汽车盗窃、欺诈和持有赃物等相关罪行。

在构建保险风险应对机制的过程中，警方与保险公司之间还有其他形式的机构合作。比如，警方开设多种项目以鼓励人们充分、准确地学习保险所需知识。某警察组织会交给交通事故相关方一份名为"保险代理人所需信息"的表格，以指导其如何获取所需其他车辆和司机的详细信息。许多警察组织现在都实施了小型交通事故的新型处理办法，要求事故双方驾驶受损车辆前往报告中心或当地警局，并填写一份特殊的表来亲自报告事故。然而，这给指导民众何为相关信息提出了难题。一位受访警察说，他们的警局编制了一份小册子，指导司机按照所需的报告格式进行填写，这样便解决了这个难题。"我们也获得了保险业的支持，他们的代理人员每办理新的保险业务时会附赠一本小册子，以帮助民众进一步了解相关知识。"

强制性的事故自报系统将案件从警方转移至保险机构，这非常类似于警方将刑事案件转处社会福利机构（Reform Commission of Canada，1975）。在这两种情况下，警方的目标是将工作转移给当事人和其他机构，以减轻自身负担。然而，正如刑事司法转处面临的处境那样（Cohen，1985），警察常常会发现自己的工作量和遇到的困难不减反增了。负责事故保险登记的一名警察说，自从使用自报系统后，"每个人的工作量都增加了一倍，甚至连保险公司的人也是这样，因为他们得派人到现场去查看车辆并跟进保险赔偿。然而……他们事先并不知道有没有发生事故，需要我先去确认一遍才能告诉他们，这必然也就占用了我们双方更多的时间"。

警察和保险公司还合作推广损失预防计划，使公民担负起主动减少风险和上报信息的责任。许多预防犯罪的小册子和在第 8 章分析过的项目都得到了保险公司的支持（O'Malley，1991）。在某些警巡区内，保险公司赞助了一个项目，在此项目中，司机若将"停止盗窃"的贴纸贴在汽车上，就等同于赋予警察在晚间特定时间截停搜查这些车辆的权利。这种事先同意向有关机构透露自己的信息以减少损失的做法，使人们对那些车辆上没有这样标签的司机产生了极大的怀疑。

警察同样与保险公司合作以提高各项标准。警察和保险公司人员均为由众多机构参与的标准监管委员会委员。他们也是多个保险协会成员，比如当地的理赔理算人协会。一位与加拿大保险承销商实验室（Underwriters Laboratory Canada，ULC）合作的受访警察说，他"甚至无法相信加拿大保险承销商实验室所属的所有部门，包括从处理纺织品问题到汽车零件，从汽车零部件再到报警系统的所有领域，他们的工作都无法令人信服"。那时他正与 ULC 一道制定闭路电视和安全报警系统的分类。

相应地，警方还要满足保险机构的执法需求。警方巡逻工作的一个重点是检查司机是否按照要求购买保险。在巡逻期间，我们目睹了几个实例，警察会指出那些疑似没有购买保险的车，而他们的怀疑往往是正确的。在一个案例中，一名警察在跟踪一辆又老又脏但牌照却非常新的车时，他告诉我们该车可能没有上牌照，司机也没有购买保险。随后他的怀疑被证实：车牌是从司机的父母的车子上取下来的，并且司机没有购买保险。另一名巡警在访谈中为我们描述他是如何发现无保险驾驶的司机的："你要这样来试着找出罪犯。现在，没有保险是很常见的（情况），因为有很多人并不工作。所以，如果你发现一个人在早上 9 点至下午 5 点之间朝检查站走来，并且车况相当糟糕，我就会叫他停下来，因为他可能并不工作，买不起 1000 美元的个人责任险（Personal Liability，PL）和财产损失险（Property Damage，PD）。"

当警方记录下财产犯罪和交通事故后，调查责任就被转移给保险机构。保险公司理赔员做了其中的大部分工作，这些工作受到 ICPB 的支持，当涉嫌严重欺诈案件时还会有警方提供帮助。一名协调警方和 ICPB 联合调查以及 ICPB 访问警方信息的警方管理人士将警察的角色定义为"确保这些人没有欺骗的监管机构"。正如我们已经讨论论过的其他执法领域，在一个将刑事起诉视为例外的合规体系中，警察扮演监督者的角色。

怀疑态度是警察职业文化的核心（Reiner，1992：第 3 章）。警察越来越以非本来的面目解读人和情境，原告和受害者通常被视为别有用心，具有不可告人的动机（Waegel，1981；Ericson，1982；Ericson，1993）。在保险案件中，警察调查原告和受害者时通常要询问一些问题来审查其是否有夸大和虚假索赔的情况。刚刚完成对原告询问的一位巡警告诉我们："有时候你会遇到一些人，他们申报的目的只是到保险公司洗澡。这就是为什么当表上的号码是由女性填写的时候，我会犹豫要不要把它告诉这些受害者。"如果你给了他们受害者援助小组的电话，他们就会拨打电话，乱编一长串他们的内容。有时候你一接到某些案子的时候就会觉得很可疑，就比如那些在联系警察之前就先联系了保险公司的案子。

另一个巡警说，他更常与保险案件中的理赔员打交道，而非刑事案件中的律师。他说，就平均情况来看，他每周都能见到理赔员。这种交往的主要目的是获取"真相——他们想要知道到底发生了些什么，那家伙是否在胡说或其他什么的"。当被问及是否要将发案报告的叙述部分交给保险公司，提醒他们注意可疑案件时，他回答说："当然。"他的同伴补充道，"我们会这么写：'我认为这家伙在说谎。'"即使那样，保险人员有时也并不会出现，因为对他们而言，小额索赔带来的麻烦实在是太多了。

负责将报告交予保险公司的警察行政管理部门也会标记可疑案件。但是，这些职员无权提供书面意见或事后评论编制报告的警方调查人员。因此，他们会用彩色记号笔标记他们认为疑似欺诈的部分，对此需要理赔员向调查人员进一步确认，我们与警察行政管理部门的一位职员的对话如下。

职员：我们不会泄露警察的观点……如果保险公司需要更多的信息或者想知道文件中提到了什么，我们会让他们与调查人员直接沟通。或者，比方说他们感觉自己的客户在报警时没有说实话，我们就要将这些事情反馈到调查人员那里，而不是在和调查人员交谈之前就向保险公司提供警察的意见……如果受害者向他的保险公司报告说盗贼闯入了他家并且偷了一枚价值10000美元的钻石戒指，但当我们打开报告时，左上角写着"毫无根据"，这就说明这起所谓的盗窃案其实并不存在。我们不能保证保险公司一定没有遇到过这种情况，所以我们会用荧光笔标记这些句子，相当于在说"欲知更多信息，请联系警察，因为我们不能下这样的结论"。

我们：这样看来，你们用荧光笔做的标记是一种提醒他们做详细调查的线索喽？

职员：这是标准流程。所有的保险公司都会意识到这一点。如果将带有荧光笔标记的报告交到一个新的保险公司那里，我们当然要向他们解释，但这是行业内的常识，以至于人人都会意识到我们实际上是在通过荧光笔标记的方式向对方表明他们最好要和警察取得联系来了解相应情况，这些东西恰好是我们没法说的。

而当保险理赔员带头调查欺诈性索赔时，他们则依赖警方进行相关知识的例行披露——警察披露知识的意愿因正式和非正式的交换协议而异。一个关键变量在于保险公司代表是否以前也是警察，并借此判断仍旧具有警察情谊。一位受访警察对我们说："如果我们知道它是一个名声很好的组织，比如其中有一位退休的警察……该公司的负责人名声在外，他的兄弟是一名退休的警长等，那么合作就是水到渠成的了。"另一位曾经常与处理纵火案件的保险理赔员合作的警察说，信任关系有助于信息的"私下"日常交流。谈到正在调查的案件时，他说："理赔员给予我们客户的财务状况信息，因为我们是从纵火牟利的角度看待和分析问题的。"反过来，理赔员希望获得警方对案件披露的信息，比方说警察对客户的了解情况以及他们对索赔的看法。一位具有与理赔员丰富合作经验的警察，将这种情况比作他与刑事辩护律师打交道。正如律师一样，保险理赔员（Ericson and Baranek，1982）将警方的档案文件作为案件的事实标准，并依此决定是否协商以达成协议，"保险公司和律师的处境相同，这就是现实。"律师大方地承认，"当事人并不总是诚实。保险商面临的情况也是如此……他们都清楚客户并非都说实话"。

正如前文所述，警察与 ICPB 调查人员的关系具有形式化和高度机构化的特征。一位受访警察指出，他所在的警察小组与当地的 ICPB 调查员一直保持工作关系。这种关系不仅建立在正式程序上，使 ICPB 能够查阅和访问警察文件及数据，还建立在由本区域内 8 名 ICPB 调查人员之前具有的警察身份而形成的信任关系上。从警察的角度来看，ICPB 曾经扮演着"信息中转站"的角色，至少是获取所有的信息然后进行传递。该警察谈到了警方和 ICPB 的若干合作事宜，既提升了他所在的警察小组的能力，又更好地服务了社区。实际上，他认为警方与 ICPB 的关系反映了社区警务的特征，使警方"从根本上更加贴近社区"：

> 现在我们每天都要交流。我们会联合行动……比如，我们会在 3 个月的时间内互换一名调查人员和侦探，回顾并分析本市每一起汽车盗窃报案……目的在于，综合运用多种形式和途径对案件进行调查。他们要走访这些报案人以确定车辆盗窃案件的原始报告的真实性。我希望他们做一次为期 3 个月的评估性访谈，让他们对车辆被盗并做出全权委托的人说"此次采访不会追究任何责任。报告中是否存在不实信息？你曾

经是否想把车辆处理掉？"我想估算有多少辆车明显具有保险问题而非警方问题，并且看看比例怎样……我认为这真的会影响保险业，使其更为注重自身的内部预防或内部策略，以阻止偷车问题发生。

这表明，即使已处于调查阶段，警探也会介入风险画像案件中，以确定哪些案件应该被转移到保险机构的合规机制中。重点在于，风险沟通加重了保险机构对解决车辆盗窃问题所担负的责任，而非在于针对盗窃者采取的刑事执法活动。

在有限的情况下，当犯罪分子被逮捕并预计会被起诉时，将案件转处保险公司有时仍被当作替代性司法（alternative justice）的一种方式。警察将刑事司法机构视为一系列带来阻碍的程序，解决这些阻碍需要获取大量信息，而保险机构可以寻求遵守或实施其自己的简易司法形式，如拒绝索赔或拒绝投保。一名与ICPB密切合作的警方管理人士是这样描述保险公司的替代性司法的：

> 我们有时没有充分的理由使案件进入刑事程序，但我们有充分的资格去怀疑案件报告中出现了一些问题。我们当然不能去了就直接说："好吧，听着，他涉嫌刑事诈骗。"但我们可以对ICPB的调查人员说："看，我们这里有一个问题，有些地方不对劲。"然后，他们就得另想办法去查清事情的根源，以确定本案是欺诈还是一个人企图获得更多赔偿……他们有能力说："不，我们将不会支付赔偿金。"我们能做些什么？事实上，作为警察，我们不能使犯罪人自证其罪。我们不能强制他交出具有证据效力的照片，或者恐吓他直到他说出我们想听的东西。但是，警察能本能地感觉到事情里有鬼。我们能看出损坏程度与犯罪嫌疑人所讲述的不一致，但是在现实中，我们不能跟他说"你是个骗子，这一切都是你伪造的"。我们没有任何实质性的证据，但是直觉告诉我们事实不是这样的……这时我们只需打给ICPB，询问一下"这家伙以前是否有过欺诈性索赔？或者提出过多次索赔？他的背景怎么样"……这样他们就可以去保险公司获取进一步的背景资料，无论这人住在哪里。

绝大多数案件并不会进入调查阶段。相反，警方只会依照惯例向保险公司提供风险知识并收取费用。通过已经确立的通信规则、格式和技术，这种商品化的知识交换具有高度制度化和系统化的特征。赔偿申请人遇到的问题通常可以在保险机构得到解决。有效的法律即为保险合同，而具体操作是通过协商完成的（O'Malley，1991）。在极少数情况下，警方侦查人员会介入保险索赔诈骗案件的侦查活动，重点是提升与赔偿申请人相关的风险沟通的能力，而非刑事执法。

11.2　证书

证书（credential）是社会信心的象征，表明某人能够胜任特定任务（Nock，1993）。诸如驾照之类的证书，人们广泛持有也容易获得。但是诸如大学学位和专业实践资格一类的证书，持有人数量少且也更难获得。

证书还能用于追踪与管控人口。证书的监控能力能够超越它自身特定的角色和功能。例如，警察可以使用驾照获取满足 CPIC 检查需要的姓名和出生年月信息。零售商也可以使用证书来确认支票签名的真伪，以及追踪支票被拒付退回的客户。

风险社会是一个"证书化"（credentialized）的社会。在这个充满陌生人的社会中，日常的机构化交易（institutional transactions）都需要使用证书，因此我们的口袋和钱包里总是随身带着大量证书。一旦离开它们，即使是警察也难以立足。就像商店职员能喊出你的名字是因为在你刷卡的时候瞥到了你的信用卡一样，警察也只能通过你出具的证件来认识你。

本书作者之一在现场观察了一位巡警如何处理涉及 3 辆汽车的事故。她在摆好 9 份司机提供的文件后跑出房间，进入巡逻车时变得慌张。嘴里念叨着"警车需要配备文件柜"，随后她要求作者和其他警察先抱起剩下的文件。在整理完驾照、保险证书、机动车登记证书、加拿大汽车协会会员卡（安排拖车用）和其他物品之后，她要继续编写车辆碰撞报告、记录司机陈述、签发对汽车驾驶员违反交通规则的传票，这些都会影响到司机未来的驾驶以及相关人员的保险证书。

尽管这类证书持续用于对持有者的跟踪、登记以及风险画像，但它们还要受到针对真实性的监管。证书易于获取和伪造。一位受访警察回忆道：

"当我还是一个负责盗车案件的警探时，我有五张印有不同名字的驾照。其中两个是我在同一天从同一位女士那里取得的……我逮捕了另外一个惯犯，那人有七张驾照。其中三张是在一天之内从同一位女士那里得到的。"如此种种，迫使警方使用特殊的案件表格和计算机数据输入系统对证书伪造问题进行监管。"车辆或牌照名称变更"会输入刑事情报信息系统，以协助追查欺诈行为。

警察签发、鉴定、检查以及侦查大量其他的证书，从移民文件和就业执照到见义勇为证书和优秀公民证书。在每起案件中，警察的工作是为了其他机构的利益审查人们对于个人成就以及地位和职能的陈述。警方因此帮助相关机构提升公众对其证书和职业道路的信心。一位负责见义勇为证书审查的警察解释了其角色的重要性：

> 我们会调查这个人是否真正按照他声称的那样行事。有时你会惊讶于一些人声称做了一些事情，但实际上他们甚至没有出现在现场……让警察来负责此类审查的好处之一就是，他们比较了解自己的社区。他们能看出一个人是否在说谎，是否真的曾出现在他所声称的地方。我们接触的另一个群体是安德鲁卡内基组织。他们颁发奖项，我们为他们开展调查……这是一种公关行为，是一件维护公民利益的事情。

警察在不同的制度环境中为"雇主"工作，这能反映出警察是如何参与到证书体系中来的。在这方面，我们要审视警察是如何服务于私人企业、市政监管贸易和服务机构、政府机构、社会服务机构、失业福利机构以及志愿机构的风险画像制度来帮助其建构职业生涯的。

警察为了私营企业雇主的利益开展安全风险检查。在许多警巡区内，雇佣私人安保人员时都要进行例行检查。然而，在其他地方，仅有少量私人雇主（如铁路企业）和公共机构（如大专院校）会对私人安保人员申请者进行检查。

我们采访的一个警察组织内的"安全调查小组"（Security Clearance Unit）①就雇员审查事项向大型私营企业收取费用。虽然这类检查重点关注申请人的

---

① 安全调查小组是对参加秘密工作的人员等进行忠诚调查的组织。——译者注

犯罪史，但有时也会涉及其他的警方信息来源。该小组内的一名警官说，他经常会直接参与企业员工的招聘决策。他表示，这样的决定并非简单地排除有犯罪记录的人。例如，有些企业只关心一个人是否参与过特定类型的犯罪，因此要求警察有选择地报告犯罪记录。许多公司会说："有什么样的方法能让你明确做出决定？就是那种你可以直接说'看，他没有任何与性侵犯相关的犯罪记录。'因为我们唯一关心的就是这个，只有这类犯罪是最困扰我们的，其他的我们都不在乎。"

这位警察说，他经常代表有犯罪记录的人与企业进行交涉，他不认为这些人就应该由于自己过去的违法行为而被拒绝。他回忆起某人曾因为很久之前的一次危险驾驶而在申请就业时被拒。警察致电该公司，主张该人在其他方面都很优秀，使得该公司改变了原有决定。警察还告诉我们，他也会留心记录的准确性。有一次，一公司因一份假定的犯罪记录而拒绝了申请人，但是该申请人和罪犯是不是同一人却存在疑问。他告诉公司："他有可能是无罪的。""好吧，对我们来说没什么区别，事实也差不离了。""不，"他说，"你错了，我们的合作到此为止吧。""……我不知道我是否应该这么做，但我告诉他们，我们再也不会为他们做事了。你可以去别的警局试试，或者随便你。"

在某些情况下，警方与私营企业达成协议，由其以系统化的形式提供经过挑选的信息。一个警察组织与一家私人快递公司达成协议，由警察进行刑事赦免（CriminaL Pardons）检查。作为雇佣条件之一，快递公司要求每位新雇员提交一份请求犯罪赦免的表格。这份表格随即按照标准程序由警方处理。雇员在试用期内等待检查完成。如果发现员工从未被定罪，或曾经得到赦免，他就可以被永久雇佣。但如果有犯罪记录且没有赦免资格，雇佣就会被终止。制定该制度显然是用迂回的方式调查一个人可能的犯罪历史，毕竟法律禁止警察为民营企业开展刑事背景调查。

正如前文所述，警察也会监管多种市政管理职业中的应聘者。检查诸如脱衣舞演员、职业陪侍、搬家工人、装修工人、门卫、房地产经纪人、出租车司机和街头小贩等行业人员。某大型城市警巡区内的一位警方管理人士说，他所在的警局每周大约要处理 1000 份执照申请。他说，平均每份申请需要一个半小时来处理，而且服务是免费的。这相当于每周 1500 个工时，43 名全职员工每周工作 35 小时。

警察在一些市政管理行业的监管过程中发挥着更积极的作用。例如，对脱衣舞演员和职业陪侍发放的执照也会受到刑警队侦探的持续监控。每当一个职业成为持续监控的重点时，监控过程总会包括跟踪犯罪和其他不当活动，一经发现随时会导致执照失效或被撤销。一位市政执照发放部门的专家解释说："我们会在 CPIC 系统和本地文件中对他们的资质进行审查，当然，如果某些人具有一种特定犯罪的历史，即使他从未被定罪，我们也能做出决定，即他们并非某特定行业执照最为合适的申请人。比如，如果调查发现他们实施了四到五次欺诈活动，但我们从未提出指控，我们事实上是可以建议不签发执照的。"

各级政府雇员也处于警察的严密监管之下。某警巡区拥有一套精心设计的政府文件风险画像制度，分为"非保密"、"敏感"或"机密"三个级别。监管强度取决于雇员可能获取的文档安全级别。监管项目令人意想不到的详细，涉及员工生活的方方面面。警察会对雇员进行风险画像，例如依据其对民主制度的态度，其中包括：法律和执法；组织会员资格；信用历史；可能的药物（毒品）使用；家庭和社会关系，其中包括居住在加拿大境外以及近期抵达加拿大的朋友；性活动；可能的心理（精神）疾病；可能存在的与外国国家代表的联系以及可能的犯罪记录等。他们对每一项都要进行评分以确定风险阈值和除名标准。一位在该领域工作的受访警察说："我们计算出一个得分，该分数将决定你是否能在这个程序中走得更远。这个流程背后有非常强大的智力支持，还有一群博士也在帮助进行研发。"

在雇员监管方面，警方还与政府和私营部门的社会服务机构展开合作。监管诸如在日托机构和群体家庭中为孩子提供服务的雇员是最常见的。有些警察组织会区分政府、志愿机构（非收费服务）和以营利为目的的机构（收费服务）。在某警巡区内，营利性机构的准雇员要向警察支付 18 美元以换取一封证明其品行良好的信件。如果志愿机构的准雇员从事的是筹款类活动，如经营彩票或赌场，那么他们也要向警方支付此类费用。

风险社会中的安全自反性拓展了警察在就业审查方面的权限。在一些地方，例如，警察觉得有义务为户主提供审查服务，这些户主能够审查诸如女佣人、保姆等人的（犯罪）记录。安全调查小组的警察说："随着讲述一个凶残保姆的好莱坞电影《摇篮惊魂》（*The Hand That Rocks the Cradle*）的上映，每个人都有点儿小紧张，担心照看他们孩子的保姆有什么问题。所以他们就在报纸上说你随时都可以去找安全调查小组或警察来审查你的保姆。好吧，我们很忙，从那以后就一直这样！"

警方还能为管控失业人员的风险知识制度贡献力量。他们与失业和福利办公室达成知识交换协议来调查福利欺诈、支票欺诈、未执行的逮捕令以及限制令（Skolnick and Woodworth，1967）。负责与失业和福利办公室官员进行信息交换的警察说，他的职责在于提供尽可能多的信息来帮助这些官员进行决策，使其将不遵守福利要求的人移出花名册。

警方介入的另一个领域是志愿者部门。加入弱势群体帮助项目的志愿者要在申请时接受审查，之后还会受到定期审查。正如在其他领域的就业审查一样，志愿者部门会使用超出 CPIC 常规检查的警方情报信息来对应聘者做出判断。一名参与安全审查的警察解释说："诸如在逃的大叔们（Uncles at Large）、街区守望（Block Watch）以及老大哥（Big Brother）等组织，会向我们提出对雇员进行安全调查的要求。根据某人记录中的一些特殊情报，尽管他们没有犯罪记录，我们可能依旧不会建议志愿者部门去雇佣他。同时，我们也不会向该组织提供情报中的具体内容。"他的一位同事为我们详细介绍了一个恋童癖者的例子，他会精心挑选受害者以避免被刑事起诉。不过警方仍旧将相关信息告知给相关机构，将其排除在儿童志愿者之外。"有一些坏男人，我们知道他们在做什么……我们通常可以不留痕迹地把他们排除在外。"

申请成为警务志愿者的人也会受到类似审查。在某警察组织中，所有的志愿者在申请时就会受到安全审查，在实施志愿服务的过程中还会受到进一步的风险画像。在某些警务志愿工作中，每年要进行两次安全检查。一位警察向我们解释了其用途：

> 我们发现，随着项目规模的扩大和收入的增加，考验或者通过某种方式追踪这些人对我们而言是重要的。当然，我们与志愿者也发生过些不愉快，不得不终止与他们的雇佣关系。所以我们要做的就是在数据库中标出这些人，比如，如果受害者援助部门出现问题，他们终止了与一个人的雇佣关系并确定此人不应该参与与警务相关的任何工作，那我们就可以从中协调，防止那个人去另一个警区并被雇佣。因此，我们在这

里试图扮演的一个角色就是登记中心。

近年来，志愿者部门的成员成为越来越重要的劳动力。他们提供了无偿的社会资本以满足多种社会服务需求。那些希望在社会服务行业全职有偿就业的人们可以通过成为热情忠诚的志愿者来提升他们的就业机会。因此，警方的安全审查对人们的职业前景能够产生重大影响。

11.3 健康

作为健康风险管控机构的"知识公仆"，警察是最为活跃的药物使用监管者。尽管大部分违反药品使用的逮捕行动都是由巡警负责的，但每个主要的警察组织仍会配备药品监管专家（Manning, 1980; Ericson, 1982）。1992年，RCMP组建药品执法局，其中包括大约1000名调查人员、总部内50名制药业和药物分析等领域的专家以及3名全职教官或"禁毒警察"。

警方的药品执法活动是在加拿大卫生与福利部的监管模式下进行的。该部门负责决定药品的合法性以及通过风险管理策略对其实施监管。警方的药品监管与知识产出受到卫生与福利部门规定和指示的限制。这种机构间的关系通过部门表格得以制度化，警方在每起药品案件中都要填写这样的表格。该表格由警方和卫生与福利部门合力设计完成，可作为调查报告、证物报告以及风险画像数据的来源。

加拿大卫生与福利部表格中所记录的知识体现了警察对药品管理行业的贡献，该行业主要由研究机构组成，比如加拿大卫生与福利部和安大略省成瘾研究基金会。该行业所生产的知识可用于对警方意欲采取行动的药物和滥用药物者进行风险画像。因此，这些知识正是警察组织的产物，反映了警方对毒品问题发生的特定时间及地点的判断（Manning, 1980）。正如一名曾经做过缉毒侦探的警方管理人士所说："当我在打击毒品犯罪时，快克可卡因问世，于是我们的重心都放在了那里。我们就快克可卡因逮捕了大量罪犯而忽视了对于其他毒品的管控……然后成瘾研究基金会就迅速呼吁要大规模降低大麻的使用……他们使用了我们的数据来显示下降的趋势，但他们并不知道这些统计数据是如何产生的。"

警方还参与心理健康机构的登记和监管工作（Bittner, 1967; Menzies,

1987、1989）。由于精神病患者的非监禁化，警方有了更多职责（Scull，1984）。在大多数加拿大省份，综合性医院的精神科、社区诊所以及少量的专业精神病医院负责治疗精神病患者。该医疗体系的目标在于减少住院病人的数量，帮助人们能够成功生活在社区之中，但病人频繁的失范行为意味着医院会反复面临这些病患的光顾。在这种情况下，警察要负责处理精神病患者不配合带来的社区和家庭的麻烦，并促使病患入院治疗。

对于警察而言，心理健康工作耗时长且充满压力。因此，在某些警巡区内，专业人士帮助警察对疑似精神病患者进行评估、决策。这些专业人士开展多项工作，并不局限在心理健康案件中为警察提供直接帮助。他们要完成自己的临床病例报告，这对于警察和精神病方面的专家而言都很有价值。一位专家表示，他的临床病例报告用于证明一些精神病患者的言论不可信，防止他们对警察提出不实投诉或申请枪支许可证。这位专家指出：

> 如果我们之前与一个人在某个时间点就某些（与当前投诉无关的）事情接触过，并且意识到他们有精神疾病——也许有一些这方面的记录，或和精神病医生交谈过，诸如此类的事情。然后我们把这些信息录入系统，当这个人来投诉警察时，尽管他的故事混乱，完全讲不通，但至少负责调查这一投诉的人还有信息可以进一步追踪……（他想起一位被他诊断为精神分裂症的年轻人，随后这一诊断也被医院证实）该人曾在近三个月内申请过枪支许可证。根据记录，我担心他的危险程度正在上升，他的暴力以及潜在的暴力倾向也在增加。因此，最终他未能获取枪支许可。

警察还在其他方面为医院管理提供服务。在一些警巡区，警方与救护车服务和其他紧急服务部门合作，开发可连接到医院信息系统的车载计算机装置，以便在患者到达之前将患者数据传输给院方。我们研究的一个警区参与研发针对阿尔茨海默病患者的计算机化跟踪系统。在另一个警巡区内，警察向医院提供社区设施和特定地域的组织情况。一名受访警员表示，这类合作都具有互惠性质。例如，"有时医生和病患间的保密政策也会暂时失效。比如当发生性侵案件时，医生可能会允许我们了解其某个病人的情况"。

风险社会不得不对每个人进行追踪。即使是暂时失踪的人也会被登记，他们无法追踪的事实反过来也会传达给各种机构。警察位于失踪人口（Cmissing Persons）知识体系的支点，再次扮演关键的知识经纪人角色。

由于失踪人口绝大多数是年轻人，很多警察组织会利用其青少年服务部门所提供的信息完善失踪人口报告系统。我们研究的一个城市警察组织每年要收到近 3200 份失踪人口报告，其中近 85% 是关于年轻人的。该组织设有一位全职的失踪人口协调官，据他上司介绍："他实际上并不出去寻找失踪人口，他只负责协调文件进出。"实际上，除了失踪案可能涉嫌谋杀或接到志愿组织 Child Find 的请求外，该组织并不调查失踪事件。

如果最初的失踪人员报告提到该人可能在某地，警察有时就会去看看。除此之外，警方要做的就是填写表格并归档。由于来自社会服务机构和青少年之家的青年失踪人口报案数量过多，警方与这些组织达成协议，要求组织在员工失踪八小时之后才能向警察报告。管理该系统的警察说这样的安排可以适当减轻我们的文件负担。如果失踪人口有失踪记录，寻找该人的责任就会转到报告机构那里。警察还提出了另外一个问题——警察在某些情况下不愿直接将失踪青年交到报告失踪的亲戚朋友那里，"我们遇到过一个家长，直接说希望让我们把他女儿拖回家去。但我们担心的是她曾在家中遭到性侵。如果我们把孩子交还回去，相当于又把她推入火坑。此时我们建议，类似危机管理小组的社会服务机构应当介入进来"。

在失踪人口案件中，警察几乎独自扮演知识经纪人的角色。他们要将失踪人口数据输入 CPIC 系统；检查他们能访问的其他机构（比如医院）的数据系统；通知学校、福利组织和类似寻找失踪儿童组织的志愿机构；在某些情况下，发布失踪人口的照片和公告。

某警巡区的一家摄像公司同意免费提供失踪者的彩色照片副本。一位受访警察称赞了这种做法，认为其"具有高度的社区精神，这种做法很好，并且也是优秀的公关活动。他们印制了一份小报纸，介绍了与我们合作的事实，并为我们提供了真正的优质服务"。RCMP 失踪人员中央登记系统里，每月要按照失踪者的年龄、性别及失踪原因制作群体档案，每月还要按照年龄、性别和地点编制父母绑架案件破获情况。在风险管理意识的推动下，失踪人口领域的警方知识工作者的目标是在年底找回超过 97% 的失踪者。这一国家标准由 RCMP 制定。

对于服务于各省级验尸官办公室的警察来说，他们对一个人的生命历程的管理延续到其死亡。其工作范围从收集详细证据进行调查到对死者进行销户。一位警方管理人士举例说明了验尸官死亡登记中更为常规的一些内容：

> 你可能会遇到这样的场景，现在是七月份，验尸官到达现场，发现一名七十岁男性的尸体。天气很热，尸体位于三楼。验尸官会问警察是否有暴力或异常迹象。警察会说："没有，他看上去就是死了。"验尸官在死者的死亡证明上写下"冠状动脉血栓形成"后离开。甚至都懒得上去看一眼尸体。现在加拿大统计局和卫生专业人员都要使用该信息。它最终会影响各种各样的东西。我们都知道心脏病不是死亡的主要原因……我们只是在强化自己的偏见和习惯。

警察在死亡知识工作方面的主要作用是对非正常死亡者进行记录。例如：编制重大交通事故的报告，将信息输入省级谋杀登记系统，该系统是警察组织获得与谋杀相关数据的共同来源，为验尸官准备各种猝死病例的报告，例如由酒精、毒品或毒药导致的死亡；使用国际刑警组织配发的表格记录灾害遇难者的详细信息，通过查询 CPIC 数据库、对比指纹和检索失踪人口数据库来帮助追踪身份不明的尸体。

警察的另一职能在于将死者从风险信息系统中移除。例如，当限制性武器持有者死亡时，警方须依据所提交的相关表格核实该武器的处理方式。其他表格用于注销死者的犯罪记录并告知其他警察组织其官方身份的变化。

在我们的研究中，一个警察组织例外地向受害者家属提供慰问服务，而警察过去的职责只是通知因事故或犯罪死亡的死者亲属。之所以出现这样的服务，是因为人们相信警察可以用其特殊的专业知识来帮助死者亲属，且警察在社区中的突出地位也为其外延项目的正当性开展提供了支撑。警察和志愿者纷纷参与进来。我们采访了参加该活动的警察，对话如下。

> 警察：我们针对近亲突然离世的人们提供了特定的外延项目。一对男女共同生活了五十二年之久，然而某天该男子在家中突然离世。我们随后便会与那名女子通话，此时葬礼或许才刚刚结束，尚未有人对她表示关怀，这时我们会帮助她了解这种悲痛将如何发展变化等等。通常当

这些人的其他朋友已经厌倦安慰他们时，我们的电话沟通服务就开始了。

我们：可是在自然死亡的情况下，为什么警察会……

警察：因为我们认为这是一个重大的不幸，所以我们会向遭遇这样不幸的人伸出援手……本小组的服务分为以下三个方面。一是支持，基本上可以归结为：有人说话；有人发出共鸣（有时是表示同情）；有人提供关爱和精神上的支持。二是提供信息，人们想要知道案件的信息，多数需求通常出现在警方离开现场后，他们不知道如何获取信息。我们会满足城市内每位受害者的信息需求。三是推荐，我们会鉴于不同的原因向受害人推荐不同的机构。很大程度上是因为他们的情况需要用专业方法进行处理，而我们无法解决这些问题。

11.4　刑事司法

在刑事司法机构中，警察负有记录个人生命历程的首要责任。他们制造和管理罪犯、受害者和线人的相关数据，这些数据不断拼凑了他们在每个人在生命中扮演的角色和轨迹。

11.4.1　犯罪生涯

警方制造并管理嫌疑人的信息。在接触式智能卡监视系统和 CPIC 系统中的犯罪记录、犯罪组织的各种情报记录、个人的犯罪记录构成了犯罪生涯。这些系统中的信息均属于警方财产，只要他们觉得合理，就可以对其进行披露、交易和限制。

加拿大拥有规模庞大的犯罪记录系统。每个地方警察组织拥有自己的犯罪档案及系统，而 RCMP 管理全国犯罪历史记录系统。RCMP 犯罪历史分部的记录分析组管理大约 250 万份个人犯罪记录。1992 年，该部门由 10 名作为全职分析人员的下士组成，处理储存在 CPIC 系统内关于犯罪记录编辑方面的相关问题。60 名记录编辑人员协助这些警察工作，他们负责数据录入和检查错误。

犯罪历史知识工作者是现实中的"标签理论家"（Schur，1971；Ericson，

1975）。也就是说，他们的工作具有持续的反射性。因为他们明白，自己处理的知识可被用于推翻人一生中的合法部分，而将犯罪部分保留下来。在接受采访时，一名城市警察知识工作者表示，"我们与住在该地的人们打交道，我们的工作需要足够精确，做到无可指责……如果有人发现我们的记录经常不准确，那么它将会变得一文不值……在法庭上谈及量刑时，法官会依据犯罪记录做出判断，这是因为他相信警察的正直品格……因此，我们希望这份正直能永远得以保留"。

罪犯及其犯罪行为会受到多层的记录和风险画像。例如，对仅是涉嫌犯罪的人员会先实施接触式智能卡监控，而对于可能的恐怖分子则会出具无比详细的"监控对象"报告，以进一步判断其性质及持续监控的必要。不同的记录和风险画像系统适用于不同类型的犯罪行为。例如：海关和税务扣押（Customs and excise seizuyes）数据库用于跟踪惯犯；加拿大炸弹数据中心管理的知识系统对炸弹嫌疑人进行画像；其他系统用于对未结杀人案件进行画像，确定是否存在连环杀手。

特殊的记录方法被用在各种类型的有组织犯罪上。一名受访的警方情报小组管理人员将"有组织犯罪"这一术语定义为"一群人共同实施犯罪以获取经济利益，他们以此谋生，具有明显的组织性和规律性"。但随后他又对这一说法进行了补充，他指出，经济利益并不总是他们的行为动机。种族主义群体和飞车党是他们的两个主要目标，他们还有其他动机，"他们是有明确的党派目标的……这就是为什么飞车党能发展得如此壮大。这些群体似乎都有明确的目的……而且大多数都建立了一套群体内部的规约和准则"。对有组织犯罪的另一种解读是，游离于合法制度背景之外的任何有组织、有目的的活动。警方的行动旨在捣毁这些群体并终止其犯罪活动，或者通过许可、监视和建立共生关系的方式将该群体制度化。

在某些情况下，市政职业许可制度旨在规范那些被认为处于犯罪边缘或已实际参与有组织犯罪的人。本书研究的某市政警区要求，脱衣舞申请人在申请时需与警方进行谈话，并由总部和当地警察、侦探分队、有组织犯罪侦查小组以及特别侦查小组对其背景展开调查。

诸如飞车党之类的有组织罪犯的身份和生命历程都会被记录到监控文件中，这些文件记载着他们生活的每个重要细节。每份文件通常包括一张罪犯的照片以及完整的体貌特征描述，对其持有车辆的描述，以及关于其所在组织（俱乐部、工会等）和成员的详细信息。从影像监视、监听、访谈和其他接触中获得的信息情报也都会被记录在该文件中。警方情报小组制造这些信息，并将其传递给侦查小组，帮助其开展进一步的刑事侦查并提出控诉。

有组织犯罪的记录不可避免地与政治罪犯和恐怖分子的记录联系在一起。由警方情报小组所监控的大部分活动都带有明显的政治色彩，比如种族主义会议。参与过有组织犯罪的人大多被视为潜在的恐怖分子。当然，恐怖嫌疑分子也有单独的记录，其数据文件与有组织犯罪者类似。此外，"重要监视目标"档案能够识别可能对国家或国际重要人物构成威胁的人，并对他们进行风险画像。该档案包括：一张照片；个人基本情况，包括工作经历和家族史；旅行记录；关于所构成威胁的资料；一份关于进一步监视的调查报告。

随着新的社会问题的出现，或是旧的社会问题越发吸引公众的注意力，新的犯罪记录表也随之产生。最近的一个例子是加拿大卫生与福利部和一些省级政府所使用的家庭暴力（domestic violence）表，此表用于对同居异性伴侣间的暴力冲突进行风险画像和管控。以下内容是此表在开头处为警务人员提供的信息：本报告涵盖声称对同居伴侣之间暴力行为的投诉。投诉对象可包括曾经同居的伴侣，但不包括父母、子女、兄弟姐妹、大家庭成员或同性别室友。该表不仅限于记录通过法院起诉可能被认定为犯罪的行为。

在我们研究的一个警区内，社工协助警方完成家庭暴力报告，双方合作建立家暴者记录、协调刑法之外的多种干预形式。一位地区警方管理人士是这样描述社工在警署工作中的角色的：

> 她在这儿有一间办公室，实际上就是在审讯室里摆的一张桌子。她在这里的工作时间很自由，可以随意进出。目前警察是这样处理此类问题的——一旦发现某个家庭内再次出现家暴现象，他们就会呼叫社工，社工会与该家庭以及相关代理机构保持联系。在这里，她既是社会服务的化身，又是一个需要去帮助此类特殊家庭的个体。她会旁听此类案件的审讯……在此情况下，警察是十分乐意请她来帮忙的。之后的流程她会让合适的代理机构都来进行协助……相应地，如果社会服务机构致电并询问警方："得知警方已经去过现场，我们也很关心那里的情况。警方有什么发现吗？到底发生了什么？"对此，我们也会做出回复。

警方要对人们进行各种各样的裁判，以决定犯罪生涯记录中应包含哪些人，并在已知的罪行和 CPIC 的犯罪记录外，为他们建立涵盖更为广泛的犯罪生涯知识体系。正如诺克（Nock，1993）所观察到的那样：

> 裁判是现代社会的一个显著特征。早期人类在自己无能为力时，就要寻求上帝进行裁判，而现代则是要诉诸科学以获得判决。但古今裁判都需要一个人来解释"证据"。因此，两者本质上都是验证事实的主观方法……裁判也是一种监控手段。它们建立或维护声誉……裁判是确定某人是否说实话的一种仪式。裁判始于对有罪或无法解释的怀疑的推定。而决定裁判这种行为产生的最根本原因，在于早期人类对神明或超自然力量的崇拜。

虽然测谎数据不被加拿大法院采纳，但警察有时会用其甄别犯罪嫌疑人。当收集个人历史细节（包括健康状况）时，测谎仪测试也很有用。这方面的信息包括：嫌疑人上次何时患有头痛、流感或来月经；药物使用情况如何（是否产生幻觉，产生何种幻觉）；与父母关系，儿童时期是否遭受殴打；是否喜欢动物；儿童时代是否参加礼拜。这些知识用于全景式分类，证实了测谎技术在全景式分类中的有效性。测谎技术还可用于记录嫌疑人的职业生涯。

指纹记录、催眠记录、牙医就诊记录以及 DNA 记录都会通过裁判的方式制造出来。正如第 2 章所说，风险社会的发展趋势是创建可促进所需知识快速生产的法律和技术，并不过分关注其生产所需的正当程序（Ericson and Shearing，1986）。例如，加拿大效仿英格兰和威尔士的做法，允许警方在未经同意的情况下采集尸体样本进行 DNA 风险画像。一个正处于研发阶段的设备，旨在让警察能够轻松地提取街上行人的指纹。针对逮捕嫌犯的在线照相技术也将很快被投入使用。一位从事该项技术研发的受访者热情地为我们介绍其如何用于对嫌疑人员的快速筛查："将摄像头连接到电脑上，照相，储存到主机上，然后如果有地方警察想进行摸底排查……他可以输入搜索条件，调取 18 至 24 岁、身高超过 6 英尺、留胡子的男性的所有资料，然后就看着这些彩色照片一个一个地进行筛选。"

警方还为罪犯矫正事业做出了实质性贡献。他们提出关于被告和罪犯是否应转处替代性项目的书面建议。他们可以系统化地获取省级、联邦监狱罪犯的数据。警方和矫正部执法小组会在监狱内展开联合行动。在某警巡区内，警察不仅要在监狱内参与执法和刑事指控，还要定期报告活动效果。他们也参与监狱监控行动，其中包括拦截电话和确定哪些探视者应被禁止进入监狱。

警察可能还会与假释官员（parole officers）合作。我们研究的一个城市警察组织中，有位假释官员每天有一半的时间工作在犯罪分析小组里。他的警察同事认为："这个安排很有用，因为他能够直接告诉我们罪犯何时被假释以及何时出狱。这是一种双向的结构化关系。你看，他也由于与我们密切合作而受益，因为这样他就能够知道他负责的假释犯是因为做什么而被逮捕的。"

在这个警察组织中，必须向地区警察局报告假释犯的情况，并在地区一级保存他们的相关档案。这里还有一个负责处理假释许可的警察小组。在联邦层面，RCMP 设有一个部门，专门负责向国家假释委员会自动提交关于每个假释申请者的报告。这份报告包含犯罪历史记录，但警方有时也会因假释听证会再次对其进行调查。

这个 RCMP 设立的小组还要对假释申请进行调查并提出建议。1992 年，31000 份赦免申请中有 28000 份获得批准。对赦免申请的调查依据申请人居住地被分配给全国的警察组织。随后在各地方层面的知识工作中，除了犯罪记录之外，他们的求职需求也格外重要。一位负责赦免申请的警察解释道：

> 你能看到很多人真的很需要一份工作。我希望的是，我们为那些有犯罪记录的人做的事，能尽可能像为一位雇主做的那样多。如果他们可以申请赦免，我们就会给他们一份赦免申请。他们中的大多数人甚至不知道还能这么做……如果有雇主直接问我们："你们觉得这些人怎么样？"我会告诉他们我个人的感受……只是从其个人的表现和行为来判断。当然，每个人都很好。他们会认为你是帮助他们获得工作的其中一环……我们在每个组织中都有可靠的联络员……如果有人给我打电话希望获得一些建议……我们确保要与公司所有者或董事之类的人进行充分交流。

11.4.2　受害生涯

警察还构建了受害者的刑事司法生涯。许多警察组织都设有受害者援助小组（victim-assistance units），负责详细记录犯罪受害者的情况，为受害者提供一系列服务，并将其转介给其他机构。受害者权利运动的兴起促进了这些机构近期的发展变化（Rock，1986、1990）。

我们研究的一个受害者援助小组的活动说明了警察对受害者职业生涯的风险管理。成立该小组的目的在于集中管理和协调受害者案件。该小组由两名警察、一名普通雇员、一名秘书和 66 名兼职志愿者组成。这些志愿者每天会收到所有犯罪案件、致命事故和猝死的报告副本。该小组会致电犯罪受害者，发给他们一个发案登记号码，并为所选定的受害者提供特殊服务。一计算机知识系统将保存他们提供的所有服务的记录。

然而，该小组的工作并不局限于受害者个案。他们会与更广泛的受害者群体接触，积极参加受害者权利运动，前瞻性地创造更多单位需求。他们会主动给受害者打电话，向其提供专业知识、咨询和建议。正如该小组某成员所言："要不是我们打电话，大多数受害者甚至都不知道还有我们这样一个小组……大多数人对警察部门主动联系他们并了解他们的感受感到惊讶。当他们问了我们几个问题后，他们就敞开心扉地说出来了。这太棒了。"

该小组也努力提升自身形象，提供更为优秀的服务。该小组每月发布一版简报，在购物区以及逢集市和节庆活动时设置宣传展台。一成员认为，该展台的作用一方面在于加深警察和市民对小组的了解，另一方面在当那些未向警方正式报告过的受害者勇敢站出来时，为他们提供必要的帮助，"设置这个展台是为了给我们小组创造利益……如果我们成功地激发了他们的兴趣，他们就会带动更多的人来了解我们……这也从实战和现场受众的角度对我们的服务提出了更高的要求。麻烦在于，很多人认为自己是受害者，但除非他们的名字出现在警方报告上，否则我们不能认可这一点"。

同时，并非每个假定的受害者都是该小组的工作对象。风险画像系统用于挑选有资格享受该服务的受害者。如果某人被警方的"促销式"宣传所吸引并致电寻求帮助，需要进行的第一步是通过警方的验证程序。在提供服务之前，该小组会派出调查小组来确认该人是否为真正的受害者。尽管警方联系过全部在册受害者并给予了他们警方的发案登记号码，但该小组只会向特定种类犯罪（诸如抢劫、虐待儿童、攻击配偶、其他严重的袭击以及非商业性入室盗窃等）的受害者提供服务。

所有受害者都会受到检查以确定他们是否也有犯罪记录。如前所述，警察会怀疑受害者的动机，经常像调查犯罪嫌疑人的背景一样，对受害者的说法进行调查。犯罪记录丰富或包括性质严重事件的受害者会被排除在警察帮助之外。警方为何拒绝帮助曾伤害过他人的受害者？一位小组成员向我们解释了原因。

小组成员：我们要在提供服务前对每位受害者进行犯罪历史审查，如果某人突然被害但却长期实施犯罪行为，我们将不提供服务。不联系他们就行了。

我们：为何要这样做？

小组成员：因为我们总得有个底线。我们很忙，所以我们决定把那些长期实施犯罪行为并以此谋生的人划定在服务对象范围之外。如果我们必须要放弃一部分人，那就应该是他们。我们曾经和一些人谈过这个，他们似乎能接受……这些人往往希望从犯罪赔偿组织或我们这里以及其他地方得到钱，我们通常只是告诉他们，一直不联系你的原因是，我们的记录显示，你已经多次对别人犯罪……筛选这些人没有严格的标准。这取决于单位主管的自由裁量权。当志愿者确定某人有犯罪记录，该记录就会被传到这里。例如，如果某人曾经因酒后驾驶和小量的商店盗窃被定罪，我们会提供服务。如果某人实施了两三起人身攻击行为，并因贩卖毒品被定罪，我们就不会给他打电话。我们压根不会联系他们……我们只会把他们介绍给别的机构……告诉他们可以从某处获得信息……

我们：是因为可能有很多之前犯过罪的人也是受害者吗？

小组成员：是这样的……人非圣贤孰能无过。我们的工作也不是滴水不漏的……毕竟仅以主管个人对申请人犯罪记录的自由裁量就决定是否对其提供服务是非常武断的。

经认定，有资格的受害者将会获得一系列服务。一个两人小组会被派到受害者家中或工作地点进行"需求评估"。根据评估结果，警方可能会为受害者提供如何加强其安全保障的建议，并提供心理辅导。对于那些经历了严重创伤的受害者，如曾经历过持枪抢劫伤害的银行柜员，警方会提供创伤管理建议给受害者及其工作主管。自助书籍也会发放给那些受到精神创伤的受害人。一本小册子上附有一份持续性创伤的症状清单，其中包括：过分警觉，容易受到惊吓；对安全过于谨慎；未能解决真正的暴力，对电视上的虚假暴力感到不安；与家人和朋友通信减少；自闭等。如果这些特征持续存在，则建议受害者向警察社工或其他咨询机构的工作人员寻求进一步的咨询。

与此同时，警方不鼓励受害者要求对其创伤者进行监视的请求，也不认为这是防止进一步暴力的预防措施。在适当情况下，警方会告知受害人，对他们实施犯罪行为的人已不再处于拘禁状态。此外，警方会分配资源为自我保护和创伤管理提供指导。一名成员解释说："这些天来，警方没有时间留意任何人，除了他们跟踪的国际恐怖分子或银行劫匪外……警方不应把全部的注意力都放在受害者的焦虑上，除非这些焦虑被某些现实事件所证实。"

警方还要帮助受害者将案件转到与犯罪相关的其他机构中。如前所述，他们会得到警方的案件编号以进行保险索赔。小组成员会帮助他们完成财产损失赔偿所用的文书工作。符合从负责此种保险的省级机构获得刑事伤害赔偿的受害者也会受到该小组成员的帮助。帮助范围从填写申请表到与机构官员核实案件进展等。

该小组为具有证人身份的受害者提供"法庭陪伴"项目，帮助他们缓解庭审过程中的焦虑。这一项目还能帮助警察和法院官员更有效地管理案件和麻烦的证人。正如辩护律师帮助管理被告在刑事提审程序中的言谈一样（Carlen，1976；Ericson and Baranek，1982；Rock，1993），该小组成员的工作也有助于证人遵守法庭秩序。一种做法是给证人展示一段解释法庭空间布局和法律程序的视频，这就像在飞行过程中为将要抵达外国机场的乘客介绍机场程序那样。一位小组成员将陪伴证人抵达法庭，确保其作为刑事司法当事人的安全。一位小组成员是这样描述受害者/证人综合援助计划的：

> 我们提供服务的时间范围从他们被害那时直到庭审结束，其间还要让他们即时知晓事情的进展。我们要把他们带到法庭上，试着让他们熟悉庭审过程，和他们一起去法院，把他们介绍给合适的人，并要确保所

有的文书工作完成等。当他们作证时，我们坐在前排，给予他们精神上的支持……侦查人员确实将受害者所受到的关照作为证据交给了我们……受害者基本上就等同于一项证据，因为他们是证人，最终他们又把保管证据的事情转交给了我们。

受害者和罪犯都是刑事司法制度的产品和财产。警察是其保管人，对受害者的职业生涯实行多方面的管理。

11.4.3　线人的职业生涯

线人同样是具有价值的、受警察保护的"证据"。考虑到依靠自身发觉罪犯的能力有限，警察严重依赖线人，会采取非常措施保护他们的身份和利益。一位警察情报小组成员表示，哪怕付出无法侦破案件的代价，线人的安全也永远是他们的最高目标，"有时，我们会为了保护一位线人选择最终不起诉案件。我们极少将线人置于危险的境地。如果这种事一旦发生，那么警察机构的信誉会比线人本身受到更大的伤害……线人实际上是神圣的"。

线人不只是存在于警察个人和他所安插"耳目"的"共生"世界中（Ericson，1993），还体现在对线人职业生涯风险画像的大量警方数据系统中。其中，最基本的数据系统允许警察登记他们的线人信息。在某警巡区，每位警察被允许拥有六名登记线人。登记制度确立了该警察对其线人的专属权利，并提供了交易记录流水，其中包括为获取情报而支付的现金。另一警巡区的登记制度表明了哪些线人为全体警察公用，哪些线人为某警察专用。一名受访的警察解释说：

> 该系统对本警区内所有可能为侦查人员用作线人的人进行了画像。如果一名线人仅由某警察秘密所用，系统只会对该警察进行编码，其他警察如果想与该线人取得联系就必须请求该警察……（系统不支持警察）对记录锁定、删除、隐藏……如果警察有多处线人来源，并将其仅为自己所用，这很可怕……（我们需要）向外传播信息，让每个人都可以获得这些情报。

所有主要警巡区都在使用"犯罪终结者"项目的线人系统（Carriere

and Ericson，1989）。警方通过宣传"本周犯罪"活动，鼓励人们向警方提供他们所知道的有关该犯罪或其他犯罪的情报。当地企业会对举报者提供资金奖励，并对举报人进行匿名保护。警察拥有一个数字编码登记系统，该系统记录了所有通过"犯罪终结者"线人系统与他们进行联系的匿名线人。在我们调查的一个城市警察组织中，这一系统由三位全职警察和二十名兼职志愿者进行操作。兼职志愿者主要负责接听电话、发展线人和更新案件卷宗以及决定哪个警察小组应针对情报做出行动。"犯罪终结者"小组的一位雇员向我们描述了有关接收及处理线人/账户的知识工作：

（我们）进入计算机系统，试图找出那人正在谈论的犯罪……进行全面研究……所有这些信息都可以在同一个终端上获取。对于坏人，他过去有什么记录？他住在哪儿？他最后去过什么地方？我们把这些信息打包并标记好日期，最后，寄给警察局或者负责抢劫案的部门，告诉他们这是我们掌握的全部信息……也有时候，举报人会再次打来电话说："我刚刚看到他了，他明天可能在某地实施抢劫……"因此，这种联络具有了可持续性……某星期五的下午（我们的一位员工）接听电话，"好吧，他现在在哪里？"（线人）说："他正沿着街走。"这是个逃犯，我们的员工问："真的吗？他穿了什么衣服？"接下来主动权就交到了我们手上。我们蹲守在那条街道，当他出现时，随即发动警车，当场就抓住了他！

线人与其他职业生涯中的人一样也会受到风险画像。某警察组织的实践为我们提供了有益的说明。申请从事线人职业的人们要接受"潜在来源评估"调查。在工作过程中，线人的职业生涯会被记录下来，其中包括一套对"危险（不忠）来源"进行风险画像和排除的数据集和一份总结其所完成工作和所支付资金的年度评估报告。重大、耗时长久的案件中的线人可能享受证人保护项目的资格，他们的一生会产生大量信息。这些信息包括：婚姻状况；线人工作是否会对别人产生影响；近亲信息；过去两年的居住地；受教育情况；就业史；健康状况（包括酗酒和药物使用）；职业同行信息；金融资产和负债情况；家庭和财产状况；拥有的汽车和动物信息；遗嘱；保险单；犯罪记录；成为线人的理由等。这些数据用于评估警察组织使用线人给自身带来的风险，比如有时根据证人保护计划，警方不得不为线人支付安置新落脚点的费用。最后，当警方不再需要使用某线人时，需要编制其述职报告，回顾他做出的贡献，同时也标志着他这段职业生涯的结束，至少是暂时地结束了。

我们在本章中分析了警方为多方机构记录生涯和提供知识的方式。风险社会中，各种机构记录下了人们一生中经历的成功与失败、常态和意外，在此过程中，警察始终位于其中心地位。警察通过这些知识工作帮助监管人们的各项生涯、构建人们的职业身份。

我们现在要转而分析警察知识工作如何创建人口身份。采用基于年龄、民族和种族的分类方式，警方可以识别"风险"人群，进而采用特殊的监控方式。警方与其他机构合作，确认人们的人口身份类别，再现风险社会中的身份结构。

第 12 章　身份

12.1　人口身份

由警方编制并传播的社会服务目录中包含以下"长效目标"：通过展示公正的法律服务以及不分性别、种族、宗教信仰或籍贯地等因素向全体社会公众提供服务与友好态度，来提升专业的警察形象。对于一个致力于共识和秩序的公共机构而言，此目标是适宜的。然而，它也代表了一种通常为警察设定的"不可能的命令"（Manning，1977），因为这需要警察代理一种并不存在的文化一致性。相比在研究赞得部落（Zande）后最初创造此概念的人类学家，警察不能够更好地维持文化一致性。事实证明，赞得部落由使用八种语言的二十个文化截然不同的群体构成。

在风险社会中，公正的法律服务和社区身份是不可能实现的，因为警察被迫在多种风险机构的身份分类（identity category）中工作，并根据这些分类进行区别对待。为了使自身的风险管理形式生效，这些机构要求，比如：区别对待青少年与成年人、给予具有高级财务地位的人不同于低级财务地位的人保险和信用特权、让少数群体能够获得特殊机构资源等。警察在外部风险机构的身份分类中工作，会不可避免地再现这些机构设置的多种分化。

分化是风险社会中全景式分类过程的无情产物。它为了实现区别对待而创建了社会群体身份。虽然它使特定人群的合法需求得以满足，但它排除了其他群体的诉求。包含和排除不一定包括偏见（负面的先入之见）或歧视（不公正的选择），但是偏见和歧视通常会进入分化的分类计划中，从而逐渐被制度化。

作者将机构视为身份的起源。人们在风险机构分类（institutional category）及其促成的差异需求中发觉自我。个体身份在机构的分类计划和专家知识中得以确认。正如吉登斯（1990：124）所言，个体定是在抽象的风险系统所提供的策略和概念中来发现其身份的。因此，个体注定是不能自给自足的。这样构成的个体必须依赖他们无法控制的力量以得到对自身的满意控制（Bauman，1992a）。

警察有权对在机构性风险分类和话语的范围内的人们的身份做出修改。警察通过常规的表格填写工作以及进入各种风险管理环境和全景排序的知识，迫使人们承受特定的机构身份（institutional identity）。与该项工作具有创造力的作者不同，警察只是对人们进行适当调试，使其符合警方分类格式中具备的身份特征。此外，个人的机构性相关身份在新的语境中得以排序和记录。警方的行动报告提供了"一系列关于参与人员所处群体、个人以及身份的信息。不管这些人的自我意识如何，这些信息是确定的"（Manning，1980：96）。这些信息是"警察组织的主要产品……将道德水平、社会地位（进行横向及纵向排名）、身份以及地位的观点传递给其他社会群体"（Manning，1988）。

关注结构的研究者认为，警察在分化和身份构建过程中的工作超出我们所能看到的日常警务范围。这些研究者分析的分化主要是就偏见和歧视而言的，也就是说，这种研究从历史的角度展开，关注的是超越日常警务工作细节的"宏观"层面。例如，布罗格登（Brogden）、杰斐逊（Jefferson）和沃克莱特（Walklate）（1988：101）在《警务工作导论》中是这样阐述该观点的：

> 现实的警务活动主要包括盯梢、守卫、服务、填写表格等，这些内容掩盖了前面章节所无情揭示的警方对特定弱势群体的偏见……这种偏见模式在理解警务活动与更广泛的社会结构如何联系（即与社会分层相关的警察角色）方面会起到关键作用，这种研究关注的焦点在警务活动最为明显和耗时的特征上，平凡的、没有争议的日常事务就不考虑在内了。

相反，我们认为警务活动最为平凡的方面——日常监控、表格填写以及表格本身很大程度上能够揭示出文化是如何借助风险分类的力量按照身份把人们分类，并使其与身份绑定的。

在第 10 章和第 11 章中，我们讨论了财务状况和职业生涯等后天取得的现实身份（achieved identity）。本章关注年龄、种族等先天赋予的身份（ascribed identities）。正如贝克（1992a、1992b）谈到的那样，先天赋予的身份在风险社会中具有重要的政治意义。风险知识和技术均有"去领土化"和"去传统化"的文化效果。反过来，这些效果使社会生活更加个性化、私有化以及机构化——换句话说，人们都变得不善于交际。在这种情况下，人们通过审视风险分类呈现的"碎片化"的身份来找寻社会和个体的意义。风险分类不仅告诉他们要做什么，还告诉他们如何融入社会的知识结构中。

风险分类在以这种方式构建身份的同时，还要强调政治分歧以及机构冲突。之所以这样做，是因为在精算科学的倡导下，风险分类使先天赋予的社会不平等愈加清晰。风险身份的新政治意义体现在两个方面：一是，先天赋予的种族、国籍、性别、年龄等差异和不平等；二是，在个人社会关系、私人生活方式和身份地位中诞生的自反性特征带来持续变化的新分化。因此，在持续性的社会不平等中，新的社会生活方式和群体身份开始出现（Beck, 1992a：99）。

这种风险身份政治中的一个重要体现在于受害者权利运动。具有不同先天身份的人们——例如：女性（虐待配偶）、儿童（虐待儿童）、老人（虐待老人）和种（民）族群体（歧视）——在政府风险机构（Rock, 1986、1990）、科学技术（Hacking, 1995）以及大众媒体（Chermak, 1995）的帮助下呼吁他们作为受害者的权利。

警方已成为受害者权利运动的一部分，因为他们定期提供与风险相关的特征数据，其他机构则使用该数据确定运动标准并解决权利诉求。在这项工作中，警察帮助其他机构确定能够给予哪些先天赋予的身份以"居留许可"、后现代社会中最终的"公民身份"以及哪些将会被驱逐出境（Bauman, 1992b）。换句话说，关键在于对象征性边界（symbolic border）的管控，以明确谁是、谁又不是我们中的一员，并将被允许留在这些象征性边界内的人分配到所属的位置，以使他们对合理的制度生活和有效流动的扰乱达到最小化。鲍曼（Bauman, 1992b：678-679）对民族的观察在这方面对我们很有启发意义：

在弗雷德里克·巴斯（Fredrik Barth）之后，我们承认"种族类别提供了一种能在不同的社会文化系统中被赋予不同的内容与形式的组织框架。它们可能与行为密切相关，但不是必需的。它们会进入社会生活的方方面面，或者它们可能只与有限的活动相关"。我们承认不管边界展示出的文化因素如何变化，"种族类别"的持续性存在完全依赖于边界的维护，我们承认最终是依靠种族边界来界定种族群体，并非由其包含的文化因素来界定。综上所述，文化因素的确定身份是被严格界定、严格保护的边界的产物，尽管边界的设计师和守卫者坚持认为这种因果关系是相反的……身份依赖于边界的安全，如果边界无人守卫，那么边界将形同虚设。

在下文中，我们会审视身份边界巡逻活动中的警察角色。我们先从与年龄有关的身份、特别是青年人的身份开始，接着分析面向种族身份的警务活动。

12.2 年龄

12.2.1 关注青少年问题

大量证据表明，警方过度关注青少年（Brogden, Jefferson, and Walklate, 1988：112）。例如，在我们对安大略省警察巡逻的实地研究中，埃里克森（1982）发现，青少年，特别是那些经济社会地位低下的男青年，接受警察截停、搜查、质询以及接触式卡片报告的比例正在不均衡地增加。在警察文化中，社会经济地位低下的青年男性被统称为"呕吐者"或"搅屎棍"（pukers），整体游走于主流社会之外，因此需要额外的监督。在英国伦敦进行的一项关于警察巡逻的相似研究表明，"相比年龄长些的人而言，青年人更易被警察截停，截停人数之比为11：1，每人经历的平均截停次数之比为30：1"（Policy Studies Institute, 1983：95）。

警方过度关注青少年的原因有很多。首先，很简单，青少年比其他人有更多的犯罪和越轨行为，尤其是在公共场合。

其次，青少年参与的大部分活动如果有成年人参与，就会被认为是合法

的，例如饮用含酒精饮料、临时逃学、驾驶汽车以及在公共场所聚集。比如
说，某警巡区内"青少年舞会许可"需要特别申请，但成年人就无须类似
的申请。该申请就是一个风险筛查装置，警方由此确定赞助和监督该活动的
主体，以及活动中是否有因煽动不雅行为而"闻名"的乐队表演。

再次，一部分犯罪和越轨行为与这样一个事实有关，即青少年阶段是一
个人获取处理事情的技巧和经验的阶段，但成年人已经更好地掌握了这些。
例如，就司机而言，青少年是一个高风险群体，因此就要相应地加以管控。
正如一位交通事故数据分析师向我们解释的，他们要创建统计类别来针对特
定问题，如酒驾以及诸如青少年之类的特定问题人群：

> 酒驾的主体基本上是年轻司机。大量的统计资料来自……你（决
> 定）收集的内容。如果没有数据，你甚至不知道目标群体。如果你想
> 宣传，你不能将宣传的广告传递给每个人。就像私人广告商不会到处送
> 钱一样。他会指向特定的目标受众……你必须从目标受众那里得到自己
> 想要的结果。文化有时在事故和数据中同等重要。

最后，宏观文化使年轻人成为一种象征性的威胁。妨碍治安的年轻人是
一种关于无序和衰败的"体面的恐惧"（Pearson，1983）。"如果青少年参
与实施犯罪行为的统计数字为警方关注他们提供了正当性依据，那么青少年
便成了'离经叛道者'，具有'潜在麻烦'的形象，或变成了对权威的象征
性威胁，这也构成了这一领域的警察思维和实践的主要内容。"（Brogden，
Jefferson，and Walklate，1988：103）。警方积极主动地采取行动，使具有不
良形象的青少年无法对人民的幸福感和有序的商业活动造成威胁，警方也由
此认识到青少年的这种形象。警方的犯罪预防小组与市政官员、零售业等
其他企业代表合作编写的一份关于商业区发展的文档中指出，"街头青少
年"以"不正常"的方式利用"环境"（Newman，1972），他们强调自己
和普通商业区居民的差异。这些差异可能激起普通居民对于未知的不确定
性和恐惧。虽然这些街头青少年或流浪汉可能不会对商业区造成实际危
害，但仍显著提升了人们对危险的感知。帮助街头青少年或流浪汉的社会
策略（social strategies），在提升和改善市区商业中心公众安全感方面具有
重要作用。

这里强调的是社会策略。正如我们在第 2 章所指出的那样，警方过度关注的结果并不是通过起诉和惩罚对失足青少年进行严重的刑事定罪，而是通过有选择地向保健、教育和福利机构移交有关青年的警察工作知识，引发过度关注的进一轮升级。至少在刑事司法制度内，警方往往在青少年犯罪人员涉及的案件中未做出应有的反应。大部分涉及青少年的犯罪案件都是通过非正式或正式的警告来处理的。警方在青少年案件中耗费大量时间通过不同的方式对青少年的行为加以记录，并进行风险画像，如巡逻时通过接触式卡片监视、建立学校联络计划、刑事案件分流，以及将这方面的知识传递给直接处理青少年问题的其他机构（Meehan，1993）。

12. 2. 2　校警项目

对学校内警方项目的分析解释了警方如何与其他机构一道实施青少年监管活动。

警方作为学校内的专业教育人士，有着悠久的历史。尤其是在他们视察学校，并为之提供交通安全和人身安全方面的指导时。较大城市的警察组织通常有专门提供这种教育服务的专职警察。他们的职责往往延伸至监督和评估校园安全巡逻队上。

警方在学校教育方面的工作在最近几年得以扩展。社会上充斥的毒品风险使得反毒教育成为学校课程，学校邀请警察作为专家来上这门课。有些警察组织配备了全职"毒品意识"警察，在学校及其他地方授课。这些警察通常具有毒品侦探的工作经历，并因此具备了专业知识。但社会希望他们了解最新的毒品使用方式以及对这些方式的风险分析。一位受访的警方毒品专家表示，全职专家有存在的必要，因为他们掌握了青少年（使用毒品）的专业知识：

> 他们的经验和背景将增加话语的可信度。当你站在一所高中里，那里可能有一帮孩子在吸毒，比那里的警察更了解毒品。当警察都不知道自己在说些什么时，这些学生们就会开始起哄……（我们的指导员）来自缉毒部门。他们过去曾经参与缉毒工作，现在则是将毒品侦查知识融入其演说能力和技巧之中，并走出警局对群众加以宣传。

警察时常出现在校园当中，帮助识别高危青少年，并与学校合作进行风险管理。下文对学校项目的研究表明了其所涉及的知识工作何其精细。

一项小学项目由四名全职警员和一名同时是警察雇员的社会工作者开展。最初这名社会工作者是为了帮助警方得到学校的认同。该项目最初的目标是需要进行越轨活动（特别是非法使用毒品活动）风险教育，但迅速扩大到其他领域。一位该项目的参与者在更为宏观的风险和安全问题方面为我们解释了教育活动的地位：

> 毒品是媒介……但我们已经具有谈论自尊、解决问题、同龄人压力的项目……我们常能在新闻媒体之类的东西里听到毒品的信息，这很好地引起了孩子们的注意……目前校园暴力问题也开始蔓延。我还预测，很快制作视频的人都会作为媒介关注这个问题，并开发出一些好的项目解决该问题……但潜在台词始终是相同的……让学生们熟悉学校中的警察……我们尝试去做的事是让学生、家长和老师都能有渠道接触到我们，如果有孩子发怒……让他平静下来并回到教室。教学人员没有足够的时间来做这个。

此人预测，课堂教学占据了警察 25%～30%的在校时间。警察在其余时间充当校园安全官，无论是捣乱的学生、闯入校园的陌生人还是具有暴力倾向的家长，这些问题都由其解决。而警察完成上述任务的关键则在于风险知识生产和管理。

风险评估包括对作为组织的学校进行分析。认定"高需要"或高风险学校的标准在于采用流行病学方法分析一系列人口健康问题，如旷课、营养不良、学校内的不当行为以及犯罪等。在对学校组织的人口进行全面分类之后，要采用相同的标准对学生个人进行分类。警察组织的一份官方出版物中清楚地描述了这种风险管理方法，谈到该项目"向选定的小学提供外联服务……识别遇到问题的儿童（主要是四五六年级），并辅助协调多家机构共同帮助这些孩子及其家庭"。

高风险儿童能够通过大量的信息提供者提供的消息而得以识别。包括卫生与福利机构官员、教师和学校顾问以及父母。家访有时也是必要的。孩子本身也是主要的信息来源，显示出的问题往往并不是特定存在于学校内的。一位项目官员强调："学生及其父母……可以告诉警察自己的一切需要。不一定要让学校知道。孩子透露给我们的问题有性虐待、身体虐待等。有的父母也来到这里，希望获得关于离婚、家庭暴力方面的信息……警察可以为他们推荐一切社区机构……我们告诉（学校）校长，我们完成了这些工作。"

单位成员并未保存关于儿童的正式情报文件。然而，他们确实记录了潜在的高风险儿童，并对其学生档案表格中所记录的享受福利情况、就读学校信息、儿童特殊问题、与其他机构的过往联系以及家庭犯罪史进行了一一评级。一位项目官员是这样解释的，"我们在尽可能地避免去保存孩子们的文件。学校也曾一度对我们产生怀疑，会说'你们是来收集学生情报吗？'但我们并没有保留他们的文件，我们也不会这样做"。然而，当一些孩子引起了警官的格外注意时，他们确实会着手做一些记录……比如保存这些孩子的照片等。

各种知识都会在会议上被分享，参会人员包括学校内的警察、工作人员以及其他机构代表。学校记录与其他机构的记录一并公开。高风险学生得以确认并记录下来，他们将会接受外界机构或者学校警方提供的咨询服务。一名警察指出，专家会提供这样的咨询意见：

> 在试图发现问题所在，然后让学生和家庭获取解决该问题的最佳资源之时，有些学生的行为问题较多。他们会被带出课堂，与警察一对一地玩棋盘游戏。有些警察和与同龄人交流存在障碍的一群孩子一起做建筑模型……如果这些高危儿童在早期阶段可以真正被识别，如果他们可以与警察建立某种形式的联系，或许他们会认真思考，如果自己出去惹了麻烦，那么有人会失望的。

30个左右最为危险的学生被置于一个风险管理系统中，目的在于追踪他们在学校的全部情况。

警察将自己在该项目中的工作视为社区警务多机构合作伙伴关系的一个例证。警方在关于该项目的官方声明中表示，一个目的在于"推动警察积极参与社区活动，通过开放交流和理解改善警察公共关系"。一名警察认同这一说法并说："（我们）以学校为基础，这是真正的社区警务，根本不是被动反应式警务。"

官方声明还强调："如果公众将警察视为一名学校员工，那么他工作的有效性就会增强。"一位警察声称："项目中的警察确实被看作学校员工：警察是学校员工的一部分，他们接受咨询、参与学校资源组……开案例分析会……不管问题是不是学业上的……警察能够在学校有所作为，就像一名普通员工那样。他们真的担负起学校员工的职责，属于校外资源。他们只是碰巧穿着警服，具有不同的观点罢了。"

我们还研究了一项警察与高中的合作项目，该项目由 12 名全职警察和一名警长参与。与上文分析的小学项目不同的是，选择学校的标准并不是人口具有最高风险。这种选择看上去政治色彩过浓，因为这样一来校董会将不得不官方承认有些学校的麻烦会特别棘手，反过来会给这些学校留下污点，影响学生择校。相反，选择学校的标准在于学生规模。12 所规模最大的高中均配备一名警察，该警察每周至少要花一天的时间视察其管区内一所规模较小的高中以及（或）一所初中。警察的办公室通常挨着学校顾问的办公室，警察与学校顾问之间保持着紧密的工作关系。

项目开展之前，学校情况大不相同。之前警察从未进驻校园，处理问题的方式也都是被动型，而非主动型。制服巡警以前禁止进入学校实施侦查，因为校董会只授权少年署的便衣警察来解决问题。

该高中项目中外部机构的充分参与为社区警务的推行提供了例证。一位受访警察指出，校警是"警察组织内每天与同一屋檐下 2000 位公民打交道的唯一成员。在发现并竭力解决问题或减压方面，校警担负着更多的责任，因为第二天早上你在走廊上都会看到他们……他们将会向你提出问题"。该项目同样揭示出如何运作社区警务以推动"通信式警务"的发展。该受访警察还谈道："该项目的全部目的在于通过外包形式来获得更好的交流、更好的态度，特别是在年轻人和穿制服的警察之间。"

该项目寻求警民沟通，以满足安全预防和执法的目的。课堂教育明确以关于犯罪和相关违法行为的道德课程为中心。事先准备好的 15 门课程中有 11 门课程是有关严重犯罪与法律方面的内容。其中一门课程涵盖了《刑法》、《青少年罪犯法》（*Young Offenders Act*）以及《权利和自由宪章》方面的内容。其他课程内容包括：省级和市级法律、酒后驾驶、盗窃和破坏公物、性侵犯和约会强奸、有组织犯罪和青少年犯罪团伙（帮派）、家庭暴力、入店行窃、毒品、逃学、逮捕和法院制度。剩下的课程关于驾驶教育、自行车安全、情绪管理、自杀以及警察角色（包括警察职业的话题）。此外，校警寻求机会将警方建议融入课程之中。例如，一位警方交通管理专业人士进入数学课堂，为学生展示作为警务实践的一部分的公式和测量。为了满足风险社会的强烈需要，所有这些项目都被准确记录。在 12 个月的时间内，他们记录下为 27009 名学生所上的 812 次课程。

这些课程具有多种目的和效果。他们为学生提供了关于法律制度和程序的知识，有助于学生意识到警察是问题的解决者，并提出新问题由他们解决。一位从事该项目的警察说道："在最近一次关于自杀预防的课程之后，我们在课堂上发现了四位具有自杀倾向问题的同学，我帮助他们解决了这个问题。"

校警不只在教室这一个地方传播风险知识。警察努力与学生建立互信关系，希望这种关系能使警察将最受重视的风险相关知识传播出去。一位警察是这样描述他的知识工作的：

> 我想在一对一的基础上与新学生交流，如果他们有需要，不用害怕，也不用担心我会把会面情况公之于众，来找我吧。当他们来见我时，我会拉下百叶窗，外人是看不到的。当他们跟我在一起时，我会为他们保密……总会有难以启齿的事情……学生希望在门窗紧闭的办公室里见我，讨论秘密的事情。我也向他们提供这种"服务"。事实上，就在这个星期我就跟一位学生交流过，很受触动。她向我提供了市内一项大型水培项目的信息，我们像对待提供情报的线人那样对待她。

参与该项目的另外一位警察特别说明了信息提供者的重要性，但也指出，被动提供"服务"与积极主动地招募信息提供者存在着界限：

> 我们唯一的作用不是去学校社区发展线人……然而……在学校工作，或者在任何地方工作……我们都会得到信息。一方面，作为警察，我们从事的就是信息工作，我们会得到信息。在很多情况下，我们会将其称为情报，并传递到内部相应的部门，或接到请求后传递给其他机

构。但我们并不在初高中阶段招募线人。但另一方面，如果一个孩子进入我的办公室，并想告诉我一些信息，那我们就会基本上将其视为秘密线人提供的秘密情报，然后传递给适当的人员、部门或机构来解决。

在研究期间，就是否应将信息功能划分得更为明确和细致这一问题，警察和学校官员之间存在些许紧张关系。早在项目初期就有学生怀疑这是"禁毒小分队"的一个幌子，这种怀疑存在了很长一段时间。然而，风险社会是一个知识社会，提供信息不仅是合法的，还是"良好公民"的行为。线人（信息提供者）的正面形象因为警察和大众传媒在电视上播出的罪犯通缉节目而得以提升，比如《犯罪终结者》（*Crime Stoppers*）（Carriere and Ericson，1989）、《英国犯罪守望》（*Crime Watch UK*）（Schlesinger and Tumber，1994）以及《全美一号通缉令》（*America's Most Wanted*）（Cavendar and Bond-Maupin，1993）等电视节目，人们强烈要求通过举报可疑人员或可疑事件来参与警察打击不良行为的活动。

犯罪终结者项目的海报很少出现在校园中。但是有些人提出了这样一种设想，举办全职的、以学生为基础的犯罪终结者活动。其他人则认为这种方法会使人们认为警察出现在校园中就是为了获取线人提供的情报。双方最终达成妥协，决定建立一个校园守望项目，一位受访者认为，这些项目：

> 有助于学生担负起校园安全的责任。这与犯罪终结者相似但不完全相同。参与该项目的学生没有奖励。一旦有人发现学校内发生了什么事情就要报告。校园内要设置一个盒子，学生们可以将信息投到盒子中，提供一些匿名建议……这样他们就可以关照校园安全。这样，一旦我们发现什么风吹草动，我们就可以顺藤摸瓜。我们要对该人提出指控，如果他在社区内，就要让他离开社区接受调查。一两个学校已经开始实施该项目。佛罗里达州是最先开始的，并且初期效果似乎很好。

社区警务让每个人对自身的安全负责的理念深入校园安全项目之中。学校工作人员被视作安保人员，视为罗伯特·皮尔爵士（Sir Robert Peel）"警察即公众，公众即警察"理念的化身（Task Force on Policing in Ontario，1974）。一位校警谈论学校教师时说："不仅我们是安保人员，他们也是……我不只是一个身着警服在校园中巡逻的人……我是一名工作人员。我们都是工作人员……我和你以及其他人一样……我们都处理相同的问题。"

安全协作的概念使警察融入他们在教育机构的角色中。一名校警说，他维持治安的能力取决于融入学校环境并因此培养线人的能力。我们的访谈如下。

> 校警：（培养线人）取决于别人在多大程度上能看到校园中的你，我在校园中走动，经常出现在走廊上，偶尔出现在课堂上，所以他们（线人）知道我在那里。
>
> 我们：你的意思是突然造访课堂？
>
> 校警：是的。我在校园中的同事不会说什么的。

借助摄像头，警察能够近距离、经常性地"出现在"课堂中。该受访者继续说：

> 如果我需要解决一个特定问题，比如监控的地方需要安装摄像头或之类的设备。我会找到（学校董事会安全主管），因为这是他的工作……如果有人在课堂上或特定区域丢钱，无法找到或抓不到盗窃者，我们都会安装摄像头进行监控，看看会发生什么情况。如果这家伙继续出现——从抽屉中盗得钱财——我们就找到了偷窃者。但在特殊情况下我们才会这么做，这并不是常规程序。

这个高中警察项目显然针对的是识别、处理那些构成犯罪风险的人。一名警察表示，该项目更多的是围绕区域巡警、被指控的孩子以及信息共享……无论是对学校中的孩子还是街头的孩子而言。在学校假期期间，校警作为一般警察与其他警察构建信息共享关系。在 12 个月的时间内，高中校警记录了 473 起官方（确定的）发案，在校园内展开了 720 项调（侦）查活动。据一位受访校警的估算，他每月平均处理 5 起刑事侦查，10 起非法入侵警告，1~2 起非法入侵指控。他说，为防止非法入侵校园行为的巡逻是其工作的主要部分：

如果有来自其他学校的人进入我们学校，我会致电其所在学校，告诉校长其学校的某某进入我们学校，踏入了我们的领地。他们（校警）会找到那个学生，代表我们学校对其发放入侵令状，如果再次发生入侵行为，就会依照校园法对其入侵行为提起指控，或者对其进行停课处理……唯一的合法情形是来自其他学校的学生从大门进入，直接走进办公室。如果他们在走廊附近走动，这并不是合法的，仍属于入侵校园行为。如果我们允许这种情况发生，学生们就会来来回回地这么走……有些人脚踏长筒靴，剃了光头，你知道他们肯定不是学生。所以我要盘问他们，把他们带到办公室，教育他们。我会让他们出去，别再回来……我真的会逮捕他们。我和校方员工都不是在开玩笑……校方工作人员很厉害，因为他们认识大部分学生。如果有不是本学校的学生，通常会暴露出来，因为他们环顾四周，知道有人在看着他们。所以他们一开始看上去就很可疑。

在刑事案件中，总体方向是化解问题，采用行政警告而非刑事起诉的方式解决。据说，校方管理人员对与犯罪相关的宣传非常敏感。有很多关于学校管理者如何竭尽全力规避媒体报道的消息。有时发生了重大事件，学校完全不报警，或者某学校管理人员亲自到警局报告事件以避免此事可能会被媒体从警用扫描仪上知晓。

校警指出，学生们很清楚少年法庭的转处实践，他们更关心校方如何处理他们的违法犯罪行为。正如一位警察解释说，学生们：

更害怕的是校方处罚而非警方惩罚，所以我在这方面占有优势……在法院系统中，你把实施殴打行为的人带上法庭，通常情况下他们不会被怎么样。准备起诉所需的全部文书以及其他相关流程并非易事。这真的值得吗？……但被学校开除对学生来说是非常严重的处罚，如果学生被送到警察局长那里，不管是勒令其转学还是无限期休学，这都是严重的后果，且比法庭起诉带来的效果更为长远。

刑事司法机构的长远后果只适用于特定的少数人。正如我们所看到的，校警与其他警察小组合作的首要目标是对高风险青少年进行识别并将其作为对象以实施更为严密的监控。

12.2.3　确定具有最高风险的青少年

在我们研究的一个警巡区中，14～16岁的青少年通过校警系统被确定为最高风险青少年，并会成为警方风险管理项目的对象。一份警方公告显示，该项目用于"有效控制高风险青少年罪犯的活动"，其理念支撑是"今天的青少年罪犯可能成为明天的惯犯"。该项目内容包括为期两年的与警察一对一的高密度联系，对青少年家庭及其与卫生、教育和福利机构之间联系的监控。该项目中4名警察每人都要负责10余名青少年。兼职社工与公民志愿者也会提供帮助。志愿者手册强调，他们的作用不仅是提供咨询，还要实施监控并定期报告："你需要保守青少年的秘密，但不能包庇违法犯罪行为，无论是其违反的是市政细则、省级法规、联邦法规还是刑事法规，都必须向警方（最好是青少年小组成员）报告处于你照管之下的年轻人实施的所有违法犯罪行为，以使其对自己的行为负责……你需要以书面形式向主管报告青少年每月的进展情况。"

这一计划绝不意味着该管辖区长期以来的全景式分类过程将在此终结。那些风险程度并未因参与此项目而降低的青少年，或考虑到项目的高密度监控注定会失败的青少年会进入另一个全景式分类过程之中，该项任务由警方执行，名为青少年守护计划（Police Attending Youth Program，PAY）。正如一位警察所言，"如果他们（在前述警方风险管理项目中）获得成功，那就太好了。如果没有成功，我们会让他们进入PAY以外的其他项目"。据一份官方声明所称，PAY"支持青少年司法系统在问题少年犯罪生涯早期为促使其参加PAY所付出的更多努力；合作调查、记录这些青少年的各项活动；机构间积极传递此信息；运用垂直（包干）起诉技术提起诉讼；适当量刑；在机构与社区中严密监督他们的行为"。

随时会有大约100名青少年加入PAY。PAY的工作人员由9名全职警察、一名全职文职分析师以及若干志愿者分析师组成，考虑到该情况，对约100名青少年开展严密监控，这个数字显得有点小了。然而，这些项目并不由员工本身直接负责监控。相反，他们的工作是开展所需的风险画像，挑选出PAY的参与人，使其受到更为直接的监控。直接监控由巡警、侦探以及其他机构的官员实施。一位警方管理者将PAY警察称为知识经纪人，他们

"协调当地调（侦）查人员和警察的工作，而非真正开展调查工作"。PAY 中的警察从整个巡警组织中获得信息，当他们认为青少年出现在不应该出现的地点，或在不应该出现的时间出现在某地点时就要发放联系卡。PAY 的警察还会直接或通过相关青少年小组（如校警项目）获取来自卫生、教育和福利机构的信息。

确定目标用的不是枪而是风险技术。该项目的实施对象是那些因为犯罪活动而被扣分的青少年，非常类似于交通违法中适用于司机的那套系统。一旦 PAY 的警官给某青少年扣掉了一个指定分数，后者就要接受特别调查。一位警察解释说："调查人员会去见那个人并与他及其家庭成员（父母，但大部分情况都是单亲）以及与校方人员、试用期人员等交谈，了解其情况，根据调查结果决定其是不是真正的恶性惯犯。"

将青少年纳入 PAY 中的决定是由一个机构的委员会做出的，该委员会组成人员包括来自警方、省总检察长办公室、省副总检察长办公室、省社会服务机构、省社区卫生机构、省酒精和药物滥用委员会、市社会服务机构、市公立学校董事会、市天主教学校董事会、约翰霍华德协会①以及加拿大律师协会的代表。尽管积分系统生成的风险画像为我们提供指引，但该委员会享有无视风险得分，将某些青少年收录进 PAY 或排除在 PAY 之外的权力。一名受访警察称，该项目的核心在于确定城市中约 100 名风险系数最高的青少年，以确保其成为每个风险知识系统的目标：

我们感兴趣的是那些实施了最多犯罪行为的青少年。美国有个统计数据，即 4% 的青少年实施了多达 60% 的犯罪。本地情况可能也是如此，但是我们无法证实这一点。我希望我们可以。我们现在可以说，在我们确定为 PAY 犯罪人的青少年中，大约 2% 被指控实施的犯罪行为在 15% 到 20% 之间。我们能够做的就是将提出的指控继续下去。现在令我们满意的是，他们所承担的责任远多于我们对他们的指控。特别是当你跟其中一些人交谈，他们会说："瞧，你抓住我的概率只有一成，其他情况我都侥幸逃脱了。"我们相信他们犯下了更多的罪行。

① http：//en. wikipedia. org/wiki/John_Howard_Society.

为了提高保密等级，在 PAY 中，警察精心设计了一套特定少数人才能访问的监控系统。根据某警察对如何将 PAY 参与者融入他所管控的地理范围的热情描述，该系统的范围与强度可以被很明显地反映出来："我们有一个运行于个人电脑上的'数据地图'。就某城市而言，青少年犯罪用红点表示，PAY 参与者的住址用蓝点表示。两者具有不可思议的相关性。一个红点周围有两个蓝点。一个红点，两个蓝点，这就能够显示问题出现在哪里。"

每个区级警局都有一块针对 PAY 参与者的公告板，上面有当地 PAY 参与者的照片以及给警察公布的告示：

> 熟悉这些犯罪人并随时进行检查。每个区域内风险系数最高或最"活跃"的犯罪人被挑选为"目标"。要特别完成以下工作。
>
> (1) 尽可能频繁地检查他们。
>
> (2) 尽可能频繁地对他们提起指控。
>
> (3) 让他们知道除非改掉犯罪习惯或者离开此地，否则我们将一直这么做。
>
> (4) 要礼貌、专业，但要给他们施压。

巡警除了要完成上述这些工作外，还要使用特别监控项目为制造特定麻烦的青少年犯罪人设置圈套。例如，实施诱饵车项目来应对汽车盗窃案件的上升趋势。要选用运动款的诱饵车，因为它深受盗窃犯欢迎。警察把诱饵车放好后离开，以此引诱青少年盗窃犯出现。当青少年盗窃犯坐在车内，点火系统关闭，远程控制可以自动锁上车门。随之而来的就是逮捕和指控了。

PAY 参与者通常会收到不同的法庭命令，比如缓刑，该命令限制其行动及交往人员。巡逻警官提供的联系卡可以通过电脑搜索来寻找违反命令者。据一位警官称，关于此类行为的政策是"就违反规定的行为提出指控，使其再次接受监禁"。其一位同事证实了该政策，声称 PAY 的目的在于"使用压力和恐吓战术，将整个系统压在青少年惯犯身上，直到其消除犯罪习惯并年满 18 周岁"。

PAY 风险知识系统在起诉时发挥了最大作用。当一名 PAY 参与者被逮捕，其起诉文件上盖上了 PAY 的印章。这表明 4 名检察官中的一位需要出席说明理由听证会。这些指派到 PAY 的检察官会帮助警察尽可能完整地处理被起诉为 PAY 的参与者的案件，得出最具惩罚性的结果。一位身为 PAY 员工的特别调查人员也会协助起诉。一名警察受访者说："调查人员具有一份说明理由的文档副本，我们从那个孩子在 8 岁时被报失踪那天开始提供关于他的信息，贯穿整个开场白。我们呈送法庭的通常会有二三十页信息……这几乎成为一个警方收集信息的项目……我们得到了更长的刑期，当他们刑满释放时，我们也获得更好的释放条款。"

刑事起诉和惩罚只是青少年预防犯罪的冰山一角，但是 PAY 警察至少在那些阶段获得针对青少年风险画像的其他机构全部知识资源的支持。另一个受访 PAY 的最大起诉/最大惩罚方向为：

> 我们为法庭提供完整、准确的信息——比如这个青少年是谁，多少次违反缓刑规定……这是非常有效的，因为过去法院系统无法跟踪全部信息。一个罪犯突然被逮捕，这是针对他的第五次指控。他被判处四次缓刑。法院有哪些选择？他们不知道任何背景信息。没有人告诉他们这个人做了什么，违反了什么（缓刑）规定。最后他们总会以同样的判决结果结束审判，或者就是缓刑。现在他们知道这些青少年的监禁基本上达到了《青少年罪犯法》的极限规定。他们开始得到更多来自法庭之外的反应。他们开始对其中的一些人表现出强硬态度。他们开始使用法庭命令，使其受到更多的处分，而非将其送到某地看其能否接受改造。这些措施主要针对的是青少年惯犯，以便当他们最终回归社会时，也总能感受到有人在盯着他们。

但计划和现实之间仍然存在差距。警方正在准备进行所有针对高风险青少年的项目重组，目的在于更好地协调人力资源。根据此计划，警方所有针对学校和青少年的项目将被合并，由一名督察负责。此外，警方要在初中开设一个新项目，警方只是花部分时间去服务于该项目。该计划的支持者说，重组的目的是"首日起就要从本质上确定青少年目标，尽管早些年间我们主要谈论的是干预、教育等，然后循序渐进地解决执法问题"。警方的雄心并非止于此。警方对每个人的职业生涯和身份进行了从出生到死亡的风险画像，为此他们设立了一个针对成年人惯犯的平行小组。警方说：

我们开始认真考虑成立一个当 PAY 结束后接管其职责的成年惯犯小组……当他们（青少年犯罪人）达到 18 岁，他们的生活慢慢回归主流……在新的小组中，成员的信息协调能力会更为出色，坦率地说，我认为工作会更刺激……由五到六人以及一名主管组成的若干小组要出去……我们看到的是，PAY 参与者一旦出现在大街上，他们就是在犯罪。在我们说话的空档，大概 40% 到 45% 的人已入狱。当他们回到街头，一到两天之内他们又会侵入民宅之中。所以我们的想法是，当他们未来行走在街道上，有人会跟着他们，等待他们实施犯罪，我们会把他们重新扔到监狱里，彼时他们已是成年人。我们的意思是，你看看我们的入室盗窃和汽车盗窃的统计数据，我们大为震惊。我们认为，青少年才是问题。

警察组织针对青少年罪犯的方法与我们的观点一致，即在获取监控知识的制度权利面前，正当程序正在消失（Ericson，1994b）。在校警项目的日常监控中，正当程序甚至没有体现。在极少数涉及刑事诉讼的情况下，如在对 PAY 中的参与者进行风险画像时，对常规知识生产的需要超过任何程序上的限制。警方的一份关于 PAY 的文件直截了当地强调了这个机构性取向："PAY 代表了机构的运转……PAY 的实施创建了一个系统性的响应机制……项目的最终效用是设计出综合性调查方法与程序。"

罗纳德·D. 斯蒂芬斯（Ronald D. Stephens）是佩珀代因大学（Pepperdine University）国家学校安全中心（National School Safety Center）的执行主任，"他支持涉密信息的自由流动是系统集成和程序效率的关键"这一观点，他说："应对儿童特别是青少年犯罪问题，不仅需要优秀的判断，还需要优质的信息……应当对涉密信息予以常规、持续共享，前提是有特定需要允许这种共享。青少年机构经常没有意识到他们服务的是同一批高风险青少年。在适当分享信息后，青少年改造、教育策略和更为优秀的服务策略以及提升公共安全的策略得以研发。"在斯蒂芬斯案件中没有涉及程序适当性问题，只提及了程序效率的问题。风险知识的生产和分配才是完善系统的关键因素。美国司法部的 PAY 的推广计划显示，PAY 是现在或者应该是未来的潮流："对于额外的 6 个 PAY 实施地点的推广活动和培训前评估，将在 1989 年晚些时候进行，培训始于 1990 年的春天。到那时，当前 18 个地点已经具有经验丰富的项目员工，可作为 PAY 的顾问提供培训和技术援助服务。在未来数月乃至数年里，要用推动司法机构之间关系发生根本性变革的方式推广 PAY。"

12.2.4 具有失踪风险的青少年

正如我们在第 11 章中谈到的那样，警方投入大量知识资源登记并追踪失踪人口。现在具有针对失踪儿童和青少年的项目以及知识系统，大部分由位于渥太华的 RCMP 失踪儿童登记处负责协调，该机构由加拿大副检察长于 1988 年创建，作为利益集团和大众传媒对虐待儿童、儿童诱拐、出逃问题关注的回应（Webber，1991；Nelson，1984；Best，1990）。失踪儿童登记处担负起知识经纪人的职责。一份官方出版物将其描述为"保管、监控失踪儿童文件"的机构，称其扮演"信息和研究中心"的角色，为其他警察组织提供"调查和咨询服务"。

失踪儿童登记处由若干警察、一名研究分析师、若干统计分析师（其中一名由加拿大统计局支援该机构）组成。这些人员与其他青少年风险管理领域的专家商讨相关问题，这些专家分别来自司法部、副总检察长办公室、加拿大卫生与福利部。大量统计专业知识强调了这样一个事实，该登记处的主要任务实际上是对暂时无法统计（失踪）的青少年进行记录并展开相关的风险画像。

从调查层面来看，登记处主要致力于寻找被诱拐的青少年，他们的风险源于离异父母对孩子的监护权和财产权的冲突，也就是说，这些青少年是被父母诱拐的。在登记处员工调查的过程中，三位来自加拿大海关和移民局的工作人员会协助他们工作，后者主要作为被诱拐儿童以及具有监护权的父母的代理人，试图确定儿童所处位置并使其返回法庭判决的地点。如表 12-1 所示，登记处记录的 1991 年父母诱拐案件的数量是 412 起。《加拿大失踪儿童年度报告（1991）》（*Annual Report on Canada's Missing Children*）（Royal Canadiam Mounted Police，1991）显示：

> 168 起违反现存的监护权令（管养令），另外的 244 起在诱拐时没有生效的管养令。从历史上看，加拿大父母诱拐案件数量基本保持稳定。相比 1990 年记录的 432 起，今年的数字下降了 5%……总计 246 起来自其他国家的案件请求加拿大官方的援助，被拐儿童可能位于加拿大境内。登记处中大部分案件都具有类似的跨国性质。

表 12-1   1991 年失踪儿童登记 （1991）　　　　单位：起,%

原因类别	案件登记		案件移除	
	案件数量	百分比	案件数量	百分比
陌生人诱拐	78	0.1	64	0.1
意外事故	60	0.1	34	0.1
迷失/走失	783	1.3	746	1.4
父母诱拐	412	0.7	326	0.6
逃学	43786	74.0	40426	74.1
不明原因	11863	20.1	10952	20.1
其他原因	2153	3.7	1967	3.6
总数	59135	100.0	54515	100.0

资料来源：摘录自加拿大皇家骑警队报告（1991）。

表 12-1 显示，绝大多数（74.0%）的青少年失踪是由于逃学。实际上陌生人诱拐是极为罕见的。59135 起中只有 78 起是由于陌生人诱拐，占 1991 年失踪儿童总数的 0.1%。必须指出的是，登记处使用的"陌生人"中包含近亲（如祖父母、姑姑和叔叔）以及没有法定监护权的朋友。现有数据无法反映这 78 起陌生人诱拐案件中，亲戚朋友实施了多少，但能合理推定大部分都是此类情况。显然，对当局而言，陌生人诱拐并不是实质性的问题，尽管在社会中具有重要的象征意义。

登记处员工主要从事知识系统管理工作。主信息系统由 CPIC 提供，其设计的类别项目体现在表 12-1 中。加拿大各地的警察组织向登记处提出请求，要求输入、修改或删除失踪儿童案件的信息。他们提供的数据要以表 12-1 中列出的类别形式表现出来，登记处会持续使用此数据记录加拿大的失踪儿童问题，其中包括为警方、志愿者机构以及媒体制作并发布的每周失踪儿童概览。

登记处为加拿大国内外的警察组织提供相关知识。其中包括提供关于失踪青少年身份的 CPIC 信息，以协助父母诱拐案件的侦查，为案件性质（刑事/民事）的判断提供建议。

登记处与加拿大失踪儿童协会、失踪儿童网络、失踪儿童寻找组织、失踪儿童定位中心等志愿者机构具有密切关系。合作内容包括为这些机构提供与案件有关的信息，并从机构那里获取信息作为交换。这些机构能为警方提供用于确认备受关注的失踪儿童的资料和海报。他们还把警方制作的资料分发下去，包括《加拿大失踪儿童年度报告（1991）》。

除了经常向媒体提供新闻内容，登记处还与 *Missing Treasures*（某寻找失踪儿童的警方纪实节目）的制片人合作。这个节目的特色在于为公众再现备受关注的失踪儿童案件的情况，发动群众协助提供那些案件的相关信息。据一名受访者（官员）称，警察与节目制片人之间：

> 紧密合作，为其提供制作节目所需的基本信息。800 这个数字也通过训练委员会被加拿大海关回应了。这取决于成功的标准是什么。为公众提供信息就可以称为一项成功举措。我说不出来因为该节目而寻找到失踪儿童的案例，但它帮助人们意识到儿童失踪确实在发生，人们必须采取措施来保护孩子，它也提供了保护孩子的一些建议，让失踪儿童问题持续出现在公众面前，使人们不至于遗忘。

该官员的言论体现出风险社会中警务活动的特征。虽然警方项目的工具有效性是有限的，但他们可以提升项目的广告价值以激发人们的自反性，使每个人都成为自己的风险管理者。从调查工作的工具性层面来看，失踪儿童项目对于陌生人诱拐问题而言几乎没有用，但从象征层面来看，该问题仍是关注的焦点。

警方在象征层面联合其他机构推动对父母的培训进程，希望他们就陌生人诱拐问题教育子女。因此，在内部资料之外，《加拿大失踪儿童年度报告（1991）》强调，需要持续警惕陌生人诱拐的风险：

> 因为任何陌生人诱拐案件都会备受公众关注，他们会认为这种现象在加拿大很常见。事实并非如此。然而，父母仍须保持警惕，教育子女小心处事，意识到社会中存在的危险。对街面上的儿童提供保护对于避免此类悲剧的发生是至关重要的。众多加拿大警察正在积极开展预防性警务，并且有能力提供人身安全建议。重要的是，要记住"陌生人"在法律上的定义是任何没有儿童监护权的人。因此，由祖父母、姑妈、叔叔、家庭朋友诱拐的儿童将会被归到 CPIC 的陌生人诱拐的类别中去。

　　为了防止青少年失踪，警察组织将青少年街面保护作为领土追踪与动员工作的组成部分。在某些警巡区内，要求父母将其子女信息填入一个特殊的登记系统之中。某警察组织开设了一项"儿童识别项目"，对详细的书面描述、照片以及指纹均要进行归档。由省副总检察长办公室编制并由全省警方发放的一份小册子敦促父母维护自己用于定位、追踪子女的家庭知识系统："建立一个家庭信息中心，其中包括小区及其娱乐区域的地图，让子女指认他们什么时刻位于什么地方，确定回家时间……对记录进行更新，包括子女近照、身高体重、医疗和牙科就诊记录，如果愿意的话，还可以有录像资料与指纹记录。"

　　一位受访警察表示，需要"持续性强化"手段来说服父母做好记录，而上文提到的敦促工作正是其组成部分。在她看来，在儿童失踪案件中，这些记录将会发挥重要作用，因为案件发生时父母通常处于一个"激动状态"，对理性、高效的警务工作造成干扰。换句话说，家庭与其他机构一样，要提供按照适当格式记录并能够轻易获取的数据："家长提前把这些信息整理出来，便可以直接交给警察，这样就节省下了大量的时间，不需要警官先安抚他们，使他们冷静下来，再通过提问——获取案件细节和描述。毕竟这些父母都希望警察能立刻出警，去寻找他们失踪的孩子。"

　　父母不仅要保存子女的详细身份信息，还要永久保持对风险的自反性。上述小册子强调，"它提供的安全提示不能完全保护你的孩子，但会提升你对儿童失踪的关注度"。实际上，该小册子中设想的潜伏在每个儿童日常生活背后的悲剧结果才让父母意识到儿童可能会失踪，"避免使用印有儿童姓名的服装和玩具，因为孩子们不太可能害怕一个知道他们名字的陌生人……知道子女的全部朋友以及他们的家庭情况和电话号码，坚持要求子女去见朋友之前要获得父母的许可……陪子女参与万圣节或学校筹款之类的上门活动"。

　　该小册子建议，避免将子女的名字标记在物品上，防止其成为危险的陌生人向孩子表示友好的一种手段，正如该内容一样，小册子中很多内容关注交流问题。在小册子中，作为交流式警务的社区警务将工作范围扩展到家庭对青少年的教育上。例如，希望孩子们避免出现在陌生人面前，甚至为了减少风险而撒谎："当孩子独自在家时，告诉来电者父母在家中但脱不开身，无法接电话，让来电者稍后再打过来……如果一个陌生人在门口，教孩子告诉陌生人，家长很忙，让来访者先离开，稍后再回来。"类似于家庭电子安全报警系统，孩子们会得到一个代码，帮助其确认谁是可以信任的人而谁又不是："将预先确定的代码给孩子以及你可能会请求接送孩子的人，必要时，在使用一段时间后更改代码。"但小册子中并未提及一种混乱局面的处理方法，即一位母亲要试图记住六个孩子的代码，她要用旅行车顺路接送这些孩子参加星期六早上的曲棍球比赛。父母需要了解子女与其他成年人交流的全部信息。在儿童与非亲密家庭成员之间的交流中，有些秘密需要公开给家长："一些秘密——像生日礼物惊喜——是有趣的，但是当另一个成年人说有个秘密只能咱俩知道时，这种保密是不对的——要来告诉我。"

12.2.5　老年人

警方将老年人视为另一个易受犯罪侵害的群体，因此将其纳入特殊风险教育项目之中。虽然"青年"的身份主要是对潜在犯罪群体进行全景式分类的基础（青少年身份主要与潜在犯罪分子相关），但"儿童"或"老年人"身份几乎完全指向潜在受害人，成为推行降低风险项目的对象。

对老年人关注的问题与儿童一样，即家庭风险知识系统以及易受犯罪侵害的群体如何在街面上进行自我保护。例如，警方发放的一本关于老年人人身安全的小册子提供了对于家中交流式警务的指导内容。该小册子告知老年人，"把电话铃声调至最低水平。因为无人接听的电话意味着你并不在家……如果在家的话，对敲门者做出回应，防止认为无人在家的坏人破门而入"。在名为"转移风险"的章节中，谈到了街面上安全保护的内容。这份资料指导老年人实施风险降低策略，比如在日常所用的钱包之外多带一个假钱包，在外出时，两人同行，互相保护安全。

一位受访的警方犯罪预防专家表示，由于老年受害者数量增加，他所在的警察组织正在为其设计更多的（犯罪预防）项目，"虐待老年人在未来将是一个问题。老年人被害在不久的将来会成为社会问题。所以我们要赶在时间的前面"。采取的措施包括通过发放小册子、家访、举办讲座等形式为老年人提供风险管理方面的指导。针对此类问题而设立的专项任务小组在解决老年人大量问题（包括自杀与其他情感、心理健康问题）的过程中也掌握了相关专业知识。他们的最终目标是提供咨询服务。该警察组织进一步设立了丧亲服务小组（bereavement services）以提供此类服务，比如对老年人进行情感家访、制作介绍城市现有丧亲服务的官方视频等。

尽管该警巡区中的警察帮助老年人在街面上进行自我保护以免受人际暴力和财产犯罪侵害，但警察没有注意到他们如何在家中抵御金融风险。一名警官说，在针对不同年龄对象的警务活动中，显然存在矛盾情况。例如，警方投入大量资源解决青少年非法使用毒品的风险，但几乎没有投入资源保护老年人抵御他们面对的财政上入不敷出的信托公司、磨破嘴皮的证券投资基金促销员、声名狼藉的营销计划等带来的实质风险，"婴儿潮一代正步入'知天命'阶段。由于这些在线预付款骗局、电子诈骗给老年人造成的情感上的伤害，我们要付出沉痛代价……仅有的一点积蓄都被以难以置信的方法骗走了，然而没有人真想把他们送上法庭"。

12.3 种族和民族

警察面对不同年龄群体要进行思考，做出反应，面对属于不同种族、民族的人口也是如此。不管我们是否将后一种思考和行为定性为偏见的或歧视性的，但很明显，它们不仅是警察职业文化中种族、民族刻板印象的体现（Chan，1997），还被嵌入警察以及提供报告的其他风险机构的分类计划中。在这些机构的分类计划中，种族和民族位于道德分类中，表现出占主导地位的社会等级制度观念。

政府很长时间以来一直在产出关于种族和民族的知识以探寻用于对其进行管控的统计规律（Hacking，1990；Goldberg，1995）。概率统计学之父阿道夫·凯特勒（Adolphe Quetelet，1835）通过测量与种族相关的身体、道德素质将其"普通人"理论向前推进。哈金（1990：17）指出，"1840 年之后的美国人口普查数据中的种族分类结构显示，北部满是疯狂的黑人，而在南方，黑人理性而健康，强有力地证明那里对他们有益"。他还补充道，所有形式的生命政治"都具有风险组合的标准特征，也就是当一件事物的两个极端几乎同时出现时，这是极其危险和可怕的（如在当今地球上，既出现了核冬天现象，也出现了温室效应）。'人口问题'表明其他民族人口激增，本民族人口出生率极低。在 19 世纪的法国，本民族是指法国人，其他民族是指德国人和英国人。在普鲁士……其他民族是指犹太人。当今社会，其他民族是指第三世界国家的人。在后维多利亚时代的英格兰，其他民族则是指劳动阶级"（Hacking，1990）。

生产数据的目的是统计探索用于管理、改变身份的概率。19 世纪的另一位统计学家威廉·法尔（William Farr）在 1860 年写道："某些种族相比其他种族实施暴力犯罪的数量更多。某些种族具有更高的危险性。（但是）正如人类有能力变更其种族一样，他们也可以改变当前一定范围内的人类行动，这是统计信息能够决定的"（Hacking，1990：115）。

建立在种族差别与风险评估联系之上的警务活动一直存在（Doob，1991）。大多数发案报告设有一个类别，填写涉案人员的种族和民族背景信息。生产这些知识的原因在于，它们可以帮助确定后续侦查中的相关人员。然而，警察更为普遍地使用这些分类是为了赋予人们与机构相关的身份。

某些警察组织使用计算机系统在其管辖范围（第 7 章）的地图上标记犯罪以及其他事件的发生频率，该系统中包含种族数据。在地图上叠加发案情况与种族信息的原因在于有助于侦查活动的开展。在警务实践中，这意味着当警察响应报警电话或主动发现问题时，可随时在电脑中调取种族数据作为行动参考。因此，警察始终牢记在心的是，在与人打交道时，要将种族情况考虑在内。如果警察完成一份发案报告，就会在其中记录嫌疑人的种族，种族信息在计算机系统中所占比重也越来越大。

某些警察组织记录下对警察提出正式投诉人员的种族信息。某警察组织将投诉人员分为白种人、东方人、东印度人、土著、黑人和其他等类型。在这种情况下，很难想象此信息用于侦查过程中确定相关人员身份。然而，一份关于公众投诉的统计报告使用该数据来确定哪个种族群体对警方提出了最多数量的投诉。

另外一个警察组织最初的一份发案报告将投诉人员分为白种人、拉美裔人、黑人、东方人、阿拉伯人、印第安土著以及东印度人。然而，一位受访警察向我们解释道："这个方案最终被否定了"。他说："你可能遇到一个讲西班牙语的人，但他可以来自 10 余个不同的国家，所以那种分类并没有什么用。你也可能遇到黑人，但他们来自不同的国家，所以那种分类也没有什么用……当你开始按照那种分类记录，涉及的群体会声称警方带有歧视性，所以我们必须非常谨慎。所以，填写记录并试图提起涉及特定群体的统计数据几乎是不可能的，这真的束缚了我们的手脚。"

但是该警察组织没有完全放弃使用种族分类。该组织决定在发案报告中采用一个简单的两分法，即白人和其他人种。这种设计表明，会进一步开展种族和民族的全景排序，以确定是否存在值得注意的"多元文化"问题。涉及其他人种的全部案件都会被送至警察组织的多元文化小组以风险管理为目的而受到审查。一位警察告诉我们，该小组"每天都会收到一份关于全部非加拿大背景人员的打印资料，上面包含受害者和嫌疑人的信息，小组成员会研究这份资料……如果他们意识到存在某特定种族群体的问题，就会前往该地区……跟那里的警察和监督人员交流，解决此问题"。审查的内容包括查看属于其他人种的人员姓名以确定他们所属的种族和民族群体是否为警察所知悉。如果确定了问题人物、组织或地区，多元文化小组的警察就会得到通知，在某些情况下甚至还会动员其他情报部门。

上文提到的那位警察认为对白人和其他人种的区分其实是对加拿大人和不具有加拿大国籍人员的区分。这种区分对于理解多元文化小组中警察的思维和行动方式而言至关重要。多元文化小组要参与确定种族、民族圈外人的问题人群，为其制定风险档案。警察可以与其他机构合作，使种族、民族身份融入主流群体之中。某多元文化小组中的一位警察强调，他所在的部门"并不处理群体的整体问题，而是处理多元文化聚集的群体之中的特定人群的问题。我们并不负责主流群体中的事务。我们要跟另一种文化打交道"。

我们对某多元文化小组组织架构的考察反映了哪些族群需要受到特别关注。一名警官曾在以下 7 个"分类小组"中工作过，即原住民、中国人、越南人、菲律宾及其他东南亚人、黑人和西班牙裔、中东人、南亚（印度和巴基斯坦）人以及少数族群。值得注意的是，尽管具有欧洲血统的某些群体（比如塞尔维亚人和克罗地亚人）也被视为麻烦的导火索，但（此"分类小组"）中并没有"欧洲"小组。

多元文化小组的工作人员均为白人男性。曾经有过一位黑人警察，但他并没有在这里待多长时间，明显是因为他很难被黑人族群的其他成员接受。尽管在警察组织的其他部门中有华裔警察，但多元文化小组中没有他们的身影。一位受访警察指出，这些警察不会说汉语，并在任何情况下都不会为华裔族群所接受。从来没有女警申请加入该小组。一位受访警察认为，多元文化小组面对的一些群体可能不会接受女警：

> 如果你看一下我们面对的一些文化群体，女人所占比重最小或位于社区等级制度的最底端……我不确定当女警来处理群体问题时他们

会做何反应。我想我不会让女警承担一项无法得到群体尊重或合作的工作。我认为没有比那更糟糕的事情了，如果个人在工作中得不到尊重，那么共同完成工作的意愿也会受到影响。我不是说这肯定会发生，但很明显的是，在我们打交道的一些文化中，可以看到女性从事的工作非常的无足轻重，让女性做这个工作我的确有些担心，因为我不想看到（任何）一位女性因此犹豫不前或者自身受到影响，等她以后去了别的地方，她会生活在"我过去发生了什么"的阴影里，不得不花时间回到过去，重塑自己。这也许不是一个大问题，但我们从来没有过机会进行验证。

多元文化小组使用的确认、保护加拿大主流文化的标准正是警察文化本身。多元文化小组的基本目标之一是，使不具有加拿大国籍的人们理解警察及其代表的利益，以此使其理解加拿大及其代表的利益。考虑到长期以来通过警察（特别是 RCMP）的象征意义来提升加拿大人对身份的理解（Walden，1982），这种方法并不奇怪。一位受访的多元文化小组的警察认为该小组的目的确实以教育为出发点，"我们使这些人了解了警察文化"。警方的一份官方出版物也反映了他的观点，认为该小组是一个为外国人提供特别服务的部门，"多元文化小组，作为警方的'外交使节'部门，广泛参与帮助新加拿大人适应加拿大警察和法律的工作"。

该服务还提供给具有不同教育背景的人们。例如，该小组成员为将英语作为第二语言的新加拿大人授课。一位多元文化小组成员表示，这会使新加拿大人面对警察时感到轻松，减少了一些恐惧和忧虑。在处理具体事件中，该小组也会提供一些指导。一位受访警察所举的例子表明，文化差异可能会导致移民与警察和主流文化相冲突：

> 你会遇到一家人，他们刚来到加拿大，特别是当孩子们还很小时，他们的父母仍旧保持非常明显的文化和传统特征，不会改变……父母对孩子管教严格，限制孩子们的活动。他们不允许孩子们出去约会，与其他人种交往。孩子们只是上学、回家，不参加任何课外活动。突然间，孩子们开始反抗父母，离家出走。随后他们的父母找到我们，他们仍不明白，在加拿大孩子一旦达到一定年龄就是成年人。成年后，他们可以

自我决定，作为警察的我们不能强迫他们回到家中……父母不理解这一点。他们的核心论点就是"你（警察）没有做好本职工作。你的工作就是帮助我们。但你没有这样做"。所以他们开始把我们当作替罪羊，认为是我们的失职。这时就可能会有多种情形发生，有的父母诉诸媒体，指责我们，投诉我们不作为。他们有时还会夸张到报案，说孩子被绑架，实际上并非如此，之所以这么做，是因为他们知道如果孩子（特别是女孩子）失踪，我们会说无能为力……所以他们这么做就会使警察必须进行调查，而事实上我们知道这是没有必要的，但90%的情况下警察不会住手并因此对其提出指控。由于虚假报警而起诉是一件敏感的事情，它不利于强化社区（非主流种族群体）和警方之间的交流和沟通。

警方也为主流种族群体提供指导。某警察组织为种族群体提供（警察）角色扮演的机会。人们扮演高警衔警察，必须对涉及种族群体的敏感问题做出艰难的决定并采取行动。警方的一份官方出版物指出，此类实践的目标之一在于让公众意识到多元社会中的警务活动有多么艰难，"通过理解警方为既定框架中的群体提供专业、有效服务时存在的诸多困难，参与活动的公众与警方的联系将更为密切"。也许在这里至少部分承认了这样一个命题，维护文化一致性而不是一直清晰地区分"他们"和"我们"，是不可能完成的。

虽然警察是加拿大人身份的核心象征，也体现出非加拿大人身份意味着什么，但他们并非孤军作战。他们的多元文化工作是通过与处理相同事务的政府机构和社会服务机构之间的关系网完成的。我们考察的一个警方多元文化小组的成员在这类社交关系网中花费大量时间。该小组发布的一份报告显示，警方在以下组织的委员会和董事会中占据一席之地：移民者援助协会、天主教移民者社会、南亚妇女中心、社区学院、自杀预防项目、自杀信息和教育中心、原住民城市事务委员会、教育委员会、反对种族和宗教歧视委员会、原住民健康协会、房地产开发项目委员会、政府部门的文化遗产小组、原住民酒精康复中心委员会、原住民友谊中心委员会、原住民意识委员会、种族关系和跨文化理解委员会、青少年基金会、少数民族青少年成就计划、锡克教徒青少年发展伙伴支持项目、青少年移民者协会、国务卿委员会、人权教育委员会、优秀公民委员会、多元文化教育协会、跨文化教育（培训、研究）协会、混血儿童和家庭服务机构。

在某些情况下，多元文化小组在为其他机构开发项目时发挥着重要作用。例如，警方使用的多元文化计划和在职培训模式就为教育委员会所采用以设计教师培训项目。警方的援助内容包括设计课程结构、提供课程内容等。一位受访警察声称，与此同时，多元文化小组成员利用与其他多元文化机构之间的联系网络自学如何巡查种族与民族身份的边界地带，他指出

> 我们几乎与每个承担种族群体或移民、难民工作的政府机构都有联系。我们还与诸如移民、难民安置之类的其他机构也有交往……我们作为执行委员会和顾问委员会的成员，为需要帮助的任何机构提供资源。原因之一在于他们是教育工作者。我的意思是，我们可以从他们那里获得关于种族群体的情况以及类似的信息……我们能从与这些机构的持续性互动过程中获得知识和信息。这是我们的学习时间……我直接参与的是一个叫"跨部门"的群体。该群体由城市中的全部机构组成，定期召开会议……约有20（或）25个机构代表出席……这就是一种社交联系网……所以，当我们和人们打交道并意识到这些人有特定需要时，我们就会将他们送到适当的机构中。我认为我们有必要这么做，因为在警方与人们打交道的大部分情况下，都是因为他们具有某种问题，不知何去何从。

接受多元文化教育并对其保持敏感性，结果之一就是警方为特定种族和民族的群众提供"量体裁衣"式的服务。例如，警方关于人身安全的讲座和教学材料就是按照这种方式编制并发放的。因此，一份警方多元文化联络小组的报告宣称"犯罪预防项目与犯罪预防小组合作，并在不同的少数民族社区中开展。特别是，伊斯玛伊教派和犹太人中的老年人也参与到这个项目"。

警方对某些种族和民族群体中的特定人员予以刑事犯罪化（criminalization）。例如，近些年来成立亚洲犯罪小组以确定源于亚洲国家或由具有亚洲血统的人们引发的问题。一位警方刑事情报小组的管理人员表示，"亚洲人有组织犯罪"和"原住民有组织犯罪"是当年工作的重点。当被问及亚洲有组织

犯罪包含的内容时，他回答说："我们使用'亚洲人有组织犯罪'一词，这个词语在联邦政府内一直是个问题，但在其他任何地方则没事。因此，在联邦政府背景下，我们称之为'环太平洋地区有组织犯罪'。有些人不喜欢使用'亚洲'一词，因为它几乎涵盖了每个人，但实际上亚洲有组织的犯罪分子只是一小撮群体。"

在我们研究的一个警察组织中，（反）帮派犯罪小组只关注城市中的两个亚洲帮派。另一个小组的一位帮派分析人员说，他也在东方人犯罪方面做了大量工作，"你不可能一进入该领域就会马上熟悉东方人的名字、身份等信息……必须知悉大量历史文化以理解其犯罪"。该组织的情报小组还帮助进行种族和民族画像。该小组中的一位受访警察表示，此小组对于"亚洲人犯罪"的贡献体现在这样一个问题上，"你认为群体（帮派）X 会沿着这个地理位置还是穿过这个民族社区扩展其犯罪行为？……这是一个计算推断……具有一定程度的主观性，但是我们尽量保持已知人员相关信息的客观性。这种推断并不具备精算的性质……毕竟我们不能用（大公司）的思维去做判断，单纯因为有利可图就去提高价格"。

情报可以告诉警察关于对付嫌疑人最为微妙的细节。具有文化意识的警察准确地掌握人们如何现身、交流以及欺骗的细节内容。对多元文化小组工作的描述显示，当一个属于主流群体中的加拿大嫌疑人避免与警察目光接触时，这通常被认为是明确地反映出嫌疑人问心有愧或试图欺骗警察。然而，在一些其他文化中，这实际上是一种尊重的姿态，嫌疑人说的十有八九是真话。

巡警和侦探也对亚洲人犯罪感到敏感。一些加拿大警局张贴着美方制作的"十大亚洲通缉犯"的公告。在我们与巡警巡逻的过程中，能够显而易见地看出这种敏感心理转化为了行动。例如，在原本平淡无奇的巡逻过程中，两位警察决定造访两个以台球为特色的越南餐馆。到访的警察由于他们对彼此使用了带有种族歧视性质的蔑称而受到关注。在对停在建筑物外边的"豪车"检查的过程中，一名警察对于某些车内的安全设备评论道："这些人用最好的安全设备来保护他们辛辛苦苦偷来的东西。"在一个餐馆内，警察盯着一些正在打台球的青年人，互相谈论并告诉研究人员他们有多么"坏"。在另一个餐馆内，一名警察站在那里摇着头对我们说："这是一个不同的世界，一个不同的世界。"警察询问前台的一位女士，餐馆内是否有任何麻烦。当她回答说"没有"时，警察指着安静地坐在桌旁的两人问道："他们是否带来麻烦？"女士回答："他们很安静。"即使考虑到所有警察在他们的"地盘"上保持怀疑态度，确信总有危险发生（Sacks，1972；Shearing and Ericson，1991），但这些警察似乎过于敏感了。对我们而言，餐馆和台球厅中的顾客不过是普通城郊内的普通购物中心的普通人罢了。如果这些餐馆是不平等现象的集中地，那么迪尔凯姆提出的道德边界和越轨行为的观点无疑是正确的。

我们观察的某警察组织有一辆配有诸如计算机终端、传真机、窃听电缆、电视和录像机等电子设备的大型指挥车。当被问及该车在过去几个月中有何用途时，警察说到"我们很幸运，从未在危急情境下用过这个车子。我们仅仅将其作为唐人街上的一个移动社区警局罢了"。

在另一个警巡区中，某巡逻区内有少量少数种（民）族人口，一位巡警告诉我们关于对少数种（民）族家庭进行知识定位的情况。他说，便衣警察严格产出关于该家庭尽可能多的知识，原因在于其成员具有少数种（民）族背景，这样的人在社区中很显眼。

特定的多元文化小组和情报小组试图获取某些种族、民族群体内可能发生的冲突信息。这个目标可以通过培养相关群体中的线人来达到。某多元文化小组中的警察为我们举例说明如何运用线人来确定威胁其同胞的民族群体成员，他随后说道："在每个有线人的领域，警察都对线人留心，有他们的照片和背景资料，警察们在其身后行动，这是避免他们参与的犯罪活动发生的唯一方法。"

在城中唐人街内发生了种族之间的杀人事件之后，由四名警察组成的小队被派去清除华裔社区中的"不良分子"。一位受访警察说："如果愿意的话，你可以将其称为垃圾，这些帮派，这些人由于一直踩在别人头上，所以他们跑了……他们跑到城市的其他地区了。"

一位多元文化小组官员表示，市内警务活动具有这种积极主动的特征。无论是作为教育者、犯罪预防代理人还是执法部门代理人，小组成员都要将加拿大人身份印在他们的目标对象身上，"虽然我们的工作完全是积极主动的，但毕竟不是情报小组。不管出现什么信息，或者我们得知了什么信息，我们都要直接把信息送到警局内部应该负责的部门中去"。

警察不断给一些先天身份似乎牵扯到相关安全问题的人进行风险画像。

警察思维和行动受到与其合作的从事风险管理的外部机构的风险分类指引。我们在本章研究了用于生产、管理具有风险的青少年、民族、种族群体知识的各项技术。我们还考察了这些技术如何影响警察面对上述人群开展的活动以及由此确认其在具有多元文化的加拿大国家中的地位。警方的身份认证工作与领土、证券和生命历程方面的风险管理工作一道，均有助于识别社会风险知识结构中的主体信息。

警察组织面临的风险

第五篇

第 13 章　知识风险管理

警方面临着组织风险，这些风险是由外部衍生的风险标准和大量的知识工作造成的。他们能够强烈地感受到自身的组织风险以及风险所带来的不安全感。这些感受来自外部的知识需求以及一种自反性意识，即认为总会存在更好的通信规则、格式、技术来更正系统化错误。正如曼宁（1982：122）所言，所谓组织就是"能够对来源于假定环境感知到的威胁进行概念化处理、策略性评估和应对的资源，综合来看即政治实体"。

我们会在本章研究警察对于知识政治的观点。警方的经验，他们也称之为"繁重的文书工作"（paper burden），这在很大程度上来自外部机构的要求。在第 14~16 章，我们将分析警方如何通过通信规则、格式和技术来应对文书工作。第 14 章探讨了规则和规则体系的迅速发展如何管控知识的生产和分配。第 15 章谈到在有风险的情况下，持续优化通信格式以便更好地识别并锁定风险人群和事件，并更有效地传播该知识。第 16 章记录了警方采用新型信息技术后的情绪变化，新型技术将会提升警方向内部以及外部风险机构提供、分配知识的能力。

警察正在经历着风险社会带来的快速变化。第 13~16 章研究的是由"风险社会同样是一个知识化社会"这一命题引发的职业变化。警察是知识工作者，他们和其他主要机构一样相信，通过对风险的更完善的了解，世界可以变得更安全。这种信念使他们不断寻找感觉更加接近完美的通信规则、格式和技术。但问题在于，他们经常要面对不完美的通信规则、格式和技术，这会使他们产生失败感，重新感觉到装置的数量多少决定了问题能否被解决。同时，其他机构为警方提出了新的要求，因为这些机构都在知识风险管理方面与警方处于几乎相同的位置。

13.1 文书工作负担

警察文化充满了所谓的"文书工作负担"。"纸"象征着所有形式的知识工作。不论知识是通过硬盘还是电子格式生产或分配的，都将被视为"纸"。"负担"表现出被外部知识需求冲击的感觉。因此"文书工作负担"表明一种普遍存在的情绪，即外部知识需求过度、难以满足，有损于处于通信进程之外的警务工作。

文书工作占用的总时间会让每位警察直接体会到"文书工作负担"。在某些城市警察组织中，作为我们研究对象的 12 位警察在巡检过程中大约要花 30%到 40%的时间进行文书工作。在地方警察组织交通巡警的巡检时间中，文书工作大概要占用他们 30%～50%的时间，在正式巡警那里，这个数字是 60%～80%。他们的直接主管（巡逻警长）则要花费至少 80%的时间审查巡警提交的报告，并按照数据输入的需要对这些报告进行"分级"处理。

在地方警区，巡警要事无巨细地报告巡逻情况。他们大部分时间都待在办公室，有报警电话时才会到路上处理情况。有几个警察把他们自己比作出去救火之前待在消防队里的消防队员。巡警大部分时间都待在办公室是因为他们需要对每起（案）事件完成详细报告。有位巡警谈道："我至少有 80%的时间在办公室里，坐在书桌旁写文件。唯一能走出办公室驾驶巡逻车的时候……就是当我接到报警电话，然后出发……我驾驶巡逻车，到达案发现场，然后回来。"他的一位同事说："我只是受到派遣离开自己的座位而已。"这是实话。文书工作经常是警察组织的绊脚石。毕竟这项工作的工作量太大了。这些警察也表示，他们每周要无偿加班数个小时来补他们的文书工作。

文书工作负担其实是一种真实的负担。通过我们的观察发现，警察离开办公室，驾驶巡逻车去巡逻的过程中，他们除了枪支还带着公文包。每位警察都配有一把带数字编号的枪和一个公文包，公文包像枪被填满子弹一样也装得满满的。大部分警察从不使用枪，却要在执勤过程中经常打开公文包。

疏离感在警察的职业文化中广泛存在，文书工作负担超过合理限度是造成这种情绪的根源之一。疏离感高涨的原因是一线警察往往不明白他们为何需要写那么多报告、报告中的信息去向是哪里以及报告将为谁所用。正因如此，他们并不关心自己所创作的报告内容。很多警察都只关心能否向他们的直属上级提交一份受认可的"完美"报告。在上级批准了一名警察的文书工作之后，她在巡逻中说道："我才不在乎（文书工作）做得怎么样呢。"警方管理层也意识到了这种漠不关心的态度及其给一线警察带来了疏离感，"我们必须努力获得巡警的相关信息，同时使其免于提供不必要的信息。我们经常听到抱怨说其他机构介入我们的工作中。有些警察在街上收集信息，但他们不知道到底要收集什么。这往往是没有意义的"。

一位专门负责事故数据分析的受访对象指出，也许感觉到与信息生产疏远的最重要的原因是，信息最终产出了什么。甚至一些负责信息经纪工作的警长也不知道信息怎样流动以及怎样在特定案件中得到运用。举个例子，一位负责管理表格的全职警察并不清楚我们询问他的大部分表格的来源、目的和用途。主管禁毒执法政策小组的警察并不知道每次毒品案件发生后，警方为加拿大卫生与福利部提供的特定记录表上的信息对其有何帮助。

从另一方面来看，许多警官注意到了信息的去向及其用途。一位在成为"信息管理员"之前有逾 20 年侦查员经历的受访对象表示，新职位使他更好地了解了信息生产。"我主要负责信息记录，这项工作在我交给其他人归档之前，我并不知道这些信息最终流向哪里，以及别人如何使用它们。我原来总是认为这是一项'低级'工作……直到我开始做这项工作才意识到它有多么重要。如果你得不到信息，就会不知所措……同样，当我想要什么东西时，信息也会神秘地出现在我的桌子上。"

一位资深警方政策分析师用传统方式对信息和知识进行了区分。他认为，一线警察提供格式整齐的信息，中层管理人员将其转化为风险数据，最后决策层政策专家将数据转化为决策所需的有用信息：

> 一线警察提供信息。这些信息通过由警察创建的不同的表格进行反馈，并输入（数据）系统中。在这个阶段，信息开始向知识的形态靠拢。更有条理性的信息收集能够让一系列的信息分配更加顺畅。在我们所处的企业端，我们试图对已经产生的知识进行调整，以创造出更专

业、更有用的知识。这个阶段会很抽象。但决策的制定在这一阶段得以推进。

另一个问题是，当外部机构要求提供信息时，但这本应由其自身或其他机构来提供。大家对生产出的知识价值没有争议，但对知识生产中的劳动分工存在不同看法。一位受访警察愤怒地说："我们简直是警务活动的垃圾堆——任何新出现的问题包括更多的文书工作都要由我们负责。"

在警察文化下探讨文书负担需要有这样一种理念：警察应该花时间更好地完成工作。在这种理念的指导下，只有减少警察的文书工作，使其参与更有意义的知识生产，警务活动才会更为优秀。这种理念是基于知识工作是次要的或者说是报告的残留物，并非解决事件本身的"真正工作"这种认知。有位受访警察就说："如果真这么去做的话，每天给警察留下深刻印象的除了巡逻之外就剩电脑了。然而，很多官员秉持旧的思维模式，认为这种工作没有常规警务活动重要。他们仍将自身置于现世之外。"

这种警察文化中的思维定式也在管理层中得到滋养。例如，专门的信息管理或"信息学"警察部门为自己的作用辩护，理由是他们的技术解决方案将警察从连篇累牍的文件中解放出来，以腾出时间从事更重要的活动。这些部门通过上述主张来证明自身角色的正当性。一位受访的信息技术评估警察是这样描绘他的角色的："警察要为信息系统做出贡献……如果你认真去了解了，就会发现省级部门要求用信息推动其发展，这是很奇怪的。这使得警察在真正的警务工作中效率更低……为其他机构提供信息的负担不断增加……需要制作更多表格式样。总体趋势就是警察不再从事勤务工作，而是要成为信息工作者。"

在一次警察委员会会议中，一位警察局长形象地表现出文案工作所带来的负担是如何"掠取"本属于"真正警务活动"的资源的。他借鉴一种类似于主要宣传缉毒行动（Manning，1980）的引人注目的图像，要求一位与其同行的巡警打开自己鼓鼓的公文包，向大家展示例行巡逻所需的多种表格。

（打击）犯罪工作是警务活动的"代表性"工作。在我们的实地调查期间，发现坐着完成文书工作的警察会抱怨没有空闲时间追击罪犯。同时，他们也意识到，面对大多数犯罪，警察能做的也只是为了风险管理去创建记录。在某些情况下，抱怨文书工作负担的警察还指出，他们管辖的区域几乎没有犯罪的情况出现，不过，真正的警务工作还得算是（打击）犯罪工作。

警方也敏锐地捕捉到一个事实，即当确实存在对某一案件进行刑事追诉的可能性时，刑事定罪主要是一项文书工作。一线警察有时会为了逃避接下来的文书工作而不对案件进行定罪。在巡检中，也能发现他们的这种逃避行为，比如面对可能的醉酒驾驶指控时。这也是流传在警察中间的玩笑。在警局办公室内，一名警察开玩笑地问："我们今晚能遇到一些真正的犯罪吗?"他的同事回答说："上帝啊，我可不希望，我不想做那些文书工作。"另一个巡警的说法可能代表了他们的心声："在街上巡逻可能有十分钟的乐趣，代价却是两个小时的文书工作。"

警察文化中充满了对文书工作的抱怨。警察们往往以幽默的方式将抱怨表达出来，但也带有目的性。警察做文书工作的时候正是他们抱怨的时候，这表明他们在某种程度上能够进行信息分类及其相关性意义的自反性表达。从某种意义上说，这种表达不同于人们从宏观上反思如何对世界分类、分级。然而，警察这一职业以标准化形式呈现出来不同制度的分类，自反性既正式也无情。

警察文化是一种表格文化。许多警察，特别是身处中层或管理层位置的，认为警务活动正是由文书工作组成的。一位高级警官谈道："我们这个组织已经砍伐了大量树木（表明文书工作耗费了大量纸张）。但是说真的，警察部门的运作需要依靠文书工作提供的信息。人们可能认为警察的工作就是追缉、逮捕坏人。但那些只是我们工作中非常小的一部分。我们的另一主要功能是为其他成百上千的机构（政府或社区机构）处理信息……"

另一个警察组织内的高级警官强烈反对使用"文书工作负担"这一术语，尽管警察组织中的各级部门都在这么用，他说：

> 我不同意这种说法。我认为收集信息并非负担，而是警务活动的一个重要组成部分。我们最近在楼层中部安装了一套新的数据系统。警员们过去学习了如何使用该系统，他们并没有觉得该系统有任何复杂难学的地方……警务活动并非只是在街上执勤。情报分析警察坐在一大堆文件旁边，预测犯罪趋势，提出犯罪假说，他们的数量和在街上进行巡逻的警察数量是差不多的。

　　某警察组织雇用了一位电脑专家来研发一个新系统。该专家说，他执行命令是基于警务活动是一个信息产业的假设，信息在生产、包装之后，出售给各种消费者。而这套耗费数百万美元的新系统是为了使信息的生产者和消费者更加受益。用专家的话来说就是，"整个警察队伍可以简单地看作一个大型信息处理系统……警务工作具有集合性的功能。警察组织无论大小都会具有同样的信息需求"。

　　警察组织是一个大型信息处理系统，并非只有热衷于销售自己商品的计算机专家才这么看。相反，警方需要他们的专业信息，因为警察意识到他们在开展信息业务。警务工作作为一种信息处理系统是各级警察组织的现状。两个地区警局管理层是这样描述他们的工作的：

　　　　简而言之，传递文件……相互协调，确保文件流通、信息流通……很久以来，我所执行的就是拿到一份文件，就用它做些什么。将其分发、归档……但必须使文件的接发保持流通状态，因为如果停滞就会造成堆积，进而使得大家的工作进展受阻。

　　　　我的任务就是确保所有的行政文件都处于流动状态，整个系统井然有序，文件向下传递直到最后一级。日常邮件、部长的指示、行政文件、相关信件，这些信息就像从漏斗上端进入、向下运动，我通过监控我们的文件控制日志，确保文件已被传达到其他地方。

　　一线警察向漏斗中添加信息。他们耗费一定时间从事所谓的"数据库警务"。也就是说，他们的观念、情感和实践围绕着添加、检索和维护计算机数据库展开。

　　尽管警察知道自己离不开信息系统，但他们也会经常感觉很难与信息系统共处。根本原因是系统无法达到数据收集的终点。停下来是不可能的，因为信息工作没有界限，也没有边界感。正如一名警察所说，"信息工作真的没有限制……就看你想花多长时间在这上边了"。某大型警察组织的记录部门负责人谈道："警方最初引进信息技术是为了减少领薪金的职员，提高效率。"然而，多年以来，尽管技术创新不断出现，员工数量却保持不变，因为信息需求不断增长，效率低的问题依然存在，"本小组最初成立是由于文书工作的推动。从那时起，有 300 人在这个办公室内工作。我记得当 CPIC 成立之时，技术的使用被广泛讨论，仍有很多人担心这会带来失业。不过这并没有发生。我们的人数基本和当年主要从事文书工作时的人数保持一致"。

警方信息管理专家有以下两方面的追求：一方面是对用于降低文书工作负担的新型通信规则、格式和技术的不懈追求；另一方面是对新的信息提供方式的不懈追求。信息提供的风险管理本身就是难以捉摸的。正如高级信息管理专家对我们所说的："我们真正所恐惧的是我们会成为信息的搬运工。制造出更多的信息和同时减少信息负担，这两方面的需求是不可调和的。"

13.2 外部资源

在第三部分和第四部分，我们记录下了警方与外部机构之间复杂的网络关系，并且分析了这些机构是如何通过通信网络交织在一起的。在分析中不难发现，警方承担了太多来自外部机构的需求所导致的文书工作。在本节中，我们考察了警方对于外部知识需求的看法，他们往往别无选择，只能无奈接受。

警察将文书工作负担加重的原因归结于宏观文化背景下日益盛行的责任风气（Stenning，1995）。包括警察组织在内的所有机构，对外公布并解释自身活动的义务性逐渐增强。为了满足可问责性需求，他们要逐渐增强、优化自身的"解释能力"，即传播本部门工作的流程以及表明警方工作程序正当性所依据的规则（Ericson，1995a）。

受访警察向我们举例表明可问责性需求如何增加以及因此形成的更为严格的通信规则与制度。他们指出，涉及警务实践（如记录警察用枪的报告表格）、公共政治议程方面的新型社会问题（如会产生对家庭暴力事件报告的新的要求）以及法律程序变化（如新的报告要求促进辩护律师参与刑事案件调查）等方面的新的报告要求，都会大大增加文书工作负担。

受访警察将新的问责形式视为社区警务的产物，这要求警察对其他机构及利益集团更为负责。责任内容包括对信息进行格式处理以满足消费者需求，以及警方要以开放的心态从这些主体处获得与特定事件、问题、政策导向相关的知识。一位受访警察谈道："当我们开展社区警务时，数据和信息的要求将会增加……信息共享亦是如此……工作就会越发增多。从众多社区警务的述职和学术分析中都能看到上述现象。"

知情人将社区警务的责任需求归结于利益团体和社会运动在捕捉民意上的成功。尤其是过去二十年中的受害者权利运动的发展被作为新型报告要求的诱因。一位在大城市警察组织工作的政策分析师表示，社会运动本身存在动力，警察很难抗拒，他说：

> 政治议程上的任何事项都会影响信息的收集……信息自由……妇女和暴力、性侵害、受害者群体……最终的结果则是不同的群体希望得到报告的不同部分。这就会促使警方建立更多的报告形式。这是一个升级的过程。组织越多，表格的形式越多。例如，妇女团体向政客们施加越来越大的压力以探究限制令为何不在 CPIC 中……我们告诉她们，限制令是法院职责的一部分，我们不能从法院那里获取这些信息。因此局长会要求我们必须将限制令信息录入 CPIC 中。我们多次与法院官员就这一主题进行磋商，更多的表格就被创建出来了，且表格的数量与会议的次数成正比。（这种情况使）工作量巨大。

除了社会运动和利益集团向警方施压，个人投诉同样会向其施压。支持公众投诉和由公民审查警务活动等多种形式近年来以制度的形式被确立（Goldsmith，1990；Landau，1994b）。这些制度要求警方与警方投诉调查人员合作，提供与特定案件相关的信息，并创建出新的规则以满足公民审查机构的要求。

例如，一位受访警察谈到了正在创建的一条规则，该规则适用于警察使用武力的案件。这可能是受到公民监督运动的影响，其中的问题也是（警察）委员会和社区要问的。他指出："我们警局运转了 125 年，从未关心过使用了多少次武力。"另外一位受访警察谈道："面对公众的不满，警方的典型反应是创设新的规则，并对分类进行修正。警方每次遭遇危机时都会通过创建另外一种规则的方式做出回应。如果外界指控警察未能遵循特定的程序要求，他们就会起草一些规则，证明自己确实遵循适当步骤……每次警察受到批评时，我们都要执行新规则。"

之所以投诉会带来新的规则和分类，是因为它们能够提供标准的问责机制，通过该机制警方可以彰显其程序的正当性。风险社会恰恰要关注程序正当性问题（Habermas，1975），程序正当性是维持可问责性、权威以及合法性的关键。恰当的分类规则可以允许一个警察组织表明其处理问题时的步骤是能够让人接受的。

警方将外部机构的风险知识需求视为文书工作负担的"导火索"。尽管他们承认这些要求部分反映了社会对警方责任的要求，但他们同样知道这与特定机构的分类需要相关。

对于交通事故报告的要求可以作为一个例子来反映文书工作风险知识的来源对警方的文书工作负担没有什么影响。向若干机构报告交通事故是警务工作的一个重要组成部分。然而，在报告要求以及通信格式方面，警察几乎没有话语权。事故报告表格由省级政府编制，省内的所有警察组织必须使用。这些表格经过了格式化处理以满足外部机构的风险知识需求，却和警务活动几乎没有太大关系。警方的一位管理人士在谈到他所在的省最近对于交通事故报告形式的修改时是这样说的，"我们对这份表格确实很发愁。我们在一个全省范围内的委员会中有两个席位，该委员会来确定表格样式。但从实质上来看……省政府不会因为我们的想法去改变表格样式，除非省内的每个警察机构都想做出改变……因此我们被迫要填写这种表格，因此保险公司能够获取信息。事情就是这样"。

另一位受访者表示，专业的卫生人员在交通事故数据收集方面具有很强的话语权。因此，只要警察提出缩减要收集的数据分类时，他们总会唱反调。一直以来，加拿大交通部与各省合作，致力于建设统一的交通事故数据分类，以更好地服务于不同机构的工作需要。除此之外，汽车工业需要借助更好的数据来管理，以提高交通工程水平，并确保在判断是否酒驾时具有血液酒精等级的最佳标准。参与该过程的一位信息技术专家是这样解释的：

> 加拿大交通运输部曾与各省取得联系，并得到各地律师很好的支持，使得各省至少为其提供职责需要的统计数据……他们想了解事故高发区域的情况，以此完成规划，比如重修道路。他们想知道是否同一车辆持续发生相同的致人死亡的事故。因此，加拿大交通运输部会修改方案，坚持要求生产出的每一辆汽车均需安装特定部件，进而使他们能够制定标准。为了建立数据库，他们要求省市警局或各省的政府为其提供这方面的全部信息……他们想调查清楚是否血液中的酒精浓度过低，甚至在 0.8mg 以下还总会发生事故。因此他们希望能确保获得这些信

息。他们将把要求下发至各省，看看各省是否能更改表格，将这些信息涵盖进去。当这些数据被包括进去之后，联邦政府会依据这些数据制定一系列政策，然后将政策传达到省政府，再由省政府传达到市政府……但这么做，同时也会产生问题，相关工作人员需要将可能的醉酒驾驶员送到能够检测出酒精含量的地方。如果不这样做，也可以设计一套移动检测装置，需要的时候能立即获得读数，这种移动检测装置应该有合适的界面，能够与巡警的笔记本电脑相连，并自动将数据填写到表格上。

加拿大交通运输部及其省级分支机构以中介的方式把信息传到一系列机构那里。其中包括：省、市交通工程部门（获取路况信息）；联邦和省级的监管机构（获取导致事故发生的车辆和驾驶员的信息）；加拿大汽车运输委员会；国家事故数据组织；交通伤害研究基金会；加拿大保险局；加拿大汽车信息中心；汽车制造商；驾驶执照签发单位；车辆标准机构；卫生保健机构；保险公司；专业从事交通事故诉讼的律师事务所以及相关学者（Pudifin，1991）。

这些机构需要事故调查表格上的详细信息。从巡警的角度来看，这种需求意味着细致的脑力工作，有时会消耗大量资源。在我们进行警务活动研究的一个地区警局，该警局要求警察到达以下所有类型的交通事故现场：有可能形成道路障碍、损害超过最低金额、人身伤亡、存在酒驾指控的现场。设计这些标准是为了缩短"轻微"交通事故的响应时间。警察抵达事故现场后要清除道路上的受损车辆，在必要的情况下将乘客送往医院，然后填写表格所需的事故信息。

该表格要求警察"请完整填写，并完成五份副本"。用复写纸完成的五份副本最终被传到不同的机构。最上边一页不会被传递，这一页基本上完全用于分类，让警察描述事故、车辆、驾驶员的多个方面的情况。这份表共25个部分，包括"灯光条件"、"路面类型"、"车辆识别"、"事件顺序"、"事故主要成因"以及"受损部位"等几个大板块。每个部分都包含限制警察相互传递信息的可能的类别。"是否弹出安全气囊"部分只有3个选项（未弹出、弹出、部分弹出），但"事故主要成因"部分却有27个选项。每组分类下有一系列编有数字的选项，警察会填写上最为合适的数字。在大多数分类中，警察对事故中涉及的每辆车都要填写一份表格。但在更为复杂的类别中，警察还需填写额外的表格。例如，警察可能要在每辆车上核对四项"事故主要成因"，将三件不同的事故在"事件顺序"下按发生早晚排序。总共有 310 项分类，并且需要对事故当事人进行额外报告。

只有通过与其他机构相关的风险分类才能了解事故情况，正因如此，警察不能提供表格之外的类别，更不用说增加解释性或叙述性的语言了。并且分类是不可变的，天气只有 8 种可能性（晴朗、多云、飘雪等），路况也仅限于 8 种可能性（湿、干、泥泞等）。用笔勾选选项，这使得条件的多样性就不复存在了，这反过来又便利了数据输入以及之后的统计分析所需的数据储存。

表格要求先填写"一般性"信息：事故严重程度、日期、时间、伤亡数量、路段限速、车辆以外其他财产的损害信息。使用固定样式的箭头表明事故发生时车辆行驶方向，额外的选项用于表明"位置"、"司机信息"、"车辆所有者"、"保险"、"乘员"与"其他"。警察可以在最后的类别提出指控以及事故草图。如果事故涉及两辆以上的汽车，每增加一辆车，警察就需要额外再填写一份表格。

交通事故的文书工作占据了警察大量时间。加拿大交通运输部的一项研究指出："在 1987 年，仅安大略一省就发生 203431 起交通事故，涉及机动车 381929 辆。假设每起事故现场需要两名警察，平均花费两个小时，其中约 25% 的时间记录事故数据，那么记录数据所花费的总时间将达到 203431 工时（Pudifin，1991：1）。"除了安大略省现场勘查警察的记录工作之外，报告还需上级警察（police supervisor）和省级机动车注册机构审查。后者将数据输入计算机系统，输入每份表格需花费 6 分钟，而每周则要输入成千上万份这样的表格。

在我们所研究的一个警察组织中，交通事故报表的初始数据输入由文职雇员完成。最近表格的变化带来了大量需要额外报告的内容，这加重了文职雇员的工作负担。文职雇员的主管谈道："之前……我们只需输入有限的数据……就是一个事故摘要。她们每小时能输入 40 份。然而在新系统下，保险起见，她们每小时只能输入 4 份。这是由于再次收集的信息种类的不同造成的。"

警察们强调，他们提供的交通事故数据鲜为警务工作使用。一位地区警局管理人员指出：

　　我从警 16 年，从没见过我们警局能高效利用交通数据。我曾在这里做过一阵子分析师。我发现我们并不能从交通事故表格那里获取交通数据……也不能有效使用它们来解决交通问题，甚至发现问题……这是因为我们的电脑系统并没有升级以完成这些工作。整个流转过程令人困惑。表格样式纷繁复杂，但竟然没有人知道这些信息有什么用……自从我任现职起，事故报表就改变了三四次，但实际上跟我们刚开始工作时使用的没什么区别。新的报表只是需要填写更多的选项……这些表格都被传到政府那里，没有人知道他们会怎样处理，因为我们从未收到过反馈。

　　尽管他资历深且富有经验，但他基本不清楚交通报告数据流向哪里、有何用途。他关心的只是警察可能要怎样使用这些数据，而并不知道这些数据对外部机构的重要意义。这是基层警察典型的现状。在另一个辖区，警方每月都要删除他们的事故报告副本，只在电脑内保留日期、位置、类型和原因等信息。该行为表明，事故报告是为了满足外部机构的利益而编制，并非警察自身。然而，受访警察确信，外部机构也基本没有使用这些数据。一位受访警察谈道："原件和复印件被扔在前台下面的篮子里，大约每隔两周就被捆起来运到机动车登记处，在那里他们收集并汇编了各种奇怪而奇妙的数据，但从来没有人用过。"其同一个办公室的同事说："登记处的员工只是将其归档，完成好自己的本职工作。报告由他们完成。我还知道有一个办公室……堆满了事故报告。他们另外雇佣人来对其分类、进行与保险政策核对之类的事情。"

　　对于发生犯罪事件的报告的要求使得警方对造成文书工作负担的外部原因束手无策。若干依赖犯罪调查结果的外部机构需要刑事案件的数据。此外，由于这些机构的需求都是按照自己的通信格式搭建起来的，因此警察不得不将类似的数据以不同类型的表格传递给他们。这显然给警察带来了额外的脑力工作。在谈到加拿大卫生与福利部所需的记录在一份特殊的表格中的毒品案件信息时，一位受访的警官表示："这份表格上的所有信息同时也出现在我们使用的其他的表格内。"

　　"家庭暴力"案件为使用特殊的表格提供了另一个实例。联邦和省级政府都要求对家庭暴力进行特别报告。警察认为，这份报告是由于政治考量而形成的外部需求，他们说不上话。一位受访警察提道，"上级要求其警察组织在每次涉及家庭暴力的事件时都要使用该表格。他们并不是让我们现在就做，而是要做好准备。"新的报告要求造成了额外的文书工作负担，原因在于：首先，新表格中的内容与其他表格上的部分项目相同；其次，新表格带来新的数据需求，因此需要记录下额外的信息；再次，也是最根本的原因，警察需要以新的话语形式思考暴力问题，这本不符合他们头脑中对刑事犯罪暴力的理解。他们发现，对暴力和虐待的新的定义过于宽泛，迫使他们思考刑事案件时增添新的内容，这些新内容以前并未发现或只是被认为是其他问题的表现。

另一辖区中的一位警察针对"暴力"一词开了一个玩笑，他认为新实行的家庭暴力表格对他们来说确实是一种"暴力"行为，他说：

> 如果我要做某件事，它必须是有意义的。如果没有意义和目的，或者目的和意义并不明确，我根本不会去做。他们希望我们完成的这些家庭暴力报告、统计信息，在我看来，这是具有政治目的的。所以，我们要做的是记录一切与"暴力"相关的信息。假设我们真的这么执行，那么事情就会变成这样，当一位妻子拿起电话报警说"我丈夫打了我"，根本不需要听接下来的内容，我们就需要填写一份关于"家庭暴力"的报告。但当我们到达现场后发现，事情根本不是那样。我们建立了一个巨大无比的信息库，并声称已对家庭暴力这个大问题做好了准备。但实际上当我们坐下来，开始解决一些案件时，就会出现像我上周那样的情况——共接到 29 起关于家庭暴力的案件，但其中大部分都和家庭暴力无关——然而为了进行论证，每接到一次报警，不论真假，我们都必须准备一份报告。而且当你了解了实际情况以及我们处理这类事情的历史，你会发现这 29 起报案中只有一起是真正的暴力事件……还是因为母亲和女儿间的争斗。还有一种情况就是将要发生暴力事件或有人来收债。再者就是老板遇到不受欢迎的客人，不希望他在店里，为了让他出去，就会声称发生了暴力事件，让警察赶到这里……如果是你面对这么多头疼的案件，除了记录下这 29 起案件，可能还会被案件的数量震惊，去呼吁解决辖区内"严重的"家庭暴力问题。我们能做的就是去申请更多经费，把每一笔经费都花费到真正的暴力案件中。

　　该受访者对信息和知识进行了传统意义上的区分，并抱怨说，该报告迫使警察去编一些虚假信息。不过，他同时认为，外部机构也不会用其制定家庭暴力政策以及汇集这方面的数据。这些虚假的信息反过来又迫使警察以自认为徒劳的方式去理解家庭暴力。该受访者的观点是，让警察填写家庭暴力表格以及用他们所抗拒的常规方式去编辑信息，这使他们对家庭暴力的理解更为复杂，更难处理这类案件。

　　一位受访警察抱怨加拿大卫生与福利部在家庭暴力上的做法，该部门需要收集大量警方并不感兴趣的信息。另一位受访者直言不讳地表示，从警务活动的角度来看，所有这些新增的家庭暴力信息都是没有意义的，对于警察并没有什么用。但是，通常情况下，警长并不太清楚其他机构如何运用家庭暴力的数据进行风险分析。一位警察局长说："大部分巡警认为，他们在为政府收集非常准确的数据……但我不知道确切的上传下达的程序。"

　　加拿大统计局向警方提出了刑事案件必须报告的要求。该要求很重要，不仅因为执行起来耗时，而且不执行的话会影响犯罪分类的进程。

　　在警察组织的一个地区警局，虽然加拿大统计局的犯罪报告统一将犯罪分类责任分配到每位轮班的警察身上，但局长有时将该工作交由巡逻警长（patrol supervisor）完成。一位负责评分工作的警官谈道："你在每个文件上都花了大量时间为另一个组织做一些事情，这些事情被分解成微小而艰巨的细节。"一位同事抱怨说，这项工作是"把一个主管从一线叫回来，带到加拿大统计局去做这项工作。还有哪个组织会有一个像主管这样高级别的人在我们搞砸了的时候担负起责任呢？"

　　这些警官提出将《统一犯罪报告》（Uniform Crime Reports，UCR）视为负担的几个原因：耗时、使他们自身无法开展其他工作却主要为外部机构服务，且外部机构的工作内容诸多方面都与警察不同。警方认为大部分的信息需求都并不重要。一位受访警察估计，UCR 要求报告的65 个部分只有 1/3与警务实践相关。一位信息管理单位的老警官为我们举了一个例子来说明对犯罪中使用的武器进行分类与警务实践并不相关，"如果发生了携带武器袭击的案件，UCR 却要求我们记录犯罪人所使用的武器是一个棒球棒还是铅管等其他武器。我不知道这些信息会为谁所用，能带来什么好处。但在这些法律实施之前，信息要求的合理性并未受到真正评估"。

　　加拿大统计局和警方就犯罪应该如何分类这一问题具有不同意见，导致有双重分类系统的存在，给警察造成了额外负担。一名工作在运作双重系统的市政警察组织的警长谈道："需要一千工时制定准则才能满足加拿大统计局新的报告要求。"另一方面，一些警察组织开发了自己的信息技术，使得警局的中央犯罪数据库与加拿大统计局数据库实现对接，能够允许警察使用更多犯罪编码。

当特定种类的犯罪发生时，加拿大统计局还需要额外的报告。例如，谋杀就被视为严重的犯罪类型，需要单独、详细的报告。"谋杀犯罪率反弹"的过程通常由警方的信息管理人员监控，确保辖区内每起谋杀案件都被记录下来并得到恰当的分类。一个信息管理人员是这样描述他的工作的：

> 除了反映在谋杀统计数据库上最基本的分级之外，他们还希望获得关于谋杀更多的相关信息。包括双方关系、使用的武器类型、案件性质等（一般的）统计数据库没有记录的信息。因此，每个警察部门都配备了一位负责谋杀案件的协调人员，就像我这样，与加拿大统计局联系的联络员。那些表格就放在我的桌子上。当某地发生了谋杀案，我们负责侦查。我将该表送到首席侦查员（侦查负责人员）那里，告诉他"填好后交给我"。然后我再送到加拿大统计局。

向加拿大统计局递交 UCR 造成的文书工作负担，不仅被警方视为警力资源的浪费，还被认为是对他们权力的限制，这是因为报告必须符合加拿大统计局提供的格式，后者随后对该信息的使用意味着警方失去对其内容的控制。犯罪分析小组的一位主管官员告诉我们："UCR 数据的大多数用户是公众、私人利益集团以及政客……当他们发布研究成果之前，甚至不会让我们看到。所以我们往往是接到媒体的电话才知道……信息传给了众议院、列表上的利益集团还有媒体，但就是没到我们警方这里。UCR 究竟有什么用呢？"

警察将刑事法庭视为造成文书工作负担的另一重要诱因。法院的功能在于对警察组织做出以规则为基础的回应，虽然这将在第 14 章中详细阐述，但在这里笔者需要介绍法院的要求如何增加了文书工作负担。

需要注意的是，由于刑事司法管理属于省级事项，因此法院的表格具有全省统一的样式，基本没有为当地警务活动而做出什么改变。省内的警察组织使用由总检察长办公室制定的用于令状、传票、起诉书、保证书等文书工作的相同的表格样式。此外，由于这些表格在联邦刑法的框架内制定，所以它们在全加拿大范围内都是基本相同的样式。警察只能照章办事。

大型警察组织必须建立实权单位负责登记、保管这些文书。在一个大型城市的警察组织内，法庭文书小组由 20 名全职雇员组成，其中包括 1 名文职主管、3 个职员以及 16 位负责传票事务的警察，这些人除了日常工作之外还要协助提供文书服务的警察和文职志愿者的工作。该警察组织内还有一个独立的法庭小组，由 13 名全职雇员组成，对用于起诉而整理的警方档案予以归档。

警方认为，特定的法院裁决会给文书工作负担带来重大影响。斯廷奇库姆一案的判决，就极大地增加了额外的脑力工作，造成警力资源的严重浪费。该案的判决结果要求警方为辩护律师准备比以往起诉案件更为全面详细的文书。我们将在第 14 章中详细分析该案，但在此处，警方就其对文书工作负担产生影响的观点与我们的分析有关。

根据我们研究的辖区内刑事检察官办公室的说法，斯廷奇库姆案件使得检察官改变了向辩护律师披露信息的做法。结果是，警察现在不得不就每起刑案中的证据向辩护律师提供非常详细的记录。由此，检察官办公室与警方合作，制作高度格式化的"检察官需要的报告"清单以及程序手册，为警方文书工作提供了详细的指导。清单要求，警方需要按照程序报告与被告接触时的敏感细节，并提供办案记录、相关方的书面声明以及斯廷奇库姆案之前未做要求的其他文书证据。警方认为，这些额外的文书工作带来了很大的麻烦，因为大多数案件中会有的认罪答辩（guilty pleas），检察官通常并不提供案卷的详细信息给他们（Ericson and Baranek，1982；McConville，Sanders and Leng，1991）。

斯廷奇库姆案的判决结果要求警方提供"备用文书"（just-in-case knowledge）。也就是说，检察官要得到充分的文件，以防辩护律师对某些事项提出质疑并要求充分披露。在此之前，仅在初步准备的案件文书使审判中一些案件事实无法知悉的时候，才会准备额外的文书。但现在，每起案件在逮捕罪犯时就必须提供额外的文书。一位警察局长谈道：

在斯廷奇库姆案判决之后，你必须具有能够满足所谓"充分披露"的全部文书。所以现在基本上要提供每份文书的副本,什么人做了什么事的记录都要提供,并且是"每个人",不容遗漏……你必须具有所有记录的副本。必须有最初开展侦查的警察的所有原始记录的副本。全部文书都须具备,必须有办案过程中所有与被告相关的信息。因此,你基本上必须重写所有报告,确保所有事项被归入适当的类别,以确保检察官认定这是全部的证据以及它的去向……检察官办公室对侦查人员提出的要求是,如果要对某人提出指控,那么你就要在此之前去收集证据……但实际上,指控之前不需要做这些,因为被告将会承认自己有罪。为什么要浪费大量时间做没用的事情?不管对错,旧制度是依附于法院的……如果犯罪嫌疑人声称无罪或有律师代理,律师会要求我们提供某些文件,检方会替律师把文件交给我们,我们再转交律师。所以基本上看,现在必须在需要提交文件的时间内去做这些工作。这使得逮捕后还要进行大概五个小时的工作。如果在下午四点逮捕某人,那么你的文书工作肯定会拖到午夜时分才能完成。这是一段相当长的时间。警察要花费这么长的时间完成文书工作是非常荒谬的。

有些受访者的语言更加犀利。另一个地方的警察局长详细地指出了斯廷奇库姆案带来的负担,将其描述为"最高法院提出的最为耗费脑力的一项工作"。此外,我们发现,斯廷奇库姆案引发的额外负担不限于由侦查人员来承担。在其他城市的警察组织中,据说斯廷奇库姆案带来的文书工作需要两个新的职员一起完成,外加一台新的复印机,每年为了完成文书工作,在复印纸上的额外花费就达到了 90000 美元。

接受我们采访的警察们将斯廷奇库姆案视为在其他机构已经进入电子化时代的时候,法院还在保留其印刷文化的一个例证。在电子化时代,警方可以通过文件复制技术以及"无纸化"计算机系统(参见第 16 章)来努力减轻文书工作负担。而法院更为偏好传统的印刷形式。一位警方的信息系统管理人士谈道:"法院改变得很慢,在庭审时,我们面临着复印件有效性的问题,有些法官需要我们出示原件。但我们进行无纸化办公时,满足该要求显得更为困难。我认为,法院要逐渐认识到,他们不必要求原件,因为就没有原件……只要有安全规定和审计跟踪……我认为法院将不得不接受电子化办公了。"

　　警方认为，只能服从外部对于风险知识的需求，别无选择。尽管他们就特定分类的意义和实用性提出不同的意见，但从整体上看，他们必须按照所涉及的外部机构的既定格式提供所需信息。受访警察认为存在这种从属、被动地位的原因是警方属于政府机构之一。他们为政府工作并得到报酬，因此必须为政府所搭建的框架内的"客户"服务。正如一位警察所言："我们为了拿到经费就要听从政府机构的命令。如果他们想要特定信息，我们就要满足他们的需求。不工作就拿不到钱。"一位警方的信息管理专家表示，他从未拒绝过外部机构提出的要他做出系统性报告的要求。他注意到，警察是为外部机构提供信息的一个便捷渠道，这些机构因为在政府中的作用而具有了对警务活动发号施令的权力，他说：

　　　　警察组织试图在警务活动中节省开支，必须让其他机构自己收集数据或以其他方式获取数据，而不是把收集额外数据的工作推给警方…………我们的警察每年要为机动车单位填写成千上万份这样的表格，这是在帮助省级的机动车单位。这个工作量是公平的，如果我们不这样做，他们会没有时间去做更重要的事情。我们是因为服务于省里的机构才这样做，他们支付我们一部分薪水，那我们就帮助他们的机构完成相关工作。

　　加拿大的联邦政府、省、市对政治管辖权（political jurisdiction）的划分对警方需要报告的事项范围以及报告格式具有重要影响。警察组织必须向三级政府中的机构报告，特别是省级警察组织（如安大略省和魁北克省的警察）和RCMP。省级警察不仅要满足常规的省市警务活动提出的要求，还要为不同的省级政府机构提供特殊服务，完成常规警务活动。RCMP必须要担负起大量省市警务活动的职能，还要与联邦政府机构一道完成专门且合规的监管职能。

　　例如，RCMP为若干本地的联邦机构提供以检查合规情况的执法活动。此外，RCMP也要代表加拿大海关局和税务局去打击走私者。在此项工作中，采用加拿大税务局提供的表格进行报告，并且在执法中遵循其确立的政策。由于RCMP比其他机构的管辖范围要大，其他机构经常使其扮演检查员的角色，要检查的事项包括为环境保护部检查，即对候鸟和物种进行保护，还有依据《爆炸管理法》为矿产能源部检查矿山。以我们研究的 1993 年为例，当年 RCMP 使用了逾 2000 份工作表格，调用了其渥太华信息情报机构 600 名员工，主要原因是 RCMP 要为众多政府机构开展监督检查工作。

警察位于全部三级政府机构中的"计算中心"（Latour，1987）。警方在这些机构的要求下生产、协调、分析以及传递信息。某警察组织的一位信息管理人员指出，这种情况是导致文书工作负担增加的主要原因："有大量不同的群体对警察收集的信息感兴趣。我们成为他们的代理人……为三级政府提供报告。但他们都希望我们按照特定方式填写他们的表格……不同层级的政府有自己的信息关注重点，这些重点通过不同的表格反映出来。"

13.3 内部资源

尽管文书工作负担加重很大程度上归因于外部机构，但警察自身应对外部信息需要的方式也是原因之一。在创建应对文书工作负担的通信规则、格式和技术的流程中，警察有时的做法也会导致该工作负担加重。我们会在第 14 章至 16 章分析警方内部应对文书工作负担的方式和动力，以及这些工作如何增加而非减轻文书工作负担。这里我们先从警方内部的视角分析文书工作负担。

警方主要从四个方面使文书工作负担加重。第一，警方管理人士——他们要应对前一部分介绍的外部压力——因此需要承担更重的内部责任。这就形成新的责任形式以及满足问责需要的过剩的脑力劳动。第二，在知识就是力量的工作氛围中，警察倾向于进行大量文书工作，以使这些知识能够在将来满足问责之外的目的。第三，警务管理工作中充满了完整、准确的报告。这会导致用以监控、审计报告质量的设备、系统大量增加。第四，报告制度中存在冗余成分，包括电子文书制度和纸质文书制度的重叠。这种冗余导致工作重复、资源浪费。

四个内部成因的串联造成了文书工作负担加重。例如，更多的问责导致知识生产过剩，从而使得警务管理工作中对细节以及报告监控的重视被强化，进而增加了知识体系中的冗余部分。

受访警察向我们指出内部问责加剧的迹象。同时，他们列举了信息技术如何协助、监控他们的工作，比如，计算机辅助调度系统保存巡警的使用记录，上级警察因此可以进行同步或事后监控。警车内的笔记本电脑终端允许上级警察随时检查归档的报告，并要求警员立即改正。

受访警察指出，为了满足问责的需要，行政制度和报告格式也被强化。在我们对某警局巡警主管的工作进行观察时，一位妇女走进警局，上交她捡到的一个钱包。巡警主管返回自己的办公桌，对我们说，"这是警察最为讨厌的事情"。他解释道："在过去，如果有人捡到钱包，警察就可以给所有者打电话，让他来警局取回钱包，无须进行任何文书工作。"他继续说道"现在，警察必须准备一份事件报告以及列举钱包内全部物品的展示报告。如果无法与所有者立即取得联系，我们则必须将钱包放在过夜存储柜中，并完成另外一份表格，如果钱包最终有人认领，所有者还要在该表格上签名。当钱包从储物柜中取出时，警务督察（supervisory officer）必须在场，以确保证据的连续性。"该巡警主管自言自语地打趣道："我所要做的只是额外的 20 分钟的文书工作呢。"

受访警察认为，问责的强化源于新的信息技术所创造出的新的监管可能性以及守法意识的增强。信息技术和守法意识不仅被视为文书工作新需求的原因，还使"问责"披上了光鲜的外衣，进而导致信息过剩。警察们普遍认为，他们最好是提供详细的信息，并保持完整的记录，以防受到质询。地区警局的一位管理人员让我们注意这样一个现象，即他手下的巡警非常重视细节，偏爱复印，即便是存储在警察组织内若干文件系统中的事项也要记录下来。他将这些现象归结于风险社会中所谓的"三位一体式"问责，"我认为一部分在于恐惧，一部分在于缺乏信任，还有一部分是技术问题"。侦查部门的一位主管虽然没有提到上述关键词，但认为一个单位的信息过剩也有以下三方面原因：

> 我们所做的一部分事情可能具有投机性质，但如果我们不对部分事情至少做一个基本的背景调查，等一些事情真的发生的时候，摆在眼前的问题就会是，"为什么你不了解呢？"所以警察们做了大量的信息收集工作……并且他们每个人所做的每一件事情都会形成一份报告。它可能是个信息报告，只是为了表明找不到关于该人或组织的任何情况，但我们仍要对此做出报告，以便当有人对我们的活动或我们应当或可能了

解的某人提出疑问时，我们可以按照报告的内容做出回应。

警察行政制度同样为了满足问责而"迷恋"记录细节。正如我们在本书随后章节中阐述的那样，现存一些复杂的制度和程序，确保警察提供的信息能够遵循适当的格式，是"干净的"，外部机构能够随时获取。

知识生产过剩不只是因为警察们害怕管理人员问责，还由于他们相信，他们应当提供、储存信息，以防调查需要。从这个角度看，警察自己就是文书工作负担的"始作俑者"。

在访谈和实地调查中，警察反复向我们证明提供信息的正当性，理由在于这些信息在未来可能有用。警察们从俗语"时过境迁"中得出结论，认为提供现在看上去无用的知识，可能会在未来发挥它的价值。一位警察说道："有人告诉我们，没有真正无用的信息，但也存在确实不需要的信息。但事实是，情况可能在两周内就发生变化，今天你认为不重要的事情两周后就会变得重要。因此，我不认为有什么是不重要的。"他的一位同事表达了类似的观点："准确的报告应当是让别人花时间听到和看到他认为物有所值的东西，而不是让那个人耗尽时间来猜测你能够想到的一切……不管有多么琐碎，某些琐碎信息的价值堪比金子。"

这种观点导致警察抓住每个能提供与人口相关信息的机会，帮助他们在未来追踪那些人的情况。这种知识机会主义被警察直言不讳地描述成"警察遇到的人越多，为了满足收集信息的目的，我们要做的就越多"。另一位警察对此概念进行了详尽阐述："每个人向我们打来电话时，我们都要尽力获取最多的信息。因为你不知道下周是否有人犯罪，那样我们就能检索计算机系统，把他挑出来。这样我们就知道去哪儿找、他是谁以及其生日信息。"还有一位警察指出："我们有时要询问未直接参与某案件的人的生日。"他说："我仅仅看到了交通事故，为什么要问我的生日？"姓名、地址和电话号码是重要信息，可以通过它们找到那些人（嫌疑人）。它们可能在街面上的某处发挥作用。而这些信息你已经记录下来了。

警察们还强调，一旦在存档中发现信息，他们往往就放在那里，因为没人知道它什么时候会有用，看完之后就销毁是令人尴尬的。一位警察说："我把有些事存档，后来还可以再查到。删掉后面还可能用到的信息是非常可怕的。"另一位大型城市警察组织内负责记录工作的警察说："我们什么都不肯删掉。我们会储存全部信息。举例来看，我们用 15 种不同方式对事故报告进行交叉引用。这会带来越来越多的工作量。"他的同事，计算机和通信系统管理人员补充道："不同的监管措施适用于不同类型信息的存储。我们有一个'警察服务法案'列出的保管期限表。然而多数情况下，我们倾向于永久储存信息……我认为这是一种倾向'备用'的心态。这提醒我们信息某天可能就会有用。"

知识生产过剩不仅增加了文书工作负担，而且诞生了禁止未授权用户接触知识的新需求。复杂的数据存取和保护系统得以确立，额外的用于问责的表格也被制作出来。一位转到专门从事警用信息技术服务的私人公司的警察为我们点出信息生产过剩和保护过度之间的联系。在她看来，"警察组织的行政事务过于繁重。警察组织，特别是对在编警察的管理是可笑的……对警务工作和信息的要求近乎偏执……我们是唯一清楚和明白这是偏执的做法的人"。

有些知识可以用来满足调查和问责的需要，维护这些知识的安全性使知识系统变得更加冗余，反过来就加剧了文书工作的负担。确立新的知识系统，但并未取消旧的知识系统，这同样是产生冗余现象的原因。保存旧的知识系统，原因在于警察将其视为额外的信息来源或充当备份。冗余的另一个原因存在于所有的组织中，即人们希望在计算机化的"无纸办公系统"之外保留硬盘。这种愿望与员工未能适应新的信息技术有关。员工不信任新技术的检索能力，总是想要保留一份在硬盘中以防万一。

第14章 风险沟通规则

解决文书工作负担的一种办法是确立详尽的规则进行管控，使其合理化。通信规则的产生有很多渠道，体现在多种文本中，并被融入警务活动的特定的制度环境中。与知识生产相关的规则的制定和执行会产生额外的文书工作，进而出现更多的规则，并呈螺旋式上升。不断完善、修订并详细阐述规则的目的在于控制无法消除的文书负担。

在本章中，我们首先讨论与法律制度相关的知识管控。法律不仅对警察提出了巨大的知识需求，并且要求警方提供的信息遵循特定的格式要求。警方做出的回应是构建自己的通信规则和程序，尽管此做法导致文书工作成为警察工作的常规内容，并且文书工作量也增加了。

我们还考虑了监管知识生产细节的警务管理活动。不同的监管程序分别对警方的知识工作进行安排、指引以及合理化改进，具体包括：政策手册、对特定种类知识工作的分步指引、向外部机构传递知识的规则以及通信实践的审计机制。这些通信规则制度注定落后于实践，因而需要不断被修订，这就又增添了警察文书工作负担。

我们在本章研究警察官僚化问题，并为读者展示新的问责要求和由其带来的知识工作如何形成详尽的规则制度。同时，知识工作的合理化及监管创造出更多的工作，进而需要制定出更多的规则来对其进行管理。警察组织中出现了位于管理阶层的知识监管者。我们将在下面通过分析知识监管者的知识分类方式来研究该阶层的工作。

14.1 刑事诉讼

刑事诉讼法对如何向法庭提供法律上可接受的知识进行了持续的详尽阐

述。正如我们在第 2 章中提到的，刑事诉讼的发展趋势是使刑事司法系统有权获得为取得证据和迅速取得结果所需要的任何知识。作为该工作的一部分，法律为警方提供了相近的通信规则，内容包括如何将面向线人、证人以及犯罪嫌疑人的知识需求进行合理化处理，如何向法庭表述这些知识。实际上，《刑法》第 28 章为警方每项与刑事诉讼相关的知识工作提供了准确的法律用语。其中，提供了 51 种模式，包括举报人登记、传唤、出庭承诺、起诉书、向法官报告、保证书、证明和违约令状、定罪登记、量刑和无罪释放令、羁押令和解除羁押令、适合受审声明、对传讯和传讯理由的质疑、提供指纹记录、所得税披露、传唤证人、证人的证词以及令状（用于搜查、逮捕、交付审判、还押、被告移送、出示证人和法官背书）等。在某管辖区内，警察平均每次要为刑事案件中的检察官提供 17 种不同的表格。

刑事诉讼规则体现在这些表格之中。因此，法律要通过这些规则转变为警务活动。刑事诉讼规则与已确立的法律表格相匹配，后者影响着警察的思考和行为方式。警察必须满足这些表格的法律的合理性，才能相应地有所行动，从而能够证明其符合规定。

刑事诉讼规则同样体现在警方其他的表格和文档方面。例如，犯罪嫌疑人的法定权利被详细地写在卡片上，必要时警察能够向嫌疑人宣读。在某些情况下，不同的表格中具有相同的措辞，用于要求嫌疑人放弃自身权利或者承认警方已向自己告知权利。这样的表格提醒警察必须要说什么，还提醒被告有权了解自己的权利。我们研究的某警察组织具有一份"特许同意书/豁免证明"表格，非常详细地介绍了被告的权利，涉及联系律师、搜查令执行。嫌疑人可以通过在表格上签字放弃这些权利。

另一类表格用于记录警方已经确立的用于测量犯罪行为的技术的真实性。例如，某警察组织有一份"秒表测试证书"表格，用于记录高速公路航拍测速所用的秒表的准确性。该表格中包含了一份 3 页的高度格式化的"血液取样"表格，为血液取样测量酒精含量提供程序标准。当使用酒精检测仪时，技术人员需要遵循具有 13 项步骤的"酒精检测仪操作检查表"。当无法使用呼气测醉技术时，还有一份高度格式化且内容详细的表格，名为"侦查指引和报告——酒精损害"，其目的是向警察展示如何测试驾驶员的醉酒程度。所有这些表格都可以作为证明酒驾在刑事诉讼中具有争议的证据，因此相关部门需要不断对通信规则和格式加以完善，以表明程序的正当性。

法院经常做出裁决，拒绝采纳警方使用的表格。当这种情况出现时，必须制定新的规则和程序，这就增加了知识工作。某位就职于警察组织法庭文书小组的受访者向我们描述了当法院裁决提交第三份而非第二份表格副本属于违法行为之后发生了什么：

> （法庭认为）我们必须提交第二份副本。第二份副本上有不同的表述（与第三份不同），所以我们不得不召回所有发出的表格，重新发放……我们的领导会把多余的第二份扔掉，所以我们没有向法庭提交第二份副本！我们手里有的是第一份和第三份，相关人员能够取得第三份副本，第一份副本在我们这里用于文书工作。现在，我们计算机部门完成第三份副本，负责传票事务的警察不得不发放第二份副本。

我们详细分析了某警察组织如何应对加拿大最高法院（Supreme Court of Canada）就斯廷奇库姆一案做出的裁决，该案例揭示了法院对警方通信规则做出裁决产生的影响。由检察官办公室和警方代表组成的一个特别委员会认为，斯廷奇库姆案的裁决要求控方改变向辩护律师披露信息的做法。一份19页的培训小册子确立了后斯廷奇库姆案时代提供并格式化信息的规则，其中写道："在要求被告选择诉讼模式或做出有罪答辩之前要向其披露信息。控方必须披露相关的全部知识，无论是否意欲将其作为证据。披露内容包括有罪证据、无罪证据、从非证人处取得的证据以及警方记录。"该小册子上还指出，当被告或代表其利益的人要求披露时，披露这一行为的义务随之产生。

此外，该小册子还指出，检察官具有什么时候披露及披露内容的自由裁量权，而非警察。检察官负有评估知识的相关性的义务，包括决定是否应该保留证人的身份，保护他们以免受可能的骚扰或伤害，决定如何运用包括身份保护在内的特权规则，确定早期的披露对结案的影响。该小册子强调："信息披露是皇家检察官的责任——而非警察！侦查人员的责任在于向检察官提供这些信息……你不需要向辩护人或被告直接提供任何信息，除非在酒驾案件中的标准文书或向被告送达的其他法定要求中提到必须如此。"

总之，现在要求警察按照公诉的标准来对待每起刑事诉讼案件。这个要求看上去似乎是普通的和正常的：当然，当警察决定某人应被起诉，就要提供完整的文书。但通常的做法是尽一切可能使嫌疑人认罪，进而避免提起公诉带来的文书工作负担。本书第2章中的双重被告辩诉交易案就采用的是这种做法。尽管有检察官的强烈要求，侦查人员还是拒绝对其认为明显可以认罪的案件提供文书。

同一警察组织内的一位老警察说，在前斯廷奇库姆案件裁决时代，80%的案件无须审判，以认罪告终，警方的文书工作量很小。但是，在斯廷奇库姆案之后，警察需要像对待之前20%的案件那样对待所有案件，也就是说，准备档案要用法律上可接受的格式详细介绍每项证据。他说：

> 提到斯廷奇库姆一案，现在和过去的区别在于我们要为庭审而向检察官提供信息。我们以前直到被告首次出庭并拒绝认罪时才会这样做。如果他们首次出庭并认罪，我们会在逮捕时完成一份简短的逮捕报告，概述其罪行，向检察官提供与庭审相关的一些内容，例如犯罪性质，被告及其代理人对这些事项要么同意，要么需要做些解释。然后法官就会从此时开始处理。斯廷奇库姆案的判决结果使得我们这样做……，当我们收到无罪抗辩时，我们要做的是提供一份更详尽的法庭陈述，更详细地概述每个证人将对控方做出的贡献，此外，提供控方可能不会传唤但可能被视为与辩方有关的信息是一项更大的负担。重要的区别是，我们现在不得不在嫌疑人有认罪迹象出现之前这么做。据检察官所称，80%的案件是通过审判之外的其他机制解决的。所以，我们过去仅做20%的更为详细的法庭陈述，而现在我们要做100%的法庭陈述，这造成了巨大的文书工作负担。在过去，如果没有走到认罪这一步，会有别的事项可以做，并且可以回溯。现在，每个案件都需要被当作一审之后的无罪案件。根据法律规定，警方在接到请求后就必须向辩方提供所有信息，即使最终还是被判为有罪。所以警方必须仔细检查每个案例，在逮捕时就要像完整的法庭陈述那样去准备。

由于全部刑事案件都遵循相同的程序，无论是简易程序定罪、可被控告的犯罪还是双重犯罪，即便是最为普通的案件也要准备内容详细的文书。在商业犯罪侦查和其他注重文书知识转移和流向的重大案件中，举证责任则更为沉重。一位商业犯罪侦查员介绍了斯廷奇库姆案如何从根本上改变了知识管理工作方式。他为我们举了这样一个案例，某垃圾处理公司被指控非法倾倒垃圾和伪造文书，他说：

> 在我们提起诉讼之前，我们给对方律师打电话："我们已经准备好对你的当事人提出指控。"我们必须立即将大量文书移交律师，这使得我们非常忙碌。以前，我们打电话给律师，同时给他们文书的副本。但检察官的要求超出了我们的文书所列出的要点，也超出了我们在法庭上展示的内容。这样一来，每出一次庭，我们可能要带着 27 箱文件。检察官指出，我们不能（只）给他文书要点，要给律师 27 箱文书。要把 27 箱资料复印，在提起诉讼之前就要交给律师。在垃圾处理公司一案中，我们对所有挖出的桶都进行了拍摄，他们突然想要全部照片的副本，我自己一个人使用彩色复印机花了三天时间把照片复印并交给他们。这些工作浪费了我三天时间。这就是斯廷奇库姆案的判决结果如何与警察工作相联系，并给我们造成了毁灭性的打击。

检察官办公室和警方试图通过设置严格的通信规则来控制额外的文书工作，此通信规则被嵌入"呈送检察官的报告"的新表格中。这就创建了一个"案件披露委员会"，该委员会制作了一个 25 分钟的培训视频以及一份介绍如何填写表格的详细手册。该手册中介绍，设计"呈送检察官的报告"表格的目的是：将案件所属权逐渐交给主要侦查员；协助侦查人员将全部的事件按时间排序；允许检察官评估指控证据；促进加拿大最高法院要求的信息披露。

"呈送检察官的报告"表格要求某一特定的侦查人员承担办案责任，自表格上方显示的日期开始，两周内，要将侦查员确定下来。该表格还附有一份长长的文档核查清单。侦查人员要按照详尽的格式报告案件，格式要求位于表格背面。格式要求包括以下多种项目：案情概览、有罪证据描述、证人和线人名单。该表格还需要填下以下信息：警察对检方信息披露的顾虑、证人证据、犯罪现场勘查、社区走访信息、对证人的预防性措施或建议、特殊单位的参与、警方意见、后续侦查的内容。核查清单还提请警察注意根据要求附上以下内容：证人证词、其他掌握相关资料主体的陈述、警方说明/陈述、被告陈述、照片、对未成年人罪犯父母的通知、未成年人罪犯的弃权（证明）、驾驶类犯罪行为的相关文件（如暂停驾驶的通知、呼吸分析证明、二次违法犯罪通知、车辆检验报告以及犯罪现场图、扣押物品清单、CPIC和犯罪查询记录以及其他所需文件）。这份核查清单的后面有一处空白，警察按照要求在此处解释没有附上的文档遗失的原因。警察须在表格上签名，上级主管也要签名，表示其已审查过"所有附件的内容"、"报告的内容以及格式"以及"文档"的合法性。警察组织内的法院联络部门对所有这些文件进行审查。如果该部门认为达到移送起诉的要求，会生成一份"信息"文档，这些文档被转送到检察官办公室。但是，如果后者判断其达不到要求，会将其退回主要侦查人员所在地区的领导处。

指导警察完成该文档的手册包括报告内容及方式的通信规则。它还含有例外情形以及可省略的内容的规则（Edgerton，1985）。比如：

> 此决定的核心是完成所有相关信息的披露，以便被告能够享有宪法第七章规定的"充分答辩和接受辩护"的权利。调查人员决定隐瞒的任何相关信息都可能导致指控被撤销。这就是法律，我们有义务坚守法律。唯一的例外涉及先前所讨论的信息特权。

> 表格中需要填写的选项不能留有空白。如果在某部分填写了"无（文档）"，那么在"解释任何缺失的文档"部分，警察都需要做出解释。

> 至于举报人，调查人员不必向检察官提供这方面的信息。如果逮捕是根据举报人提供的信息进行的，那么犯罪的要素必须是可以在不受告密者的影响下被证明的。否则，举报人将成为证人，并将被披露。举报人可能受证人豁免保护，从而影响披露的时机。

> 在大多数情况下，检察官裁定警察无须提供作为信息披露程序的组成部分的案件概要副本。因此，确保敏感信息（如线人或"犯罪终结者"项目的参与）不在此部分出现是必要的。

里程碑意义的斯廷奇库姆案反映了逮捕、起诉等方面的知识结构。首先，它达到了刑事案件知识需求膨胀进程的顶峰。一个负责专门侦查部门的警察指出："当我还是这里的一名侦探的时候，我只需提交一份单页的报告，通常也就一两段。如今我们移交检察官审查起诉时，我们准备的文档大概有三四十页。这是根本上的改变。我们在办公室里的文书工作时间大大增加。从这个角度（即行政的角度）看，文书工作的工作量令人难以置信。我们过去会做出一份简要陈述，还会隐藏信息，而现在我们得使用以前从未用过的属性表了，而它们过去都被包含在案件初始报告中。"

其次，斯廷奇库姆案后警方需要完成大量新的分类以及格式化处理工作以满足检察长办公室的要求以及自身对于高效生产相关知识的需求。通信规则必须被嵌入多种表格之中，包括普通案件。反过来，这些改变还会体现在各类违法犯罪信息系统和加拿大统计局的报告制度中。参与表格修订工作的一位管理人士指出："紧随斯廷奇库姆案之后的诉讼程序要求是，检察官现在一开始就需要一份更为全面的报告。我们要按照这种方式向控方总结大量信息并提供证人名单。但很多信息是重复的，这是因为控方需要的信息载体具有不同的形式。这就增加了整个案件报告的篇幅。"同样参与表格修订工作的一位警察管理人员补充道：

> 我们这个委员会修改检方最初的要求，因为从逻辑上看，我们基本上不可能满足这些要求。这就意味着要建立两个独立的记录系统——一个是为检方提供的数据库，另一个是我们警方信息管理系统的电脑数据库，这项工作将会有非常强的欺骗性。你可能永远不会知道去哪里获得一份完整文件。有些信息虽然检方不需要，但是我们因统计目的而要报告——统一犯罪报告、加拿大统计数据。检方并不需要这种犯罪分类数据。它们与起诉毫无关联。但对我们来说，删除这些数据，为他们及时制作另一份报告，需要两个独立的系统。所以我们最终达成一致，我方修改自己的系统，特别是叙述性文本部分，来满足他们的要求，检方从而可以从叙述性文本中，获得符合其需要的内容。这就是我们的工作，我们还制作了一份核查清单附在文本上，以确保所有的文档都被附在警察报告中，比如证人陈述、证据证明或同质事物，以便他们能快速审查，确无遗漏。

最后，由斯廷奇库姆案确立的新规则对警察生产知识的思维与行为方式产生重大影响。当警察们为案件制作文书时，他们通常会说是"为斯廷奇库姆工作"。他们的意思是他们的工作与其说是上司的内部要求，不如说是法院机构的外部的法律问责要求。尽管警察们知道他们的工作对大多数案件没有直接作用——这是因为，例如，某个案件明显可以进行到认罪这一步，或某案检方可能决定不再向前推进——警察们认为他们工作的合理性在于提供备用文件知识。一名官员指出，完成"呈送检察官的报告"、"呈送检察官的报告"核查清单、发案报告、警方记录、证人陈述、逮捕报告以及家庭暴力报告之后，该工作是要充分解释发生了什么事情以及警方的决定，剩下的交由检方和其他机构处理，由他们出于自身风险管理的目的来使用这些知识。

警察认为斯廷奇库姆案件改变了做出逮捕和提出指控的时间。在斯廷奇库姆案之前，警察首先逮捕和提出指控，仅当后续司法过程需要时才提出详尽的证据。在斯廷奇库姆案中，当所有知识到位，满足刑事司法知识系统严格的格式要求时，才能决定逮捕和指控的事项。一名警察中层认为，在斯廷奇库姆案中：

> 该案核心在于，仅当万事俱备时才能提起指控。事实是，当前指控的内容并不重要。可能除了一级谋杀犯外，不会对犯罪嫌疑人采取监禁措施。你仅仅要以是否获取全部信息为标准，来决定何时将嫌疑人推向司法程序的下一个环节。在没有将嫌疑人和犯罪行为联系起来时，无法做出逮捕决定。你可能已经获得其他知识性信息，但只是没有获得相关联系。在过去，我们很有可能已经逮捕了那些人，并对他们提起指控。且由于我们无须在那时披露信息，我们几乎不用在逮捕时掌握初步证据。我们可以等到证据回传，使嫌疑人进入司法程序的下一环节，也就是说我们已经掌握合理且确凿的证据，继续实施侦查。而现在我们要采用一种不同的、警察们难以习惯的艰难的思维方式。警察无法完全习惯于这么做。

斯廷奇库姆案形成的信息披露要求还会影响案例知识的提供。据说尽早向辩方提供证人姓名的要求会使证人不愿合作，因为他们可能受到被告或他人的报复。更重要的是，培养、对待线人的既定做法受到影响。一位受访警察告诉我们，例如，关于斯廷奇库姆案带来的保护"代理人"的问题，"这个家伙游走于线人和犯罪分子之间"。当地检方对斯廷奇库姆案的解释是，警方的"代理人"——他们在策划一系列缉毒行动中特别有帮助——现在必须在根据相关信息指控某人的第一个案件的一开始就确定身份：

> 在过去，我们在法院审理之前都能隐藏线人的名字。线人不是惯犯，他们被牵扯到犯罪文化之中，被我们抓住从而决定变换身份以将功补过。他在城里，我们将他作为线人，免去对他持有 1/2 盎司毒品的指控。他必须要为我们做五六件事，这会使我们抓获五六名嫌疑人。一旦我们办理首个案件时，我们就要披露该线人的信息，该线人的价值就会大打折扣。斯廷奇库姆案的审理结果现在已经使我们必须披露线人的身份信息，还有人拿这个闹着玩。他们说，他是一名线人，要我们保护他的线人身份。或者，这是一项正在进行的侦查，除非与实质不符，否则我猜将会持续下去。这是一项毒品犯罪侦查，这个线人要完成其中的五六项行动。

以斯廷奇库姆案为例，刑法趋向于保障促进风险管理实践的系统知识权利。法院机构及其关键行为者——尤其是皇家检察官和辩护律师——被赋予了更常规的获取知识的途径，这有助于他们处理案件。自斯廷奇库姆案以来，警察的职责更加明确，即提供统一的知识，使其他部门的工作更有效率。对于警察而言，刑事法庭工作变得与警方向其他外部机构提供的工作类似。这样的工作由外部机构的通信规则牢牢控制，并且这些规则塑造了警察的思考与行为方式。

14.2 信息法

信息权利合法化是推动通信规则的精细化、知识工作量提升的另一个因素。警察组织内的特殊部门依据联邦政府的《信息获取法》、《信息自由法》、《隐私法》以及各省相关法规处理知识需求。此类单位中的一名警察管理人员描绘了他所看到的新的信息法颁布带来的明显变化：

> 过去人们更多地依赖"君子协定"，而现在大不一样了。我们会找

出哪些群体需要信息，与其签订非正式的"君子协议"，为其提供特定类型的信息。如今，受到联邦、省级《信息自由法》和人权委员会的影响，事情发生了巨大的变化。现在强调双方的责任。我们信息自由小组就由 10 名工作人员组成。他们与那些想得到我们所掌握信息的公民打交道。我们可能不得不翻阅所有文件和法案报告寻找这些信息。这是一个劳动密集的过程。

在我们研究的一个大型警察组织中，某一小组的 32 名员工致力于应对信息获取的请求。他们大部分是经验丰富的警察，而非文职专家，这是由于该组织认为经验丰富的警察是最适宜解释"敏感信息"的，并由他们决定是否应该保密。然而，外部专家，特别是律师会定期咨询个案和通信规则。

这个小组是警察组织管理信息获取的关键部门。一名小组成员说："我们能捕捉到 99.9% 的获取信息的请求。我们是一个集中型的部门。我们小组研发了通信规则以指导整个警察组织内有关信息发布的决定。如果被授权发布某些信息的警察需要接受指导，他们可以咨询地方的专家，后者可能会联系我们其中的一员。我们小组成员经常到地方警局举办讲座和提供一对一的咨询。我们还会用专业知识帮助其他政府部门研发其与获取信息相关的通信规则体系和程序。"另一名小组成员发表了自己的意见："我想说，从根本上看，就专业知识、解读以及应用而言，更多的人咨询我们。这是一个专业性强且他人难以掌控的领域。"

该小组每年要处理大约 3500 项与隐私相关以及获取信息的请求。近 2/3 的请求来自机构而不是个人，主要是媒体、企业和大学。该小组与获取警方信息的其他政府机构密切合作，特别是在这些机构能否将警方信息披露给他人的问题方面。

该小组受信息和隐私委员（Information and Privacy Commission）会领导，委员会官员具有审查投诉的权力，投诉的内容是针对警察的信息请求的处理方式问题。他们也可以独立开展对警察滥用隐私的调查。每年大约有 100 个由投诉引发的调查，而绝大多数调查结果是"不成立"。一位受访警察举了一个地方警局的例子，该警局在牢房里张贴了 4 个艾滋病病毒携带者的照片。投诉人说，有位见过该海报的罪犯后被释放，在街上见到投诉人，高喊投诉人是艾滋病病毒携带者。这个投诉促使信息和隐私委员会办公室开展调查，并要求警察停止这种做法。

警察组织的行政管理手册包括一系列的通信规则，这些规则涉及强制性和任意性的信息公开义务免除以及对于隐私权的管理。该手册指出，警方从其他政府机构获得的保密信息、警方向省市级政府履行合同义务而生产的信息，不受信息获取法和隐私法的约束。以下事项适用任意性义务豁免：对领土的风险（如颠覆或敌对活动方面的情报信息或揭示建筑物脆弱性的信息）；对有价证券的风险（如揭示计算机或通信系统脆弱性的信息）；对生命的风险（如威胁到个人安全的信息）；对身份的风险（如个人信息）；对专业组织的风险（如与律师执业特权相悖的信息）；对政府组织的风险（如政府规划不能公开的信息）；对警察组织的风险（如在合法侦查活动中收集的信息，可能会泄露侦查技术、正在进行的侦查细节、未来的侦查计划或秘密信息情报来源）。

在加拿大，议会可以使得信息情报机构从信息获取法和隐私法的要求中被豁免。尤其是敏感信息得以在该机构中"沉淀"，即便具有合法请求也无法得到。我们一直在谈论的警察组织就设有这样一个"刑事情报"机构。该组织准备的一份报告即刑事业务情报记录显示，1991~1992 年有 131 个请求访问机构信息。根据第 16 条第（2）款规定，所有请求者被告知，（警察组织）既不证实也不否认机构中记录的存在，如果确实存在，信息披露义务会因《隐私保护法》第 18 条第（2）款和第 21 条、第 22 条得以豁免。关于机构中信息的决定根据警察组织手册中设定的风险计算而做出。

> 超过 50% 的个人信息的披露会导致法律失效：
> （1）保证正在进行的刑事侦查活动的机密性；
> （2）保护第三方权益信息；
> （3）确保警方信息秘密来源、线人、证人生命或经济上的正常状态；
> （4）保护具有秘密性质的警方执法技术、策略以及程序。

隐私专员开展的一项审计活动的结论是，情报信息机构的设置存在不当之处，这是因为警察无法准确识别哪些文件是出于最初确立豁免义务的目的而被审查。警方的回应是，撤销现有的枢密令，根据新的枢密令打造一个新的情报信息机构。警方对这项提议给出的理由反映了他们认为对获取信息和隐私的规则实施全部免责有多么重要："披露该机构中的信息可能导致刑事案件线索流动受阻，执法系统的四分五裂，信息来源和侦查技术的公开，招募、发展秘密人工情报源工作的终止。"

某警察组织内另一个隐私与信息获取小组准备的文件显示，信息法曾经采用一种有用的方式帮助警方进一步构建其知识体系。该文件指出，信息法清晰地阐述了通信技术可以加强对知识的监管。该文件的作者认为，隐私和信息获取的立法不会对警察组织控制自身知识边界的能力造成危害：

> 到目前为止，没有证据表明加拿大数据保护法对警方行动有任何负面影响。当然，根据该立法的条款，没有任何调查因公布信息而受到损害。这种相对平稳的过渡可能是因为人们对信息资产在现代警察组织中的作用和重要性的看法发生了变化。在加拿大确定这些立法之前，大型组织中的信息管理是独立存在的新生事物，这是"信息时代"的一项特征。包括警方在内的公私部门的许多组织正意识到这样一个观点，从商业角度看，提升信息管理实践水平是可以实现的。例如，任何警察组织如果不采取结构化的方法来管理其信息资产，就不可能充分利用迅速出现的信息技术。因此，推行数据保护规则所需的措施往往正是有效管理信息系统和服务的那些措施。事实证明，《信息获取和隐私保护法》（Access to Information and Privacy Act）的原则通过为良好的信息管理实践提供监管激励，强化了这些目标。总之，到目前为止，加拿大警察认为加拿大数据保护法并非他们预想的那么麻烦，相反，它带来了部门信息管理实践水平的提升、更为专业的警察报告以及各级警方对个人隐私和信息安全敏感度的提高。

我们认为知识的系统权利有利于行政，这和我们对信息法的评估看法一致。警方认为，由《信息获取和隐私保护法》产生的通信规则有助于提升知识系统的效率。此外，警方并没有被动地接受信息法的结构性影响。警察在构建与自己的通信规则、格式、技术相关的立法中发挥了积极作用。例如，省级政府制定自己的信息法，警方会向其提供建议。警方信息系统管理的高管说，"警察几乎参与所有级别的立法"，包括评估立法对警察表格和报告要求的影响。一个特别调查单位的同事说，他的单位雇用了分析人员监测法庭案件，以系统地收集有关法律改革必要性的知识："如果要说我们的法律和法规有缺陷，那就是当前法律条文词语排列方式有问题。所以，如果某处存在问题，他们将通过政府渠道提出建议从而根据需要修订或更改法律。"

警察组织还通过发展通信规则来监管知识财产的风险，这些规则涉及知识获取主体及条件。尽管大部分是对涉及隐私和信息获取法律的详细解释，但它们仍与直接的法律规定保持相对的独立性。

在本章的其余部分中，我们将研究四种类型的警察通信规则。首先，我们考虑警察行政努力，集中监管对其知识资产的访问。其次，我们分析了警察知识资产的商品化——将知识出售给外部机构的规则和条件。再次，我们讨论了制定沟通规则的管理手册的作用。最后，我们着眼于警察通信风险管理审计系统的发展。

14.3 信息获取的集中监管

所有警察组织将外部机构获取它们知识的过程集中起来。特定的联络小组负责管理知识请求，机构的请求会受到限制。所有一般性的联络都以警察局长而非实际从事文字工作人员的名义做出，这意味着其内容由组织中的权威主体授权。警察局长的权威标志着实际作者（所完成作品）的终结以及高度制度化的通信规则的产生。

我们所研究的警察组织中的联络小组由 10 名员工组成，工作内容是处理外部机构的知识请求。如表 14-1 所示，该小组记录了在 1992 年的一个月内发生的 7196 笔知识交易（knowledge transactions）。表 14-1 中大部分类别的含义是不言自明的。"报告信息表附加 PIMS 请求"是指在"警方信息管理系统"（Police Information Management System，PIMS）数据库中输入对警方报告信息请求进行处理的批注的行为。"杂项信函"（Miscellaneous Correspondence）指回复个别警务人员或政府部门的非例行查询的函件，这些函件必须以"函件要求表格"的格式回复。"外部机构请求"是指外部机构对机构访问的特殊请求。"特殊项目"指的是对警方报告的要求，比如对某个特定问题的数据分析。"关于遗失或遗漏交通报告的通知"及"不完整的事故表格检查"，涉及通讯组在警务人员的工作中所扮演的角色，因为警务人员的报告不足以送交外部使用者。

表 14-1　在 1992 年的一个月内的警察通信部门的活动　　单位：笔

通信活动	数量
普通活动	
报告信息表出售请求	1303
报告信息表填写完成及其邮递请求	518
报告信息表附加 PIMS 请求	613
保险函件	85
财产函件	132
杂项信函	111
新的外部机构请求	3
外部机构请求事项完成函件	2
法院禁止令（Restraining Orders）及其函件	32
事件发生过程报告（Occurrence Report）	11
特殊项目（Special Projects）	8
交通事故报告	
报告信息表审核处理请求	1301
报告信息表附加 PIMS 请求	92
杂项函件（信函）	104
呈送给首席检察官的报告	91
城市外发生的交通事故报告的送达	64
关于遗失或遗漏交通报告的通知	135
不完整的事故表格检查	2591
总计	7196

　　通信联络小组的员工的工作遵循知识披露的详细指南。部分指南的内容位于一个《信息获取：得到授权获取信息的机构》的 9 页文档中。该文档列举了"授权级别"（"可复制"、"只读"、"有限的访问"和"受限的访问"）和获取信息的"条件"，这些条件适用于 37 个来自健康、社会服务、刑事司法、民事诉讼、公共托管、交通、国家安全和情报、国防、军事安全执法、私人安保、教育、市政条例执法、私人保险、公共保险（如省级劳工赔偿局）以及动物监管等领域的外部机构。例如，省级家庭和社会服务部门对于警方发案报告的授权级别为"受限的访问/只读"，条件是所有请

求都要得到联络主管的授权。在涉及交通事故的民事诉讼中，省检察长有权获得警方报告的副本，但应当具备下列条件："通过书面请求，可以获取交通发案报告副本、A 表格、目击者陈述；是否包括与之关联的刑事案件报告由联络主管的自由裁量权决定（比如被盗车辆的交通事故问题）；使用模板式信函（套用信函）予以回应。"省级机构的多个部门享有不同的特权。监管机构的权限是"受限的访问/可复制——所有请求提交特定主体"。假释部门的权限是"受限的访问——所有请求提交特定主体"。缓刑部门的权限是"受限的访问/只读"——一旦提出请求，缓刑官可以阅读发案报告。保险公司有两种"受限访问"文书：一种是交通事故报告；另一种是刑事案件报告。

交通事故报告：

（1）一旦提出书面请求，只能获取保险人的 A 表副本（费用为 15 美元）；

（2）需将交通报告提交联络主管（采用结构化的收费表，案件性质为民事案件，开庭日期已确定）；

（3）证人陈述请求必须附有一封授权信以公开陈述内容，书面陈述的作者要在请求上签字（签名必须与原始证人签名相符）。

刑事案件报告：

（1）可以请求查看信息表（费用为 15 美元），可以参照范例；

（2）"嫌疑人"的姓名不能被公布，但"被指控"的人的姓名、地址和指控罪名可以根据要求公布；

（3）没有给出损害值，因为这些只是由呈送指控的警官或受害者所做的估计；

（4）着重显示警察的姓名，与其取得联系，保险公司可能想要知道减轻罪行的情况；

（5）无法从我处获得法院判决信息；

（6）请在申请表上填写寄信人的地址；

（7）对于代位利益，将写有同样内容的信件提交警察组织，警方会注意该利益，在判决赔偿金或逮捕时将会通知你；

（8）对于被盗物品更新的情况，无须提交第二份请求表，但需要留下保险协调员的联系方式；

（9）完整地提交申请表，不要只提供零散的几页。表格的下方仅供警方使用，不要在此处书写。

许多通信规则已被嵌入表格之中。例如，上文提到的报告信息请求表中就包含了对保险公司的指示，其内容包括费用以及诸如"我们不公开刑事案件文件/证人陈述/警察注记"的声明。

存在一个专门的单位负责管控与外部机构之间的知识中介活动，其具有多项存在的理由。第一，对所有请求的回应都由警察局长做出，这就意味着申请公开的知识属于集体知识，必须上升到集体利益的高度。

第二，企业集权化的一个重要因素是需要将侦查人员的报告转化为具有权威性的警方案件报告。尽管警方的所有的正式报告都会受到批评，如文字过于死板而无法得出其他的解释，并且可能包含多处矛盾，如果不对其进行限制，那么公开后则会招致更多的批评。一位联络小组的受访警察描述了在监管程度很低的时候，向保险公司公开报告信息的情况：

> 有时，保险理算委员会联系两个（警察），让他们对案件做出解释。实际上，你会发现两位警察讨论的是两个完全不同的案件。所以现在所有的访谈请求都由该办公室安排，且保险公司要为此支付费用。
>
> 警方侦查人员保护信息的力度比我们过去要松很多。他们有时真的会给出，有趣的是我们的手册中确实也将这些记录了下来，我们的报告只能经由联络小组公布。我这里有个例子，有位警察将案件报告的副本交给了他的母亲，之后，有人打来电话抱怨儿子的报告做得不够好，说警察（写报告的人）应该这么做，那么做。因此，如果不对每个人进行限制，信息安全就无法得到保障。

第三，在决定外部机构可以获取何种信息时，集中监管就显得有必要了。需要有一个中央决策者掌握机构间的知识需求从而能够审查规则，并在个案中行使自由裁量权。警察组织内的中央决策者要对若干规则进行审查。一个规则涉及向电信公司公开电信犯罪的案件报告。这种报告中包含了相当多的警方认为电信公司不需要的信息，例如证人的身份。在另一个例子中，一项允许向法医全面披露案件细节的规则被替换了。新规则要求只提供对案情编辑过的版本，不包括诸如受害者和证人身份之类的内容。中央决策者还负责处理不符合已确立的通信规则的请求：

> 我们每天会接到大量请求。我们对所有请求先做表面价值的审查，然后根据表面价值确定其是否与请求内容保持完全一致。其实我在这里发现了一件奇怪的事情。有个女人写信给我们说她忽略了父亲的遗嘱，所以现在她希望我们提供其父亲生前的两份机动车事故的文档。但她父亲并非死于机动车事故，因此她在寻找的东西以及可能与什么东西发生的联系，显然没有任何意义。所以这个请求先是被转到联络小组，因为这对他们来说毫无意义，又因为我们通常不会把发案报告副本提供给亲属，所以这个请求会交由我来处理，我会弄清楚她想要什么，寻找什么。一个正常的案例应该是"我的花园软管在 9 月被偷，我找保险公司索赔。可以给我一份报告吗？"这才是经常发生的。

第四，人们认为集权式管理对于提供"干净的"外部通信是必要的。它允许验证报告，还允许使用严格的编辑程序以确保恰当地做出外部通信。例如，警察组织中任何意欲给外部收件人写信的人都必须通过提交申请表而获得许可。联络小组审查信件草稿并进行编辑以使其符合组织确定的规则。申请表上有这样的警示性文字"如未能达到机构要求，将对此信进行编辑。编辑完成时，请做出同意并寄出"。

第五，对外通信的集中监管是合理的，理由是它允许追踪哪些知识被发布给了谁。交易日志能被保存下来，对报告信息表格的请求也会被输入警方的计算机信息管理系统中（见表 14-1）。

14.4　警察知识的商品化

对外部沟通的集中式监管同样是必要的，因为警察知识被商品化，并被出售给别人。一位警方信息系统管理人员说："我认为，信息越来越成为一种资源。我们真的要尝试将信息当作资产看待。"

警察知识的商品化并不新鲜。毕竟警察总是依赖一种交易制度与线人讨价还价，也为外部机构提供关于风险和安全的专业知识来换取外部机构的资源，这也是知识的交易。例如，一个城市警察组织能够对电信公司的客户数据库进行例行访问，相应的，电信公司能够使用警方的城市地图以及能够创造平等机会的资源。在另一个辖区中，当地校董会允许警察使用空闲的学校建筑作为培训基地，以换取与警察在校园项目中的合作。

警方的线人项目同样受到外部机构的资助。犯罪终结者项目从企业处获取资金和服务用于悬赏提供犯罪嫌疑人信息的线人和支持基础设施建设（Carriere and Ericson，1989）。我们研究的一个警察组织通过获取大型私营企业的资助来支持犯罪终结者项目的开展，这些企业提供奖励资金，并资助《本周犯罪》电视节目的制作。有时也会赞助特殊安排，例如把犯罪终结者海报张贴在大型连锁零售店中。犯罪终结者项目接受了大型企业的大额捐赠，受到该项目帮助的小型企业也会为其捐款。

警方还按照费用表将自己的知识出售给外部机构。理由是，这是收回制作成本的一种手段，也能在较小程度上震慑那些可能滥用知识请求权的机构和个人。但这只在与某些外部用户打交道时才会去使用，特别是营利性机构；政府机构和非营利性组织或志愿组织通常可免费获取这些知识。是否对知识收费也取决于警察对知识价值的认知。

一名参与知识商品化的警方管理人士为我们举了一些例子，以说明警察如何认定知识的价值取决于用户和用途。警方不会要求政府机构和社区警务组织付费，而营利性机构和不隶属任何组织的个人需要付费。我们之间的对话如下。

警方管理人士：我们每个月会根据请求，并把原因分类制作成统计册，根据原因可能会向请求者免费提供。如果是一个安保公司想知道城市每个区域内有哪些物品损坏，其能以我们的信息为基础开展市场调查，这种情况我们会向其收费。我们会如实告诉他们我们生产他们想要的信息要花多少个小时，如果他们打算支付费用的话，然后我们会计算出我们每小时的编程和检索费用。我们也为大量私人利益集团做同样的事情，比如反对酒驾的群体。我们遇到过一个疯了一般的人，她希望取缔脱衣舞女行业，她相信每起性犯罪的发生都是由于男人看到脱衣舞女表演后的结果，所以她总是给我们打电话，希望我们能收集所有数据，为她提供信息。于是我们对她讲了同样的内容，比如要把所有类型的信息找出来，不论是时间还是人力都耗费巨大。

我们：从表面上看，她是否打算支付成千上万的费用？

警方管理人士：我们会尽可能具体、明确地给她解释，例如我们要开发一个程序，将全部数据录入，然后才能得出结果。

我们：因此费用差不多要五位数？

警方管理人士：是的，差不多，这不是个小数目。目前应景的问题是发生于火车站的犯罪。嗯，这是市政府所担忧的，因此我们为其提供数据。但后来玛丽·史密斯在 X 车站乘车，她认为火车站不安全而给我们打电话，希望得到发生于 X 车站的武器、对人攻击方面的数据，我们会向她解释这次交易，以及她需要支付的费用。

我们：那么对于参与社区警务项目的社区协会呢？

警方管理人士：他们通常与特定区域和地区的分析师保持良好的联络关系。如果他们打算解决问题，并且属于社区警务问题，他们会从分析师那里免费得到数据。

我们在研究警察知识的商品化问题时遇到了麻烦。一位警官了解了我们意欲完成的研究内容及其价值，对我们说研究的主要障碍是警察组织的花费。他说，警察获取文档并充当受访者，这些知识工作要耗费资源。当研究者回应建议在常规工作时间之外进行访谈时，他反驳道："那就要支付加班工资。"因此我们没能对该警察组织进行系统的采访。

警察将各种格式的信息卖给外部机构。报告信息通常要收费（属于加拿大商品和服务税）。在一个辖区内，外部机构要想获得从警方的案件报告中提取的知识，需要提交一份申请信息的表格，连同 15 美元的处理费用。在另一个辖区中，支付 5 美元可从省级交通部门得到交通事故报告，但保险公司愿意支付 10 美元从警察那里得到同一份报告，这是因为警察的服务更有效率。

在某些情况下，警察在保险理算员和律师身上花费的时间同样会被商品化。在一个辖区中，每占用警察 1 小时需支付 75 元（警察协会希望增加该费用支付给警察的比例，他们认为警察应该得到更高的报酬，当作为私人保安在体育场馆、购物中心等处执行有偿工作时，警察们有权获取报酬再履行义务）。保险理算员和律师们表示同意此项安排，他们可以简单地将成本转移到客户身上。此外，制定程序会更有效率，包括依计划与警察交谈，而非每次都要做出特别安排。

一些警察组织还对检索文档与复制民事案件文本收费。在一个组织内，填写民事执行令（如限制令、保管令以及其他财产独占命令）要收取 25 美元。参与确定该费用的受访警察描述了回收成本的理由：

> 我们所有的系统都是为刑事执法建立的，但突然间，民事执法的请求变得越来越多。我们不得不在已有的刑事司法系统中建立一些分支结构和分支系统。当你审视整个民事诉讼时，诉讼过程的每一步都会产生高额费用，由于我们不得不开发新的追踪系统，必须为该部门员工提供额外的培训使其具有审查命令的专业知识并能够为执行命令的警察提供指引，收费就是为了弥补这方面的成本。

其他一些常规的知识中介任务也被商品化。例如，在一些城市中，警方参与调查营业执照的申请人，他们能得到办理执照费用的一部分。为私营机构开展检查的警方安全无犯罪记录小组有时会收取服务费的对价。一个这样的单位向未来的雇员收取 18 美元的犯罪记录信件费用。

我们研究的一个警察组织决定对交通事故重建报告收费。过去，这些报告不会公开任何信息。新的规则是，你只需要花费 1500 美元，就可以得到完整的报告。费用高昂的理由是，报告由"重建工程师"使用，反过来以更高的价格卖给参与事故诉讼的律师。帮助销售该知识的警察告诉我们说：

> 当你将某些东西提供给想要得到赦免、需要知道准确的定罪日期以与法院职员交涉的人，会有一点点差别。对我来说，这个人不会用它营利。（重建工程师）用它来准备一些对事故与我们不同的其他解释，然后根据他们能够提供的其他解释来提起民事诉讼。那么他们就会将其出售给律师，即通常代表保险公司或房地产利益的那方，（过去他们会）通过走后门拿到警方的注记。因此需要有书面政策、程序和附加费用来堵住这些后门。

还有其他类型的商品化协议。一个警察组织正在与市政府雇员合作，开发更好的计算机化的城市地图。市政府计划将这些地图出售给私营机构，以收回成本。最近可能最重要的加拿大警察商品化的例子或许就是迪士尼公司与 RCMP 之间签署的协议，销售带有加拿大骑警形象的玩具和其他商品。经过肖像权保护的长期困难历史后（Walden，1982），RCMP 将形象权出售给一家营利性的图像管理领军企业。

在商品化的过程中，警方通过改变他们的做事方式来适应外部机构的格式需要。这并不局限于迪士尼对 RCMP 的形象进行了商品化运作这类令人印象深刻的例子，警察和保险公司之类的风险机构之间的常规商品交换同样能明显地反映出来。一名受访警察描述了组织内一名警察如何为了将知识出售给保险公司而重新设计表格式样。该警察认为："保险公司（现在）付费获得表格，因此表格更应该像他们购买的东西，而不是把我们提供给他们的东西复印下来。要把表格处理得更符合保险公司的风格，因为它们实际上是外部客户。"

14.5　政策手册

减轻警方文书工作负担的另一种手段是编制政策手册，解决警方知识生产和发布的管理问题。政策手册中写明了知识交流的规则，包括规范报告结构以及向不同受体选择性发布信息的规则。

警察组织在政策手册中正式制定通讯规则的程度各不相同。在我们研究的警察组织中，有一个极端的例子，它有四卷厚厚的信息管理规则。单是索引就有 22 页长。这些卷被正式宣布为提供"综合信息管理政策"。例如：说明信息管理业务的组织和职能；电信；电子数据处理；档案管理；事故报告程序；统计报告程序；信息检索系统选项；以及通信风险和安全。例如：在 1000 多页的规则中，人们可以找到如何填写不同类型的表格的方法；创建、分类、索引、文件、存储、停用和销毁记录；按字母顺序归档；评估文件的重要性；编制每月通讯中心"讯息流量"水平的报表；预防、调查和报告违反通信安全的行为；为图书馆图书付款并编目；处理和分发邮件；用于统计报告的得分数据；确保电信技术人员的安全；维护雷达炮等设备；对通信系统硬件进行修改并报告；并使用密码进行通信。

规则内容已经被确定，不容修改。例如：在风险管理方面，对文件的打开、标记、跟踪流向以及使用方式等内容都做出了详尽的指示；还对没有包含的内容提供了警示性信息，如"不要在侦查报告中包含内部管理或对另一部门或警察的批评问题"和"如果负面评论或批评是必要的、合理的，通过其他渠道单独予以报告"。

人们还可以找到规则的例外规则（Edgerton，1985）。例如，关于警方向其他政府机构要求提供特定个人的个人信息，规则是，"当急需信息时，请联系相关机构，并要求非正式地提供《隐私法》第 8（2）（e）条要求的信息"。如果您需要这些信息，请尽快填写表格，并将其与一份备忘录一起发送给相关的联邦机构，解释您非正式请求的情况。"这条规定显然是需要的，因为警方想要以个人信息作为行动依据，但由于提出正式法律请求所需的时间太长，而受到阻碍。"因此，这是一个关于如何规避禁止非正式获取信息的正式规则，以及如何在事后正式证明这种做法的合理性的正式规则。

从这个警察组织关于公众查阅其政策手册的规定中也可以明显看出，有多层的沟通规则和例外情况。公众可以接触到一套政策手册，但这一套是经过审查的，以确定警察机构决定不应公开的规则。最终，审查过的副本被撤回。根据该组织的一份年度报告，"经过审查的手册从 1991 年 4 月 1 日起从（地区车站）的阅览室中撤下……因为使用不足……没有出现服务质量下降的情况，而且实现了大量的成本节约"。此外，政策手册还指导警察在法院要求时如何避免公开披露规则："如果适用，让（警察组织的）律师通知其他相关律师，说明该成员不是（警察组织的）政策的专家证人或解释人，而是（警察组织的）政策的管理者。"

规则提供了一个通信行动框架，即能够用一种带有前瞻性和回顾性的方式使所做工作合理化并对其进行解释。正如我们在斯廷奇库姆案中看到的那样，新的规则带来通信框架上的改变，包括塑造警察思考和行为方式的分类格式和报告程序上的变化。通信框架中清晰的规则才是理解规则、解释规则和行动之间关系的关键。

人们正是在这些框架下，才必须要解释早已形成的结论，即警察很少或根本没有注意政策手册和行政规则（Ericson，1981；Shearing and Ericson，1991）。接受我们访谈的警察一般会承认，他们若不是为了参加晋升考试或案发后寻找合法性的依据，才不会阅读政策手册。甚至负责制定规则以及发放手册的警察们都明确表示，警察行动通常并不以规则为基础。一名参与起草行政规则、更新政策手册的警察说，规则并非用来指引警方的决策：

> 手册的目的，怎么说呢，政策手册不能为警察提供指引，因为——这是一件奇怪的事情——每个人都没有手册。因此，一方面，高层的观点是，这是一本每天都要用到的手册，指导你如何行事，对政策和程序提供指引。但我看到它之前已经从警七年，所以我们的手册发下去只是充当学习资料，为晋升考试时所用。当我在决定准备晋升考试那年拿到该手册时，我非常震惊。我想知道为什么这些东西会出现在手册里，甚至包括发型。我们已经从教官和更富有经验的同事那里学到了警务知识。而手册认为我们通常学到的是错误的，但事实上，我从未有机会去阅读，也没有这个需要。我甚至不知道去哪里看。

一名专门从事信息技术的警官称，即使要求警员们查阅手册，他们也会认为手册内容过于庞大、复杂和混乱。例如："（高级）警官候选人必须通过一个测试，这个测试需要他们就给定情形在手册中找到适用的权力。最后的结果是，大约一半的人未能通过该测试。他们正在讨论把这个系统计算机化，所以那可能会有一点帮助。"另一个警察组织中的政策手册主管说，他所在的组织已经在三年前研发了电子化政策系统，但是没有任何明显的效果："没有人知道如何访问它，警员们没有接受培训，甚至不知道它的存在。我和我的秘书负责编制手册。我们唯一发现的就是这个系统一年前就已经上线！"

该主管也认为行政规则并非警察管理的核心。他说，许多管理层警官"更为青睐危机管理而非长期规划"，警官总是单独做出决定，"因为没有其他人感兴趣"。警察署长证实了该警官的看法，警察署长收到了很多改变政策的声明，手册失去了应有的意义，没有人能记住它们是做什么用的。手册会因为太笨重而被遗忘，还不如将它放进碎纸机，再也不出现。老实说，只有为准备晋升考试而学习时才会使用该手册。

这些观点引发了多项改革提议。某警察组织的手册主管说，他曾建议将手册分发到组织内所有警察手中，但被拒绝。还有一次他建议，在苏格兰斯特拉思克莱德警方带头废止手册之后，其他各地也应该效仿，但没有被认真对待。有些警察组织要求每位警察在每份颁布的新政策上签名，表明他们至少阅读了该政策。警察组织制定了 4 卷本的通信规则手册，行政规则手册总计 22 卷。警察组织一度启动了一项旨在降低行政手册篇幅的计划。这项计划成功的基础在于，更为经济地利用纸张，减少规则数量，特别是废除某些手册内容，将有效规则的页数从大约 2800 万页降到 2100 万页。然而，在我们研究时，文件的页面数量又开始增加。该警察组织的信息管理人员说："我们仅仅是对指令进行了统计，出现数字不降反增的现象只能说明上级想要更多的政策。"

如果行政规则并不被直接用于行动，它们的数量为何会增加？受访警察给出了一些答案。第一，警察组织需要规模庞大的行政规则手册以展现其理性的形象。警察组织之间政策内容和涵盖范围的相同程度反映了政策手册是一个外在的形态问题，而非源自内部需求。大型城市警察组织的一位手册主管说，全国各地较小规模的警察组织：

> 只是给我们发送请求，选取我们的政策以适应其需求。如果他们定期发送请求，而非每周派遣警员过来，过些时间我就会说，全部带走吧，使用你能使用的内容。一个小城市警察组织的"量体裁衣"或将成为大城市警察组织的参照。他们的新手册可能完全与我们的相仿，这有点奇怪，因为他们是如此小的城市。但是你知道我们也是那么做的。我们到北美看看其他模式，回来后按着其他模式编制我们的手册。它肯定不是草根产物，也就是我们不会从社区警察那里吸收经验。我与联邦总检察长、安大略省总检察长的会面比其他人都多。奇怪的是，我们从来没有和自己省的警察打过交道，甚至没有跟我们省的检察长谈过。我从他们那里一无所获。如果我要见谁的时候，安大略省总检察长是我首先考虑的。

第二，政策手册有责任方面的考虑。如果出现错误，能够执行由规则控制的程序，就更容易进行行政控制和问责。一位警察手册负责人说："我们制定的政策关注责任和纪律。"

第三，正如政策主管所言，当需要时，政策手册会成为一种纪律手段。每天都有警察违反行政规则，因此问题就是使用规则选择性地惩罚警员

（Ericson，1981）。

第四，政策手册是晋级考试的形式部分。从这个角度而言，它们用于显示哪些人接受了充分训练，能够记忆并使用基于规则的行政式的理性话语。在警察组织内竞争日益激烈的背景下，在淘汰那些难于使用与行政规则相连的格式和思维方式的警察时，政策手册就会显示出其用途。

第五，政策手册在行政层面用于提供通信性行动框架。它们详尽阐述了报告的结构、受众、通信格式。正是通信规则向格式和技术的转换为警方行动提供了支撑，我们会在第 15 章和第 16 章中详尽地解释。因此地区警局的管理人员可以说，至少在他这一级，手册能成为治理工具："大多数公司都有一本小的'圣经'，但我们有一整个书柜的'圣经'，我们所做的一切都受这些手册的约束，任何你遇到的场景都会有一部分被记录于手册之中，告诉你如何去做。你可以去查阅这些手册，它们会告诉你答案，指导你怎么去做。你可以在没有接受任何培训的情况下，仅仅使用这些手册去完成一项侦查工作。"

该警察组织的另一位警察提供了相似的观点。他说，作为负责记录工作的警察，他的管理责任是为那些可能不知悉所有政策的警察提供政策查询和解读服务。作为一个为基层警察提供通信规则建议的人，在了解政策内容方面，他的责任要更大。"不管怎样，大部分内容在手册中，问题在于如何阅读。那天地方警局给我致电，咨询他们正在为某公司所做的安全检查方面的问题。我说听起来觉得不正确，我查阅政策手册，发现他们的确做错了。"

14.6　审计

内部审计系统是确立通信规则的又一个机制。审计程序用于管理重大案件中的通信、解决关键事件，并确保警察组织内的整体通信效率。

对重大案件的审计是通过让侦查人员提交案件侦办计划、实施过程以及结果的报告完成的。该报告通过表格形式完成，这些表格预先规定了侦查中将会采取的步骤样式，并回溯审查案件的侦查结果。我们研究的一个警察组织具有一份 6 页的高度格式化的表格，用于未来对重大毒品犯罪案件侦查结果的审查。它要求详细报告如下方面的信息：被确定为"目标"的嫌疑人、线人、侦查策略（方法及使用方式、持续时间）、支持小组（卧底警察、掩护小组成员以及其他参与机构）、有组织的犯罪活动（使用合法企业外衣掩饰）、预计结果（以被捕人员、被瓦解的组织、资金流动、扣押的物品等标准估计成功概率）、授权（授权级别要求和预算计划）。这些表格通过详尽阐述通信规则的方式确定了侦查活动的走向，这些规则自反性地渗入案件决策的每个步骤之中。

警方还要对特定种类的关键事件开展系统性审计。这种形式的审计提供了具有双重目的的通信规则：一是使警察对涉及的风险具有高度的自反性；二是使公众认识到警察组织承担的风险。

以对高速追缉（high-speed pursuit）的审计为例。在一个警察组织中，高速追缉审计的首要步骤是由警察（们）提交一份5页的表格，其次要提交警察与警方通信中心连线音频以及该中心制作的报告。警察的直属上级还要提交另外一份报告。地方警局的高级警官需要审查所有这些文档以确定该事件是否属于警察的官方追缉，并交由一位同级督察进一步审查。

与我们交谈的地区警局高级警察说，他既是这类事件的编辑又是评判者。如果他决定不做官方处理，仍然必须要精心准备一份书面理由来支持他的决定，"我发现自己制作一份3页的备忘录就是为了说明这为何不是追缉"。当他决定对追缉正式进行官方处理时，他要花费更多的时间编辑和整理材料以满足通信规则要求。"我通常要与警察交流，搞清任何微小的细节。我告诉他们不要做流水账。因为当他们那么做时，不管怎样我都要重做，以第三人称而不是第一人称，通常我还要添加一些细节。然后我会做出评论和建议。通常我会对整个追缉事件进行评判，然后交予督察。"

督察的首要任务是根据与追缉相关的规则来审查所有文档。他还要开发和维护计算机风险管理系统，"所以我们以追缉类型和性质为标准检索数据库，确保处罚适当，与组织内其他高级警察在不同领域做出的其他处理结果保持一致"。他能够通过该风险管理系统完成警察委员会要求的每月报告。

追缉审计是警察组织内文书工作负担加重的一个标志。一位参与追缉审计的高级警察说："为什么我们不当街处理问题，是因为要在办公室处理文书。通常为了15秒的追缉，我们要花10个小时制作各种文件，只有经过这样的工作量，才能说完成工作了。"追缉审计中涉及的知识工作为其提供了另一个答案。她认为这个系统是无效的，因为它建立在错误的假设之上："建造一个系统，使人们负责，这是一个现实问题。这种系统并不能运转。

发明人不得不让另外的人来负责。"她相信，通过系统的、精心设计的通信规则来实现监管是不合理的，因为对高速追缉的决策不可避免地受情境约束，因此不能通过抽象的规则系统来解释：

> 从建立在政策制定方式之上的技术角度看，基本没有任何追缉是完美的。从技术上讲，我可以发现涉案警察确实有做错的地方，因为在那种情境下就能做出的反应有限。我的意思是，人们希望主要办案警察首先报告参与追缉的情况，描述车辆、车牌、车上人员的数量、车上人员的年龄和身体状况、交通指令、环境情况、交通状况——不管你以何种速度行驶，你都要做这些，通常你也驾驶汽车，一边采用无线电联络，试图协调二线单位，收听调度员的对话，收听地区警察给予的指令以及提问。很少人能做到这一点。但我不管你接受了多少培训，我需要警察在 2~5 分钟的活动中保持对话，通常警察在两分钟时就会考虑终止对话，因为统计数据表明，除非撞车，否则被追缉对象在两分钟时停车的可能性微乎其微。在那个时间点上你决定不管怎样都要做到这些要求。追缉将不会改变那个结果。但是，我有磁带显示，追缉对象向警察开枪，许多事情才浮现在脑海中，不是道路上有多少车辆，当猎枪子弹打到你的挡风玻璃上，你才能意识到问题有多么棘手。你应该能听到这些人的声音。他们合力发出最高分贝的声响。追逐他们相当刺激。

该警察担心的问题是，审计的重点是技术性和程序性风险标准，以支持公开问责的必要性。她认为这个重点导致警察具有过多的技术自反性，这会干扰他们的决策，具有讽刺意味的是，这也提升了追缉驾驶的风险：

> 我们变得很专业……我们得到了你们所说的语义侵犯……如果你能让人们更多地思考安全问题，并基于安全术语来为他们的行为辩护，而不是像"我在这个特定的时刻开了警笛吗？"无论你交给我多少份报告，我也无法做出评判，因为当时我不在场。我认为，我们必须教给人们判断技能，并给他们提供背景和经验来处理这些情境。我们付给他们很多钱来做出这些决定，因为他们位于事发现场。我可以永远在周一早上执勤，我制定另一个政策，如果追缉对象只剩下 3 个轮胎，另一个瘪

了，你就不能再继续追缉，因为在这种特殊情况下，汽车可能会突然撞向一个消防栓，导致两人死亡。但在其他10种情况下不会发生这样的结果。谁知道呢？没有一成不变的答案。

尽管有这些担忧，她也看到了追缉审计带来的好处。她相信通信规则提升了与风险相关的自反性，这对警方的行动产生了积极作用，"我认为，作为政策本身，它可能是好的，确实引发了大量关于追缉问题的交流讨论。让每个人在头脑中牢记追缉时自己的责任是什么。他们知道，一般来说，当他们心不在焉时，他们相应地会控制自己的行为"。

许多警察组织设有对内部行动开展定期审计的特别小组。我们研究的一个中型城市警察组织中，审计小组由1名督察、1名全职警察和21名兼职警察构成。在我们研究的最大的警察组织中，审计部门中有40名全职警察。这个部门位于审计系统的顶点，可以在小组、警局、地方、分区层级上开展审计。在执行某些任务时，非政府部门的审计和技术专家也会加入。该部门有时还要参加其他政府单位的审计行动。与审计行业的密切关系反映在，该小组是北美内审协会的成员单位，小组警察通过参加该机构提供的课程来获得行业认证。

审计单位是保持制定标准的持续过程和对标准的反思的一种方式。由于它们依附于北美内审协会、其他政府部门的审计小组以及其他警察审计系统，因此它们倾向于运用外部标准设置自身的标准，这就导致了标准的同质化。例如，我们到访的一个警察组织的审计小组就使用了美国的标准手册。该小组成员说，采用这份手册的原因在于，没有其他标准。像牙医或医疗行业那样来评价自己是很令人羡慕的。这是一份警务活动的通用指南，虽然是由美国制定的，但几乎所有内容都被直接应用于加拿大警方。当被问及如何调整标准以适应加拿大不同的法律制度时，他的回答是"我们就直接在加拿大应用。例如，如果标准的内容与《美国权利法案》相关，我们就用《加拿大权利和自由宪章》取而代之"。该警察指出，"一些省份已经制定了自己的标准用于指导他们的警察组织，但你可以看到，那些标准也只是简单地照搬这份认证手册"。

设置标准的首要目的是详尽阐述通信规则并确立程序以确保警察遵守这些规则。例如，标准手册用于审查保存记录的质量。一位审计师说，在最近的审计中，他根据 878 项独立的标准检查了 900 个文件，涵盖范围从报告实践到清洁和技术服务。

地方警局或专业小组的审计关注证据、知识财产以及通信系统的安全。因为这些领域安全的缺失给警察组织担负的责任带来风险。一位审计师向我们描绘了这种形式的常规审计及其基本原理。他说，"作为中央审计团队的一员，第一项任务是审查地方层级的审计工作，确定某部门是否违规。所有情况都会进入我们的风险分析视野之中，并告诉我们也许应该去那里而不是别的地方。一旦选中一个高风险部门，我们团队将专注于那些对警察组织担负责任的声明构成最为严重的威胁的领域"。他说：

我们想测试一些具有可操作性和高风险的内容，而不是仅仅到那里看看行政管理问题，因为——你要去那里挖掘最具敏感性的问题还是发现最为棘手的问题？——既要到可操作性领域，又要到敏感的可操作性领域。搜查令状可以做到带你去这样一个领域。如果有些单位捕获一吨大麻，要考虑的是其存放是安全的吗？在法庭上展示是安全的吗？是否有人破坏证物柜将其偷出？我们可以实地观看在法庭上的展示，确保其存在，确保其被贴上了正确的标签，我们肯定要检查与之相关的文书工作。许多这种类型的审计就是合规审计。这就是在检查政府机关之间的相互制衡。物证是否被恰当处理，如果没有的话，我们会恰当处理以避免尴尬。当一些家长打电话过来说他们 12 岁的女儿遭受性侵，侦查活动是否得到充分重视？那种工作就是一些高风险、可操作的工作。如果没有制衡，人们会盗窃。所以有很多难堪和错误的地方，我们就是要去处理这些事情。

内部审计同样注重效率，特别是通信效率。审计师的工作可用三个词来表示——经济、效率、效益。当被问及最近的审计事例，他说过去通常专注于通信系统。911 系统曾被审计过，审计处理的问题是"不是所有的文件……在法院文件被送到区警察局后，把它收回了"，以及对斯廷奇库姆案判决后准备逮捕文件所花费的时间和资源的动态审计。他还说，这种效率审计是程序改革和要求增加资源的理由。例如，

> 通信小组的……建议之一是重新设计轮班安排，使每一组人员都处于最好的状态，保证有足够的人处理各种报案高峰。因此，这样的轮班制度会更有效率和效益。当然，我们的通信审计会影响预算。你通常认为审计师是来省钱的，但有时你得先要花钱。你意识到这一点，为了改善该领域的工作……你就会花一些钱。

我们研究的警察组织开展审计活动，是为了满足责任要求，进而确立永久的、详尽的标准。事实上，警察私下将审计小组当作缓冲区，应对危机后的公共调查或来自具有政治议程的外部机构的压力。一位审计师说，审计小组存在的合理原因是它将审计程序制度化，具有可预测性，防范源于无端的政治压力、由外部因素引发的审计。作为一项额外的预防措施，他所在的警察组织将每年两次调查纳入审计小组的职责之中，以此识别风险和潜在麻烦，并对警察和公众代表开展关于工作满意度和服务满意度的调查。

正如前文所述，风险社会的特点在于持续性确立精细的通信规则，适用于评估知识风险以及更好地管理知识沟通和使用的方式。以此为背景，警察正受到越来越多的外部机构施加的、在受规则制约的范围内生产和公开知识的压力。刑法规定了多种公开形式，信息法的多个领域也就隐私和信息获取做出了规定。警方需要向公众表现出担负责任的一面，这就催生其建立自己的通信规则系统。制定的规则将其他机构获取警察知识的权力统归中央，并对警察知识商品化，交换或出售给外部机构，并监管内部知识生产和分配体系。这些规则保护警察组织在处理自身知识财产时免遭表现出不负责任的风险。

通信规则是对文书工作负担做出的回应，但也导致负担的加剧。它们使沟通更有效率，但是由于要求的不断细化和建立的审计机制而降低了效率。它们在任何情况下都不会对警察行动产生直接影响。它们对警察活动的贡献以通信格式为中介，规则逐渐被嵌入通信格式中，警察通过这些格式报告风险知识。我们将在下文看到，这些格式对于管理风险沟通的数量和内容是至关重要的。

第15章 通信格式

通信格式已成为警察官方表格的媒介之一。表格形式多种多样,有的为空白表格,因此可用于陈述事实,有的则完全受限于因风险分析的要求所预先设定的具有固定选项的表格。一份报告中可用的信息取决于使用的载体表格开式,因此信息总是从属于格式。载体格式为信息的选择、传输和接收做好准备。它们控制着提供行动能力的信息如何构思和沟通。

首先,在这一章里,我们要讨论警察的通信格式是如何协商决定的。这个过程中存在一种载体格式政治(politics of formats),即警察通过与其他机构协商,对风险进行分类,然后以表格的形式确定载体形式。在警察内部也有一种关于事件如何分类并区分目的的载体格式政治。

其次,我们将考察警方内部的表格管理工作。创建某些载体格式的表格的唯一目的就是规范管理其他表格形式。表格的内容量也需要进行调控。在电脑的帮助下,不同部门和小组中的警察管理者创制自己部门或小组的表格来满足特定需求。这些私自制订的"山寨"表格增加了文书工作负担,且创制出的新型格式与风险逻辑也需要进行监管。他们还需要规范管理特定形式的表格,并努力通过设置固定选项的格式,以降低警察根据自己偏好构建独立叙事的能力。除对警察陈述进行管理之外,他们还要设计直接监督和审计程序,确保警察服从所使用表格的格式要求。

最后,我们要探究警察通信格式的变化所产生的一些影响。从风险管理的标准来看,警务工作变得更加"科学化"(Ericson and Shearing, 1986)。这种科学化需要固定选项的报告格式,允许警察陈述事实。事实性是警察对他们所知道的事情和他们所做的决定进行保密和表达权威确定性(authoritative certainty)的手段。与此同时,载体格式的科学化及其不断涌现的新表格形式和分类的结果，还面临着阻力。这种阻力是一种机制，通过这种机制可以确保关于分类的自反性，因此，自反性为正在进行的通信格式的内部政治提供了来源。

15.1 载体格式的政治

需要警方提供知识的外部机构的风险逻辑不同于警方的风险逻辑，因此需要不同的分类。作为回应，警方制定了综合全面的通信格式，以满足外部机构的要求和他们自身的需求。警方的全职知识工作者和特定的警察委员会与外部机构就适当的分类和格式内容进行谈判。这项工作仍在持续进行中，这是因为确立的一切通信格式都不可避免地需要调整，而且外部机构的风险知识需求总是在不断变化。

一位信息系统小组的警察表述了他是如何尝试让省级交通事故报告中的部分分类与刑事案件报告中的分类相一致的。这项工作的目的是减轻调查既是交通事故，又涉及刑事犯罪的案件的侦查人员面临的文书工作负担，因为他们在这类案件中，要使用两种格式的表格来报告类似的信息。他说，他的出发点首先是加拿大统计局确立的刑事案件分类，其次是省级交通事故报告表格确立的分类。他没有能力改变任何一组分类。关于省级交通事故报告表格，该警官说："我们一直在使用这种表格。我们在省级的警察委员会中拥有两名成员，他们的任务就是确定表格应当包含哪些内容。但实际上，这种表格已经存在了 3 年，也在这里使用了 3 年，因为我们希望改变此表格，但省政府希望维持现状。"考虑到加拿大统计局对交通事故报告的数据格式的严格要求，他的任务就是：

> 使交通事故案件的数量与我们正在构建的报告系统相结合。从本质上讲，某警察可能去调查一起由醉酒驾驶引发的交通事故。所以我们在司机酒醉的情况下也需出具一份案件报告，在这份报告中，我们必须要符合加拿大统计局的规定，我们还要按照省级政府的要求制作交通事故报告。举例而言，加拿大统计局是这样表述一个人的状态的……"明显正常"、"醉酒"、"吸毒"和"两者兼具"。但省级表格并不要求这些。诸如此类，都是一些烦人的琐事。

被安排完成格式整合工作的知识工作者均要面对许多类似这样的烦恼。一位为联邦政府收集并自动化处理事故数据的专家说，她的任务是艰巨的，因为即使是最基本的分类也因省而异。例如，在一些省份，交通事故"死亡"被定义为事故发生后一周内的死亡，但在其他省份，时间却是一个月内。她指出，各省份对机动车的定义都不一致，这就意味着，对于一个小国家而言，"我们有不同的管理标准"。

对外部机构有用的格式可能对警察而言基本没有价值，在某些情况下甚至可能生成与警方利益产生冲突的信息。一位汽车盗窃调查组的负责人表示，他已经成功地说服他的组织不使用加拿大统计局的统一犯罪报告系统来报告汽车盗窃案件，因为该系统会夸大犯罪数据。他认为，统一犯罪报告系统把警察所记录的"盗窃未遂"和"毫无根据"的案件也包含在内，这是在"提升公众的警觉使其对并非完全正确的事情产生过度反应……你歪曲事实真相，将错误信息报告给公众……我对警察局副局长说：我将不会告诉警察委员会今年有 11800 辆汽车被盗。我把这个数字下调到 7800 辆。11800 这个数字中包含了 3000 起盗窃未遂与毫无根据的盗窃案"。

这位受访者表示，涉及外部机构的表格政治有时与法律和政治秩序交织在一起。他说，警察对适当的格式与分类做出他们自己的判断，其标准是根据所获得的信息如何显示他们的身份，以及如何使他们的利益合法化。

旨在增加警察在法律和政治秩序中的分量的沟通形式，在缉毒案件的报告中体现得格外明显（Manning，1980）。一位受访者详细介绍了他作为扣押毒品的分类者和估价者的工作。在采访时，他正在修改其组织的毒品分类，使其与加拿大卫生与福利部以及国家警务信息检索系统使用的分类保持一致，他说：

> 我们被要求修改警察组织的毒品分类，使其与我们警方的信息检索报告系统兼容，但这也在某种程度上给人以错误印象……如果分析表明，市面上售卖的毒品纯度高于正常值，那么估算出的价格将是此毒品被稀释到正常值后在当地出售的价格。所以，如果你扣押了 1 公斤 100% 纯度的海洛因，不要报告其批发价格……也不要对扣押的分量夸大其词，做出这种选择当然是因为思维方式（不同）。正确的做法是，虽然你扣押了 1 公斤的海洛因，但它们不会被以 100% 的纯度出售。当

然，实际上少量毒品就会致死——所以要将其稀释到 5% 或 10% 的纯度……但是比方说，当其被稀释到 10% 的纯度时，实际上可能有 10 磅，然后以盎司为单位售出……虽然整体批发价格可能是 2000 美元，当在市面上出售时可能获利 2000000 美元……所以我们正在努力改变这种情况，因为它已经给人们造成一个错误的印象了……我们一直强调不要分解后再报告。如果是整体扣押，那么就报告整体批发价格。如果在街面上扣押，那么就报告零售价格……我们不久之前刚刚改变了大麻的报告制度。如果按照现在的计量系统，幼苗要放在哪里呢？它们的数量如此之多。现在我敢打赌，这些幼苗将会长到这么大，每株都会产出大约 1 磅的大麻。我们并未扣押大麻，我们只扣押了幼苗。最初，警方说我们会估计当其售出时的价格和重量。我们只是扣押这些幼苗，但可能很快这些幼苗就会变为 100 万株。同样，也许你该去扣押一批，但你会在快要下雨时扣押那些幼苗吗？雨水会使其增重，所以你才要给它们称重，它们的重量是真实数字的两倍。或者还可能在扣押它们的时候，其植株上还带着一定重量的土。现在你要整体称重。我们（希望）解决这个问题，不要报告任何重量和价值，只报告各种植株的大小和数量。一个植株就是一个植株，忽略其大小。我想，真的，当你跟普通的外行人说我扣押了 100 株时，在你的脑海中出现的就是 100 株。

这类调整是根据涉及的利益与机构的不同而变化的。例如，当目标是夸大风险的严重性，并欲大幅提升管控风险的执法机构效率时，警方就会公布扣押的走私品的最大价值。这种方法在涉及大众媒体和商业利益的执法活动中是常见的（Carriere and Ericson，1989；Schlesinger and Tumber，1994）。一位参与犯罪终结者行动的警察说："我们将这里编码的毒品的价值确定为最高值。如果我们扣押 1 磅，我们要求毒品分队公布如何将其分解为最小的单位并出售的价值。所以 2900000 美元这个数字是能够公开（去年通过犯罪终结者行动扣押的）进行解释的。它可能有 1 磅重，价值约 25000 美元……但当它被分解后，其价值可能是 50000 美元。"

药物校准工作表明，风险管理的分类是反映知识/权力关系的政治行为。所使用的分类不仅对有关的外部机构而且对警察也产生了政治上的影响。在设计分类格式时，警察总是对一件事视而不见，即作为象征资本产生的知识的价值，可能会增加或减少警方的资源。

正如上文中提及的犯罪终结者项目的警察所强调的那样，毒品校准是将该项目的风险管理效益形象化为一般性工作的一部分。其策略就是利用公众对统计细节的兴趣——明显的例子是体育报道、健康访谈和商业新闻——对执法项目的效率进行戏剧化的处理。因此，犯罪终结者在寻回被盗财产中扮演的角色以某种需要为前提，即公众的目光总是聚集在一些细节上。例如，对于我们丢掉的每 1 美元，要花费 19 美元找到它，要花费约 66.95 美元来破案。还要支付给线人一些钱，这还不包括侦查时间和其他所有事情的花费。我们每 15 小时破获一起案件，每小时行动寻回大约 345 美元。人们就是喜欢关注细节。

当分类格式允许外部机构协商与更改时，警察非常关注新格式生产出的知识将如何影响警察在效率方面的形象以及他们对资源的获取。因此，一位在寻找失踪儿童登记系统工作的警察，担心以儿童为基础而非以事件为基础的数据系统的转变带来的问题。因为有些孩子每年都失踪一次以上，以儿童为基础的数据系统的转变使"失踪儿童问题"（Best，1990）的明显程度有所降低，"唯一困扰我的是，我们已经报告了 55000～60000 起案件，如果系统显示——因为有大量的多次失踪——我们可能只找到了 20000 个孩子……也许我不应该（公开这个情况）……当我们根据自己的数据制作首份报告时，我们要格外小心，这些信息并不在我们的数据库之中……我们要将其写好并解释清楚"。

上文谈到汽车盗窃小组改变了汽车盗窃犯罪数量的计算方式，正如我们在该例中所看到的，某些分类可能会被拒绝使用，因为它们会使警方的工作效率低于原有的水平。风险的戏剧化呈现与警方想表现出自己是有效的风险管理者之间总是存在紧张关系。因此，分类被拒绝使用也可能是因为它们所反映的威胁的大幅度减少，从而给警方资源带来风险。一位通信格式专家向我们描述了他的组织是如何决定拒绝将"与毒品有关"的犯罪归类的。人们担心，数据显示的对公众的危险要比想象得小，因此会对警方对于资源的要求产生不利影响，他说：

我们可以用调查编码来确定每份文件中与毒品相关犯罪的发生次数，以此反映其情况。也就是说，假设这里有一起汽车盗窃案件。嫌疑人从汽车里盗得一个立体音响。该人盗窃音响的原因会不会是为了把它带到小酒馆卖钱，然后用这笔钱购买毒品呢？如果是，那么这就是一起与毒品相关的犯罪。他们是否会为了购买毒品而持械抢劫呢？为了给出一个"与毒品相关"的犯罪案件的定义，警察会在统计系统中阅读多份犯罪文件并计数。他们说，案件与文件中的情况相符则能够被定义，并将其记为一起毒品犯罪案……所以在今年年底，总部的家伙可以说，与去年类似，我们的与毒品相关的犯罪案件数量大幅增加。因此，在渥太华，我们需要更多的资金来打击毒品犯罪，因为我们的与毒品相关的犯罪案件数量正在上升。现在，我们考虑多方意见，我自己没有专断决定。我去了不同的部门，与管理质量审查工作者交流。我与一位部门审计警察交谈。我跟许多对该问题感兴趣的人交谈，我会问，"你怎么看待这种情况？是否可行？我们是否可以这么做？你是怎样给与毒品相关的犯罪下定义的？"他们对这些问题会给出不同的解释。与毒品相关的犯罪究竟是什么？如果你给这个整天阅读文件的群体设计一个合适的定义，当他们阅读文件时，你如何真正知道是不是与毒品相关的犯罪……事实上不能。警察可能很清楚，毒品在该地区是一个真正的问题，盗窃音响以获得毒资的案件会偶然发生，但这只是猜测。因此，即使根据我们完美的定义也无法真正计算毒品犯罪案件的数量……在第三行。有时你可能会发现某人正在持械抢劫，你询问他，与其谈话，他承认："是的，我这么做的原因是要偿还毒债。"这种情况是没有问题的。与第三行的毒品犯罪直接相关。所以，由于毒品犯罪的定义和是否使用该定义存在问题，即使正在考虑使用——因为他们可能阅读一份犯罪文件，甚至忘记了与毒品相关——但他们忘记了还有调查代码，因为很多人已经离开这里不再查阅文件。老实说，他们忘记了使用调查代码。所以就所有原因而言，当你在年底拿到年度统计数据时，报告中的数字可能比实际情况低得多。现在，如果你去该省或渥太华，"我确实需要更多的资金来打击毒品犯罪"。但随后统计数据显示，今年与毒品相关的犯罪案件数量与去年相比有所下降。你将不会得到申请的资金，事实就是这样。因此，尝试用这种分类方法收集统计信息，使用调查代码，确立关于使用方式的政策，会对你不利。所以我们最好不要那样做。我们使用主要代码来显示有多少毒品犯罪案件正在被报告。今年毒品犯罪案件数量大幅上涨，因此，此类案件数量越多，我们需要的资金越多，就是这样。

载体格式政治意味着警察是在追求格式效率中来完成对自身的构建。在警察眼中，几乎所有事情的标准都是根据警察组织的风险以及警察如何更好地管理这些风险来确定的。我们看到的一个警察组织甚至有表格要求警官在开设的关于风险和安全公共课程中详细地对课程过程进行风险画像，涉及的数据不仅包括听众规模与反应，还有使用视听设备时出现的技术故障。正如一位警察所言，数据甚至包括是否因为录像机故障而导致授课失败。

载体格式政治反映了警务工作中不同风险逻辑产生的同步影响。这些不同的风险逻辑源于外部机构以及警察组织的内部需求。警察试图采用特定的分类与格式，将组织风险降到最低，但面对其他机构与其相冲突的逻辑时，警方并不总会取得成功。一位受访者指出："大部分警务活动并不能够轻易地呈现在标准格式上。当你试着将警务活动融入表格形式中时，可能会事与愿违。"另一位为其警察组织编制统一发案报告的受访者，将该流程表述为"这是一种'政治噩梦'，因为不同的用户群体使用了与警察组织相冲突的风险逻辑"。

无法适用统一格式反映了一种奇特的风险逻辑方式，即警务活动不可避免地缺乏统一性，具有碎片化的特点。正如一位全职表格主管警察解释的那样："不管在哪里，警务工作就是警务工作，应当采用统一的方式完成。报告也应当是统一的。当然，问题在于，有时候其他政府机构……可能会提出要求，因为我们与其具有合同关系，我们需要满足这些请求。"在这个风险逻辑相互冲突的领域中，警方的最佳做法就是对作为日常工作组成部分的通信格式建立一种管控机制。

15.2 对事实的监管

对格式的管控耗费大量行政和监管资源。监管主要通过四个手段来完成。第一，表格的格式，也就是说，用其来定位其他表格位置，监视其用途，并对表格的"族群"进行风险画像。第二，有一些机制可以追踪"山寨"的表格形式——由警察部门或单位在没有中央授权的情况下创建的表格——以便要么正式识别和承认这些表格，要么从知识信息系统中剔除它们。第三，将知识生产限制在对固定选项做出的回应上，换句话说，从实质上减少警察的陈述。第四，直接监督，不同层次的监督者编辑下属的报告以确保其使用统一格式。

15.2.1 关于表格的格式

设置某些表格的目的是规范其他表格的格式和使用。警方的表格往往有许多机构用户，再加上警察试图使用单一表格来满足尽可能多的用户的需求，这意味着一些表格会变得极其复杂。因此，需要设计新表格来简化记录在表格上的信息。例如，一个警察组织具有一份《事故现场勘查笔记表》，用于指导警察在交通事故现场做笔记，以备之后完成主报告时使用。我们也遇到有警察自己设计格式确保其能充分提供官方表格格式所需的知识。我们访谈的一位警察说，他发现酒后驾驶报告很复杂，所以他自己准备了表格和程序的流程图，以确保他能完成所有必需的步骤。

还有表格引发了对包含在其他表格中的信息的修正。某警察组织具有一份《请注意便条》表格，该表格会被送往错误填写了报告的警察手里。该表格包含一份需注意项目的核查表。修正表格在警察职能部门很常见。加拿大武器登记系统将一种修正表格送到错误填写原始表格的武器经销商那里。另一个例子是，某警察组织设计了九种新表格取代记录编辑部门使用的非官方表格。它们的作用是收集数据，即从警察部门和分支机构获得的指纹表中的可疑信息。然后该组织将这些数据输入具有相同格式的计算机中，从而向警察部门、分支机构或其他机构发出信息，要求对（某特定表格上的）信息进行说明。

设计另一组表格的目的是对更为复杂的表格和文件进行内容总结。这些表格使人们无须阅读内容更为详细的表格就能快速浏览知悉要点。在第 14 章分析的《呈送检察官的报告表》中，用于快速浏览的格式允许系统审查侦查人员是否遵循适当的报告程序，是否正确填写表格的全部内容。它还引导阅读者寻找表格或文件特定部分中的相关知识。例如，某警察组织有一份表格，官方将其作用称为归纳情报文件的信息要点，由此警察们无须阅读全部文件就能获悉信息内容。该组织还有一份《通信窃听监控表》，收听窃听内容的人可以为侦查人员标识出哪些内容值得收听和转录。警察组织用来激活知识生产的另一种形式被称为"文件管理"。例如，某组织有一份《文件管理数据表》，确保每天完成选定数据的收集和分配。

多种表格存在的目的就是对其他表格及其用途进行风险画像。一整份表格或文件可用来评估案件的性质与复杂程度。评估的目的是判断相关警察小组如何根据自己的资源来管理案件。例如，从事长期复杂案件侦查的一个警察商业犯罪小组设计了一份《复杂程度表格》来协助案件管理。此表格的作用是评价各种侦查活动的复杂程度。小组的一位成员对我们说：

> 依据表格的复杂程度来对文件进行复杂程度评级。我们基本上为每位侦查人员都配备了一份侦查计划，侦查计划可持续进行更新。这就提供了某种程度的责任和控制——对侦查人员的责任和对监督人员的控制。我们在侦查过程中非常依赖它。侦查活动经历很长时间，有些经历一年才能庭审。所以整个案件很容易迷失方向，如果详细到每个行动步骤，那么你就能进行很好的控制了。

还有些表格对表格的位置进行风险画像。在跟踪表格"内容"的同时，这些表格还有对诸如知识移动情况进行分析画像。我们研究的一个警察组织就有《地区/部门文档控制表》《小组/区域文档控制表》《过期文档通知》《文档控制卡》等。另一个警察组织运用《信息公开表》跟踪文件中知识的公开情况。它还用《终结通知表》，表示无效记录不存在。

这些表格的作用是，表明其他表格和文件的可用性，以及进行风险管理和跟踪信息走向。还有些表格用于获取特定形式的信息。范围包括指导诸如机场警察在内的其他警察，豁免警察的常规搜查义务，包括未经授权的警察知识的获取。在最后一种类型中，我们遇到最简单的就是《安全公告表》，其顶部只有一个钥匙的标志，内部则是代表显示屏幕、桌子、文件以及文件柜的"信号"，这些放到一起象征着对警察知识安全的担忧。

还有表格为了满足高级警察的审查需要，而被标示为高风险文件。在某警察组织内，现场主管、报告审查者、数据录入文员三人负责审查所有警察的报告，还有一份表格是提请这三位监督者对文件进一步审查。

另一种关于形式的表格是为了对警察组织内使用的全部表格进行授权和

集中监管。在我们研究的一个警察组织中，当寻求批准使用新表格时，就要完整填写一份表格，当审查现存表格是否必要时则要使用另一份表格。警察组织的"表格协调员"是这样描述他的工作的：

> 如果某部门或小组请求使用一份表格，他们要将请求交到我这里，由警员 X 登记。接下来我会设计表格，并反复商讨是否合适。然后我们将其副本送到总部，分发下去……有大量小组正在使用未经批准的表格，但基本上都是用于同一事项，只是设计的样式各不相同。所以（在每种情况下）我们都要试着制定统一的表格……我们试图减少用纸规模，但真的不知道从哪里下手。

15.2.2 控制私自制定的山寨表格

上文提及的受访者引出了一个问题，即警察如何定义山寨表格。新的表格和格式在日常警务工作的微观环境中激增。激增的原因包括对复杂程序进一步理性化的需要、当地特定情况提出的问题、关于应当报告内容的行政特性以及个人使用电脑创建表格的随意性。

特定单位面临着复杂的报告要求，这需要创建独特的格式来管理他们的工作。一些表格被制定出来用于专门满足特定警务工作的特殊要求。一位受访警察描述了在商业犯罪侦查过程中，新的表格和格式如何被创制出来："我所在部门的搜查令平均有 50 页。这就要花费大概 3 个月，因为需要非常准确，它们必须要显示方案的复杂程度……所以他们需要把交叉关联的数据和信息输入电脑，并在电脑中构建表格。"

人们相信，运用风险管理术语格式化形成的知识将会提升管控能力，这意味着新的形式成为对新型情境或问题的"明显"回应。警察部门的一位信息管理人士指出，他过去启动了一个项目，要求每个警局的管理人员来识别山寨表格。刚开始时他们认为也就只有很少的山寨表格，但事实上有几百张之多。从跟踪警车到检查是否有可疑船只出没之类的很多山寨表格。

这些特殊的风险管理表格通常反映当地关于应当报告的事项的行政特性。在某警局，主管决定，他希望夜班巡警报告他们对商业财产的检查情况。于是制定了一份 13 页的表格，列出全部需要检查的商业财产，并要求巡警在特定时间登记他们检查财产的记录。一位警察表格管理专家是这样描述由该表格引发的检查流程的：

> 当警察夜间巡逻检查财产时，他要记录下检查时间……每到一地都要记下。这么做有两个目的。表格可以充当调查工具，使巡警保持机动状态。检查财产之后要签上名字，因此其行事更为准确。他最好要检查这些财产。但你会看到，这后来成为某种意义上的"寻找替罪羊"式的表格。如果有人闯入某地，看到表格的人就会知道警察在凌晨 3 点检查了此地，当时情况还行。

这位受访者描述了创制类似表格的其他警局，表格上记录的内容包括经过检查的全部酒吧、涉嫌酒驾被截停的司机以及巡逻过的私人住宅。他说，使用这类表格总有些得不偿失。

由于个人电脑的存在，"高射炮打蚊子"的局面很容易出现。一位专门从事表格管理的警察表达了自己的失望之情，"计算机在某种意义上已经成为一个大玩具。当一个人无事可做时，他就坐下来开始设计关于他应该何时外出完成警务工作的表格……他们并不是表格设计专家出身。从某些警局发出的表格，当我们对其进行审查时会发现各种各样的录入错误、缺失数据、非原始数据等问题。这是一个真正的问题，我认为在好转之前还会变得更糟"。他的同事也认为情况正在变得更糟，他的依据是，由个人电脑创建出的山寨表格数量的不断增加使警察面临的文书工作负担加重："虽然运用自动化能够解决一些问题，但它也产生了新问题。人们现在使用电脑自己创建部门级别的表格，对必须填写这些表格的人们造成了负担。在电脑上进行的任何工作都会生成更多的信息，这使我们所有的努力都付诸东流。"

正如这些言论所反映的，表格管理人员非常担心未经授权表格的非法流通。"山寨"一词意味着需要严加管控。一位大型城市警察组织的表格风险管理人员说："所有部门把小型数据库建得到处都是。"他的解决方案是严厉打击，"我们要做的就是消灭它……这并非易事。我们必须打破一种惯性。每个群体都希望通过拥有特定种类的信息来占据优先地位"。另外一个警察组织中的同行提供了一种更为谨慎的方式，"我们应着眼于办公用纸情况，减少表格数量，合理安排表格数量，确定表格的拥有者，使其有权合并或取消这些表格"。

管控山寨表格的技术各有不同。常规的审计查处未经授权的表格，并决定其中哪些可能会被官方承认或被整合至现有官方表格之中。一位参与其警察组织办公用纸削减计划的表格主管谈道："首要之事就是要确定正在使用的表格。提出该问题就能减少40%的表格。"一位同事正在计算机上研究监控机制，该机制会对非法创制的表格发出信号，防止小组与警察改变现有表格，"如果我们不进行某种控制，并运用锁定机制，问题还会越来越严重。如果我们没有一个针对计算机表格的锁定机制，那么坐在警局内的某个人就可能会改变我们已经创建出来的东西，诸如此类，这是我们另一件担心的事情"。

警察拒绝使其创建的表格受到集中型体制的管控。这种抵抗以一种信念为基础，即创制表格的目的在于满足地方需求，对该需求做出的回应会受到针对性的调和。集中型管控包含所有警局和小组均使用标准化格式，代价则是取消某些能够满足与地方环境、特定小组和程序相联系的需要的分类。某警察部门的一位信息主管描述了警察的意见："他们的观点是'警察仍然必须使用一张表格。X 部门表格、Y 部门表格与非官方设计表格到底有何不同。我仍然要使用一张表格来控制任何我想要的东西。'他们的做法有时是正确的。如果他们已经制作完成表格，并确实有用时，不管怎样他们都要使用表格，那修改表格的意义何在？"

在跨地域的警察组织中，警察在特殊形式的侦查过程中进行知识工作时尽可能保持低调。一位表格主管说，即使山寨表格具有创意，可能给其他小组带来益处，但警察们并不能使其得到更为广泛的应用，原因在于担心受到处罚，"在他们看来，仅仅给我们提供表格就是一项高风险的工作，他们既可能发现一个重要的信息需求，也可能由于创制了一份未经授权的表格而倒霉"。

与我们交谈的一些警方管理人员和表格主管对减少表格数量的努力持悲观态度，因为警务活动的趋势是要满足越来越多的风险知识需求。虽然有些山寨表格数量不断地被削减，但还有一些以更快的速度被并入官方表格之中，因此官方表格的规模日趋庞大。某警察组织执法部门的管理人员指出，在其小组开展的表格审查计划并没有促使表格数量减少——基本是在维持现状。一位警方信息系统高级管理人员暗示，表格管理造成了一种医源性影响，"我们组织内有一个表格管理部门，但这有些用词不当。他们实际上是在生产表格，并没有管理表格，原因在于对其工作评价的标准是生产新表格的速度与效率"。

15.2.3 对主观陈述的监管警务

除了要管控表格的数量外，"表格警察"还要努力限制警察的陈述能力。报告通信格式的不断变化推动了该限制的发展。报告的发展趋势是设置固定选项或采用填空形式，格式化的报告使自由性陈述受到高度限制或被取消。

在我们研究的一个城市警察组织中，案件报告表格的变化表明，案件报告从开放式陈述转变为有固定选项的风险分类。1939 年以前，案件报告仅是一张白纸。要求填写案件报告的警察在没有任何分类格式的情况下完成对侦查情况的陈述。表格正规化的第一步发生于 1939 年。新表格以《案件报告》为名，并在填写日期、主题、发案编号、文件编号和表明批准陈述内容的督察签名处留有空格。但侦查人员仍旧采用"从前发生了一起盗窃"的陈述方式，这种表格一直被沿用到 20 世纪 60 年代。

从 1964 年的犯罪报告中我们看到固定的格式逐渐被投入使用。在陈述内容之外还有 28 个项目，这些项目涉及诸如受害者情况以及犯罪实施方式等方面的侦查细节。显然在当时盗窃保险柜是个问题，这是因为表格上对其有所反映。车辆信息也因与侦查相关而被单列出来。此外，还有分类与开始对警察活动和效率进行风险管理有关。例如，必须提供关于以下方面的信息：案件引起警方注意的方式（警方如何获取案件信息：无线电广播、公民报警、警察目睹）、警方处理结构（宣布案件为：无根据的、以逮捕方式结案、以其他方式结案、成为积案、继续侦查）。用于警察陈述的空间逐渐被缩减到半张纸。

从 1981 年使用的案件报告中我们可以看到它是一份完全采用固定选项的格式化报告，当然警察可以附上一份包含陈述的"延续报告"，这份格式化的报告要求精确、详尽地报告犯罪（名称）、发生时间、犯罪手法。它需要详细报告受害者情况，更为详细地报告被告、犯罪嫌疑人、失踪人的情况。车辆情况也要被填到包含更加丰富的分类和评价选项中。该报告中还需填写知悉发案的方式、处理案件的方式（例如申请搜查令、向被告签发出庭通知书、递交传票，为受害者签发服务卡片或输入 CPIC 系统中的信息）、案件结果等信息，用于记录侦查人员的情况。此外，表格的发展还进一步扩展了用于监督检查的空间。

正如在下文中将要详细讨论的那样，警察组织已在 20 世纪 90 年代初进入"无纸化"计算机化案件报告系统的时代。警察不必手动填写案件报告，而是使用非常具体的类别和编码通过计算机撰写案件报告。如果全部打印出来的话，当前案件报告中的固定选项分类长达 12 页。

该警察组织的一位资深警察介绍了报告格式随时间发生的变化。他认为这些变化是由使用计算机和外部机构的知识需求两者综合造成的：

> 当我刚入警时，一般的案件报告有 8 页半到 11 页长，分为 3 个部分，方格中要我们填写的内容有很多。现在案件报告已经增至 12 页……电脑的使用推动案件报告的发展变化。事实是我们现在可以收集大量的数据……拥有的信息越多，人们想要得到的信息也就越多，所以你会收集更多，所以他们也需要更多，你会持续这种做法……到处都是例子，问一个警察在干什么，他会回答你他正在收集统计数据！需求就在那里，但我认为我们增加了信息需求，因为我们总是回答："好吧，我们会为你收集这些信息。"

另一个警察组织的一位表格主管认为，他所在的警察组织中的表格管理有同样的发展趋势，他说，某些特定表格内容的增加甚至比表格数量的增加还要多。他确信向封闭型表格发展是由对警察陈述的内部风险管理所致，"我想说，这就是主要的增长点。目前有更多的细节出现在表格上。设置某些细节是为了确保警察不会遗漏某些事情。如果仅仅是给选项打钩，警察们就更不容易忘记细节"。

在该人所在的组织中，一般的案件报告对警察的陈述不仅有空间上的限制（仅占报告的一小部分位置），还有字数上的限制（229 个字符）。组织内另一位警察说："我们只是鼓励短小、简明扼要的陈述。"一位主管还说："这一限制有助于鼓励警察用简洁、切合实际的方式撰写陈述，这个要求类似于对检察官的要求。目的是通过使案件报告的格式与向检察官提交的报告一致从而达到'一石二鸟'的效果。"

向体现事实的通信格式发展，会受到其他机制的管控。对语言的管控将警察的解释限制在自己狭窄的专业知识内。例如，一位警方信息系统专家指出，禁止性犯罪侦查人员在其报告中使用临床心理学和精神病学里的语言，因为这些语言暗示了一种警察实际上并不具备的解释能力。他说："性犯罪侦查小组希望警察能够将其是否认为此人是一个恋童癖者写在表格上，我们拒绝了，那更像是情报信息。如果医生说这是一个精神分裂症患者，是的，我们会相信他的判断，但不希望我们警察做出这样的决定，这本质上是一个事实文档，每人都会使用该文档……许多小事更像是情报领域的，而非事实报告领域。"

一位参与修订收集炸弹和炸弹威胁全国数据的格式的警察说，该过程的一个重要组成部分是消除在陈述中加入价值判断的可能性。这项工作扩展到固定选项的分类本身，为了其在技术效率方面的利益，这些分类的价值将更为中立：

> （目前的）表格要求警察做出许多价值判断。比如"爆炸未遂"或"事故"……"这是因为受害者最先说的还是为了实现人权目标？你知道，就像某人引发了一起爆炸……其动机对我们来说并不意味着什么。我们是技术性的……反正永远都是猜测。你怎么知道这个人是想自杀还是他的炸弹意外爆炸了？也许警方的侦查可能会证实这一点，但是谁会在乎技术方面呢？我真的不关心。所以我们试着将表格更加技术化，以便更好地描述事件的细节……（例如）对我们而言，重要的一点是，要知道事故现场有一个时钟以及是什么类型的时钟，因为如果我们接下来发现另一个码头也有同样类型的时钟，那么就可以将两者联系起来。然后你可以看得更远一些。

警察陈述的目标是事实性和效率。一位警局管理人士称，撰写一份报告应该像参加一场考试，有判断题和简答题两种题型，在此过程中，要采用更为有利的方式获得所需信息。这种感受扩展到对延续报告的管控之中。在某些辖区内不鼓励使用延续报告，理由是，它们包含陈述内容，增加了文书工作的负担，并不能轻易地转化为有用的电脑格式的信息。然而，从警察的角度来看，延续报告中的陈述部分允许警察在报告中涵盖额外的相关背景情况，并为监督者展现一份全面的报告。一位警察监督者认为导致这种紧张局面的原因是：

> 我们发现，警官的报告总会有些冗长，在表格上说得太多。如果他们确实制作了报告，那么我们就要在警局打开一份文件……因此，档案管理人员一直在说，告诉他们不要制作这种延续报告。我们认为一部分人都想这么说。这份报告为你找到了替罪羊，它告诉监督人员警官做的事情是正确的，记录一些他需要记录的东西。这使得监督人员乐于看到这类信息，因为有些内容会使某人在将来受益。但政策人士会说，"这只是另一张纸罢了"。

某警察组织开发的一项信息技术能够审查陈述内容，并将其转换为固定格式。一位信息系统工作人员说，该技术意味着很多陈述会预先准备。这样在录入系统时，时间更短，错误更少。如果发生了一起交通事故，有个女孩做出陈述，填写三处空白，点击"回答"按钮，她就完成了工作。然而，该组织的主要工作还是在初始阶段就结束陈述。该受访者的一位同事说，过去允许一定数量的叙事空间：

> 因为不存在格式，所以我们无法提取信息。因此我们在报告表格中设置了大量方框，我确信现在的表格已经有 11 页，但实际上我们仍旧无法获取比以前更为详细的内容，仅仅是格式有所不同罢了。数据录入人员可以说："不，我不能将其放到方框之内。那不是一个有效的选项。你要选择哪一种……"撰写案件报告的警察注定会被剥夺大量自由，但是我们没有剥夺他们的陈述自由……就好比法院开庭，法官坐在同一位置看着嫌疑人被审判，法官都会变得厌倦。这样看来，警察确实会失去一些言论自由。

15.2.4　监督

直接监督也是管控通信格式的方法之一。通信格式的监督包括报告的系

统性编辑，报告系统的定期审计以及针对如何对知识进行分类的培训。一位
受访者表示，这些监管机制营造出一种集体观念，"如果你能做好文书工
作，那么你能胜任一切工作"。

这种培训是要教给警察如何将发现的事件填到相关的表格与其通信格式
中。例如，在入警培训中，资深的"警察教官"要陪同新警，教他们如何
将事件填入警察组织的通信格式之中（Shearing and Ericson, 1991）。在一些
培训课程中，警察们要学习通信格式的核心部分。一位受访者向我们讲述了
他所在专业领域中为期两周的培训课程，他们要学习填写表格的程序和方
法。在所有情况下，对通信格式的培训是一个永久的过程，不仅因为在警务
活动中由于人类行为的变化，遇到的事件会千变万化，其具有不计其数的可
能性的解释，还因为格式必须适应新的制度和情境需要从而处于一种不断变
化的状态中。正如巡逻过程中一位巡警所言："你这次去接受培训，他们告
诉你要这样填写表格，过几个月再去，他们告诉你就要用另一种方式填写表
格。当你真的遇到了这样的案子，你已不记得如何填写这份折磨人的
表格。"

存储内容由可编辑的控制系统进行管理和审核。这些系统会发现虽然使
用了封闭格式但仍会出现解释性疏漏。我们在某地方警局发现，监督人员对
巡警的报告进行完整性和准确性的初步审查。监督人员还会指定一个"复
查日期"，通常是初审两周之后，要对报告进行再次审查。在复审时，监督
人员可以通过制定一个新的"复审日期"使报告处于公开状态或封闭状态。
当报告处于封闭状态时，监督人员要根据固定选项分类对报告进行"打
分"，要看这些分类是否满足了警察组织内部和外部机构不同用户的需求。
一份关于巡警监督人员的内部报告预测，他们 70%～80% 的时间花在检查报
告上面。一位巡警对监督过程表达了相同的观点："监督人员坐在那里阅读
你的报告，这是一份全职工作，休假时也会那么做。他并不在案发现场，他
不知道发生了什么事。他知道的全部情况都来源于警察们的报告。"一位监
督人员说："你基本上控制了填写的所有表格。当你在报告底部签名时，你
基本上是在说，这份表格已被正确填写。"

只要监督人员完成打分，报告就会被传递到某一位"读者"处以完成
进一步的审核。这位"读者"是一位全职警察，其唯一职能是再次审核该
报告以确保填写的所有事项都是完整和准确的，以及之前的打分也是正确

的。他就是个数据核查者，不能做类似退回报告或要求进一步调查之类的事情。报告会从这里被移交给数据录入人员，录入人员会再次检查报告的完整性、打分水平并要求对一切改动做出解释。

一些被挑选出的案件还要做进一步的数据核查。例如，所有性侵、家庭暴力以及重大犯罪的报告都要被送到警局副局长处进行额外审查，副局长还要对其他报告进行随机检查。一位警察认为，该工作任务与"如何处理这些文件相关。副局长从行政管理的角度还要关注如何对报告打分，因为如果打分不合适，审计时这份报告又会再次回到他手里负责整改"。

由副局长审查的一些报告必须还要由表格主管进一步审查。在这种情况下，要填写一份表格以表明该表格需要进一步审查和数据清洗。目的是确保警察组织中具有统一的报告样式，特别是备受关注的案件。一位警察观察发现，在这类情况下，"监督人员阅读你撰写的报告，警长检查监督员的工作，高级警长又检查警长的工作，局长检查全部工作。现在由另一组人检查这些工作。如果他们发现任何问题，就会送回来。这么多人对我在街面上所做的报告进行检查，总会有些重复的地方"。

一位同事阐述了工作中涉及的内容调整以及警官是如何觉察到的。他这样描述部门总部中两位审阅者的职能：

> （审阅者）阅读这些报告确保政策得以施行。多数成员认为这很可笑，因为类似这一规模的警局的监督者不具备相应的能力——即使高级警长也不例外——他们的能力仅限于当我向他们提交一份报告时告诉我填写是否正确。所以系统是存在问题的。文员们必须将报告打成定稿，录入工作耗费工时。（填写那份将报告送至相关部门核对的表格）是最耗时的事情。你必须遵循一种特殊的格式，由于并不常做，所以要经常翻书寻找必须遵循的格式。

除了这个用于个案编辑和数据核查的复杂系统之外，该警察组织还有一个负责通信格式审计的小组。部门级别的审计小组要在每个警局花费一个星期审查数据录入的质量。一位参与该流程的部门级警官指出，首要任务是随机审计文件，通过比照电脑打印出的资料，确保文件具有达到预期目的的必要信息内容。这个过程允许有5%的误差。工作流程包括审计小组出具书面报告，召开简要情况介绍会探讨发现的错误。我们刚刚提到的那位警官表示，"改善该工作流程的计划包括将审查时间延长到一个星期以上，这是因为我们能够发现更多的东西，我们必须更为警觉"。

信息小组中也有文件审计人员，他们每三年对每个警局中的每位保存记录者进行审查。他们实际上是警局编码器监督员，负责数据收集的信度与效度。作为检查员，他们遵循一种强调合作和专家建议并行的合规模式。一位审计人员说，涉及统计评分时，在准确性方面激励人们通常不会有任何问题，因为警局领导很明白，就评分的方式而言，他的决定必须能够向监督人员以及其他高层负责。

用于警局层面质量审查的书面准则揭示出审计流程涉及的范围。审计人员要完成以下工作：

（1）基于去年或今年文件的代表性样本，开展质量审查；

（2）审查文件流动情况，比如谁是文件的首次审查者，文件经历几个环节才能到达数据录入环节；

（3）特别文件审查，比如审查频率与日期；

（4）审查文件内容；

（5）确定无纸化文件以及规模较大的文件的用途；

（6）审查巡检功能的使用情况；

（7）审查信息系统的其他应用，如安全检查、守望项目方面的运用；

（8）审查代码使用的适当性；

（9）审查监控程序；

（10）确定何人需要接受信息系统培训；

（11）检查规则手册中关于信息的部分以确保该内容经过更新并促进其应用；

（12）与局长探讨质量审查程序；

（13）审查文件系统维护指南与程序。

警方坚持认为他们是数据审查者，一位质量审查流程中的审查人员在下文的描述中反映出该观点。谈到他刚刚完成的一个警局审计时，他说：

在本周结束前，我会处理好所有的备忘录，并带上笔记本电脑，这样我就可以为督察员 X 打印一份副本……我为他们做了一份初稿，星期五早上与所有成员、速记员、部门工作人员等汇报了简要情况，即我在质量审查中审查的所有事项。换句话说，这是一次严格的统计审查，不合格率不超过5%。结果是好的。然后我检查了其他事项，包括文件的流动、打分的特定类型、需要在标准审查之外评判的特定种类的文件。我评判了全部毒品（犯罪）文件、失踪人口文件、被盗车辆文件来评定他们的打分是否正确，评判工具是信息系统中的其他评分方式。我也评判了文件记录保存系统。他们整个组织按顺序使用一个中央文件存储区域。如果某部门取出文件，他们会将一张卡片放在文件原来的位置，上面会标明文件编号，并记录取出文件的主体。这种做法是合法的，他们可以把文件放在办公室暂存，但最终要交回存储区。我检查了这种做法，同时检查了他们对记录保存政策的遵守情况。换句话说，一旦取出文件，就会有一个明确的保留期限。保留期结束时，不管是两年还是五年，电子文件必须被清除出数据库。如果是实体文件，那么就要销毁承载文件的实体。我们必须遵守标准，制定保存记录的政策。以上这些表明，如果我们违反了政策，我认为会给信息获取法、隐私法以及其他法律造成影响……阅读某些文件，在表格上打钩，记录出错率，这些工作要在前两天完成……我与速记人员座谈，审查了他们使用电子邮件的方式，因为他们完全不熟悉，所以我要求他们学会此技能。我也向他们展示了如何提交这些数据系统报告以获得其他数据的详细报告。我与局长座谈，向他展示了我是如何审查这些表格的，这样，当他从事该工作时可以做得更好。

15.3　载体格式的效果

警方通信格式化工作的深入开展产生了诸多显著影响。这些工作导致警方形成了封闭性思维和思维定式，影响了警方行动的抵抗性和自反性以及警务工作的科学化。

用于管理警察文书工作的通信格式使警察成为社会科学工作者。他们需要携带各种表格、手册和编码指南奔赴一线，以备随时查阅这些文档。

一位警察管理人士指出，警察很少使用编码手册来完成现场报告。例如，警察们认为交通事故编码手册太大、太复杂。警察在面对事故时会抓起一张表格开始填写，并不会就填写表格的方法和遇到的问题参考某本书。他的一位同事是另一个警局的管理人员，这位管理人员说，警察们大方承认，他们为外部机构提供科学信息，这与紧迫的侦查需要并没有直接关系：

> 在大多数情况下，你记录的内容，不管是重要情况还是任何其他内容都并不一定与侦查相关。记录内容是为了满足交通部和保险公司的统计需求。过去依靠警察机构获取这类信息，因为他们就在事故发生地，是收集大量数据的唯一主体。他们从事该工作的第一天就学会了要这么做。所以，为什么不让警察来记录数据呢？这是一项既定任务。你并不会真的听到有人抱怨。他们知道涉及的文件可能成为争论的焦点，这构成了他们的全部职业生涯，且这是他们的工作。

警务监督实际上是作为"研究小组"组成部分的"研究助理"，该小组核查数据以确保其可靠、有效。正如一位全职"现场信息支持"监督人员所说："我们正在统计系统识别出来的不一致或缺乏均匀性的情况，然后尝试扮演协调者的角色，告诉大家不一定要以同一方式行事。"

警务工作的科学化不仅反映在日常巡逻过程中的事件报告里。正如我们已经讨论过的那样，警察对其他政府机构和私营企业的部门组织的执法系统进行检查，以满足其在预防性安全活动中的需要。这些检查活动以"检查清单"的格式为指导，以确保警察获得有用的风险管理知识。

社会科学技术的用途还包括充分利用数据来支持组织变革。正如我们在第 11 章谈到的那样，汽车盗窃调查小组希望将更多的责任转移到保险行业以应对欺诈索赔的问题。为此，该小组系统地调查了汽车盗窃案的原告，承诺以他们交代的信息来使其免于起诉。目的是使保险公司投入更多精力去调查投诉。

现有通信格式中的科学化对警务工作的封闭性和确定性产生了预期影响。它允许警察前瞻性地决定某事是否应该受到警务工作处理（是否符合既定格式），如果答案是肯定的，警察就使用（非）具体的风险管理术语去完成工作。然而，警察不可避免地按照他们在通信时使用的格式来进行思维

与行动。他们本身的思维就逐渐具有封闭性和确定性。警方的一个特别小组
为警察提供危机管理中社会心理方面的指导，该小组的一名成员认为使警务
工作科学化是其职责的一部分。他表达了对警察的线性思考方式的失望。他
认为抽象思维并不是传统警察的强项。他们的思维是非常具体的，仅是观察
他们在课堂或其他任何地方的学习方式就会感到很有趣。因此，在教学过程
中，定制课程内容是必要的。这很关键。

我们发现，不管警察何时遇到新事物，他问的首个问题总是一个表格是
否够用。例如，当某巡警被要求去通知死者的家属。他的第一反应是："我
从来没有做过此事，有没有需要填写的表格？"表格是实现工作向确定性和
封闭性发展的潜在手段，为行动以及对行动进行解释提供了基础。一名警察
说："没过多久就会知道（不）应该填什么。当然，他们（制定表格的人）
不会每天都告诉你。"另一个警察谈道："必须填的内容就在那里，这好像
是在推动着你去填写表格，如果你通过问一些问题记录在笔记本上这种传统
的方式，当有其他两人或三人同时提出他们的观点，就会出现混乱的局面，
你不会得到你需要的所有信息。"

分类会影响工作的封闭性，某警察组织将加拿大统计局的评分要求整合
进其通信格式的事例就反映出这一点。如果一个通信格式中内置有评分类
别，警察们就会知道机构需要他们传递的首要含义，这反过来影响了他们的
处理方式。当报告破案方式时，加拿大统计局认为，对"以其他方式破案"
选项的评分仅能在下述情况中完成，即已经做出逮捕，本来能够提出指控却
没有提出。据一名警务监督所称，将该要求纳入通信格式，意味着警察要将
其考虑在内，只是因为：

> 他们感觉必须这么做。问题就出现在这里。大多数警察以前并不理
> 解为什么要评分。比如，为什么监督人员想知道警察是否有足够的证据
> 在法庭上呈现，事实是监督人员希望"以其他方式结案"，因为这是给
> 加拿大统计局（Statistics Canada）评分的一个先决条件。警察们现在知
> 道了，开始执行并在实践中证明它。他们开始思考，"好吧，如果我想
> 结案，至少要有足够的证据。即便我不打算提出指控，但至少要有满足
> 出庭的证据，因此我可能要从一个盗窃其母亲财物的年轻人那里得到一
> 份陈述"。

满足通信格式提出的任何管理性信息需求就能达到警务工作的封闭性和确定性。在我们完成实地调研的一年之后，在某警察组织表格小组工作的一位警察给我们的一位研究人员致电，询问我们的研究进展。研究人员回答，一年左右以后能看到报告，并为其提供了一份能够解决一些问题的初稿副本（Ericson，1994a）。很明显，这位警察并非对报告不感兴趣。我们的研究员说已经收到作为研究对象的该组织的文件，报告即将问世，需要记录下提交报告的时间。当研究员询问报告提交给谁，警察犹豫了一下。然后研究人员建议收件人可以是曾协助研究的信息系统负责人。警察回答该人已离职。当问他去了哪里时，研究员以为是另外一个政府部门。而对方坦率地说："我不在乎。只要我不再向他报告，我就不会关心他去了哪里"。于是，研究员重申只需一个能写在文件中的预计提交日期，于是这位警察补充道："报告可以送到新的信息系统负责人处。"

15.3.1 警察的抵抗

通信格式的科学化影响工作的封闭性和确定性，这一事实并不意味着使用这些格式的警察总是对其完全理解和接受。尽管有严格的格式要求，并且有监督人员控制编辑情况，通信格式的使用仍然存在问题，这其中就包括警察对通信格式的抵抗。

加拿大卫生与福利部推出了一份关于"家庭暴力"的新表格，该表格要求警察对于遇到的每一起家庭暴力事件，不管结果如何都要完成此表格。警察拒绝使用这种强制性报告的理由如下。一方面，它给警察带来了额外的文书工作负担，事实上，警察们并不在意他们为外部机构生产的知识是否有用。一位在警察组织的政策与规划部门工作的警察指出，推行新表格时，会有一些反对意见，因为有警察说，"别告诉我应该如何填写伤害殴打案的表格，我知道该怎么做。"他们也许不能理解为什么加拿大卫生与福利部希望警察能够在表格中填写事件的严重程度，屋内有多少儿童，以及警察去过几次现场等信息。

另一方面，警察还将"家庭暴力"表格视为对他们自由裁量权的侵犯，因为该表格要求警察对提出的拒绝指控的决定做出解释。因此，该表格是一项由外部驱动——不信任而产生的监视技术。某警局的警长说道："警察们过去有自由裁量权，他们不需要对任何人负责，因为我们信任他们的判断。

现在我们不相信警察的判断是因为当警察不提出指控时，根据政策规定，我们需要知道原因。警察会问我们是不是认为他们要填写那个表格？如果得到的答案是肯定的，他们会认为这是对他们的不信任。这剥夺了他们的自由裁量权。鉴于这种情况，我们并不能得到应得的报告数量。"

另一位警局警长说，在他的管辖区域内，警员抵抗的形式是将暴力事件认定为非暴力，从而避免他们要完成的"家庭暴力"表格以及其他可能的文书工作，但如果监督人员提出建议，要求刑事指控，那么就必须完成以下这些工作。

> 在国内，警员最常用的台词是，"说吧，想要起诉吗？不想？可以，没问题。"当建议提起刑事指控后，要交给警察们一本信息手册、一份"家庭暴力"表格，他们要将其录入个人计算机终端，如果没这么做，他们将会被琐碎的文书工作"折磨死"，后面还是要提起指控。所以他们知道，每接到一个（报警）电话，都要完成非常庞杂的文书工作。每个电话中究竟发生了什么事存在争议。警察会怀疑自己的解释是否会改变事件的性质，他们会说，"事情没有那么糟，报警人并没有就暴力而报警"，他们知道，绝大多数统计数据根本用不到。这是一个首要问题。次要问题是，他们知道其提出的大多数指控，在一些地区，几乎有50%都不存在了，不能被进行下去。他们现在的看法是："我为什么要这么做？"斯廷奇库姆案的结果导致文书工作量增加。现在提出指控要花费的人力物力难以想象的。因此，警察们认为自己被剥夺了大量的自由裁量权，且从本质上看确实如此。

有些巡逻警官回答了"为什么不填写新表格"这个问题。陪同我们的一位巡警说，他就是拒绝提交"家庭暴力"表格的警察之一，他说：

> 我不会填写那个纯粹浪费时间的表格。这只能说明一些外部机构需要警方的信息。但所有这些数据都可以从其他地方得到。为什么他们希望警察填写另外一份特殊的表格？如果案件不会进入刑事诉讼的环节或者没有定罪的可能，我是不会到处提起诉讼的。我们必须证明当我们不提起指控时，不用填写表格。如果不填表格会失去工作，我肯定会填写

表格。在这种情形出现之前，我认为没有填写表格的必要。

监督人员和管理人员表示，始终有警察不按照格式要求提交报告。一位负责与外部机构交易警方风险知识的管理人员说，解决这类问题是其日常工作的一部分。她每天都会将内容不充分的报告打回到提交这份报告的警官那里。基于此，"我每天都会听到侮辱咒骂的话"。有时高级警官对行政职员修改案件报告中错误和遗漏的频率太高而感到心烦意乱，他就会让警员自己修改这些报告。但是大约 70% 的报告都会被打回，这就降低了信息系统的输入效率。

另一种应对抵抗的方法是，修改通信格式以便更为有效地提供风险知识。格式修改工作是复杂的，因为必须与外部机构协商，这些外部机构需要的是通过它们的术语格式化之后产出的风险知识。此外，修改格式分类会减少警察对新格式的抗拒，也会出现效率低下的情况，因为采用统一格式的信息基本上没什么用。一位受访者认为，修改通信格式的根本原因是警察在填写整份表格时遇到了麻烦。在他看来，由此产生的多余的信息一旦输入系统中就成为垃圾信息，没有用途可言。

通信格式的修订越来越受到警务工作中使用的计算机以及其他通信技术的影响。接下来，我们要分析这些技术是如何成为警方维护的风险管理系统的组成部分的。

第 16 章　通信技术

尽管警务活动中已普遍使用通信技术，但鲜有对该领域的学术研究。曼宁（1992a）在最近一篇关于警察和信息技术的评论文章中说道，"我们无法评估技术、社会组织与实践之间的相互作用，因为几乎没有文章涉及与新型信息技术使用相关的实践、限制以及机遇"。

在本章中，我们将通过分析通信技术与警察的组织和行动之间产生的联系来填补该领域的学术空白。首先，我们将探究通信技术如何解决警方问题，尤其在知识管理方面。其次，我们将考察通信技术如何通过塑造警察的思维和行动以及定期对警务活动进行监控的方式，来改变警察组织内部的监管制度。通信技术所包含的监控能力强化了对警员生活的方方面面进行风险管理的需求。这构成了在生命权力层面的"警察人口"概念，且要针对这一人口群体的工作活动、能力水平、卫生健康和安全状况进行管控。此外，通信技术还通过构建层级制度，模糊传统劳动分工界限，增强监控能力和限制个人自由裁量权，从根本上改变了警察组织结构。在此过程中，系统监管机制取代了传统的层级结构，由过去的命令、控制变为对警察行为的规范、管控。

最后，我们还将探究在引入新型通信技术过程中所遇到的问题。研究结果表明，通信技术加重了警方的文案负担，产生了一系列负面影响，引起了警察的抵制并导致工作效率更加低下。通信技术成功生产了许多有用的风险知识，但是这一成功也意味着警方的文书工作量将持续增加。

16.1　技术解决方案

大型组织机构必然都要跟上计算机技术的发展，而警方在学习和发展先进技术方面一直处于领先地位。一位计算机系统公司的经营者说："我真的认为在这些领域，警察比商界做得还好。20 世纪 70 年代早期，警方就开始使用信息系统，比商业公司早了好多年……我主要和商界打交道……之前也和一些大型银行和经纪商合作过。所以我敢肯定警方在其中一些技术领域一直是遥遥领先的。"

警方投入使用先进的电子技术和电信基础设施，并善于运用计算机来不断优化问题的解决方案。在较大的警察组织中，会有全职人员专门从事基于计算机技术的方案规划工作，以满足当今不断变化的需求。我们研究的一个市政警察组织计划投资 3500 万美元建设一个新的计算机信息系统。一些警察组织曾尝试将警车升级为"移动办公室"，使警察在警局外也能投入更多的时间到工作中，哪怕只是在车内做些文书工作。例如，一些警巡区内曾尝试让警察直接使用便携式电脑录入事故报告和其他现场报告。一位计算机专家告诉我们，RCMP 有意建立这样一种新模式，以加强与警察间的电子联系，如果全国上下都推广和运行这个模式，总体费用预估在 2.5 亿美元到 3.6 亿美元之间。

警察组织花钱购买计算机技术有如下原因。他们认为这一技术能最有效地解决在对办公文案工作问题"动真格"中遇到的困难和绝望。他们相信计算机技术能帮助他们更高效地创造风险知识，以应对外部机构日益增长的知识需求。他们认为，通过计算机技术对警察知识产出活动进行监控能够提高警察的效率。警方接纳计算机技术的另一个原因在于其提供的组织安全感。这种感觉源于它们使用具有可预测性的、显然以事实为依据的格式构建知识的能力以及迅速将知识传播到不同地区警察组织的能力。计算机是组织合法性的来源。它们象征着组织的能力，这是一种与理性协调和效率的价值观相关的属性（Altheide，1995：第 2 章）。

一位警方通信技术专家说："在我看来，计算机技术之所以受到欢迎，是因为让别人看到你重视这项技术也是很重要的。不然怎么才能显得人们是追求进步的，对吧？你基本上要借助（最新的计算机）杂志来设计计算机系统才能保持领先。技术变化就是如此之快。"她说现在这种观点也与另一种观点交织在一起，即最新的通信技术就好似组织快要"火烧眉毛"时赶来的救兵，至少能够缓解当下混乱的现状。她的意思是，通信技术被用来处理特定的危机，因为它们是我们文化中合法性的化身，因此，在人们看来，它就是一种很显而易见的危机解决方案，"整件事的问题在于是（先有）鸡还是（先有）蛋——即技术更重要还是对信息流的组织规划更重要，我们越来越多地看到，除非你对信息流有初步的了解，否则要将技术应用到警察工作中是非常困难的……并不是把技术随手扔进一个容器里混合搅拌一下就会有结果产出。组织规划是必不可少的"。

对现有知识系统以及如何提升其效率的深入思考促进了诸多技术创新。最近警务工作中产生的一些技术创新表明，通信技术在引发一些问题的同时，也解决了某些问题。

计算机辅助调度（Computer-Aided Dispatch，CAD）系统现在普遍运用于警务工作之中。这类系统中会包括一台置于警车上的计算机终端，使调度信息和其他由总部发出的通信内容能够通过屏幕而非无线语音设备传输出去。通过该终端，警察无须使用无线电系统就能互相交流，对车辆和人员的信息系统核查也无须再通过调度员完成。

我们发现，警察认为使用 CAD 系统终端具有很多好处。警察在日常巡逻中使用计算机终端对车牌进行检查，以核查车辆在登记和保险方面是否存在违规行为。车牌检查还被用来确定车主，将其姓名输入 CPIC 系统后可以获得有关犯罪史、未执行的搜查令等信息。如果使用原有系统，要用无线电将每份检查请求传送到调度员处，由其进行检查并将信息回馈给警察（Jorgensen，1981；Ericson，1982），相比这种做法，现有系统更为快速、高效。警察还使用 CAD 系统终端相互交流，无须担心谈话被记者或其他使用无线电扫描仪的人窃取（Ericson，Baranek and Chan，1987）。因此，警察经常使用终端说笑，闲谈，约定喝咖啡的地点或谈一些表现职业文化的其他话题。他们也会使用终端对无犯罪嫌疑的人进行随机检查，这是一项有助于警察缓解无聊的工作。同时，CAD 系统终端强化了管理人员对警察开展风险画像的能力，例如关于警察进出警车的时间、在信息系统上检查的规模与性质等。

我们还观察了警巡区中使用便携式电脑进行工作的巡警。这些便携式电脑不仅具备 CAD 系统终端的上述特性，还有一些广受警察们青睐的其他特性。它的主要特性在于一般的发案报告可在现场使用便携式电脑完成。该特性便于在询问涉案人员时即时输入最终报告，在现场完成剩余报告并迅速将其发送给监管人员。因此，报告的制作可以与案（事）件几乎同步完成，因此更有可能提高报告质量。通过这种方式，报告也能被更快地发送给组织中的其他成员以及外部机构。更重要的是，便携式电脑报告系统是警察组织向"无纸化"迈进的一种努力。在我们研究的一个警巡区中，轻微事件只记录在电子表格上，该类型的报告占据了全部报告的47%。

便携式电脑还推动了其他报告的撰写和发送。例如，CPIC报告通过复制已记录在主发案报告上的信息即可完成。它还促进了联系卡监控报告的例行书写，该报告用于记录街面核查过程中被询问的嫌疑人员。此外，它还能使受害者迅速获得发案报告编号，而在过去，警方必须过些时间给他们致电或者把编号报告给受害者的保险公司。便携式电脑具备双向沟通性质，因为警察能够立即将使用该系统过程中遇到的问题反馈到系统设计人员那里。这一点在赢得警方对该技术创新的认可方面是至关重要的。许多（设计）人员说，这是首次有人因组织中的某种创新而咨询他们。

我们研究的另一个警察组织引进了一套语音输入式的发案报告系统。所有巡警都配发了手机，他们通过电话的方式将报告提交给在所需报告格式方面受过专门训练的办案员。该系统的研发与新的发案报告格式相配合，该格式比旧版分类更为详细。设计更加详细的分类是为了减少警察陈述，解决信息缺失的问题，数据一进入其他风险分析系统就能"自动"获得评分。语音输入系统还能为多用户提供基本的数据输入服务，每个用户可以获得他们所需的基础分类知识。由于大幅减轻了警察填写表格的工作负担，设计人员确信报告质量会得到显著提升，数据规模会显著扩大，工作效率也会显著提升。

警察组织不断研发新技术，以推动知识在组织内外的流通。为警方内部提供专门风险知识的警察小组采用新的计算机技术和格式，以提高工作效率。这些警察小组采用更高效的新型计算机技术与格式。一位负责对炸弹以及炸弹威胁进行风险画像的警方管理人士向我们描述了一种新型计算机系统："该系统能够实现'无纸化'生产与传输数据，仅需使用CPIC系统以及修正后的格式，炸弹技术人员进入办公室在电脑前坐下就能填写表格，并通过电子途径迅速传给我们，随后我们可以从电子邮箱中获取表格，将相同的信息再通过电子途径迅速传到所有的炸弹技术人员处，然后把它们转储到数据库中。"

警方还尝试设计可互换的计算机化报告格式，为制作某报告而使用的数据可以为其他报告自动复制与使用。这种方法称为"分发处理"，可以把包含警察陈述在内的知识从一个报告中提取出来，并将其插入相关报告和文件中。它还允许警察组织内某部的授权人员查询其他警方小组的数据库。

警察组织也在一直致力于其电信基础设施和知识系统建设，以期实现更好的组织间通信。该工作在许多情况下难以完成，原因在于协调互不兼容的通信系统成本很高。此外，警察也会抵制这种系统整合，因为他们认为，通信技术的整合最终将导致所有警察组织的整合，这样就打破了不同地区以及不同正式组织之间的界限。某省内一个小镇的警察组织抵制省总检察长提出的为 RCMP 开放其数据库的要求，因为 RCMP 并未给予互惠措施。一位信息系统专家向我们描述了这样一个情况，他所在的警察组织正在加强警局和小组之间的电子连接，但未能说服该区域中的一个大型市政警察组织加入新的电子系统中，"我们已经为（我们的一个分局）架设了一条通信线路。将其延伸到使用相同数据库的（大型市政警察组织）系统的成本并不会很高……他们要处理相同类型的犯罪分子，访问加拿大其他地区的数据库。它们同属一个真正的体系。但他们为什么不那么做呢？可能是因为他们想要自己的系统由自己控制"。

然而，大量例子表现出警察组织之间的通信和知识系统实现了实质性整合。我们研究的一个地区开展了一项系统整合计划，涉及 23 个警察组织以及一些外部机构，比如车辆管理部门、法院和惩教署等。

内外部技术创新旨在增强警察数据匹配的能力。某警察组织的手册将数据匹配定义为"收集、比较从其他电子途径（比如计算机调制解调器或者计算机系统之间的接口）获得的个人信息，旨在对数据所涉及的人员做出决定"。数据匹配已被整合到知识系统中，以便在警方和其他机构之间的知识常规流动中进行电子化、全景式分类。这是一个自动的、无形的过程。一位参与政府、消费者和企业监管机构进行数据匹配的受访警察说："我们的关系如此平稳，工作并不为外界所见……已经实施多年。存在一个我们从未亲眼见过的报告系统。"

16.2　警察系统监控

16.2.1　监督格式

在使用通信技术完成其工作的过程中，警察也会受到这些技术的监测能力的制约，这些技术能够比人类监督员更详细地监测和评估警察的行为。正如我们在后面的章节中所讨论的那样，通信技术的监督形式改变了警察的监督等级，并使一些传统的监督职能变得多余。

设计通信技术的目的是迫使警察使用它们。当基本发案报告被整合至通信技术内部时，警察们就不能脱离这项技术完成其工作。通信技术表明这样一个事实，即文书工作也是工作，无法回避（Altheide，1995）。抵抗，诸如我们讨论家庭暴力表格填写时所指出的那样，警察的抵抗变得越来越困难，有时甚至是不可能实现的。

在一个引进语音输入报告系统的警察组织中，未能对报告予以适当归档的警察被要求立即改正。任何错误或遗漏都会被立即记录下来，并通过电子媒介发送回警方，在其改正之前始终停留在其电脑屏幕上。一位受访警察讲述了此机制中的纪律方面：

> 如果警察没有交给我们必须提交的信息，数据录入人员将按下一个按键，给街面上的警察创建一条错误信息。当他开始工作后，要登录该系统，要么没有收到任何信息，要么会收到提交报告时产生的二三十条错误信息……他必须确保纠正这些错误，否则他们将继续出现在他的屏幕上的编号信息下方……也就是在他的警车的 CAD 系统终端上。

这个例子表明，对通信技术的设计也是为了确保知识工作的质量。它们迫使警察生产与系统自身数据预期相符的、完整的、可靠的、有效的数据。质量监控主要是通过计算机逻辑中的表格格式化（见第 15 章）完成的。计算机逻辑与通信格式之间的匹配是建立在计算机使用方式的三个特性上的。根据阿什德（Altheide，1995：39）的观点：

> 程序的限定连通性（Determinate Connectedness of Procedures）是指为实现某结果而必须遵循的步骤的整合。在计算机逻辑中，不容易设定快捷方式。此外，在程序中所完成的工作将会对下一步骤产生影响。顺序处理（Serial Progression）意味着如果不先完成步骤 1 到 6，就无法完成步骤 7。格式恒定（Constant Form）是指程序的有序执行和显示、输

出的客观出现；双变量开关的组合被设置在运行系统中。

一位警察监督人员指出，使用组织过去的纸质系统，警察可能会忘记填写一部分内容，监督人员的工作正是发现该疏漏。现在，一些计算机程序设置了规定，确保警察能够注意到表格上的所有特定内容，否则其将无法继续后面的内容完成填写。某警察组织正在使用一个新型计算机报告系统，警察们说，他们以前曾经得到监督人员的默许，并不总要完成官方所需的全部表格。然而，计算机报告格式的强制化性质意味着，这种回避文书工作的情况将不再可能发生。如果他们选择不输入某些特定部分的数据，计算机系统会让其无法进行下一步骤，或者"公布"报告存在内容遗漏的事实。有时这两种策略会双管齐下。

现在，在巡逻区内的"步巡"变成了在报告流程间的"游走"，警察手握的是键盘而非过去的警棍。报告流程中包含了全部必需的分类。键盘上的每一次敲击记录下为实现机构风险管理目的而成为警务活动对象的人口信息，或对这些人进行了分类。一些最近才使用新型发案报告计算机系统的警察是这样描述由此产生的思维模式的：

> 当你点击屏幕时会显示出模块上每个部分的情况，让你更加认识到它们所处的位置。这也由此触发了你头脑中的某些内容。
>
> 你可以填补这些空白。有些内容就会突然从脑子里蹦出来。让你意识到……这里的空白很多，你要做的就是把它们都填满。
>
> （这）基本是傻瓜式的操作。它会告诉你该做的一切。比如提醒你是否输入了错误的数字，错误的问题，或者错误的答案……总之，你不能把它搞砸。
>
> 系统设有选择列表，所以你可以选择非常具体的项目并使用适当的……所需的编码，并不是简单地把任何旧东西扔进去。所以按照该方式完成的操作更为有效，发生错误的可能性也有所降低。
>
> 现在，你要努力填写所有的空白内容，而过去，当你在填写纸质报告时，你会尽可能地偷懒。
>
> （它）恰好形成了所需的全部内容。让你得到所有必要的细节……你不得不报告它。

除了促使警察制作质量更高的报告外，计算机技术精准地测定了知识生产的数量。在使用计算机为其他机构产出风险知识的同时，它还能同时记录、描绘使用者的知识产出情况。因此它是一个监督警察的重要工具。这体现出福特式的纪律规定，即无须直接监督就能获得温驯、有用的工人（Foucault，1977）。

巡逻车里的计算机终端是一个永不停歇的时间和动作研究。一名警方通信部门的专家接受采访，描述了他所在机构使用的 CAD 系统的监视能力："CAD 系统会随即创建并启动该巡逻车和相关人员在那段时间的历史记录……你的状态发生了变化，相关的现场情况和清理情况……当你去喝咖啡，去跟进任务，不管你在做什么，什么时候做，它都会记录下来。"另一个警察机构的警员对 CAD 系统监管能力的描述则更为简练："哪怕你每次放屁，系统都会记录下来。"

警察组织的中央通信系统采用其他方式监视警察行动。在许多警察组织内，所有的电话和无线电通话内容都会被记录下来。在我们研究的某警察组织中，一个计算机系统会监视警察在巡逻车内的活动，另一个系统会监视警察在办公室内的活动。在办公室内停留时间超过均值的警察会被叫到管理人员处对此问题做出解释。

计算机技术在一定程度上提升了工作能动性，反过来又创造出关于警察行为的额外知识。例如，在某警巡区配发便携式电脑，这导致在街面上开展的检查的工作量以及制作的联系卡数量增加。额外的知识生产后来又强化了对警察的监控，监控内容不仅包括警察的知识生产水平，还包括警察集中巡逻的地区知识。

运用新技术还能记录全部的数据输入行为。电信系统运用审计记录（跟踪）测量诸如电话、无线电和计算机的使用情况。计算机上的每次按键都可以计数。对于巡警而言，这就意味着其在每一班查询 CPIC 的次数都会被记录下来。对数据录入文员而言，这就意味着对其每分钟敲击键盘的情况予以计数，这种监控旨在确认其是否符合知识生产规范的要求。一位行政管理人士指出，在他看来，数据录入人员是警察组织内最受监督的对象，"我知道这些人在某时恰好完成了多少工作。但我不知道（在这种情况下）部门中其他任何人或任何部门是否在按照配额制度行事"。

这些知识生产的校准实践活动给警察传递了一个信号，技术在约束他们的行为。一位制定政策的警察说："所有事情都被记录下来，所以看上去存在更多的纪律……为了纪律需要而把（我们）的情况记录下来。"我们的受访者使用警官的传统军事语言来描述他们对通信技术结构的感受。例如，他们说他们更受计算机技术的控制，而不是受高级警官的监督。一些警察组织加强了条块分割的意识，根据级别和专业对数据库的访问进行了管理。计算机访问代码是警员的军团号或警号。

当警察获得访问某数据系统的许可时，他会面临其他的程序性限制。例如，进入 CPIC 系统的警察权限是"只读"。CPIC 数据的录入与修改受到位于渥太华的 RCMP 某部门的严格控制。在其他犯罪记录系统中，警察录入初始数据后，非经中央授权不得修改。因此，如果被告身份从"受指控"变为"已定罪"，只有得到专门授权的警察才能做此修改。

没人可以逃脱通信技术的监督模式，这一点我们将在本章后面的部分中进行详细的阐述。监督者自身同样会受到监督。某警察组织将新型计算机技术植入巡逻车中，用于直接录入发案报告，监督人员说他们自己感受到该技术迫使其生产更多、更高质量的知识。一位监督人员说道：

> 该系统中的信息质量比过去大为改善。如果表格中有空白处，警察就要填写——尽可能填写所有空白处。即使你全部填完了，还有一处必须手工填写，所以有时仍会出现遗漏。信息质量将会受到更为严密的监督。当我进行文件监督工作时，我会检查细节，如果有不完整处，我会将其发回制作者，要求他填写完整。而如果他手工完成一份表格，我往往会更为仔细地检查。

除了管控知识生产规范，通信技术还可以发现违反程序要求的警察。除此之外，计算机知识系统还可用于跟踪、审计交通违章传票的签发情况。有一个司法管辖区设立了一个系统来监测发给警官的交通标签簿。这样是为了确保所有填写完成的传票实际发到了交通违章者手中，而不是被警察自己处理。根据交通标识审计系统的要求，警察需要使用一种特殊格式报告一切违规行为。在这种情况下对警察的指示包括："在名字下方签上上面提到的标识。不要将标识原始副本送至交通标识审计办公室。而是要将其立即送到我这里接受审查。如果你无法找到某些标识，提交一份用于审计的部门报告。"该警察组织还会将一张"优待券"签发给被警告而非被指控的交通违章者。警察需要解释决定不签发传票的原因。这一要求不仅促进对交通违章者的进一步画像，还能监控警察行使的自由裁量权。例如，在警察"优待券"的副本上有这样的提示"该券副本将会被归档，以跟踪可能非法使用外省牌照的本市居民。如果仅为该目的进行签发，需要做出解释"。

计算机技术允许创建数据匹配系统以监管警察。我们研究的一个警察组织难以监管试图为其线人争取非法双份报酬的警察。警察通过常规渠道为线人申请报酬，然后鼓励线人向犯罪终结者项目重复报告信息来换取额外报酬。线人当然不会告诉犯罪终结者项目警察已收到此信息。正如一位侦查小组监督人员告诉我们的，这种做法导致警察组织开始通过两个渠道匹配有关线人报酬方面的数据。他说：

> 我们总是保持谨慎，不会让"自己人"找我们麻烦——换句话说，我们不会让侦查人员到部门负责人那里坦白，向 178 号线人支付 100 美元，又让其到犯罪终结者项目那里报告相同信息。所以，要在我们的报告系统中加入这样一个流程，我们先会获得一个提示，于是我们取出那份报告，得到一条信息，即线人已经收到报酬，并为我们提供了线索，对照犯罪终结者项目的提示去检查信息的性质，只是为了确保侦查人员没有让其线人得到另外一大笔钱。犯罪终结者可能支付 500 美元，如果侦查人员得到信息并支付对价，线人还能从独立的系统中获得另外 500 美元。

警察滥用电子通信系统本身也会受到监控。例如，某大型城市警察组织的信息安全部门建立了（反）盗版软件小组，旨在确保组织成员都使用合法软件，都不违反《版权法》。成立该小组的原因是使用盗版软件问题在组织内蔓延，而且警察们对使用盗版软件普遍持有"无所谓"的态度。

通信技术承担监督职能的事实并不意味着它必然是僵化的。使用通信技术生产、分析数据需要创造力和创新性以及管控与约束。某城市警察组织的一个商业犯罪小组决定使用侦探而非文职文员录入常规案件侦查数据。这个决定的理由在于，数据录入帮助侦探创造性地思考证据分类及样式，有助于其取得新发现。一位小组监督人员解释说：

> 你突然收到一份欺诈性单证，上面有不同的信息……它开辟了一条全新的侦查道路。侦探知道要在这起案件中寻找什么信息。通过检查每一张输入电脑的支票信息，侦探会获得所需的、更希望得到的信息。侦探已准备好应对可能发生的特殊情况。此外，通过数据录入，他可以整理自己收集到的信息，获得与案件联系更为紧密的知识……如果侦探自己不这么做，就会因不熟悉文件内容而失去这些工作知识。

这个创造性流程在大案要案侦查中体现得更为明显，全职通信技术专家要与警察合作，伴随案件侦查各个环节制定新型分类并做出分析。新的通信程序和格式在后来对于相同案件的侦查活动中被证明是有用的。我们研究的一个警察组织具有"自动报告信息系统"，用于标示警察组织是否具有处理特定知识生产需求的计算机程序。

16.2.2 警察群体

对警察进行常规评估和分类的标准是其人力资源属性。风险画像使其成为包含多种绩效评级和职业潜力的警察组织成员。我们要在本部分考察构成警察群体的四项主要风险画像机制，即入职筛查、能力评级、工作能动性报告以及职业健康与安全监测。

想要当警察的人必须服从一些筛查技术的要求。警察候选人都会经历一个涉及若干会议和不同技术的、漫长的面试流程。某警察组织细密的筛查流程几乎深入申请人背景状况的每个方面：同事、亲戚、邻居、过去和现在的住所、军事服务、教育、声誉、忠诚度、当地警方记录、信用状况、驾驶历史以及犯罪和安全记录。该流程的"简化版"要在申请人的五位朋友和同事身上重复实施。在这种全面分类中幸存下来并继续被录用的应聘者，将被授予"可靠"的安全级别，这一级别每五年进行一次评估，或者在需要升级时进行评估。更新结果包括"增强的可靠性"和"无犯罪记录"（"秘密"、"保密"、"绝密"和"特别活动"）。

许多警察组织在入职筛查时使用测谎仪。我们研究的一个警察组织使所有新警员接受了其"折磨"（Nock，1993）。被选中的文职雇员，比如那些负责保护毒品和通信截取（窃听）资料的雇员也要接受测谎仪测试。

辅警、志愿者和临时雇员（如接受警方报酬的线人）也要受到全面筛查。我们看到，某警察组织评估正在接受培训的辅警的标准是，恰当的态度、对培训材料的理解能力、沟通能力、遵守指令的能力、工作积极性、"潜力"以及着制服和日常普通服装的表现。这与犯罪背景调查一道对辅警能否维护警察尊严进行打分。

警察会始终接受能力评级。某警察组织对其成员的能力开展常规评定，其中包括面试。此类评定关注警察作为记录保管者的整体专业知识和能力。组织想要了解，例如，成员是否有足够的（专业）、接受足够的培训以执行其工作，是否记工作笔记？

另一个警察组织保存了每位警察的"（值得注意的）大事件"，其中包括对工作（无）能力、整体职业发展方面的评估。该记录非常详细，例如，在"观察到的日期/时间"的标题下，提供了该警官的行为信息，包括"观察到的行为高于或低于预期的表现"、"监督人员的姓名和警号"以及"成员的姓名首字母缩写"等方面的信息。这些信息会被输入职业生涯风险评估的相关系统中，比如在组织中为每位警察创建的"绩效管理和发展规划"表格。

这种类型的职业风险管理记录与其他表明警察行为问题的信息系统联系在一起。例如，记录并解决公众投诉的系统（Goldsmith，1990；Landau，1994b）。来自这些系统的信息被整合到警察们的职业风险管理档案中。我们研究的一个警察组织具有记录若干警察不当行为指标的信息系统，这些指标包括车辆事故、"服务犯罪"（违反内部规章和警察法的行为）以及从警期间被赦免的刑事犯罪。涉及刑事犯罪的表格是为了记录警察的刑事犯罪，即使其他全部记录都被删除。因此，该表格中包含着这样的指示"不要复制该表格"，并要求提交该报告的人签署一份声明："据我所知，没有记录上述犯罪的文档遗留在这里（侦查人员所在小组）。"

对一些警察资格证书的评定具有强制性和连续性特征。例如，所有警察均需具备枪支使用资格，此项评定要定期开展。某警察组织具有"左轮手枪分类射击"系统，一位受访者将其描述为"这是一套自动化系统，能够选出最高得分的人与平均得分的人，并将其分解到各二级部门，由此分析出需要进行培训的内容"。

当某警察转至特别小组或执行特别行动时，通常要对其进行额外筛查或（和）培训，此时也要进行资格证书的强制检查。某警察组织对执行普通侦查任务的警察开展培训（需求）评估。鉴于此工作具有以知识储备为基础的性质（Ericson，1993），评估的 8 个方面与知识生产与通信相关也就不足为奇了，它们分别是证据评估，证据展示，与原告（受害者）、证人、嫌疑人交谈的能力，使用信息技术的能力，出庭前的准备，公共关系、警察报告质量、笔记本使用能力。另一个警察组织为执行卧底侦查的警察精心设置了筛查与培训流程，其中包括警察个人的背景档案、警察职业生涯记录、从事卧底工作的原因、卧底经验、角色扮演能力、一般的人际交往能力以及融入目标"犯罪环境"的背景，包括其对犯罪分子的说话方式以及对行话的适应能力、最适合的毒品种类以及做笔记的能力。

不管执行什么任务，警务工作都会受到常规监控。对工作时间的管控本身就是一项耗时和复杂的知识系统活动。我们研究的警察组织设有表格和信息系统，用于跟踪轮班时间以及给予每班次工作、出庭、加班的报酬以及一年的总工作时间，后者还要注意加班、违反考勤规定的行为等。

巡逻人员还要报告他们如何分配每一班次的时间。通常每月要提交一次报告，用于确定工作量，以及选出超额（没有）完成工作任务的警察（Ericson，1982）。在我们研究的一个警察组织中，巡警每月的工作量是按照以下内容的性质和数量进行校准的——响应报警电话、可视呼叫、区内呼叫、区外呼叫、签发出庭通知书、警告标识、交通标识、传票、检查令、逮捕、提起指控、进行事故调查、开展后续调查、参加社区活动、撰写报告。

各专门单位的干事也须提交类似的活动报告，报告的格式应根据被认为对有关单位重要的具体任务加以调整。虽然有些报告中的项目与巡警的那份同样详细，但其他报告则更具公开性。一个组织考虑到这样一个事实，即需要赋予侦查人员大量的自主权，他们在短期内可能基本无法给出有形结果（Ericson，1993），于是制作了一份使用公开格式的一般侦查人员活动报告。侦查人员仅需列举至多五项"侦查/任务，包括提起指控或提供嫌疑人姓名"以及"一般职责（包括参加会议、提交报告等）"。同一组织的一个跟踪预防犯罪和警察-社区关系警官活动的表格也同样被公开，尽管它的目的是检查这些警务领域的重要事项，例如警官的服装（工作制服、礼服、便装）、警务活动的对象（规模、特点）、所报道的事件性质以及新闻媒体的报道。

由于警务工作属于知识工作，因此大量报告事项与知识生产和通信技术的使用相关。某警察组织的有组织犯罪小组需要报告其使用的技术或工具，例如监控车辆、无线电、望远镜、宝丽来相机、35 毫米相机、镜头、追踪器、背包、接收器、耳机以及磁带录音机。小组成员还须报告花费在特定知识工作上的时间，包括直接监视、观看视频屏幕、进行计算机辅助检索、使用无线电、担任掩护小组成员、准备搜查令、与市政许可申请人交谈、开展街头色情犯罪监控、进行一般的询问、实施街面检查、会见线人、准备案件、撰写报告以及完成内勤工作职责。

警察组织侦查部门的行政管理小组需要报告知识工作的常规内容。日复一日，其成员根据电话、录音带、打印文档的页数、前台查询处理、所记录的信息、拨打呼机电话和履行的一般办公室职责的数量和性质来衡量他们的工作状况。

当这样的警务活动常规报告无法充分提供警察工作的详细信息时，就要开展时间动作研究。我们观察并与之座谈的一位警察对"被研究得要死"提出了抱怨。他曾参加了一次时间动作研究，每次轮班都要花两小时填写调查问卷。他说，一些警察感到沮丧，在问卷中增添了一个表明完成时间的新分类。知识工作的对象还是以往的知识，职业的逆行现实并没有对他起作用。

警察职业生涯监控和风险画像的标准还包括职业健康与安全。大型警察组织具有专门涉及警车交通事故调查与预防部门。某城市警察组织的事故预防部门的工作遵循以下命令："审查并核实所有警车交通事故、伤害赔偿、向城市理赔部门提出的诉求、协调事故上诉委员会会议、将委员会结论告知警察。调查现场人员发现的安全问题，为监督人员提供安全培训，并确保高级管理层知悉新的安全法规。"

警车事故报告比省级车辆管理部门提供的格式更为详尽。某警察组织的该份报告共有 5 页，其特别关注警察的工作习惯以及事故发生时其身体状态——是否疲劳、前 24 小时内其的工作时长、事故发生时其身着制服还是日常服饰等。事故原因核查表包含 22 个项目，其中 16 个与警察有关。

当值警察遭遇任何人身伤害时，需要编制同样详尽的报告。某警察组织的《人身伤害调查报告》用于分析导致警察受伤的原因是不安全的环境抑或不安全的行为。还有一份《揭发报告》（*Exposure Report*）用于报告因有害物质、烟雾、血液、针头、噪音或极端温度暴露而造成的伤害。成员们还要填写《省级工（伤）赔偿报告》。

除了记录自己遭遇的事故和伤害经历外，警察必须遵守健康身体的生物动力规范。对身体形态和机能的定期技术评估是（维持）警察资格的必要条件。例如，某警察组织具有"心脏健康和生活方式评估报告"（Cardiac Health and Lifestyle Appraisal Report）系统，对警察的"身体成分""有氧运动""自行车心率""跑步心率"等事项进行风险画像。未达标警察要参阅政策手册的部分内容如下。

（1）可接受的最低标准为在"心脏健康和生活方式评估报告"的5个指标中，有4个达到40%。最大氧气量指标必须超过40%以满足可接受的最低标准。在试用期结束前30天未能达到可接受的最低标准的警察将会被解雇。

（2）在任何一次评估中未能达到可接受的最低标准的非试用期警察要在6个月内再次接受测试以期达到该标准。

（3）要对在6个月的延长期内未能达到可接受的最低标准的非试用期警察提出组织警告，再给予其90天来达到可接受的最低标准。

（4）在90天延长期再次未能达到可接受的最低标准的非试用期警察会被停职与停薪，再给予其90天来达到可接受的最低标准。测验将由独立机构开展。

（5）在独立机构开展的测验中未能达到可接受的最低标准的警察会被解雇。

警察同样需要注重心理健康。因此，采用风险沟通技术来设定警察的心理健康标准。我们研究的一个警察组织为监督人员配备了一份两页的关于雇员（警察）压力的详尽指南。根据不同的"认知"、"人际关系/情感"、"工作状态中"以及"身体"指标来确定警察压力水平。"身体"指标包括"暴饮暴食"和"体型较差"等。"工作状态中"的指标主要关注的是"悲观、消极或不恰当的得意情绪的表现""笔迹潦草""陈述或报告中的错误/遗漏""冒险行为的增加""吹嘘工作成就""各种形式的过分行为"等。

大型警察组织还通过设立心理服务小组来监控与解决警察的心理健康问题，该小组由全职心理学家组成，尽管有时心理学家意欲完成的工作与警察想要参加的内容之间存在相当大的鸿沟。出现该鸿沟的原因在于，警察认为如果向心理学家咨询心理问题，那么这必然会出现在警察职业生涯记录系统之中，可能会导致负面影响。在某警察组织中，一些警察回避心理服务部门，并建立了自己的自助小组，例如匿名戒酒协会的一个分会。

16.2.3　等级制度的分布

通信技术通过监督格式和警察群体建构改变了传统的警察指挥控制结构。新的专业知识等级制度业已形成，其中包括计算机专家的地位提升。与此同时，现有的一些监督问责等级制度随之瓦解。通信技术模糊了警察与其上司之间、不同专业小组之间的劳动分工。平面等级与模糊的责任并不意味着警察个体警察自由裁量权的强化。自由裁量权受到限制，从警察个体分散到嵌入性知识系统中——监督格式和警察群体建构机制——对警察进行常规监控。

在我们研究的一个警察组织中，等级制度的平面化以及劳动分工界限的模糊化明显存在，在该警察组织中可直接将发案报告输入电脑之中。巡警、文职文员以及警察监督人员的工作相互融合，有些职位则变得多余。发案报告的计算机化使巡警变为数据文员，并淘汰了文职人员过去做的大部分工作。巡警在刚开始录入数据时就要对知识进行分类，将其输入知识系统中，对其进行评分以为之后的数据分析所用。讽刺的是，尽管计算机化存在的合理理由在于它是警察减轻办公用纸负担的工具，但实际上这增加了他们的知识工作量，因为过去是由监督人员和文职人员承担大部分职责。这个具有讽刺意味的观点也体现在巡警身上，他们集体认为"我们不应该做一些女人应该做的事情"。另一个巡警表示，警察现在就是"速记员"，而文职人员成为其"编辑"，"我们现在是速记员，我们正在完成所有的输入工作，我们要把所有信息输入电脑之中。她（文职人员）仅需在两次校对后再校对一遍，完成这些之后，将其输入信息检索系统中就完成了"。与此同时，我们采访的一位文书职员担心她的工作："我们一直都很慢——这真的是死定了。"

信息技术还"篡夺"了部分监督职能。例如，在以往的劳动分工中，巡警及其监督人员完成报告后，一位警察负责审查所有报告。然而，新型信息技术几乎使此岗位成为过去时。由于信息技术创制出新型监督格式，巡逻监督员的检查和数据评分工作量也得以缩减。

文职人员接到赋予其额外监督自由裁量权的新责任。例如，他们现在可以决定案件是否足够轻微以适用"无纸化"记录方式，还是需要进行复制并归档。他们还进一步检查巡警以及监督人员的工作，从而产生一个额外的质量控制等级。同时，监管人员承担起以前指派给文职人员的部分工作，新系统也强加给他们一些新型文书工作。例如，当计算机记录和纸质文件记录均存在时，他们经常要比较两者，评分工作也变为双份。这种情况赋予警务工作"文职化"以新含义，这是因为监督人员与巡警的工作都具有了文职化的特征。

另一个警察组织增设了对发案的电话录音，并没有将巡警派往现场。1991年，所有报案中的21%（192000起中的39917起）都由通信部门的人员处理，而没有指派巡警赶往现场。接听报案的文职人员遵守严格的监督格式要求。一位信息系统主管说："由于女士（文职人员）们是经验丰富的编辑员，她们知道提出哪类问题来确保得到适当的信息……基本上我们要做的就是完成格式要求并提问，就是要填好表格。"一位通信小组主管谈道："接听电话报案并不是新鲜事，但其规模以及处理事项（投诉）的种类均大幅增加。"他说："接听电话报案的主要原因在于……快速收集信息，将其录入国家以及CPIC系统中。若干年后，不管你何时面临资源稀缺局面，你都会发现更多的……常规类型犯罪，出现场并不会具有任何特别收益……我们应该接听诸如盗窃、破坏闯入、车辆盗窃、失踪人口之类犯罪的电话报案。没有嫌疑人。没有真实信息。出现场也得不到什么。"

该组织还建立了一套语音信箱系统，以应对接线人员不在岗的情况。这位通信主管说："你进入这个语音应答系统，得到常规答案或回答常规问题，事实上你并不是与一个真正的人交流。这样的事情，我认为，会……变得更好……你仍然会遇到有人确实处于危难状态，需要与某人交谈，以得到安慰和帮助。所以我认为我们乐于伸出援手的真心不会改变，但一些更为常规或不太重要的因素可能仍会交由技术方面进行处理。"

我们研究的一些警察组织正在考虑采用美国系统来缩小通信技术报告的虚拟现实与警察面对面接触之间的差距。某大型城市警察组织的一位信息系统主管认为，有了这个系统：

　　报警的人开始通过电话填写报告。他们要说出被盗物品等事项，警察会出现在现场。在到达现场后，他只是验证信息……我们将开始通过电话记录越来越多的信息……填写表格能满足你进行保险理赔或是得到VISA、万事达信用卡的要求。他们正在讨论用户容易接受的报案制度，受害者填写完表格后可用其向保险公司报告。

　　这些愿景不仅表明警察正日益受到通信技术监督格式的监控，还意味着通信技术本身正在化身为警察。警方通信技术的缩写形象化地展现出该虚拟现实。比如某警察组织给新型计算机知识系统起了"CONSTABLE"（警察）的绰号，意思是"实现更为优质执法的集中式在线系统"。

　　一名信息系统部门警察的设想被延伸到在警察局和购物中心拥有类似的数字银行的终端。在这些终端上将会安装与警察所使用的完全相同的软件，除了那些根据身份才能访问（无身份则不能访问）的特定信息外……这些计算机终端可以自动识别身份，或者当你填好信息，系统会全部打印出来，你将其交给文员，他签名来核实你的身份，他会写上你到过现场，且你已完成工作。

　　这些愿景进一步发展为实现警察、监督人员和文员三者身份的互换。通信技术本身成为警察的一部分，作为警方知识工作者的文职人员也要在通信技术的框架内工作。这个愿景正在变为现实，对警察组织内外等级制度的瓦解产生了重要影响。警察组织内传播的层次结构，正如所有其他组织目前也在受到通信技术和知识系统的统治一样：

　　　　通过瓦解建立在劳动分工基础上按照等级制度组建起来的超级官僚组织与管理机构，数据和信息的集中化得以完成。职能和信息的集中与去官僚主义化交织在一起……不管距离如何，官僚组织的"中间"等级……通过信息技术支持的视频显示终端直接交流结合在一起。福利国家和国家行政部门的众多任务——顾客服务、临时工服务、维修店铺的工作，可以转型为某种电子自助商店服务，即使这意味着"混乱的管理"通过电子方式直接被纳入"成熟公民"客观化的表格之中。在这种情况下，享受服务的人们无须直接与行政官员、客户顾问或类似的对象打交道，而是根据可以通过电子方式查询的程序规则选择理想的处理方案、服务或授权（Beck，1992a）。

任何知晓操作性通信规则、格式和技术的人都可以参与到它们产生的文化和社会组织中来。然而，参与者也必须意识到，通信技术不仅为特定工作的现实设定格式，还要使其成为监控系统的对象。系统监控意味着每个与通信技术连接的人都会失去自主决策权，这是因为其决定会立即为别人所知以进行监督并为随后的风险画像所归档。因此，没有人是真正的决策者。过去曾是警察的一位通信技术专家谈到了这一点："街面上的警察从来不会做出决定。他们调查一切事项，每一件可能的事情，他们调查……一切都要由上一个级别的官员处理……所以不信任感……被建构融合到该流程中……他们不能让任何人做出决定，所以只能先记录下来。"

在这样一个系统中，通信技术日益壮大的力量使等级制度和劳动分工进一步复杂化。地位和影响力从那些声称传统区分标准（如工龄、忠诚度、警衔、公共服务）的人们身上转移到展现出技术技能的人们身上。当某警察组织在 20 世纪 80 年代通过雇佣一个文职技术专家小组，取消一年内的新警招录而建立一个信息系统新部门时，就产生了劳动分工的深度分裂。做出此决定的若干年后，仍有警察向我们表达了这种敌视情绪。

信息系统小组的警务工作与街面上的小组工作已经有了一定差别，通信技术专家和街面警察之间的重大界限也得以维持。一位信息系统管理人员告诉我们："我主要是跟信息系统的成员交谈。与其他警察基本不会产生交流……在警察文化中，文职人员和警察之间确实存在区别。我认为导致警察沮丧的一件事在于他们已习惯于掌握权力。但我在这里并非必须顺从警察。我不认为他们真的喜欢那样。一个真正的举措是将那些不需要宣誓就职的警察的工作平民化。"

另一位文职通信技术专家指出，他已受聘于警察组织 19 年，但在去年以前，他从未"离开这个领域……（关于警务）。我意识到，离开那里确有广阔天地。确有警察在那里完成我们并不能经常在这里看到的日常工作。我们来这里朝九晚五的工作，用楼下的电脑处理数据，然后离开。从我过去在这里工作到现在警察的实务工作，关于他们做了什么，遇到了什么问题，我都很少有过什么思考"。

这位受访者补充说："当聘用外部通信技术专家时，我们的压力又会增加，因为我们要对在警察组织中建立的系统负责。"

我们的数据表明，通信技术正在改变警察组织内的知识、权威以及等级制度。然而，这种转变既非单向的，也非确定性的。计算机、手机、视频、无线电以及电信基础设施的物质技术并不能决定任何事情。但它们确实为感知和代表环境提供了新的技术手段，这些手段根据它们生成的特定通信格式而有所不同。然而，正是通信技术在特定文化的解释性框架以及社会组织愿景中的特殊用途产生了文化和社会方面的影响。正如贝克（1992a）所言："（微）电子学正在形成这样一个技术发展阶段，从技术层面驳斥了技术决定论的神话……计算机和控制设备都是可编程的……人们必须在水平和垂直维度上想要什么样的社会组织，以便利用电子控制和信息技术的网络可能性。"

无论是通信技术本身，还是为其提供信息的文化框架和愿景，都不作为独立于其用途的世界秩序结构而存在。世界并不是先由技术和文化支配，然后再由通信来支配的。世界是在其表达和接受的通信过程中构成的，其间，人们会使用任何可得的、认为适合工作需要的规则、格式和技术来完成这项任务。事情总是可以不同。

警方做出采用新型通信技术的决策，因其意识到文化和社会组织正在发生变化，并且意欲改变警察组织，创造警务工作的新文化。他们的决策确实产生了预期效果。在他们创建的知识系统中，难以确定谁是控制者。他们确立了新的规则体系，行为指令以及对等级制度的服从被根据效率原则而产生的更多的自我管控取而代之。与此同时，他们使组织更加透明，因为许多知识系统用户可以访问其"数据点"。尽管存在数据访问权限的等级制度，但任何具有权限的人仅需按下电脑上的"命令"键，关注显示终端上的内容就能认识到组织的各个组成部分。后区域成为前区域。前区域合并到其他组织的沟通区域中。结果便是机构的区域化。

警察组织试图利用社区警务话语，创建分散的等级制度之外的文化一致性。社区警务话语是一种联系外部环境的手段，为其准备了分散的风险机构参与的新型通信式警务。它还允许警察组织解决出现在通信规则、格式以及技术上的内部重大变化。学术文献描述了社区警务是对"职业"警务模式中存在问题（包括该模式对通信技术和职业化特性之间关系的强调）的回应（Leighton，1991：497）。据称，社区警务模式是解构职业警务模式的重要和必要手段，导致警察组织产生以下变化，比如权力结构的扁平化、管理和资源部署在时空层面上的分散等。但文献忽略了至关重要的一点，即社区警务本身使警察等级制度，甚至更为一般意义上的警务工作分散到风险社会中各个知识和权力微中心去。

16.3　存在的问题与阻力

我们对于警察系统监控的分析反映：使用通信技术得以更好地监控别人、工作效率更高的警察，同时也感觉受到他人有效的监控。这会使警察感觉不自在，也是导致通信技术专家与应用其监控技术的警察之间紧张关系的重要原因。通信技术也是警察组织内外更为广泛的冲突的基础，因为它触发了对谁在监视谁以及出于什么目的进行监视的即时反思。正如贝克（1992a：218）所预测的那样：

> 控制结构的微电子变质将会使信息流动的方向和垄断成为一个核心问题……对于职员而言，在对其感兴趣的环境之中，（组织）会变得"透明"。在某种程度上，生产的本地化变得落败，信息就会成为联系、凝聚生产小组的核心手段。获取信息的主体、内容、手段、秩序、与何人何事的关系、目的则会成为关键问题。在未来的组织争议中，不难想象到这些对信息流分配系数的权力争夺将成为冲突的重要来源。

我们已经记录下新型通信技术如何融入工作环境中，并迫使警察使用的。然而，强制推行并不意味着通信技术的应用总是直接的、成功的。警察积极地抵制一些通信技术的使用。许多使用计划由于工作环境中的特殊情况以及通信技术非人性化的效果而被搁浅。使用新型通信技术还会产生意想不到的后果，如导致工作效率更加低下。

在我们研究的某警局中，一巡逻小组负责人拒绝参与一项涉及巡警直接向计算机中输入发案报告以及创建"无纸化"文件的项目。他拒绝接受计算机培训，不允许把计算机终端安装在其办公室内。因此，他要求下属打印出"无纸化"系统上的文件来阅读、签字，并专门指派一名警察检查纸质文件是否与"无纸化"系统中的文件相一致。同警局的一位警察开始使用新型计算机系统，但感觉过于困难。他说，使用该系统比仅仅手写表格花费的时间更多，所以便拒绝使用了。

在另外一个警察组织中有诸多反映警察抵制使用计算机技术的事例。在一次骑行中，一位巡警被问到在其 20 年职业生涯中经历的最为显著的变化是什么。我们的对话如下。

巡警：技术，毫无疑问是技术。无线电和计算机系统确实让我们受益匪浅。

我们：所以我猜你常使用警方的信息管理系统？

答：好吧，说实话，在过去的 4 个月中我的登录密码出现了一些问题。

巡警：也就是说在过去的 4 个月中你无法使用该系统？

答：是的。

我们：这不会影响你的工作吗？

巡警：这倒不至于，但我必须解决这个问题。

同组织中一位信息系统主管谈道：警察的抵抗或单纯的厌恶是一个持久性的问题，但这将会通过一个技术方案得以解决。"我知道有些警察甚至两年没有登录过计算机系统，但我们安装一个新的薪资系统，现在他们必须登录该系统并输入其加班时间，我就发现居然还有超过 600 天没有登录系统的警察！我们会持续追踪他们每次登录的时间……现在我们的新系统改变了这一局面，因为我们在报告中发现任何错误之后，都会发送电子邮件消息返回到他们的邮箱中，所以他们每天都必须登录计算机系统。"

完全拒绝使用或无法使用计算机技术的情况是罕见的。更为常见的是，警察会采用一些手段巧妙地抵抗警务监督人员将其作为监控工具。例如，巡警与调度人员会一道规避记录其行踪的 CAD。巡警将合法活动的指派输入计算机系统中，然后通过无线电告知调度人员自己的行进方向。如果主管充分利用计算机系统进行监视，就会出现"掩耳盗铃"的情况。一位巡警在巡逻过程中告诉我们，警察组织使用的计算机化信息管理系统是一个麻烦，这是因为：

警察不喜欢（受到）监视。我想其他职业的员工同样如此。你不喜欢老板时刻盯着你……警察们是足智多谋的。把一点点石墨放到键盘里……将会使计算机终端彻底瘫痪。如果你的上司一直过于关心你的行踪，你可能也会这么做。假设你要去休息。你将要去休息的信息输入计算机中，但不要发送出去。这样如果你的上司是开车经过，看到你的车停在甜甜圈店，他可能会进店问你为什么没有退出系统。接下来你会说确实退出了，并将他带到警车上，为其展示仍然停留在屏幕上的信息。然后告诉他你发送了这条信息，但计算机没有接受此指令。这样的小伎俩能帮你解围。

有些系统只是部分有效，甚至最终完全无效。在没有进一步调查而结案的个案中，有六成至七成的个案采用电脑直接输入发案报告系统较为有效，而其余个案则没有进行重大跟进调查或被人提出指控。在另一个警察组织中，他们努力保障警探之间的语音无线电通信安全。一位电信专家告诉我们："当使用这样一个语音安全保障系统时，其中一件事就是你必须更换数字密钥。我们为他们提供了一个非常安全的系统，密钥必须每周更换一次。但其中一个问题是，在更换密钥时要求警员必须同时打开系统中所有的无线电设备。这对他们来说太麻烦了，所以他们并不使用这个系统。"

某警察组织为其一个巡警部门配发了一套便携式电脑系统，但很快就成了摆设。系统一经使用就有警察抱怨技术具有的负面特性。便携式电脑难以携带和使用，特别是在徒步巡逻时。许多警察不会使用电脑，甚至优秀的打字员也是如此，因此他们不愿在与原告（报警人）交谈时使用电脑以免尴尬。警察们难以适应呈现在电脑屏幕上的报告格式，尽管技术人员尽量使其与警察们习惯使用的纸质（打印出的）格式保持一致，但抱怨的声音并没有终止。

另一个警察组织拒绝引进便携式电脑系统来直接录入发案报告。警察们确信实施过程中会出现过多的上述问题，毕竟技术是非人性化的。

我们发现警察们普遍担忧使用某些技术所产生的非人性化效果。例如，巡警们认为巡逻车上的 CAD 系统终端及其使用的通信格式过于机械化，与机器没什么两样。某警察组织的一位记录系统主管抱怨道："这些 CAD 系统终端……你在早上 3 点坐在车里，只能跟这个终端说说话……不再有人工调度……全部都是以机器为导向的。"同一组织的规划小组调查了警察对 CAD 系统的感受，发现"警察们基本上都是孤独的。他们已习惯于接受无线电调度，现在只需在巡逻车上安装一个寻呼机，计算机会告诉你要做些什么，警察们逐渐变得沮丧……所以他们（规划人员）在一定程度上改变了调度方法，允许更多的无线电通信调度……只是想更具人文关怀"。一位警察组织通信小组的受访人员指出，CAD 系统的机械化效果影响警务工作的质量。屏幕中的内容就是事实，该事实之外的观察是失真的，"我会使用'以终端为导向'的术语来形容这种情况，换句话说，警察全神贯注于计算机中的内容，因而停止观察。他不再观察周围发生了什么，如果没有出现在机器中就是没有发生，因为他没有看到。他眼中只有计算机"。

存在"拟像"状态（Baudrillard, 1983），许多警察习惯于屏幕上"不真实"但熟悉的世界，而不是"真实"但不太熟悉的人和现实世界。正如电视观众通过熟悉的电视方式认识外部世界一样（Altheide and Snow, 1991），警察也通过现实世界外的计算机终端，以熟悉的格式来了解他所监控的区域。

某警察组织在巡逻车中安装电脑以直接录入发案报告的理由是，警察无须返回办公室完成报告，这就意味着可以在街面上停留更长时间。然而，许多警察偏好在办公室内使用计算机终端编写报告，据办公室的工作人员称，这实际上比以往花费更多时间。具有讽刺意味的是，新型技术还使警察更少地出现在公众面前，导致警民距离进一步拉大。

警民关系不可避免地受到计算机技术的影响。一位经验丰富的信息技术专家直言不讳地说道："计算机终端没有'人情味'。"人并不意味着什么。只是群体的组成部分。此外，许多警察，就像电视观众一样，显然更喜欢坐在熟悉的屏幕前处理本应进行面对面交流的事，因为这样日常的压力会减轻许多。我们研究的某警察组织很难招募到校园警察。当校园警察职位出现空缺时，警队中成百上千人中通常只有两到三个申请者。至少可能有一些警察倾向于接受计算机辅助调试系统终端的监控，也不愿意每天被一大群人近距离盯着。

一方面，当新型信息系统运作起来时，与市场上也在不断更新迭代的新系统相比，就会逐渐显得效率低下。另一方面，一旦人们习惯了一项技术后，就不愿做出改变，即使它已经不是目前最佳的技术了。这一原因在于员工更倾向使用熟悉的技术、格式以及规则，且组织内外许多系统用户已经掌握了如何通过现有的信息系统安排处理好他们与技术之间的日常关系

（Powell, 1991）。

在大型警察组织中，内部对于首选信息系统的不同造成了效率低下的局面。我们研究的一个警察组织在两个不同部门同时研发了两种价格昂贵但并不兼容的计算机报告系统。在另一个警察组织里，汽车盗窃小组的计算机系统与主信息管理系统之间的不兼容意味着全部汽车盗窃数据必须输入两次。

计算机系统无法确保人们能更迅速地获得信息。在一个警察组织中，采用了新的计算机技术，以便于警察直接录入发案报告，但新系统中的信息仍必须被传输到现有的计算机化信息检索系统中，才能供其他警察参考。这一过程意味着，与以前基于分类账的系统相比，案件基本信息实际上需要更长的时间才能送到其他警察手上。

警察以及其他警方员工将信息管理效率低下归结于为众多外部风险机构的用户提供服务而带来的不可避免的结果。外部机构风险管理系统更高效率的代价便是警方信息系统的效率低下。正如一位警方记录小组负责人所言，计算机技术提升了为其他机构提供服务的规模，"你不得不面面俱到，提供卡片制作与查询服务，苦苦搜寻一些难以查到的东西……总会有新的细节信息出现在电脑上，所以你必须坐在那里，输入全部内容……这使得外部机构的工作更有效率，但输入工作对我们来说负担更重了。"

16.4 更多的文书负担

计算机技术在诸多方面增加而非减轻文书工作负担，这是其效率最为低下的体现。通信技术推动生产更多知识的方式必然导致文案工作量的增加。如此生产的新知识通常对警察是有用的，对警察提供服务的各种风险机构而言更是如此，但也有很多知识价值不高或存在疑问。然而，警察组织的文案工作负担加重，官僚色彩更为明显（Adler et al., 1991）。

某警局行政主管指出，尽管警务工作一直是知识工作，但其中的通信流程发生了显著变化。计算机技术的运用并不意味着与印刷文化的割裂，事实恰恰相反。尽管计算机通信的生成、传输以及储存是通过电子介质完成以创建"无纸化"文件的，但实际上其促进了印刷通信数量的增加，他说：

我们总是需要获得信息。我们以此实现自身职能，生存下来。但是……随着计算机的出现，许多过去的口语词汇现在变成书面词汇或终端词汇……我们在街面上工作。当我还是个在街面上执勤的警察时，会收到无线电呼叫，我也会通过这一途径做出回应。如果在轮班前巡逻一圈，会得到一定数量的信息。如今，全部信息都在计算机终端里，你可以登录系统并检索信息。无论你到哪里都可使用终端。因此会得到更多的信息。

一个引进了直接录入发案报告计算机系统的警察组织发现，警察们很快就开始设想该技术的新用途。报告流程的计算机化处理并非技术决定论的体现，而是一种创造性的手段，它引发了关于如何对世界进行分类的新探索。参与引进该技术的一位警方管理人士认为："技术的发展永无止境。当你研发某项技术的同时就会产生新的想法……（警察们已经变得）非常渴望和热情……处理电子数据，不感兴趣的人甚至都购买了电脑当作圣诞礼物。"

探索出的新分类扩大了知识工作的规模，进而增加了文案工作的负担。菜单驱动的计算机程序的特征之一在于可以很容易地添加新分类，而无须改变整个表格。当发现新的分类需求时，只需对计算机程序进行细微改动便可立即满足这些需求。使用直接输入发案报告的新型计算机系统的警察开始意识到其带来的额外工作，偶尔会故意将其进行错误归类以减少工作量。例如他们有时把涉案人员归入"其他"类别，尽管将其归入"嫌疑人"类别更为合适。如果归入后者，他们需要输入额外的大量信息。这种做法证实了额外的知识工作确实源于计算机技术的使用。工作上的刻意规避只能在很低的程度上减轻新增的负担。

计算机报告系统的格式也促进了更多知识的产出。他们为每个类别设置了相对应的"选择列表"，这就迫使警察必须在每起案件中做出选择。我们观察并采访的警察发现了该特征是如何扩大其知识生产规模的。这位警察说："我们现在基本上要把详细情况输入系统中，由于终端的设置，一些字段是必须填写的，我们现在得到的——我们确定能得到的——也许是 6 个月前的信息，或者在我们使用该系统前无须担心可以获取的信息。"

我们以前分析了通信技术如何形成全新的分类计划或制作"山寨"表格以满足当地知识管理的需要。一位曾帮助研发计算机直接报告系统的计算机专家指出，该系统加大了警察的工作量，并使组织内的信息过载更为严重。他说，警察中间普遍流行的观点就是："我们喜欢这个系统，预计将100万份新表格添加进去。"

由该系统带来的额外知识生产也与基本信息能够被轻松下载并用到其他的表格上相关。一位警察描述了该系统如何运用已经输入主发案报告中的信息来制作CPIC要求的表格的，"你在过去要拿到一份CPIC的表格，坐下来填好。现在表格就在计算机系统中，打印出来就完成了。不管你需不需要它"。另一位同事补充道："（在过去），你可能会多次绕过这一步，因为能够节省时间，你会说，'嗯，他仅仅是一个商店扒手，所以我不会将其填到CPIC的表格中，'但是如果机器为你准备好表格，那么为什么不用呢？只需花一两分钟填写信息，然后就可以把它发送出去了。"

这种提升子表（衍生表格）数量的能力反过来使警察产生期待，即他们在准备案件材料的过程中可以例行制作这种表格。该技术最初的有趣性和便利性迅速成为上司的期望以及系统监控的组成部分。一位资深信息系统警察发现：

> 通过自动化……你可以获得手动永远找不到的东西。所以现在出现了这些期望……警方管理层期望得到更多的答案以及更快地得到答案……在手动系统中，管理层知道，如果骑行到一个遥远的警察局并询问一些信息，花上几周得到一个答案是不合理的…所以根本就不会去问……他们现在习惯及时得到一个答案，如果他们今天早上问了个问题，很自然地就会认为应该在下午之前就能得到答案。

警察们始终在具有风险性的——充满不确定性和可能性的——环境中工作，强制性地进行知识生产，因为他们秉持一个信念，知识会给他们更大力量来减少风险。他们可以预见直接输入发案报告的计算机系统会带来更多的监视，其目的在于收集关于人们生活中一切可能有用的细节。在某个使用新型直接输入式报告系统的警察组织中，一位犯罪分析小组警察清晰地表达了警察在这方面的敏感性："我们拥有一个正在建设的巨大的电子文件系统，如果你知道足够的要素，你会从中得到全部信息……我们不会扔掉任何电子信息。说不定某些信息将来就会有用。"

另一个警察组织引进的直接输入式报告系统收集了更多可能在将来发挥作用的细节信息。在骑行过程中,我们发现巡警会定期提交街面检查报告,他们总是说,由于新型计算机系统使这一流程变得更加容易,报告的数量已经急剧增加。例如,有一次一名巡警看到一个男人躺在路边车旁的雪堆里。尽管他确认这个人处于有意识的状态下,能够照顾自己,但他仍然决定提交街面检查报告。巡警主管表示,在采用新型计算机系统之前,这份报告不会被归档,但是,报告的便利性使提交报告具有价值,因为警察们相信可能对未来的知识工作有所帮助,他说:

> 好吧,我们也可能会在某时发现那家伙死了——变成一具尸体。所以他(巡警)不怕麻烦地进行了一次街面检查,将该人的头发颜色、姓名、被发现的地点等情况填写到报告中……如果我们哪天真的发现了他的尸体,我们可以去现场核查,看其是否与新型信息系统中的身高、体重、外貌等描述相对应……因此也便于我们得知其近亲的相关线索并找到他们。如果仅有纸质报告系统,这个巡警恐怕不会这么做。正因为他能使用这项技术,才完成了这个报告。

警察们还利用技术制定新型监控分类。例如,他们增添了关于原告(报案人)头发的颜色、身高和体重等细节内容的描述性信息。主要原因在于这些信息有助于更为详细地掌握报案人的情况。今天的报案人可能成为明天的嫌疑人,任何有助于跟踪和识别人员的信息都值得他们记录下来。

受访的警察主管们也会怀疑这些信息对侦查活动的价值,但他们也表明这些信息确实具有某些潜在作用。一位主管称,添加新型监控分类的便捷性造就了此类信息的生产,"信息数量有所上升,比如对报案人的描述等,警察以前是不会记录这些信息的,他们确实也不用这么做,但现在很方便"。另一位主管认为,此类信息的生产模式是一种有用的设定,能督促警察做出完整报告,"如果能确立这种报告输入模式,警察们就能习惯性地将其用在嫌疑人身上"。一位设计新型计算机报告系统的信息系统专家指出,他很理解那些对生产的知识做出创新性补充的警察们,因为他也做了相同的事情。他说:"我添加了一个'使用化名的嫌疑人'分类。那不是真正有用的信息,但我们还是将其放在系统中……当时我碰巧看到还有可以编写的条目,于是我把这条分类放了进去，看上去也挺好的。"

通信技术和信息系统的安全问题带来的额外知识工作又扩展了专业知识范围。大型警察组织已经设立了（保护）电子和数据安全的特殊部门。在某些情况下，他们还要维护数据系统副本的安全。一位数据分析师说，他不信任所在警察组织的主数据系统的安全性，因此制作了一个系统副本作为备份。

出于安全感的需求，人们迫切需要打印出计算机化知识的纸质副本，而非继续以无纸化表格的形式将其保留下来。接受我们访谈的一位警察说，他们会打印出报告的副本作为"保险"。一位刑事情报部门的资深警察将其称为"丢失毯子综合征"，"你已经使用纸质文件工作了 20 年，现在有人说以后不这么做了，人们经历了……一段停止使用纸质文件的时间……现在还是要打印出文件副本……警察们想要阅读它。所以人们对实现'无纸化'办公存在天然的抗拒，需要时间来解决。"工作于信息系统部门的一位警察主管总结道："技术不会解决所有问题。警察们仍然需要看到并触摸信息。这会产生大量的硬拷贝。安全感源于熟悉感，这一代警察更适应纸质格式而非电子格式。由于纸质文件依照单线性和时间顺序排列，因此更容易被检索，给警察们带来一种秩序感。"

警察组织内部的原因也会增加纸张的使用量。虽然某案件可以通过直接输入计算机中进行报告，并以无纸化方式保存，但随后要求对文件归档，警察们就不会再使用无纸化系统了。例如，一位使用计算机直接输入式发案报告系统的警察说，一旦对警察组织中的其他部门提出要求时，纸质文件系统就有必要了。他提到在最近的一个案件中，他向身份认证部门提出了一项常规请求，对方反馈的一份纸质表格写着"查无此人"。因为如果想要得到关于该案件的纸质文件，他必须要打开一个新文件夹，还要把曾经采用无纸化形式的发案报告打印出来归档。

我们的一个警察组织引进了计算机直接输入式发案报告系统，但仍然会对全部要案和需要跟进侦查的案件保存两份完整的纸质文件。一份文件由侦查人员保管，另一份文件被保存在办公室中供警察主管随时查阅。设计该系统是为了满足警察主管的需要，使其获得关于案件进展的信息以提出问责要求，对案件跟进监督，如果侦查人员那份文件中缺失某些信息，这份文件可充当安全备份。保管整理该系统中的报告大约占用一名警察 20% 的工作时间。警察对其工作量产生了抱怨，因此他们建议警察只负责保管文件中的特定信息，而将办公室作为文件的主要存储地。但是这个建议没有被采纳，因为这与警察保管可能有用的全部信息的要求背道而驰，意味着警察主管而非侦查人员才是真正需要全部相关知识的人，这样做的目的其实是满足主管的问责需求。一名抱怨这个双份文件系统的警察指出，其与旨在培养无纸化办公环境的计算机直接输入式发案报告系统共存具有讽刺意味，"我要花很长时间使用影印机为自己制作文件副本！这个警察组织好像离不开办公用纸。肯定有人享有麦克米兰·布洛伊德尔（MacMillan Bloedel）公司的股份"。

衡量侦查工作的标准一直是案件知识的生产规模（Mann and Lee，1979；Ericson，1993）。侦查工作的判断标准不仅在于案件结果，还在于知识生产的过程。一位警方信息系统专家告诉我们，一叠厚厚的文件表明，在未结案的情况下案件工作也已经完成了，"很多警察不喜欢无纸化办公。过去用一大堆纸来证明你完成的所有工作，随着无纸化办公时代的到来，对工作的要求看起来就好像减少了。因为在过去用纸的厚度就代表工作的复杂度"。

另外一个专门从事信息系统和表格管理的警察表示："尽管警方的大型信息系统机构（比如他的工作单位）做出了努力，但计算机技术未能减轻办公用纸负担……办公用纸负担表现为对纸张的使用和处理。需要将纸张放入计算机，它才能打印出东西。与手工填写相比，使用计算机技术差不多要付出同样的辛苦，如果打字水平不高，则要付出更多的努力。谈何优势？"

其他受访者持相同观点，他们用事实来例证此观点，纸质文件存储容量的增加与新型通信技术的出现保持一致。某大型警察组织中记录部门负责人说，当现有文件存储容量达到极限时，减轻办公用纸负担的唯一有效办法才会出现。他自豪地指出，"由于需要给今年的文件腾出空间，他们最近对旧文件进行了清理"。

警察知识生产中更为差异化的劳动分工并没有使巡警从文书工作负担中解脱出来。我们研究的一个警察组织研制了一个投诉反馈系统，警方可以处理更多通过电话或直接到警局当面提出的投诉。虽然希望警察从投诉中脱身出来完成更多诸如犯罪工作之类的"真正的警察工作"，但实际效果是，警察现在要花费更多的时间来准备优质报告。一位警局管理人士声称，"主要效果是报告质量有所提升……（报告）中有了更多细节的内容和信息"。

　　警方与外部风险机构之间复杂的劳动分工同样未能减轻警察的文案负担。随着将知识提供给外部机构，警察感受到这些机构研发、使用新型通信技术带来的影响。某警察组织的一位信息系统主管说，外部机构的技术创新是其自身技术工作和无法避免的文书工作负担背后的主要推动力：

> 　　对服务的需求与日俱增……我们的用户群体掌握了越来越多的计算机知识，发现了技术越来越多的用途。这就是不断增长的信息需求……我们便捷、快速地提供信息的能力同样也要增强。我们永远落后于需求，因为满足需求需要时间。我们这里总是人手不够。我们永远无法满足提出的全部要求，我工作过的其他信息系统部门也是如此。

　　在警务工作中，知识需求者被"强行推着走"的感觉无处不在。这种感觉源于这样一个事实：相对于外部机构的风险知识需求来说，警察始终处于被动反应者的地位。这也反映了另外一个事实，即警察不仅被卷入了严丝合缝的系统监视网中，而且还是其组成部分。这个系统由通信规则、格式和技术组成，是真正的自治警察部队。

总结与结论

本章我们不再对研究文献和数据进行深入分析，而是对我们的研究成果进行简要总结并得出结论。为使读者从整体上把握本部分内容，我们不再使用副标题，也不会出现文献索引。如果读者认为这种写法过于晦涩而无法理解，可以参见前面章节中的详细内容。

在前述章节中，我们认为，从风险的角度来看，警察工作是最容易被理解的。我们已经通过关于警察如何在风险沟通系统中被组织起来的实证研究来支持这一说法。这项研究首次为警务活动中的行政管理机构的重大研究提供了基础和依据。它特别关注警察组织的监督管理层以及在这些层级上运行的通信系统。这些层级和系统规模大、范围广，对警务活动的运作至关重要，因为它们协调了与外部机构进行风险沟通的中央监管任务。这些层级和系统非常重要，但奇怪的是，其他研究人员却忽略了它们。

在回应外部机构对风险知识的需求时，警方会受到这些机构的通信系统的制约。所有机构都有一套通信系统——规则、格式和技术——来应对不确定性。这些系统被深深地嵌入机构的实践之中，代表机构本身和机构的所作所为。事实上，机构化本身就是一个设计抵抗风险的通信系统的过程，通过该系统来提高确定性并影响日常决策。机构化的抗风险沟通系统构成了当代社会的基础，是提供社会生活的治理基础。

当代新自由主义市场的存在取决于关于领土、担保物、职业、身份和组织的制度化的风险管理的可能性。警方通过回应机构对风险知识的需求，提高其存在的可能性。他们通过其他机构提供的分类来确定事件和人群，这些机构希望根据自己的风险管理需求来统计人员。

风险社会的特点在于不断地精心设计通信规则以管控知识的交流与使用

方式。在这种背景下，警方受到越来越多来自外部机构施加的压力，他们需要在以规则为中心的管理框架下生产并传播更多的知识。例如，刑法规定了披露证据的情形和标准，信息法中关于隐私和访问信息的规定也是如此。与此同时，由于需要对公众负责，他们不断地精细化内部通信规则系统。这些规则用以方便其他机构了解警察知识、将警察知识商业化以对外出售、规范内部知识的生产和传播。这些规则使警察组织在使用其知识资产时显得更加名正言顺。

《刑事诉讼法》体现了通信规则的外部起源，这部法律阐述了如何为法院提供合法的风险知识。刑事诉讼规则深深融入警方表格之中，支配着警察的思考和行为方式。《刑法》第 28 章包含 50 多张表格，这些表格的目的是使警察行为具有程序正当性。为了满足表格中所要求的程序正当性，警察相应地形成了自己的行为方式，并由此证明其符合法律要求。

关于酒驾的程序法也说明了这一问题。酒驾是一个特别具有争议的法律问题，因此其程序性规则变得越来越复杂，这些规则都体现在报告表格中。搜查令、呼气测验报告以及调查指南和酒精损伤报告中极为详细的血液样本分类，所有这些风险技术的使用，都旨在确保警方办案的真实性。

加拿大最高法院在斯廷奇库姆案的裁决中，提供了另一个例证。为了做出判决，法官要求披露更为详尽的辩护人信息，这就需要警察向检察官做出新的报告。我们深入研究了其中的一个警察组织，发现这种规则对其内部通信规则系统以及所需的工作知识水平产生了深远影响。警方精心设计了一组新的通信规则，然后以设计严密的报告格式将其落实。这些规则对警方行动具有很大影响，例如逮捕和指控的时间的改变、对身份可能在法庭上被暴露的线人的处理方式等。

斯廷奇库姆案判决产生的效果也反映了外部规则的变化对警察自己的通信规则系统的改变。我们发现，例如，该案所要求的规则、格式和知识需求影响了 UCR 中的分类程序，同时也影响了警察组织自己的分类程序。

各种信息自由立法也渗透到了警察通信规则系统中。警察已经建立了若干大型专业单位来处理信息自由方面的事务，这些单位制定了新的内部信息披露规则，并使其适应外部机构的需要。如此精心设计的规则必然会导致作为例外的新型规则的出现。例如，一项规则禁止非正式地从其他机构获取知识，而某警察组织制定了另一份正式规则，用以规避这一正式规则以及在事后证明这种做法是正当的。通信规则的用途在于集中地将警方收集的知识透露给外部机构，并监管其过程。这些规则将警方的全部知识按照共同确定的术语进行定义，使其具有统一性和权威性，规范知识获取与传播的渠道，将知识作为一种可以互换或出售给外部机构的商品资源。

我们对于外部通信规则如何影响警方行动的分析并不意味着我们认为这些规则对警察的行为产生直接影响。相反，新型外部通信规则会受到警方内部精心设计的规则的调节，无论是内部规则还是外部规则，都受到警察用以报告自身行动的分类表格的调节。因此，通信规则具有多项功能。它们展现出理性的形象，表明警方确实是在一个交流系统中被组织起来的。这种理性形象大致确定了如何归责，并可以用来开脱针对警察行为所致风险的责任。警察已经开始实施审查工作用以监督特定类型的事件（如高速追缉）以及监督警方通信系统（如那些与标准和信息安全相关的系统），从而及早预防可能招致义务与责任的事实的发生。如此一来，这类审查和监督工作的安排也会影响到警察责任的承担方式。

通信规则为管理层行动提供了沟通框架。它们解决了通信系统的需求，即知识内容、沟通对象以及沟通形式。关于警方的通信内容，一份政策手册详尽地反映了这部分内容，该手册尤其在管理和行政层面上对沟通内容提供了一种既具有前瞻性又具有追溯性的合理化说明。我们发现，警方并不认为外部规则（如信息自由法）以及受其影响的政策手册具有限制性。相反，它们推动了警察知识系统的建设，促进了机构间更为广泛的系统监控，因此受到了警方的欢迎。

通信规则还为一线警察行动提供沟通框架。一线警察的决定并非主要受到当地职业亚文化中盛行的非正式规则的控制，而是按照报告格式中的通信规则建构起来的。除非法律和行政法规成为警方通信系统及其规则、格式和技术的一部分，否则无效。

记录警察的工作场景的风险沟通格式塑造了他们的思维模式，警察通过这种格式在报告中记录他们的行动。通过报告构建、确认和沟通的知识取决于所使用的格式，因此其总是次于格式。警察可以运用格式提供的手段提前预设行动情况，能够让他们在行动时条件反射地快速采取行动，并规范其所采取的行动。

通信规则的激增代表了警察行为合法化的程度，通信格式快速发展同样也是警察科学化的一种表现。当前，警察的部署方式与社会科学研究人员类似。他们有广泛的封闭式、系统化的观察报告以及编码指令。这些通信格式具有双重目的：一是实现警察工作的确定性和封闭性；二是向外部机构提供必要的风险知识。

风险沟通格式并不独立于警察和其他机构，而是参与他们的建设和变革。通过他们建立的标准，机构参与者可以理解风险并确定其首选的行动方案。其他的行为方式要么被认为不切实际，要么根本无法被看到。因此，通信格式是机构选择并定义风险的关键因素。了解一个机构就是要掌握它运用通信格式来选择并定义风险的方式，正是这些方式维持和稳定了机构的存在。通信格式将不同的机构连接起来，并使风险能够作为现实一直存在。通信格式协调意识与社会存在，界定与风险相关的客观现实。它们按照风险人口类别、人与人之间的相关性、密切程度、交往目的等标准构建社会关系。通信格式基于个人掌握的关于他人的知识、通过比较对象所创建的知识，创造出将谁包括在内以及将谁排除在外的制度环境。

警方精心编制了各种各样的通信格式，旨在满足外部机构以及自身机构的风险管理需求。这种编排是通过对报告格式进行不断的精心设计和改进优化来实现的。表格管理具有持续性，因为设定的通信格式总是需要调整和改变，外部机构的风险知识需求也总是处于不断变化之中。此外，在分类过程中，警察还要关注影响警察资源的重大政治事件。警方的效率悖论一方面需要通信格式戏剧化地表现风险（危险），另一方面还要体现警方在风险管理（概率计算）中的高效。

相当一部分警察资源被用于回溯性地对表格进行风险管理。该任务之所以必要，是因为它是唯一能保证用于记录风险知识的交流表格是正确的。我们记录了警方严厉打击"山寨"表格的一次活动，这些表格由警察制作并用于当地实践，但并未得到官方许可。在禁止随意制定通信格式的年代，只有符合中央机构的风险标准的表格才会被接受。为满足监控系统要求，警务活动的发展趋势是对风险分类进行更严格、固定的选择。对警务活动叙述内容的控制甚至发展到将案件内容的字数限定在 229 个字符以内，限制抽象性、解释性语言的使用，并尝试使用将书面记录转换为封闭格式的扫描仪技术。

精心设计的监督系统支持尝试偏离程序或需要叙述性监管的格式。警察培训就是一个学习如何将遇到的事件填到相关表格及其通信格式中的过程。这一过程是持续的，因为警察遇到的人类行为千奇百怪，可能的解释也层出不穷，并且格式也在不断变化以适应机构提出的新要求与情境的新需要。因此，警察主管的主要职能在于编辑事件报告，浏览事实内容以发现并纠正即使采用封闭格式仍然会出现的解释漏洞。他们由一个又一个表格支持：某些表格"跟踪"其他表格（的处理）来确保它们的内容正确、可接受适当审查、确保其处于安全状态等。同时，他们还得到电子通信技术这样的基础设施的支持，进一步提升了其监控系统的整体监控水平。

通信技术已经促使风险沟通系统转型，并从根本上改变了社会组织。计算机技术允许书面内容快速传播这一事实导致不同机构员工之间的时空界限被打破。脱离传统领域与社交空间束缚的机构员工在固定的微中心内开展工作，例如车内计算机终端、家庭办公室以及组织的"卫星"办公室等。在这些场所内工作的员工为机构间的通信系统做出了贡献。除了计算机格式和电信基础设施设置的界限外，这些通信系统不存在任何界限。机构管辖范围的界限是模糊的，组织等级也被重新设计。

与此同时，计算机技术的监测能力允许进行"远程控制"。管理者可以使用远程终端访问、审查以及改变知识生产。此外，通信规则可以被嵌入通信格式之内以降低其复杂程度并按照管理需要进行高效的知识生产。其结果是系统监控的出现，其能够同时生产并审查知识（内容）。

计算机技术的这些特性在警察组织内体现得很明显。例如，巡逻车内的计算机终端允许直接、高效地生产关于人口和事件的知识。计算机在警方通信系统中的中心地位，加上为满足监控需求而进行表格化处理的方式，意味着警察不得不使用它们。按照系统本身的数据预期，计算机使知识的生产完整、有效、可靠。

计算机技术促进了为风险管理而进行的人口监控。某些目的仅对警察组织内部而言。例如，巡逻车内的计算机终端提升了联系卡监控的使用水平，允许警察跟踪更多出现在不恰当位置的人。某些目的则是对警察组织外部而言。例如，警方的计算机格式要与外部机构兼容，旨在提升与这些机构开展的风险沟通效率。通过"分配处理"的方式，即通过提取主报告中的数据，采用电子手段编制关于特定内容的子报告，外部机构的需求也能得到满足。

键盘上的每次敲击也记录下警察知识生产的数量和质量，从而将其锻炼成为有用的工作人员，无须直接监督他们。在登记其观察到的人员以及事件时，该警察也会将观察时间、地点、环境等情况记录下来。因此计算机技术能够自动开展警察群体的常规分析，在生命权力条件下来建构他们的工作活动、工作能力以及职业健康等信息。巡逻车内的计算机终端是一项永远不会结束的时间与动态研究。要按照人力资源能力对警察进行常规性测评与分类。这种风险画像将警察作为警察队伍中的一员，并用精心设定的评级与职业潜力指标对他们进行评价。

计算机技术也允许对无须进一步调查的小案件采用无纸化报告的形式，从而减轻文书工作负担，提高工作效率。这丰富了职业文化，巡逻车内相互分开的警察们可以交流笑话、八卦以及琐事而无须担心被外人窃听。警察们能够将即时反馈传送给通信系统的设计人员，促进其技术升级以及提升他们在技术变革过程中的参与感和能动性。

与此同时，将计算机技术引入警察队伍也遇到了问题。长期来看，计算机技术和它们所代表的通信系统总会过时。而新技术需要很长时间才能得到应用，待其能被应用时，可能又有了可以取代它们的更好的技术。此外，警察们通常会不愿意应用新技术，因为这意味着会出现一个新型通信系统，而警察们更熟悉在现有技术下的通信规则和格式。此外，警察组织的内部和外部的其他众多用户已经掌握了在现有技术条件下进行常规通信的内容，采用新的技术意味着他们必须重新适应。

有些警察对计算机技术持完全的抵触态度。有些警察反对创新，只是因为他们不熟悉新技术的性能并且担心这会影响对自己工作能力的评估。另外一些警察尝试使用新型计算机技术，但发现仍不会使用，因此反对新技术。例如在采用手提电脑对公众进行采访时，警察更加担心自己显得不堪其任，因为对公众而言，用两个指头打字看起来效率并不高。至于巡逻车内的计算机终端，其机械化创造出了一种非人类的感觉。使用计算机后，警察能够看得更加清楚明白，知识生产更加高效，也由此产生了一种被看穿一切的感觉，从而进一步强化了这种非人类的感觉。这种感觉导致了他们对计算机化知识的传播和使用的抵制与冲突。

对于警察而言，最为根本的问题在于他们使用计算机高效生产知识的大部分工作都源于（几乎）无法控制的外部机构的需要，这也是产生非人类感觉和抵触情绪的另一个原因。尽管通信技术提高了知识生产的效率，但是文书工作负担依然沉重，这是因为外部机构需要越来越多的知识。除了这些机构特有的问责要求和风险管理需求之外，知识需求增加的原因还在于计算机技术提供知识的能力有所提高。计算机技术使警察能够进行新型分类，轻松改变通信格式以满足其需要。它允许为特定用户从主报告中提取子报告，以满足其需求。从简化知识生产和分配的角度看，计算机技术迅速扩大了知识生产规模。

外部需要更多的知识，而计算机便于生产知识，这就迫使警方生产更多的内部知识，以备将来派上用场。这项技术最初看起来很有趣，很方便，但很快就变成了管理者和警察自己的期望。该技术成为系统监控的一部分，并能自我控制。此外，鉴于强大的印刷文化（print culture）主导了警察组织以及刑事法院等一些主要机构——即使在没有必要时，这些机构仍倾向于提供报告的纸质副本。因为纸质文件意味着安全。由于纸质文件是按照时间顺序被线性排列的，因此更容易被理解，这反过来又营造了一种秩序感。计算机化并不意味着脱离印刷文化，恰恰相反，它强化了这种文化。

计算机技术给警务工作带来的最为本质的变化在于其营造了一种新型通信环境，传统的指挥控制系统因此得以转型。警察、文员、专业小组、监督人员之间的劳动分工变得不那么明确，监督问责的等级制度也变得模糊不清。在一个警察管辖区域内，警察需要将新发案件报告直接输入计算机系统，这意味着警察要完成以前分配给文员和监督人员的数据录入工作，监督人员要完成以前分配给文员的报告校对工作，除了检查监督人员的工作外，大部分文员没有必要继续留在警察队伍中。新型计算机系统让巡警及其监督人员更加了解普通大众。

在另外的辖区内，研发计算机技术的目的在于让公众直接参与报告过程。例如，公民可利用语音信箱和远程计算机终端系统直接提出投诉，无须派一名警察完成此工作。设计这些电子自助服务项目是因为警方确信无须面对面接触，报告格式本身就是获取相关风险知识所必需的。

由于警察组织聘用了民用计算机技术专家，传统的指挥控制结构变得更加模糊。这些专家拥有抽象知识与业务技能，这与基于工龄、忠诚度、警衔和公共服务的传统等级制度划分相冲突。计算机技术专家创造了通信系统架构，使得编写报告的警察变得多余，或者迫使他们采用高度限制性格式来编写报告。

劳动分工的模糊以及组织等级制度的重构意味着没有一个人是决策者。决策制定出现在通信格式内部，这些通信格式在系统级别上有自己的自主性和真实性。因此，劳动分工的模糊与等级制度的变更并没有强化基层警察的自由裁量权。相反，自由裁量权受到限制，被分散到对公民与警察进行常规监控的通信系统之中。

虽然计算机技术具有决定作用，但也不是绝对的。它们被用于特定的文化解释框架和社会组织愿景中，其效果总是与这些框架和愿景相关。它们被用于建构社会组织特定的横向维度和纵向维度，同时也在这些维度上受到抵制。例如，我们了解到有些警察组织并不急于追求电信兼容性，因为他们担心这会导致彼此的自主权遭到破坏。这个世界的秩序并不是首先由技术、然后是文化、最后是通信构建起来的。这个世界是在表达和接受的通信过程中被构建起来的，任何适宜完成此项工作的规则、格式和技术都可以用来完成此任务。事情总会有所不同。

警察采用计算机技术意图改变他们的文化与社会组织。他们创建的知识系统使人很难确定谁是控制者。这些系统根据效率原则进行自我监管。它们也使警察组织在承担不同职能的成员面前变得越来越透明，这些成员能够完全看到系统的数据点、命令键以及显示终端。

至少为了风险沟通，警方后区将变为前区，而前区被整合进入其他组织的通信区中。这导致了机构区域化的出现。通信技术将警务结构和任务分散到风险社会中的若干知识权力微中心内。通信管制正是其结果。

我们分析了通信系统是如何构建警务活动管理机构的，这对我们应该如何看待警察具有重要的影响。我们的研究范式在动员工作、知识工作核心、可见性、刑事执法的作用、合规执法的作用、提供的安全类型、社区警务的基础七个关键领域改变了现有对警察的研究。

人们几乎都是在以下两个层面想起警方动员的：一是公民个人的服务请求（被动型）；二是"多疑"警察的个人干预（主动型）。然而，在每一次警察与公民的接触中，都隐含着对风险知识生产的制度动员。只有符合外部机构的风险知识需求的这类事物，才能被动员成为警务工作的一部分。正是这些外部机构的通信系统，包括监管制度、知识格式和电子基础设施，控制着警方动员。

除了满足外部机构风险知识需求的个体动员之外，警方还要调用自己的通信系统实施领土监控与保护。这些通信系统实际上是用来管辖领土与社区的。他们运用警车上的电子基础设施——计算机终端、地图系统、摄像机、无线语音系统、静物摄像机等——追踪领土以及居住在该领土上的人。通信系统形成关于空间基础设施的专业知识并提供建议。作为警务活动中建筑式样与使用符号的代表，通信系统在环境设计方面起作用，正常行事的人们会感到惬意，反之则感到难受。警方还使用各种检验设备和手段来跟踪进入管辖范围之内的人员的安全状况，例如联系卡监控、特别活动安保登记、商业安全审查、住宅安全审查、特殊财产分析、挨家挨户调查等。当人们处于移动状态时，车辆登记和驾驶证用来追踪所有权、保险以及身份，从而保证警方能够履行其义务，抵御遭受损失的风险。

总的来说，人们所看到的集中在购物中心和娱乐中心等私人安全环境中的检验设备，在更广阔的城市中的应用更为广泛。对人口类别的关注、人员在领土上的精确移动情况、无处不在的监控设备以及美观的设计，使得强制变成嵌入式，并与其他手段相协作，经过了巧妙的设计，因此人们根本感觉不到被强制。

警方还参与私人财产转移和领土保护。利用社区警务这一媒介，警察鼓励私人安保人员开发自己的电子监控设施、配备专业检查设备。警方的鼓励工作形式多样，包括警方对私有财产的安全检查、犯罪趋势数据的生成以及其他给社区带来恐惧感的恐怖故事。

我们发现警方在这方面制订大量计划。守望项目鼓励组织和个人监控自身风险，为警方提供相关的风险知识。指导守望项目参与人确定观察对象所采用的形式，就形成了相关的风险知识。安全风险检查项目包括信心之盾安全保护项目。通过该项目，警察、开发商、保险公司以及承包商制定可接受的关于家用安全设备的标准。PCCOPS中的自动电话报警系统动员位于特定区域的人们开展监控与防卫措施，从而使警察从更为直接地参与活动中抽身。PCCOPS这样的例子表明警察的主要任务是提醒人们定期关注自己的安全需求。警方还为私人电子安全系统提供专家服务和风险监控，与私营部门合作推销商品化的私人安全产品。

这些关于动员的观察表明，警方知识工作的中心与现有研究所呈现的有所不同，后者认为知识生产主要与警察组织内部需求相关。我们已经揭示出相当多的知识需求来源于外部，许多知识需求看似来源于内部，实际上与监管和问责的外部来源相关。外部来源包括对警务活动程序正当性的法律要求、正式的公民投诉机制、新型公共问题（比如呼吁报告家庭暴力）、当地社区活动（如社区警务）等。这些外部知识需求与警方通信系统为满足这些外部知识需求而进行的调整，两者之间存在永恒的辩证关系，所有这些都会影响警方的动员模式。

现有的研究还集中在警方从个体和组织那里获取知识以满足其调查需求所采用的那些方式，因为这一调查总是由于隐私制度的存在而遭受挫折。但这些研究并没有同时关注到外部机构如何定期从警方那里获取有用的知识，以加强自身的风险管理系统。在这方面，警方的知识属于风险（知识）专家系统，与内部工作（几乎）没有直接关系。在许多情况下，警方只有通过与其他机构相关的风险分类才能了解人员与事件的情况。警察没有机会按照其他方式进行分类，也不能提供一份叙述材料，或做出其他的解释。事件千变万化的外在表现会被提炼出来以满足外部机构的风险管理需求。大笔一挥，事件的多样性就被消除了，这加快了警方录入数据的速度，以及运用该数据展开风险分析的速度。

警方的知识工作在通信系统内得以完成，个人或其他二级单位几乎不能对其进行控制。此外，这些系统旨在让对警务工作感兴趣的机构受众具有高度可见性。研究文献夸大了警务工作的低可见性。它暗示了警方采用大量隐蔽的、巧妙的设备使其他机构无法获取自己的知识，从而为其工作预留自由裁量空间。该类研究关注的是警察如何逃避监督，这导致其忽视了一件事情，即通信规则、格式以及技术使得警察对监督管理人员和外部机构具有更高的可见性，警方经常为这些外部机构提供相关知识。

我们的研究同时也对刑法在警务活动中的地位予以重构。刑法只是要求警方提供风险知识的诸多法律制度之一。与其他风险制度类似，刑法是围绕自身特有的知识需求和系统监控需要而建构起来的。对犯罪活动的了解是出于若干目的，刑事起诉和判决仅仅是其中的一个。而生成犯罪和犯罪性知识是为了其他感兴趣的机构，特别是与保险、卫生、教育和福利相关的机构。警方过度生产关于犯罪和罪犯的"以防万一"类的知识也是常见现象，这种坚持不懈的监视只是让警方自己感觉一切尽在掌控之中。

刑法要被迫遵守"风险法则"，这个法则塑造了风险社会中的所有法律分支和制度。这些风险法则被嵌入在刑法参与的通信系统中，正是这些系统主导了刑事司法的运作。刑法是精算司法系统监控的一部分。

犯罪风险管理取代了对犯罪控制的重视。作为一个以知识为主要协调机制的系统，刑事司法系统使嫌疑人成为满足风险管理目的所需知识的对象。该司法系统不再关注惩罚效率，而是关注对可疑群体管理有用的知识的有效生产和传播。在可行的情况下，知识比强制手段更可取，尽管有时必须使用强制手段获取知识。

刑事诉讼法提供了必要的强制手段来满足系统的知识需求。我们发现，为了风险管理的需要，监控系统获取知识的权利取代了犯罪嫌疑人的正当程序权利。为了使精算司法手段整齐划一、精准有效，刑法中的一些基本原则，包括建立刑法的道德、程序以及层级的基础都开始让步于这一目的，从而受到损害。集体合意这一规范由于安全需要而被取代。基于道德的威慑和惩戒不复存在，而代之以无选择和排斥。刑法变得以合规为导向，为风险社会中各种机构内零散的风险、监控和安全目标服务。

研究文献将警察基于合规的执法活动描述为不援引刑事程序的非正式决策。通过给予潜在罪犯、未成年罪犯第二次机会或将其转移至其他表面上比刑事司法机构更为温和的机构，这两类罪犯会变得更加顺从。然而，我们的研究表明，在警方通信系统的助力之下，合规的执法活动更为普遍，因此它是一种更具有根本性的存在方式。构成警方风险沟通系统的诸多规则、格式和技术由外部机构的知识需求形成，而这些机构是基于合规的监管模式运作的。警方与保险业之间的关系就是一个恰当的例子。警方为保险风险管理系统提供知识，这些系统希望客户遵守规则以维持适当的安全和自我监管标准。这些标准以合同要求为支撑，声称如果未能满足这些标准，保险索赔将被否定，保单可能被取消。刑事执法主要是为了保证保险机构自身的完整与安全，例如在起诉欺诈性索赔方面。

为了满足其他机构基于合规的执法需要而生产知识，对于这一点的强调表明"安全"与现有研究中普遍存在的"安全"概念不同。大多数研究警察的学者将安全定义为从领土角度保护人身财产。然而，警方还要处理针对担保物、职业和身份的域外形式的安全问题。在这些安全问题中，警察所处理的问题比其表面上所需要处理的问题多得多。他们需要处理信任和风险这些抽象系统中的问题，而这些问题的处理需要不受地域限制的复杂的监控机制。这是一种跨越时间和空间的制度边界，其努力使人们各就其位，不得越界。而信任和可接受的风险的不可把握性，以及二者之间危险的平衡关系，意味着需要持续不断地探索更多更好的知识。

　　诸如金融票据、证书和凭证这类有价证券能够证明信用、所有权、身份和成就。它们以承诺履行义务的形式提供担保，并保证避免任何可能发生的损失、损害或违约。这些证书背后是机构的支持，以保证其履行义务，兑现担保。由此建立起来的信任促进了陌生人之间的沟通交流和行动自由，他们除了在机构的风险知识系统中的身份之外本无交集。同时，不信任也是组织机构的基础，比如信托关系就具有将风险最小化和分担风险的功能。

　　机构间如何通过担保契据建立信任，提高效率，警察在其中扮演重要角色。他们的主要任务是机构间的知识协调、风险画像和开展审计工作以验证证券数据、产品和市场的完整性。而这需要不断地挪用并重新分配从其他机构获得的证券符号，以及与这些符号相关的风险标准。这项工作常常是无形的，需要警察在没有明确边界的机构网络之间工作。除了预先安装证券风险知识系统并作为机构间协调的中心之外，警察还需要巩固与证券相关的机构义务和担保。警察通过维护登记系统（如被盗艺术品和车辆）的正常运转、金融工具验证服务（例如假币和空头支票）和金融市场审计服务（如股票市场风险分析）来帮助维护公众对市场的信心。

　　警方还帮助其他机构为其成员进行职业画像。在警务工作最为平凡的事项中——报告事故、发放联系卡、开展就业筛查等——警察会记录人们的重大成就和失败、资历和过失、日常活动和意外事故。

　　例如，警察可以提供关于可保风险的知识，从而促使保险业突破地域障碍，针对不同阶层的人群及其各自的保险事业单独制定规则。保险的世界不仅和相应的物理空间对应，还与面临危险、伤害、保费和赔偿的人群的抽象分类有关。在保险机构内工作的警察也不再强调领土监控。例如，在交通管理和财产保护方面，其监控就具有高度的选择性，并尽可能不进行监控。其工作重点是遵循保险逻辑的内在规则，帮助保险公司记录和保险相关的个人受害和事故经历。这些帮助还包括，允许保险公司调查人员定期查阅警方报告和文件，将警方案件移交到保险公司以便在其以合规为基础的执法机制内进行替代司法，以及当保险机构自身完整性受到威胁时开展联合调查。

　　警察也会通过证书对个人职业生涯进行管理。证书赋予人们合法做某事的权利，换句话说，这是一种社会赋予的自信，认为某人有资格完成某项特定任务。比如不同车型的驾照、营业执照、荣誉奖状还有学历证明。警察要验证证书的真实性，审查人们对于成就以及获得某角色或职能的权利的描述的真实性。也就是说，警察帮助其他机构确保证书的确能够证明个体的职业生涯。同样地，证书也可用于跟踪某些人群，并对他们超出该证书管辖范围的活动进行监管。例如，驾照可用于各种身份识别，市政营业执照可用于追踪商业失信行为和从业人员流动情况，帮助建立相应的风险分析系统。

警方还为进行人口管理的特定机构提供与职业生涯相关的知识。例如，他们会提供各种关于人口健康的知识服务。警方管理众多药（毒）品监管机构，定期向其他机构比如加拿大卫生与福利部等部门报告案例。警方还要处理与心理健康相关的事件，通常要将病人及其报告转送当地医院。他们在人身伤害事故中也会采取类似的措施，每次将事故受害者送进抢救室后都要向医院信息系统提供相关信息。警方建立了大规模的失踪人员登记库，有助于尽可能减少失踪人口数量。与之类似的还有死亡人员登记库。某警察组织不仅依据惯例处理死亡事件，还为死者近亲提供丧亲服务。

对于刑事司法系统的重点关注人群，警察负有持续监控并更新其职业生涯的首要任务。警方所保留的犯罪记录会使这些人失去正常的就业机会，只能从事边缘化的工作。警方通过联系卡监控系统、与有组织犯罪的共生关系来组织管理犯罪记录。警察通过诸如测谎、指纹、催眠、DNA测试等方法预防和发现犯罪，他们也通过维护犯罪赦免记录系统使某些人脱离具有犯罪历史的身份。

警方还在刑事司法系统中建立了一套与犯罪记录相对应的知识系统来记录受害者的信息。刑事司法系统建立受害者援助小组以管理受害者参与的活动。受害者援助取决于特定的标准，因此建立一套特殊知识系统是为了选择有资格的受害者。援助形式为向受害者提供关于如何处理保险问题以及与本案相关的其他机构的知识。该小组还会提供一项出庭陪伴服务，在结案前确保作为"人形证据"的受害者的安全。

线人也是警方的宝贵财产。他们首先要接受警方详细的风险画像，以确定线人工作的基本适应能力。当警方考虑使用线人完成特定工作时，例如评估线人充当警察（设定警察圈套）或参与犯罪终结者之类的项目的能力时，也需要进行风险画像。当需要对线人实施特殊保护以及线人申请退出该职业时，其他风险画像就会发挥作用。

　　警察同时也参与与机构相关的身份建构。通过对各种表格中身份信息（年龄、种族、性别、民族等）选项的例行检查，这些信息在各种场合中会产生不同的筛选过程，警察将赋予人们各种不同的机构身份。这一工作无须创造性的劳动，警察仅仅需要将一个人身份的特定部分找出来以满足当前的工作需要即可。

　　警方只能在外部机构所提供的身份范畴内工作，并根据这些机构所确定的标准区分不同的身份。因此，警方注定会使用这些机构的身份区分表格，同时也将这些机构由身份区分所形成的任何偏见和歧视带入自己的工作中。因此警察的偏见和歧视不仅源于警察职业文化，还源于外部机构的知识系统，因为警察不得不依靠这些系统思考和采取行动。反过来，这些知识系统又是按照更为广泛的区别文化建构起来的。

　　机构创造了各种身份，是身份的来源。机构基于道德标准对身份进行分类，表现出社会结构中主流观点所认可的不同地位。机构也能够确认身份，因为人们将自己与风险的机构类别以及这些类别所创造的不同需求联系在一起，由此创造了独特的身份。在为其他机构确定与风险相关的身份特征数据时，警察帮助它们确定哪些身份受到欢迎，能够获得"居住允许"或者"居民身份"，而哪些会因为不受欢迎而被驱逐。

　　警察通过对身份事实的例行调查，实现对象征性边界（symbolic border）的管控，以明确谁是、谁又不是我们中的一员，并将被允许留在这些象征性边界内的人们分配到所属的位置，以使他们对合理和高效的制度生活的扰乱降至最低程度。身份类别只能通过这种边界管理而存在。而定义这一机构群体的，不是机构所包含的文化要素，而是边界。通过强调差异，身份警务才得以精算，将社会不平等的类别搞清楚。

　　为了说明警察参与的机构身份建设活动，我们看看他们是如何管控青少年工作的。警方过分关注青少年这一风险类别的原因有很多。其中一个原因是，青少年相比成年人更容易成为人际犯罪的受害者。他们还实施了更多的犯罪行为，其中一些若由成年人实施则为合法。青少年被妖魔化为一种符号性威胁，人们对其形成思维定式并做出反应，至于原因，与其说是他们的行为具有危害性，不如说是老年人具有的"令人尊敬的"恐惧感。基于所有这些原因，警方投入相当多的资源以管控青少年身份的边界。

　　警方对青少年的过分关注并不意味着会对他们进行更多的定罪，反而出现了去犯罪化的趋势。通常存在对青少年不当行为及其形成的风险的跨机构的社会反应：通过联系卡监控青少年行为、管理校警项目、参与刑事案件转出等。警方在所有此类活动中的基本任务是与其他更为直接地处理青少年犯罪问题的机构进行沟通以控制风险。

除了那些直接处理青少年犯罪问题的机构，警察也在机构之间的空白地带开展工作，借以维护青少年的社会边界。通过对校警项目的分析，我们发现警察同时扮演安保人员、风险教育者、线人系统运作主体、（安全）顾问等多重角色。他们还会动员学校工作人员和学生担负起这些职责。警方通过这些校警项目以及与其他机构间的联系对挑选出的少数人进行监控措施的强化。在我们研究的一个警巡区内，14～16 岁的高风险青少年需要参加一项由警方、学校、家庭以及卫生福利机构合作开展的为期两年的强化监控项目。未达到项目要求的青少年会失去获得免于受到惯犯项目监管的权利，这一项目赋予监管者系统监管的权利：只要对少数几个危险的青少年的监管是必要的，能够将他们控制在指定的位置上，机构之间就会充分地交流一切信息。警方派出 10 名警察参与此项目，他们的工作是挑选城市中风险指数最高的 100 名青少年，以"麻烦制造者"榜单来更为明确地界定青少年的制度边界。

同时，我们也对警察参与的种族、民族管控工作进行了研究。受其他机构的启发，警察运用民族和种族分类方法来研究冲突，并进行风险画像。这些分类出现在各种案情报告中，有时还被绘入冲突制造者种族分布的计算机地图系统中。警察多元文化单位对那些属于"其他"类别的群体（也就是"白色"人种之外的群体）遇到或造成的纷争采取强化监控措施。多元文化单位也广泛参与到机构间的合作网络中来，以便更好地理解不同的种族和民族群体，并使这些群体意识到警察代表的是谁。同时，通过针对不同种族和民族的演讲和教育项目，警方也清晰地表明了自己的立场。这些项目体现了用警察来象征加拿大人的悠久传统。

我们的研究范式改变现有研究的最后一个领域是社区警务。社区警务是一种捕捉和阐明风险社会警务的话语。这种话语与通信系统交织在一起，后者为警察如何思考、感受、表达、写作、设计建筑、动员等提供了环境。社区警务也是通信式警务。警方和"公共信息"之间具有越来越多的双向沟通渠道，将社区网络变成一个通信网络。正如一位受访者所言，社区警务就像围绕社会机构旋转的卫星一样，成为知识流动的媒介和活动的推动力量。其采用多种方式来实现这些职能，例如根据事件报告提供例行的风险分析、出售安全技术和项目、运行犯罪终结者项目和PCCOPS项目、代表以合规为导向的机构开展检查和监管工作以及"解决其他诸多问题"等。

同时，社区警务话语还能在其所身处的物质形态和社会实践活动中创造出一种文化连贯性。它认为社区综合体现了风险沟通中的各类制度方法，并由此构建起风险机构社区以管控社区生活。这一构建使得新的风险沟通形式既是可见的，也是可能的。其可见性有助于警方应对其自身的通信规则、格式和技术发生的重大变化，以及这些变化所带来的角色模糊、指挥层级分散等问题。

在通信式警务中，由于警方努力按照计算机所规定的要求来定义社区，传统社区中人际关系和直接行动不复存在。这项工作颇为困难，因为社区整体不可避免地被分裂成多个、差异化的群体，由此形成多种警务形式。这揭示了风险管理工作如何分裂成多个利益群体这一事实：与代表特殊利益的守望项目合作开展公共场所警务；与企业实体合作开展私营证券警务；与机构中的证书主义者合作开展生命历程警务；与制度化边界的维护者合作开展身份警务。

通信式警务同时也意味着治理责任向分散的、具有自我治理工具的风险机构的转移。警方"解决问题"通常也意味着对其他机构所处理的但警方认为公正合理的事件结果的认可。我们发现，随着社区警务的实施，社区作为具有确定场所的人际交流网络中心的功能以及充满责任心的警务代理人对事件进行快速反应的传统消失了。

总而言之，我们的结论可以帮助研究人员采用新型研究方式探索警务活动中的七个关键领域。警务活动不仅是对个体生活的干预，还是对不同机构的风险知识需求做出的回应。其结果是，警务活动的开展场所是由外部机构塑造的通信系统——规则、格式和技术。通过这些通信系统，外部机构能够依照惯例访问对自身风险管理有用的警方知识。这种例行访问使得警务工作具有高度可见性，并且限制了个别警察的自由裁量权。在通过风险沟通系统进行自我组织时，刑法与其他制度并没有什么不同。警方生产的大多数与犯罪相关的知识由此被其他机构（如卫生、保险、福利和教育机构）所共享，以满足其对风险管理的需求，而非用于刑事起诉和惩罚。尽管警方具有相当大的强制力来生产风险知识，但其主要是将这类知识提供给其他机构的风险沟通系统，这些机构依据以合规为基础的执法模式开展监管活动。合规警务不仅通过领土监控来实现，还通过非领土层面的担保物、职业、身份风险等抽象知识来实现。社区警务正是以具备风险社会中警务的上述各方面元素而出现的。它解释了这样一个事实：我们的社区以风险沟通为基础，而风险沟通并不具备超越制度化风险分类的任何地域或身份含义。

除了改变人们对于警察的看法外，我们的研究还为社会学做出了一些贡献。由于本研究与组织和机构社会学相关，因此它为组织沟通提供了新视角。组织和机构由风险沟通系统构成，该系统将它们包围在内部和外部期待的复杂网络之中。每个组织的内部通信规则、格式和技术在机构内和机构间与其他组织的通信规则、格式和技术交织在一起。这种复杂状况的结果就是每个人都不断地感觉自己失去对事物的掌控。该组织曾经就像一个无所不能的主宰。人们老是感觉自己获取不了足够的知识，人们不断地反思，认为系统性的错误总是可以通过更好的通信规则、格式和技术来弥补，这些想法就造成了不安全的感觉在局部地区蔓延。警察机构加剧了不安全感四处蔓延的局势，因为警察机构和大量的组织机构往来密切，这些组织机构也备受知识安全性不足的困扰，它们将这种困扰转变成要求警局提供更多更好的知识。

在关于职业和专业的社会学关系中，我们已经展示了专业岗位和工作环境是如何在风险知识统治下的社会中逐步发生转变的。从事风险管控职业的人们，拥有一些专属的抽象知识，指导其怎样去解决特定的风险；拥有一些独一无二的能力，为风险管理提供专业化服务。风险管控职业使得风险变得清晰可见。每个风险管控职业都在由风险抽象知识划定的专业系统范围内。每个风险管控职业（包括警察在内）之所以能够成功，不仅是依靠着专业系统自身的优势，还在于每个职业内部的特殊知识和特殊才能。专业系统内部的每个风险管控职业都尝试着采取不同策略来获得新的法理性，这些策略包括抽象知识的生产、竞争、管控、官方化和相互合作，但是这些努力也意味着风险管控职业变得不那么稳定，甚至会被别的专业同化并失去自身的法理性。

在专业系统之中，专业的风险管控知识必须深刻印在通信规则、格式和技术中。结果就是专业工作往往是在系统层面完成的，而不是个人层面。我们在警察的例子中发现"专业"按照字面意思就是"文书工作"。此外，抽象的风险管控职业和机构降低了从业人员的技巧性，以至于从业人员都对工作感到疏离。从业人员常常不知道他们生产的知识会去向何方，更不必说其他专业的人士是如何使用这些知识的了。随着计算机技术的发展，这种疏离感也变得越来越缺少人情味。在"确定数据政策"时，整个工作日人们都在维护数据库、增加数据库中的数据并且为了其他用户搜索数据库中的数据。虽然专业人士明白没有这样的通信系统，他们就没有办法生活，但是他们在与通信系统的共存中也面临着持续的困难。数据永远都是难以捉摸的，因为风险知识工作的界限一直都在改变，没有限制，也没有地域性。

上述的观察也为我们的研究指明了道路，我们的研究可以更好地为科学社会学做出贡献。我们审查了技术实践应用的内容，以及技术对于工作完成度的影响。通信技术普遍存在于社会结构和工作单位中，是从业人员的想法和行动过程中必不可少的一部分。尤其是通信技术在各个不同的地方都增加了具体风险沟通工作的产量，也使得风险沟通工作能够变得广为人知。及时的、分散的风险沟通重新构建了工作单位的等级制度、人员职责和工作关系。风险沟通加快了工作单位的去中心化，将工作单位分割成许多个不同的部分。也正是因为风险沟通，一种工作中的政治智慧就产生了——谁来规范这些风险知识。

我们的研究同时也采用了一些传统的方法，并且在传统的方法上更进一步，以解决偏差和控制的社会学难题。我们的贡献是否定了将偏差和控制的社会学仅仅看作秩序问题的狭窄观点。我们认为社会的组织结构并不看重偏差、控制和秩序，而是看重风险、监管和安全。

风险沟通系统将越轨的道德话语转化为概率演算的功利道德。这些体系更多的是根据前者内在的理性参照体系来构成群体，而不是根据外在的越轨道德问题来构成群体。人们被按照功利主义的标准进行了彻底的分类——稳定与否、聪明与否、强壮与否、高效与否、有用与否等——创造了一个风险职业轨迹的"传递社会"。在道德败坏的摧残下，越轨行为被视为正常的意外事件。也就是说，偏差被视为一种偶发事件，由风险技术来分散损失并防止其复发。越轨行为成为一个需要行政解决的技术问题，而不是一个表达集体情感和道德团结的场合，这被降级为大众媒体道德剧，通过它，人们记住了与其他机构的价值观越来越不一致的价值观。

风险沟通系统需要监管。监管提供的知识可以帮助人们选择用什么标准来界定可以接受的风险，并判断什么风险属于此类，什么风险不属于此类。像警局等监管机构先把相关的知识存储到风险沟通系统中，之后这些知识会被分发到对其感兴趣的机构中。强制性的管控让位于潜在的分类措施。风险知识比道德约束和惩罚更为重要。"无辜的人越来越少"，因为风险沟通系统表明人们是有罪的。我们总是假定世人皆有罪，每个被怀疑的人都要在风险沟通系统中接受特殊的审查。

风险沟通系统的崛起标志着人们与道德、程序、等级制度和领土保护等秩序渐行渐远。结果就是社会变得更加安全，这种安全就是每个社会机构在特定的风险和逻辑框架下解决风险。治外法权的通信技术帮助人们解决了对安全、视野和身份认知的关切，也就解决了安全问题。人们不再受到感知秩序的束缚，而是受到通信规则、格式和技术的控制。通信规则、格式和技术将人们在时空上联系在一起，为人们的行动提供及时的信息支持。警察的表象世界和警察机构在其他组织里的表象世界一起发生了变化。警察也好，警察机构也好，都通过当地设定的通信系统团结在一起，同时他们也作为风险和安全专业系统的一员可以在系统内部的各个地方来回移动。警察将具体事件中的人物、事项、过程和事态转化为话语，即知识、风险和安全的话语，并据此安排警务活动。

除了为组织、机构、职业、专业、科技、偏差和控制提供新的洞见，我们也提供了新的思考社会的方式。我们所有人都生活在这样一个社会：控制社会的机构通过生产和传播风险知识来组织自己。这些机构通过风险沟通系统来组织行动，预测并解决危险因素。风险沟通系统具有代表性的框架和技术，为风险社会提供了机构性的基础。

这些机构导致风险社会中存在大量的相同元素。风险社会在负面的逻辑中运转，关注恐惧和"负面因素"的社会性散发，而不是关注进步和"正面因素"的社会性散发。集体性的恐惧和预感奠定了不安全社会的价值体系的基础，传递了不安全的感觉，激发了人们对更多风险知识的需要。风险知识就是用理性的手段来管控非理性的因素。生活之所以可以继续，就是因为风险管控技术减少了人们对于恐惧的预期。

风险社会加速前进靠的就是监管，靠的就是制造常态的人口知识以满足管理者的需要。监管提供了一种生物力量，一种对人类进行画像的力量。监管将人们限制在机构建立的准则之中——风险总是存在于不确切的、连续的一个又一个准则中。这些准则永远无法用数据来体现。这些准则从机构间的风险政治学中衍生出来。这种风险政治学讨论将人口进行分类的可行法则、制定分类的通信格式、思忖格式的内在知识逻辑。监管是系统化的，为监管者本身和其他机构提供当前状况和当前状况所带来的结果。监管推动官僚体系的形成，帮助官僚体系建立权威，便于官僚们开展远程治理。

风险社会监管体系需要隐私权和信任感的支持。人们看到对危险的预测，感到恐惧，就会想方设法地从公共活动中抽身，这时，隐私权的价值就越来越大，人们的生活方式也会变得越来越私密。隐私权越来越重要，那么就越来越需要监管机制生产更多的知识，帮助人们相信机构中的一切。这些监管机制却自相矛盾，侵犯隐私权，持续地提醒人们信任早已缺失。然而只有在信任框架下，风险才能够被机构化，并且被作为决策的基础。隐私权、新人、监管和风险管理一同为行动提供可能性。

监控也与分裂相关。根据身份所做的画像越具有风险性，人们就愈发感受到彼此的孤立、分裂和撕扯，从而与其他身份的人分离开来。唯一的团结之处就在于对具有共同利益的特殊需要的管理。统治是私密化的，被分散在多个机构和空间中，这种统治基于能够把事物从更宽泛的社会背景和事物总和中提取出来的工具主义，这种工具主义还可以把事物作为分散的利益群体来处理。

分裂表明风险社会中存在不平等现象。风险知识领域就是这样。经济条件较好的人群有能力购买风险监管技术来满足自身需求，并抵御风险，而对于这些风险的出现，他们本身也难辞其咎。同时，他们还可以获取相关机构的支持来解决风险，申请政府在此方面的管控。经济条件较差的人群被大众媒体妖魔化，遭受制度化偏见以及风险监管技术的选择性歧视。根据定义，风险管控技术创造出了技术结构中的不平等。它们将人们整合到风险社会的制度化阶层结构之中。阶层建构的标准是共同具有某一特定的制度化特性，而非分享共同利益的群体。

不平等的风险知识结构将由其创造出来的阶层承担起自我治理的责任。生命权力的完美状态就是自治，即让人们接受制度化分类形成的社会身份，并根据这种被接受的社会身份开展自我风险管理。许多相互联系的话语都为接受自我管理打下了基础，比如道德话语、权力话语、责任话语和职责话语。

风险话语虽然是以功利主义的话语表达出来的，但具有深刻的道德属性。可接受风险的规范或标准总是同时具有事实属性和道德属性。它意味着典型的或者通常的规范，但同时也是一种伦理规范。风险分类将道德确定性和合法性融入它们自动生成的事实之中。人们将风险事实评估视为规范性义务，并据此采取行动。

权力话语为风险话语中的道德功利性法理奠定了基础。通过去中心化，政治被分解到各种不同的风险机构中，风险话语的规模由此不断扩大。权力话语提供了可能的行为准则，这些准则根植于权力的法律规则中。它构成了差异政治的一部分，无论其是否提供安全措施，在道德上都排斥这种风险分类。

在自我管理的状态下，每个人都要为自己的所作所为向整体负责，其中就包括自己为自己和他人创造的风险负责。一个人要自给自足，通过现有的制度化风险分类创建自己的政治经济。一个人对个人履历进行风险管理，以充分利用人生的制度意义。其结果不是个人自治，而是出于实际目的在制度中构建个人身份。虽然个人责任可以在个人一级得到培养，但是要在机构一级加以管理。

在风险机构之间的系统沟通层面，存在着不同形式的自治。虽然在这一层面上对责任和问责制的要求也很高，但由于风险沟通系统的繁杂和庞大，这些要求总是难以实现。对风险的了解越多，需求就越大，对风险的管理和监管也就越多。风险沟通系统暴露了理性中丑陋的一面。有关风险知识问题的解决方案是在技术术语中寻求的，这些术语本身就是问题的生产者。

风险社会面临的最大风险并不是它完全相信自己，从而成为一个封闭的系统。相反，它可能会把太多的事情留给分散的、仅通过风险沟通途径连接起来的治理机构。在一个给定的机构内，个人必须要么接受该机构的风险管理系统，要么不接受该机构提供的服务。在风险社会中，个人必须在机构之间做出风险选择，以照顾自己。人们的信念是，不同的机构将以某种方式照顾每个个体，其结果是不可知论的自由主义。

参考文献

Abbott, A. 1988. *The System of Professions: An Essay on the Division of Expert Labor.* Chicago: University of Chicago Press

Adler, M., et al. 1991. 'The Sociology of Social Security,' in M. Adler et al., eds., *The Sociology of Social Security,* 1–14. Edinburgh: Edinburgh University Press

Altheide, D. 1985. *Media Power.* Beverly Hills: Sage

– 1993. 'Electronic Media and State Control: The Case of Azscam.' *Sociological Quarterly* 34: 53–69

– 1995. *An Ecology of Communication: Cultural Formats of Control.* New York: Aldine de Gruyter

Altheide, D., and R. Snow. 1991. *Media Worlds in the Postjournalism Era.* New York: Aldine de Gruyter

Andrew, D. 1989. *Philanthropy and Police: London Charity in the Eighteenth Century.* Princeton: Princeton University Press

Archer, M. 1988. *Culture and Agency: The Place of Culture in Social Theory.* Cambridge: Cambridge University Press

Baldwin, J. 1993. *Preparing the Record of Taped Interviews.* Research Study Number 2. Royal Commission on Criminal Justice. London: HMSO

Balkin, J. 1992. 'What Is Postmodern Constitutionalism?' *Michigan Law Review* 90: 1966–90

Barry, A., T. Osborne, and N. Rose, eds. 1996. *Foucault and Political Reason: Liberalism, Neo-Liberalism and Rationalities of Government.* London: University College London Press

Baudrillard, J. 1983. *Simulations.* New York: Semiotext[e]

Bauman, Z. 1992a. 'Life-World and Expertise: Social Production of Dependency,' in N. Stehr and R. Ericson, eds., *The Culture and Power of Knowledge: Inquiries into Contemporary Societies,* 81–106. Berlin and New York: Walter de Gruyter

– 1992b. 'Soil, Blood and Identity.' *Sociological Review* 40: 675–701

Bay, C. 1981. *Strategies of Political Emancipation*. Notre Dame: University of Notre Dame Press

Bayley, D. 1988. 'Community Policing: A Report from the Devil's Advocate,' in J. Greene and S. Mastrofski, eds., *Community Policing: Rhetoric or Reality*, 225–37. New York: Praeger

Beattie, J. 1986. *Crime and the Courts in England 1660–1800*. Princeton: Princeton University Press

Beck, U. 1992a. *Risk Society: Toward a New Modernity*. London: Sage

– 1992b. 'Modern Society as Risk Society,' in N. Stehr and R. Ericson, eds., *The Culture and Power of Knowledge: Inquiries into Contemporary Societies*, 199–214. Berlin and New York: Walter de Gruyter

Beck, U., A. Giddens, and S. Lash. 1994. *Reflexive Modernization: Politics, Tradition and Aesthetics in the Modern Social Order*. Cambridge: Polity Press

Becker, H. 1963. *Outsiders: Studies in the Sociology of Deviance*. New York: Free Press

Becker, T. 1974. 'The Place of Private Police in Society: An Area of Research for the Social Sciences.' *Social Problems* 21: 438–53

Bell, D. 1985. 'Gutenberg and the Computer.' *Encounter* (May): 15–20

Bennet, T. 1993. 'Community Policing in Britain,' in D. Dölling and T. Feltes, eds., *Community Policing: Comparative Aspects of Community-Oriented Police Work*, 127-43. Holzkirchen, Germany: Felix-Verlag

Benson, D. 1993. 'The Police and Information Technology,' in G. Button, ed., *Technology in Working Order: Studies in Work, Interaction and Technology*, 81–97. London: Routledge

Bercal, T. 1970. 'Calls for Police Assistance.' *American Behavioral Scientist* 13: 681–91

Best, J. 1990. *Threatened Children*. Chicago: University of Chicago Press

Bittner, E. 1967. 'Police Discretion in Emergency Apprehension of Mentally Ill Persons.' *Social Problems* 14: 278–92

– 1970. *The Functions of the Police in Modern Society*. Rockville, Md.: National Institute of Mental Health

Black, D. 1968. 'Police Encounters and Social Organization: An Observational Study.' PhD thesis, University of Michigan

– 1976. *The Behavior of Law*. New York: Academic Press

– 1980. *Manners and Customs of the Police*. New York: Academic Press

Boas, M., and S. Chain. 1976. *Big Mac: The Unauthorized Story of McDonald's*. New York: New American Library

Bohm, R. 1984. 'The Politics of Law and Order.' *Justice Quarterly* 3: 449–55

Böhme, G. 1984. 'The Knowledge-Structure of Society.' in E. Bergendal, ed.,

Knowledge Policies and the Traditions of Higher Education, 5–17. Stockholm: Almquist and Wiksell International

– 1992. 'The Techno-Structures of Society,' in N. Stehr and R. Ericson, eds., *The Culture and Power of Knowledge: Inquiries into Contemporary Societies*, 39–50. Berlin and New York: Walter de Gruyter

Bok, S. 1979. *Lying: Moral Choice in Public and Private Life.* New York: Vintage

Bourdieu, P. 1984. *Distinction: A Social Critique of the Judgement of Taste.* London: Routledge and Kegan Paul

Brodeur, J.-P. 1983. 'High Policing and Low Policing: Remarks about the Policing of Political Activities.' *Social Problems* 30: 507–20

Brogden, M., T. Jefferson, and S. Walklate. 1988. *Introducing Police Work.* London: Unwin Hyman

Brubaker, R. 1984. *The Limits of Rationality: An Essay on the Social and Moral Thought of Max Weber.* London: Allen and Unwin

Burchell, G. 1991. 'Popular Interests: Civil Society and Governing "the System of Natural Liberty,"' in G. Burchell, C. Gordon, and P. Miller, eds., *The Foucault Effect: Studies in Governmentality*, 119–50. Chicago: University of Chicago Press

Burchell, G., C. Gordon, and P. Miller, eds. 1991. *The Foucault Effect: Studies in Governmentality.* Chicago: University of Chicago Press

Cambrosio, A., C. Limoges, and E. Hoffman. 1992. 'Expertise as a Network: A Case Study of the Controversies over the Environmental Release of Genetically Engineered Organisms,' in N. Stehr and R. Ericson, eds., *The Culture and Power of Knowledge: Inquiries into Contemporary Societies*, 341–61. Berlin and New York: Walter de Gruyter

Carlen, P. 1976. *Magistrates' Justice.* London: Martin Robertson

Carriere, K., and R. Ericson. 1989. *Crime Stoppers: A Study in the Organization of Community Policing.* Toronto: Centre of Criminology, University of Toronto

Castel, R. 1991. 'From Dangerousness to Risk,' in G. Burchell, C. Gordon, and P. Miller, eds., *The Foucault Effect: Studies in Governmentality*, 281–96. Chicago: University of Chicago Press

Cavendar, G., and L. Bond-Maupin. 1993. 'Fear and Loathing on Reality Television: An Analysis of "America's Most Wanted" and "Unsolved Mysteries."' *Sociological Inquiry* 63: 305–17

Chan, J. 1997. *Changing Police Culture: Policing in a Multicultural Society.* Melbourne: Cambridge University Press

Chatterton, M. 1983. 'Police Work and Assault Charges,' in M. Punch, ed., *Control in the Police Organization*, 194–221. Cambridge: MIT Press

– 1989. 'Managing Paperwork,' in M. Weatheritt, ed., *Police Research: Some Future Prospects*, 107–36. Aldershot: Gower

– 1991. 'Organizational Constraints on the Uses of Information Technology in

Problem-Focused Area Policing.' Paper presented to the British Criminology Conference (July)

Chermak, S. 1995. *Victims in the News: Crime and the American News Media.* Boulder: Westview Press

Christie, N. 1986. 'Suitable Enemies,' in H. Bianchi and R. Van Swaaningen, eds., *Abolitionism: Towards a Non-Repressive Approach to Crime*, 42–54. Amsterdam: Free University Press

Clarke, R. 1988. 'Information Technology and Dataveillance.' *Communications of the ACM* 31: 498–512

Clarke, R., and M. Hough. 1984. *The Effectiveness of the Police.* Home Office Research Unit. London: HMSO

Cohen, S. 1985. *Visions of Social Control: Crime, Punishment and Classification.* Cambridge: Polity

Coleman, C. 1993. 'The Influence of Mass Media and Interpersonal Communication on Societal and Personal Risk Judgements.' *Communication Research* 20: 611–28

Comrie, M., and E. Kings. 1975. 'Study of Urban Workloads: Final Report.' London: Home Office Police Research Services Unit

Cooney, M. 1994. 'Evidence as Partisanship.' *Law and Society Review* 28: 833–58

Cooper, R. 1992. 'Formal Organization as Representation: Remote Control, Displacement and Abbreviation,' in M. Reed and M. Hughes, eds., *Rethinking Organizations*, 254–72. London: Sage

Couch, C. 1984. *Constructing Civilization.* Greenwich, Conn.: JAI Press

Cumming, E., I. Cumming, and L. Edell. 1965. 'Policeman as Philosopher, Guide and Friend.' *Social Problems* 12: 276–86

Dandeker, C. 1990. *Surveillance, Power and Modernity: Bureaucracy and Discipline from 1700 to the Present Day.* New York: St. Martin's Press

Davis, K. 1969. *Discretionary Justice.* Baton Rouge: Louisiana State University Press

Davis, M. 1990. *City of Quartz: Excavating the Future in Los Angeles.* London: Verso

Defert, D. 1991. '"Popular Life" and Insurance Technology,' in G. Burchell, C. Gordon, and P. Miller, eds., *The Foucault Effect: Studies in Governmentality*, 211–33. Chicago: University of Chicago Press

DiMaggio, P., and W. Powell. 1991. 'Introduction,' in W. Powell and P. DiMaggio, eds., *The New Institutionalism in Organizational Analysis*, 1–38. Chicago: University of Chicago Press

Ditton, J. 1979. *Controlology: Beyond the New Criminology.* London: Macmillan

Donzelot, J. 1979. *The Policing of Families.* New York: Pantheon

– 1991. 'The Mobilization of Society,' in G. Burchell, C. Gordon, and P. Miller, eds., *The Foucault Effect: Studies in Governmentality,* 169–79. Chicago: University of Chicago Press

Doob, A. 1991. *Workshop on Collecting Race and Ethnicity Statistics in the Criminal Justice System.* Toronto: Centre of Criminology, University of Toronto

Douglas, M. 1986. *How Institutions Think.* Syracuse: Syracuse University Press

– 1990. 'Risk as a Forensic Resource.' *Daedalus* 119: 1–16

– 1992. *Risk and Blame: Essays in Cultural Theory.* London: Routledge

Douglas, M., and A. Wildavsky. 1982. *Risk and Culture: An Essay on the Selection of Technical and Environmental Dangers.* Berkeley: University of California Press

Doyle, A. 1996. 'COPS: Reality Television as Policing Reality.' Paper presented to the annual meeting of the American Society of Criminology, Chicago

Doyle, A., and R. Ericson. 1995. 'Fixing the Public: The Police, the Media and Vancouver's Stanley Cup Riot Review.' Unpublished paper, Green College, University of British Columbia

Draper, H. 1978. *Private Police.* Harmondsworth: Penguin

Durkheim, E. 1973. *Moral Education.* New York: Free Press

Eck, J., and W. Spelman. 1987. 'Who Ya Gonna Call? The Police as Problem Busters.' *Crime and Delinquency* 33: 31–52

Edelman, M. 1988. *Constructing the Political Spectacle.* Chicago: University of Chicago Press

Edgerton, R. 1985. *Rules, Exceptions and Social Order.* Berkeley: University of California Press

Ellul, J. 1964. *The Technological Society.* New York: Vintage

Ericson, R. 1975. *Criminal Reactions: The Labelling Perspective.* Farnborough, England: Saxon House

– 1981. 'Rules *for* Police Deviance,' in C. Shearing, ed., *Organizational Police Deviance: Its Structure and Control,* 83–110. Toronto: Butterworths

– 1982. *Reproducing Order: A Study of Police Patrol Work.* Toronto: University of Toronto Press

– 1991. 'Mass Media, Crime, Law and Justice: An Institutional Approach.' *British Journal of Criminology* 31: 219–49

– 1993. *Making Crime: A Study of Detective Work.* 2nd ed. Toronto: University of Toronto Press

– 1994a. 'The Division of Expert Knowledge in Policing and Security.' *British Journal of Sociology.* 45: 149–75

– 1994b. 'The Royal Commission on Criminal Justice System Surveillance,' in M. McConville and L. Bridges, eds., *Criminal Justice in Crisis,* 113–40. Aldershot: Edward Elgar

– 1994c. 'The Decline of Innocence.' *University of British Columbia Law Review* 28: 367–83

- 1995a. 'The News Media and Account Ability in Criminal Justice,' in P. Stenning, ed., *Accountability for Criminal Justice*, 135–61. Toronto: University of Toronto Press
- ed. 1995b. *Crime and the Media*. Aldershot: Dartmouth
- 1995c. 'Promoting Security: The Division of Expert Knowledge in Policing,' in K. Miyazawa and S. Miyazawa, eds., *Crime Prevention in the Urban Community*, 11–60. Deventer and Boston: Kluwer
- 1996. 'Why Law Is Like News,' in D. Nelken, ed., *Law as Communication*, 195–230. Aldershot: Dartmouth
Ericson, R., and P. Baranek. 1982. *The Ordering of Justice: A Study of Accused Persons as Dependents in the Criminal Process*. Toronto: University of Toronto Press
Ericson, R., P. Baranek, and J. Chan. 1987. *Visualizing Deviance: A Study of News Organization*. Toronto: University of Toronto Press; Milton Keynes: Open University Press
- 1989. *Negotiating Control: A Study of News Sources*. Toronto: University of Toronto Press; Milton Keynes: Open University Press
- 1991. *Representing Order: Crime, Law and Justice in the News Media*. Toronto: University of Toronto Press; Milton Keynes: Open University Press
Ericson, R., and K. Carriere. 1994. 'The Fragmentation of Criminology,' in D. Nelken, ed., *The Futures of Criminology*, 89–109. London: Sage
Ericson, R., and C. Shearing. 1986. 'The Scientification of Police Work,' in G. Böhme and N. Stehr, eds., *The Knowledge Society: The Growing Impact of Scientific Knowledge on Social Relations*, 129–59. Dordrecht: Reidel
Ettema, J., and D.C. Whitney. 1994. 'The Money Arrow: An Introduction to Audiencemaking,' in J. Ettema and D.C. Whitney, eds., *Audiencemaking: How the Media Create the Audience*, 1–18. Thousand Oaks: Sage
Evans, R. 1993. *The Conduct of Police Interviews with Juveniles*. Research Study Number 8. Royal Commission on Criminal Justice. London: HMSO
Ewald, F. 1991a. 'Insurance and Risk,' in G. Burchell, C. Gordon, and P. Miller, eds., *The Foucault Effect: Studies in Governmentality*, 197–210. Chicago: University of Chicago Press
- 1991b. 'Norms, Discipline and the Law,' in R. Post, ed., *Law and the Order of Culture*, 138–61. Berkeley: University of California Press
Featherstone, M. 1991. *Consumer Culture and Postmodernism*. London: Sage
Feeley, M. 1979. *The Process Is the Punishment*. New York: Russell Sage Foundation
Feeley, M., and J. Simon. 1994. 'Actuarial Justice: The Emerging New Criminal Law,' in D. Nelken, ed., *The Futures of Criminology*, 173-201. London: Sage

Fleissner, D., et al. 1991. *Community Policing in Seattle: A Descriptive Study of the South Seattle Crime Reduction Project*. Seattle: South Seattle Crime Reduction Project

Foucault, M. 1973. *The Order of Things: An Archaeology of the Human Sciences*. New York: Vintage

– 1977. *Discipline and Punish: The Birth of the Prison*. New York: Pantheon

– 1978. *The History of Sexuality*, vol. 1: *An Introduction*. New York: Vintage

– 1980. *Power/Knowledge: Selected Interviews and Other Writings 1972–1977*. New York: Pantheon

– 1991a. 'Politics and the Study of Discourse,' in G. Burchell, C. Gordon, and P. Miller, eds., *The Foucault Effect: Studies in Governmentality*, 53–72. Chicago: University of Chicago Press

– 1991b. 'Questions of Method,' in G. Burchell, C. Gordon, and P. Miller, eds., *The Foucault Effect: Studies in Governmentality*, 73–86. Chicago: University of Chicago Press

– 1991c. 'Governmentality,' in G. Burchell, C. Gordon, and P. Miller, eds., *The Foucault Effect: Studies in Governmentality*, 87–104. Chicago: University of Chicago Press

Gandy, O. 1993. *The Panoptic Sort: A Political Economy of Personal Information*. Boulder: Westview

Garland, D. 1990. *Punishment and Modern Society*. Chicago: University of Chicago Press

– 1996. 'The Limits of the Sovereign State: Strategies of Crime Control in Contemporary Society.' Unpublished paper, Centre for Law and Society, University of Edinburgh. Forthcoming in *British Journal of Criminology*

Geertz, C. 1983. *Local Knowledge: Further Essays in Interpretive Anthropology*. New York: Basic Books

Geller, W., and N. Morris. 1992. 'Relations between Federal and Local Police,' in M. Tonry and N. Morris, eds., *Modern Policing*, 231–348. Chicago: University of Chicago Press

Gergen, K. 1991. *The Saturated Self: Dilemmas of Identity in Contemporary Life*. New York: Basic Books

Giddens, A. 1984. *The Constitution of Society: Outline of the Theory of Structuration*. Cambridge: Polity

– 1985. *A Contemporary Critique of Historical Materialism*, Vol. 2: *The Nation-State and Violence*. Cambridge: Polity

– 1990. *The Consequences of Modernity*. Cambridge: Polity

– 1991. *Modernity and Self-Identity: Self and Society in the Late Modern Age*. Stanford: Stanford University Press

– 1994. *Beyond Left and Right: The Future of Radical Politics*. Cambridge: Polity

Gluzol, J. 1981. 'Police, Law and Security in France: Questions of Method and Political Strategy.' *International Journal of the Sociology of Law* 9: 361–82

Goldberg, D. 1995. 'Taking Stock: Counting by Race.' Paper presented to the Law and Society Association, Toronto (June)

Goldsmith, A., ed. 1990. *Complaints against the Police: The Trend to External Review.* Oxford: Oxford University Press

Goldstein, H. 1987. 'Toward Community-Oriented Policing: Potential, Basic Requirements and Threshold Questions.' *Crime and Delinquency* 33: 6–30

– 1990. *Problem-Oriented Policing.* New York: McGraw-Hill

Goldstein, J. 1960. 'Police Discretion Not to Invoke the Criminal Process: Low Visibility Decisions in the Administration of Justice.' *Yale Law Journal* 69: 543–94

Gordon, C. 1991. 'Governmental Rationality: An Introduction,' in G. Burchell, C. Gordon, and P. Miller, eds., *The Foucault Effect: Studies in Governmentality,* 1–51. Chicago: University of Chicago Press

Gouldner, A. 1954. *Patterns of Industrial Bureaucracy.* Glencoe: Free Press

Greene, J., and S. Mastrofski, eds. 1988. *Community Policing: Rhetoric or Reality.* New York: Praeger

Gusfield, J. 1981. *The Culture of Public Problems: Drinking-Driving and the Symbolic Order.* Chicago: University of Chicago Press

– 1989. 'Constructing the Ownership of Social Problems: Fun and Profit in the Welfare State.' *Social Problems* 36: 431–41

Habermas, J. 1975. *Legitimation Crisis.* Boston: Beacon

Hacking, I. 1982. 'Biopower and the Avalanche of Printed Numbers.' *Humanities in Society* 5: 279–95

– 1986. 'Making up People,' in T. Heller, et al., eds., *Reconstructing Individualism,* 222–36. Stanford: Stanford University Press

– 1990. *The Taming of Chance.* Cambridge: Cambridge University Press

– 1991. 'How Should We Do the History of Statistics?' in G. Burchell, C. Gordon, and P. Miller, eds., *The Foucault Effect: Studies in Governmentality,* 181–95. Chicago: University of Chicago Press

– 1992. 'Statistical Language, Statistical Truth and Statistical Reason: The Self-Authentification of a Style of Scientific Reasoning,' in E. McMullin, ed., *The Social Dimensions of Science,* 130–57. Notre Dame: University of Notre Dame Press

– 1995. *Rewriting the Soul.* Princeton: Princeton University Press

Hawkins, K. 1984. *Environment and Enforcement: Regulation and the Social Definition of Pollution.* Oxford: Oxford University Press

– 1990. 'Compliance Strategy, Prosecution Policy, and Aunt Sally: A Comment on Pearce and Toombs.' *British Journal of Criminology* 30: 444–66

- 1991. 'Enforcing Regulation: More of the Same from Pearce and Toombs.' *British Journal of Criminology* 31: 427–30

Heidegger, M. 1974. 'The Principle of Ground.' *Man and World* 7: 207–22

Hirst, P. 1994. *Associative Democracy: New Forms of Social and Economic Governance.* Cambridge, England: Polity

Holloran, J., P. Elliott, and G. Murdock. 1970. *Demonstrations and Communication: A Case Study.* Harmondsworth: Penguin

Hoogenboom, B. 1991. 'Grey Policing: A Theoretical Framework.' *Policing and Society* 2: 17-30

Hutchinson, A. 1995. *Waiting for CORAF: A Critique of Law and Rights.* Toronto: University of Toronto Press

Inbau, F., and J. Reid. 1967. *Criminal Interrogations and Confessions.* 2nd ed. Baltimore: Williams and Wilkins

Jepperson, R. 1991. 'Institutions, Institutional Effects, and Institutionalism,' in W. Powell and P. DiMaggio, eds., *The New Institutionalism in Organizational Analysis,* 143–63. Chicago: University of Chicago Press

Jorgensen, B. 1981. 'Transferring Trouble: The Initiation of Reactive Policing.' *Canadian Journal of Criminology* 23: 257–78

Kashmeri, Z. 1981. '"Battlestar" Fortress to Protect Peel Police.' Toronto *Globe and Mail,* 5 August

Katz, J. 1987. 'What Makes Crime "News"?' *Media, Culture and Society* 9: 47–75

Kelling, G., et al. 1974. *The Kansas City Preventive Patrol Experiment: A Summary Report.* Washington, D.C.: Police Foundation

Kinsey, R. 1985. *Merseyside Crime and Police Surveys: Final Report.* Liverpool: Merseyside County Council

Klockars, C. 1988. 'The Rhetoric of Community Policing,' in J. Greene and S. Mastrofski, eds., *Community Policing: Rhetoric or Reality,* 239–58. New York: Praeger

Landau, T. 1994a. 'Policing and Security in Four Remote Aboriginal Communities: A Challenge to Coercive Models of Police Work.' PhD diss., Centre of Criminology, University of Toronto

- 1994b. *Public Complaints against the Police: A View from Complainants.* Toronto: Centre of Criminology, University of Toronto

Lasch, C. 1980. *The Culture of Narcissism: American Life in the Age of Diminishing Expectations.* New York: Norton

Lash, S. 1993. 'Reflexive Modernization: The Aesthetic Dimension.' *Theory, Culture and Society* 10: 1–23

Lash, S., and J. Urry. 1987. *The End of Organized Capitalism.* Cambridge: Polity

Latour, B. 1987. *Science in Action.* Cambridge, Mass.: Harvard University Press

Law Reform Commission of Canada. 1975. *Studies on Diversion*. Ottawa: Information Canada

– 1983. *Police Powers: Search and Seizure in Criminal Law Enforcement*. Working Paper 30. Ottawa: Ministry of Supply and Services

Leighton, B. 1991. 'Visions of Community Policing: Rhetoric and Reality in Canada.' *Canadian Journal of Criminology* 33: 485–522

Lovekin, D. 1991. *Technique, Discourse and Consciousness: An Introduction to the Philosophy of Jacques Ellul*. Bethlehem, Pa.: Lehigh University Press

Lowi, T. 1979. *The End of Liberalism: The Second Republic of the United States*. 2nd ed. New York: Norton

– 1990. 'Risks and Rights in the History of American Governments.' *Daedalus* 119: 17–40

Macdonell, D. 1986. *Theories of Discourse*. Oxford: Blackwell

Maguire, M., and C. Norris. 1993. *The Conduct and Supervision of Criminal Investigations*. Research Study Number 5. Royal Commission on Criminal Justice. London: HMSO

Mann, E., and J. Lee. 1979. *RCMP vs The People*. Toronto: General Publishing

Manning, P. 1977. *Police Work: The Social Organization of Policing*. Cambridge: MIT Press

– 1980. *The Narc's Game: Organizational and Informational Limits on Drug Law Enforcement*. Cambridge: MIT Press

– 1982. 'Organizational Work: Structuration of Environments.' *British Journal of Sociology* 33: 118–34

– 1983. 'Organizational Control and Semiotics,' in M. Punch, ed., *Control in the Police Organization*, 169–93. Cambridge: MIT Press

– 1987. 'Ironies of Compliance,' in C. Shearing and P. Stenning, eds., *Private Policing*, 293–316. Beverly Hills: Sage

– 1988. *Symbolic Communication: Signifying Calls and the Police Response*. Cambridge: MIT Press

– 1992a. 'Information Technology and the Police,' in M. Tonry and N. Morris, eds., *Modern Policing*, 349–98. Chicago: University of Chicago Press

– 1992b. 'Technological Dramas and the Police: Statement and Counterstatement in Organizational Analysis.' *Criminology* 30: 327–46

– 1993. 'Discourses of Policing: Policing Discourses.' Unpublished paper, Department of Sociology, Michigan State University

Manning, P., and K. Hawkins. 1989. 'Police Decision-Making,' in M. Weatheritt, ed., *Police Research: Some Future Prospects*, 139–56. Aldershot: Gower

Marx, G. 1988. *Undercover: Police Surveillance in America*. Berkeley: University of California Press

Marx, K. 1967. *Writings of the Young Marx on Philosophy and Society.* Edited by
L. Easton and K. Guddat. New York: Anchor

Massumi, B., ed. 1993. *The Politics of Everyday Fear.* Minneapolis: University of
Minnesota Press

Mastrofski, S. 1988. 'Community Policing as Reform: A Cautionary Tale,' in
J. Greene and S. Mastrofski, eds., *Community Policing: Rhetoric or Reality,* 47–67.
New York: Praeger

McBarnet, D. 1979. 'Arrest: The Legal Context of Policing,' in S. Holdaway, ed.,
The British Police, 24–40. London: Edward Arnold

– 1981. *Conviction: Law, the State and the Construction of Justice.* London: Edward
Arnold

McConville, M. 1993. 'An Error of Judgement.' *Legal Action* (September)

McConville, M., and C. Mirsky. 1993. 'The Skeleton of Plea Bargaining.' *New Law
Journal* (9 October): 1373–4, 1381

– 1995. 'Guilty Plea Courts: A Social Disciplinary Model of Criminal Justice.'
Social Problems 42: 216–34

McConville, M., A. Sanders, and R. Leng. 1991. *The Case for the Prosecution: Police
Suspects and the Construction of Criminality.* London: Routledge

McGaw, D. 1991. 'Governing Metaphors: The "War" on Drugs.' Unpublished
paper, Department of Political Science, Arizona State University

McMahon, M. 1992. *The Persistent Prison? Rethinking Decarceration and Penal
Reform.* Toronto: University of Toronto Press

Meehan, A. 1993. 'Internal Police Records and the Control of Juveniles: Politics
and Policing in a Suburban Town.' *British Journal of Criminology* 33: 504–24

Menzies, R. 1987. 'Psychiatrists in Blue: Police Apprehension of Mental Disorder
and Dangerousness.' *Criminology* 25: 901–25

– 1989. *Survival of the Sanest: Order and Disorder in a Pre-trial Psychiatric Clinic.*
Toronto: University of Toronto Press

Meyer, J., and R. Scott. 1983. *Organizational Environments: Ritual and Rationality.*
Beverly Hills: Sage

Meyrowitz, J. 1985. *No Sense of Place: The Impact of Electronic Media on Social
Behaviour.* Oxford: Oxford University Press

Miller, P., and N. Rose. 1990. 'Governing Economic Life.' *Economy and Society* 19:
1–31

Miyazawa, S. 1992. *Policing in Japan: A Study on Making Crime.* New York: State
University of New York Press

Moore, M. 1992. 'Problem-Solving and Community Policing,' in M. Tonry and
N. Morris, eds., *Modern Policing,* 99–158. Chicago: University of Chicago Press

Moroney, M. 1951. *Facts from Figures.* Harmondsworth: Penguin

Moynihan, D. 1993. 'Defining Deviance Down.' *The American Scholar* 62: 17–30.

Murphy, C. 1986. 'The Social and Formal Organization of Small Town Policing: A Comparative Analysis of RCMP and Municipal Policing.' PhD diss., Department of Sociology, University of Toronto

– 1988a. 'The Development, Impact and Implications of Community Policing in Canada,' in J. Greene and S. Mastrofski, eds., *Community Policing: Rhetoric or Reality*, 177–89. New York: Praeger

– 1988b. 'Community Problems, Problem Communities, and Community Policing in Toronto.' *Journal of Research in Crime and Delinquency* 25: 392–410

Nelken, D. 1990. *The Truth about Law's Truth*. Working Paper No. 7. Faculty of Laws, University College, London

Nelson, B. 1984. *Making an Issue of Child Abuse*. Chicago: University of Chicago Press

Newman, O. 1972. *Defensible Space: Crime Prevention through Urban Design*. New York: Macmillan

Nietzsche, F. 1914. *Beyond Good and Evil*. London: Foulis

Nock, S. 1993. *The Costs of Privacy: Surveillance and Reputation in America*. New York: Aldine de Gruyter

O'Malley, P. 1991. 'Legal Networks and Domestic Security.' *Studies in Law, Politics and Society* 11: 171–90

– 1992. 'Risk, Power and Crime Prevention.' *Economy and Society* 21: 252–75

Packer, H. 1968. *The Limits of the Criminal Sanction*. Stanford: Stanford University Press

Pasquino, P. 1991. 'Theatrum Politicum: The Genealogy of Capital – Police and the State of Prosperity,' in G. Burchell, C. Gordon, and P. Miller, eds., *The Foucault Effect: Studies in Governmentality*, 105–18. Chicago: University of Chicago Press

Pearce, F., and S. Tombs. 1990. 'Ideology, Hegemony and Empiricism: Compliance Theories of Regulation.' *British Journal of Criminology* 30: 423–43

– 1991. 'Policing Corporate "Skid Rows": A Reply to Keith Hawkins.' *British Journal of Criminology* 31: 415–26

Pearson, G. 1983. *Hooligan: A History of Respectable Fears*. London: Macmillan

Percy, S., and E. Scott. 1985. *Demand Processing and Performance in Public Service Agencies*. University, Ala.: University of Alabama Press

Perrow, C. 1984. *Normal Accidents: Living with High-Risk Technologies*. New York: Basic Books

Policy Studies Institute. 1983. *Police and People in London*, Vol. 3: *A Survey of Police Officers*. London: Policy Studies Institute

Poster, M. 1990. *The Mode of Information: Poststructuralism and Social Context*. Cambridge: Polity

– 1995. *The Second Media Age*. Cambridge: Polity

Powell, W. 1991. 'Expanding the Scope of Institutional Analysis,' in W. Powell and P. DiMaggio, eds., *The New Institutionalism in Organizational Analysis*, 183–203. Chicago: University of Chicago Press

Priest, G. 1990. 'The New Legal Structure of Risk Control.' *Daedalus* 119: 207–27

Pudifin, M. 1991. 'A Study of Technical Means to Improve the Acquisition of Data on Motor Vehicle Events.' Unpublished paper, Transport Canada

Punch, M. 1979. *Policing the Inner City*. London: Macmillan

– ed. 1983. *Control in the Police Organization*. Cambridge: MIT Press

Putnam, H. 1981. *Reason, Truth and History*. Cambridge: Cambridge University Press

Reich, R. 1991. 'Secession of the Successful.' *New York Times Magazine*, 20 January, 16–17, 42–5

Reichman, N. 1986. 'Managing Crime Risks: Towards an Insurance Based Model of Social Control,' in S. Spitzer and A. Scull, eds., *Research in Law, Deviance and Social Control*, 151–72. Greenwich, Conn.: JAI Press

Reiner, R. 1992. *The Politics of the Police*. 2nd ed. Toronto: University of Toronto Press

Reiss, A. 1971. *The Police and the Public*. New Haven: Yale University Press

– 1982. 'Forecasting the Role of the Police and the Role of the Police in Social Forecasting,' in R. Donelan, ed., *The Maintenance of Order in Society*, 132–56. Ottawa: Supply and Services Canada

– 1983. 'The Policing of Organizational Life,' in M. Punch, ed., *Control in the Police Organization*, 78–97. Cambridge: MIT Press

– 1984a. 'Consequences of Compliance and Deterrence Models of Law Enforcement for the Exercise of Police Discretion.' *Law and Contemporary Problems* 47: 83–122

– 1984b. 'Selecting Strategies of Social Control over Organizational Life,' in K. Hawkins and T. Thomas, eds., *Enforcing Regulation*, 23–35. Boston: Kluwer-Nijhoff

– 1987. 'The Legitimacy of Intrusion into Private Spaces,' in C. Shearing and P. Stenning, eds., *Private Policing*, 19–44. Beverly Hills: Sage

– 1989. 'The Institutionalization of Risk.' *Law and Policy* 11: 392–402

Reiss, A., and D. Bordua. 1967. 'Environment and Organization: A Perspective on the Police,' in D. Bordua, ed., *The Police: Six Sociological Essays*, 25–55. New York: Wiley

Rock, P. 1986. *A View from the Shadows: The Ministry of the Solicitor General of Canada and the Making of the Justice for Victims of Crime Initiative*. Oxford: Oxford University Press

- 1990. *Helping Victims of Crime: The Home Office and the Rise of Victim Support in England and Wales*. Oxford: Oxford University Press
- 1993. *The Social World of an English Crown Court: Witnesses and Professionals in the Crown Court Centre at Wood Green*. Oxford: Oxford University Press
Rosenbaum, D. 1987. 'The Theory and Research behind Neighborhood Watch: Is It a Sound Fear- and Crime-Reduction Strategy?' *Crime and Delinquency* 33: 103–34
Royal Canadian Mounted Police. 1991. *Annual Report on Canada's Missing Children*. Ottawa: Royal Canadian Mounted Police
Royal Commission on Criminal Justice. 1993. *Report*. Cmnd. 2263. London: HMSO
Royal Commission on New Reproductive Technologies. 1993. *Proceed with Care: Final Report of the Royal Commission on New Reproductive Technologies*. Ottawa: Minister of Government Services, Canada
Sacks, H. 1972. 'Notes on Police Assessment of Moral Character,' in D. Sudnow, ed., *Studies in Social Interaction*, 280-93. New York: Free Press
Sartre, J.-P. 1966. *Being and Nothingness: An Essay on Phenomenological Ontology*. New York: Washington Square Press
Scheingold, S. 1990. 'The War on Drugs in Context: Crisis Politics and Social Control.' Paper presented to the Law and Society Association, Berkeley (June)
Schlesinger, P., and H. Tumber. 1994. *Reporting Crime: The Media Politics of Criminal Justice*. Oxford: Oxford University Press
Schur, E. 1971. *Labeling Deviant Behavior: Its Sociological Implications*. New York: Harper and Row
Scott, R. 1991. 'Unpacking Institutional Arguments,' in W. Powell and P. DiMaggio, eds., *The New Institutionalism in Organizational Analysis*, 164–82. Chicago: University of Chicago Press
Scott, R., and J. Meyer. 1991. 'The Organization of Societal Sectors: Propositions and Early Evidence,' in W. Powell and P. DiMaggio, eds., *The New Institutionalism in Organizational Analysis*, 108–40. Chicago: University of Chicago Press
Scull, A. 1984. *Decarceration: Community Treatment and the Deviant – A Radical View*. 2nd ed. Cambridge: Polity
Shadgett, P. 1990. 'An Observational Study of Police Patrol Work.' Master's thesis, Centre of Criminology, University of Toronto
Shearing, C., ed. 1981. *Organizational Police Deviance: Its Structure and Control*. Toronto: Butterworths
- 1984. *Dial-a-Cop: A Study of Police Mobilization*. Toronto: Centre of Criminology, University of Toronto
- 1992. 'The Relation between Public and Private Policing,' in M. Tonry and N. Morris, eds., *Modern Policing*, 399–434. Chicago: University of Chicago Press

Shearing, C., and R. Ericson. 1991. 'Culture as Figurative Action.' *British Journal of Sociology* 42: 481–506

Shearing, C., and P. Stenning. 1981. 'Modern Private Security: Its Growth and Implications,' in M. Tonry and N. Morris, eds., *Crime and Justice: An Annual Review of Research*, 3: 193–245. Chicago: University of Chicago Press

– 1982. 'Snowflakes or Good Pinches: Private Security's Contribution to Modern Policing,' in R. Donelan, ed., *The Maintenance of Order in Society*, 96–105. Ottawa: Supply and Services Canada

– 1983. 'Private Security: Implications for Social Control.' *Social Problems* 30: 493–506

– 1984. 'From the Panopticon to Disney World: The Development of Discipline,' in A. Doob and E. Greenspan, eds., *Perspectives in Criminal Law*, 335–48. Aurora, Ont.: Canada Law Book

Sherman, L. 1992. 'Attacking Crime: Police and Crime Control,' in M. Tonry and N. Morris, eds., *Modern Policing*, 159–230. Chicago: University of Chicago Press

Sherman, L., P. Gartin, and M. Buerger. 1989. 'Hot Spots of Predatory Crime: Routine Activities and the Criminology of Place.' *Criminology* 27: 27–55

Short, J. 1990. 'Hazards, Risks, and Enterprise Approaches to Science, Law and Social Policy.' *Law and Society Review* 24: 179–98

Simon, J. 1987. 'The Emergence of Risk Society: Insurance, Law and the State.' *Socialist Review* 95: 61–89

– 1988. 'The Ideological Effects of Actuarial Practice.' *Law and Society Review* 22: 772–800

– 1993. *Poor Discipline: Parole and the Social Control of the Underclass, 1890–1990.* Chicago: University of Chicago Press

Skogan, W. 1990a. *Disorder and Decline.* New York: Free Press

– 1990b. *The Police and the Public in England and Wales: A British Crime Survey Report.* Home Office Research Study No. 117. London: HMSO

Skolnick, J. 1966. *Justice without Trial: Law Enforcement in Democratic Society.* New York: Wiley

Skolnick, J., and D. Bayley. 1986. *The New Blue Line: Police Innovations in Six American Cities.* New York: Free Press

Skolnick, J., and J. Woodworth. 1967. 'Bureaucracy, Information and Social Control: A Study of a Morals Detail,' in D. Bordua, ed., *The Police: Six Sociological Essays*, 99–136. New York: Wiley

Smart, B. 1983. 'On Discipline and Social Regulation: A Review of Foucault's Genealogical Analysis,' in D. Garland and P. Young, eds., *The Power to Punish*, 62–83. London: Heinemann

Solicitor General of Ontario. 1991. *Community Policing: Shaping the Future.* Toronto: Queen's Printer for Ontario

South, N. 1988. *Policing for Profit: The Private Security Sector.* London: Sage

Southgate, P., and C. Mirless-Black. 1991. *Traffic Policing in Changing Times.* London: HMSO

Sparks, R. 1992. *Television and the Drama of Crime: Moral Tales and the Place of Crime in Public Life.* Milton Keynes: Open University Press

Sparrow, M. 1988. 'Implementing Community Policing.' Perspectives on Policing Paper No. 9. Washington, D.C.: National Institute of Justice

– 1991. 'Information Systems and the Development of Policing.' Working paper 91-05-11, John F. Kennedy School of Government, Harvard University

Spitzer, S. 1987. 'Security and Control in Capitalist Societies: The Fetishism of Security and the Secret Thereof,' in J. Lowman, R. Menzies, and T. Palys, eds., *Transcarceration: Essays in the Sociology of Social Control,* 43–58. Aldershot: Gower

Spitzer, S., and A. Scull. 1977. 'Privatization and Capitalist Development: The Case of the Private Police.' *Social Problems* 25: 18–29

Stallings, R. 1990. 'Media Discourse and the Social Construction of Risk.' *Social Problems* 37: 80–95

Stehr, N. 1992. *Practical Knowledge: Applying the Social Sciences.* London: Sage

– 1994. *Knowledge Societies.* London: Sage

Stehr, N., and R. Ericson, eds. 1992. *The Culture and Power of Knowledge: Inquiries into Contemporary Societies.* Berlin and New York: Walter de Gruyter

Stenning, P., ed. 1995. *Accountability for Criminal Justice.* Toronto: University of Toronto Press

Stenson, K. 1993. 'Community Policing as Governmental Technology.' *Economy and Society* 22: 373–99

Stinchcombe, A. 1963. 'Institutions of Privacy in the Determination of Police Administrative Practice.' *American Journal of Sociology* 69: 150–60

Sudnow, D. 1965. 'Normal Crimes: Sociological Features of the Penal Code in a Public Defender's Office.' *Social Problems* 12: 255–72

Swaan, A. de. 1990. *The Management of Normality.* London: Routledge

Task Force on Policing in Ontario. 1974. *The Police Are the Public and the Public Are the Police.* Toronto: Solicitor General of Ontario

Teubner, G. 1993. *Autopoietic Law.* Oxford: Basil Blackwell

Toch, J., and J. Grant. 1991. *Police as Problem Solvers.* New York: Plenam

Tocqueville, A. de. 1840. *Democracy in America.* London: Saunders and Otley

Trojanowicz, R., and B. Bucqueroux. 1990. *Community Policing: A Contemporary Perspective.* Cincinnati: Anderson Publishing

Trojanowicz, R., and D. Carter. 1988. 'The Philosophy and Role of Community Policing.' East Lansing: National Neighborhood Foot Patrol Center, Michigan State University

Trojanowicz, R., and M. Moore. 1988. 'The Meaning of Community in Community Policing.' East Lansing: National Neighborhood Foot Patrol Center, Michigan State University

Trojanowicz, R., et al. 1982. *An Evaluation of the Neighborhood Foot Patrol Program in Flint, Michigan.* East Lansing: Department of Criminal Justice, Michigan State University

Tuan, Y.-F. 1979. *Landscapes of Fear.* Oxford: Basil Blackwell

Tumber, H. 1982. *Television and the Riots.* London: Broadcasting Research Unit, British Film Institute

Valverde, M. 1990. 'The Rhetoric of Reform: Tropes and the Moral Subject.' *International Journal of the Sociology of Law* 18: 61–73

– 1991. *The Age of Light, Soap and Water: Moral Reform in English Canada.* Toronto: McClelland & Stewart

Van den Daele, W. 1992. 'Scientific Evidence and the Regulation of Technical Risks: Twenty Years of Demythologizing the Experts,' in N. Stehr and R. Ericson, eds., *The Culture and Power of Knowledge: Inquiries into Contemporary Societies,* 323–40. Berlin and New York: Walter de Gruyter

Van Maanen, J. 1983. 'The Boss: First-Line Supervision in an American Police Agency,' in M. Punch, ed., *Control in the Police Organization,* 275–317. Cambridge: MIT Press

Waegel, W. 1981. 'Case Routinization in Investigative Police Work.' *Social Problems* 28: 263–75

Waddington, P. 1984. 'Community Policing: A Sceptical Appraisal,' in P. Norton, ed., *Law and Order and British Politics,* 84–96. Aldershot: Gower

Walden, K. 1982. *Visions of Order: The Canadian Mounties in Symbol and Myth.* Toronto: Butterworths

Walsh, W. 1986. 'Patrol Officer Arrest Rates: A Study of the Social Organization of Police Work.' *Justice Quarterly* 2: 271–90

Webber, M. 1991. *Street Kids: The Tragedy of Canada's Runaways.* Toronto: University of Toronto Press

Weber, M. 1964. *From Max Weber: Essays in Sociology.* Edited by H. Gerth and C.W. Mills. London: Routledge and Kegan Paul

– 1978. *Economy and Society.* 2 vols. Berkeley: University of California Press

Webster, J. 1970. 'Police Task and Time Study.' *Journal of Criminal Law, Criminology and Police Science* 61: 94–100

Weick, K. 1979. *The Social Psychology of Organizing.* 2nd ed. Reading, Mass.: Addison-Wesley

White, J. 1984. *When Words Lose Their Meaning: Constitutions and Reconstitutions of Language, Character and Community.* Chicago: University of Chicago Press

Williams, R. 1976. *Communications.* Harmondsworth: Penguin

– 1983. *Keywords: A Vocabulary of Culture and Society.* London: Fontana

Wilson, J. 1968. *Varieties of Police Behavior.* Cambridge: Harvard University Press

Wilson, J., and G. Kelling. 1982. 'Broken Windows.' *Atlantic Monthly* (March): 29–38

Winkel, F. 1991. 'Police, Victims and Crime Prevention: Some Research-Based Recommendations on Victim-Oriented Interventions.' *British Journal of Criminology* 31: 250–65

Zimring, F., and G. Hawkins. 1991. *The Scale of Imprisonment.* Chicago: University of Chicago Press

– 1993. 'Crime, Justice and the Savings and Loan Crisis,' in M. Tonry and A. Reiss, eds., *Beyond the Law: Crime in Complex Organizations*, 247–92. Chicago: University of Chicago Press

Zuboff, S. 1988. *In the Age of the Smart Machine: The Future of Work and Power.* New York: Basic Books

索　引

C

致　谢

这本著作历时五年完成，众多机构的大量人员参与其中。如果没有他们无尽的诚意、支持和帮助，本书将无法完成。

我们要特别感谢作为本书研究对象的警察机构和警务人员。他们特别慷慨地贡献出自己的时间，他们对自己的工作有着非常深刻的见解。只有通过他们，我们才能继续保持自己的学术研究兴趣，即警察如何将自己掌握的知识运用于治理活动中。我们希望该研究成果对实务工作和学术研究都能有所帮助。

加拿大国家人文社科研究委员会（Social Sciences and Humanities Research Council of Canada，简称"SSHRCC"）为本次研究提供了主要的资金支持。我们对该委员会对独立的学术研究的重视表示敬意。英属哥伦比亚大学的主管科研的副校长办公室和研究生院也为本研究提供了资助。

理查德·埃里克森在亚利桑那州立大学公共项目学院担任客座教授时，提出了本次研究的最初设想。他非常感激大卫·阿什德（David Altheide）安排了这次可以与之共事的机会。他同样对参加亚利桑那州"沟通和社会控制"（Communication and Social Control）专题研讨会的各位代表表示深深的谢意，这些代表不仅尊重他提出的关于沟通和社会控制的新理论，而且当他出现错误时还进行了指正。

我们在多伦多大学犯罪学研究中心开始进行数据收集工作。该中心有着浓厚的学术氛围，我们感谢所有同事提供的巨大支持。我们感谢玛妮·克劳奇（Marnie Crouch）为本研究提供的帮助，特别是她在承担将录制的研究访谈内容转换成文字的乏味的工作时表现出来的耐心与好脾气。

这部著作在英属哥伦比亚大学的格林学院完成。该学院具有理想的思考、分析、写作的环境。其他学科的同事不断给我们提出新的挑战，激励我们的研究向前发展，他们的合作让我们感到温暖。我们特别要感谢将这一切变为现实的塞西尔·格林（Cecil Green）和无比热情、具有奉献精神并支持我们研究的约翰·格雷斯（John Grace）。

我们想要感谢本书出版前帮助我们定稿的 11 位学者，他们极富深度的意见使得这部著作进一步得到完善。他们是亚利桑那州立大学的校董讲席教授①大卫·阿什德（David Altheide）、巴斯大学社会学教授帕特·卡伦（Pat Carlen）、加州大学伯克利分校法律与社会研究中心教授马尔科姆·菲利（Malcolm Feeley）、宾夕法尼亚大学安纳伯格传媒学院教授小奥斯卡·甘迪（Oscar Gandy Jr.）、爱丁堡大学法律与社会研究中心和纽约大学法律系教授大卫·加兰（David Garland）、剑桥大学社会学教授安东尼·吉登斯（Anthony Giddens）、多伦多大学哲学教授伊恩·哈金（Ian Hacking）、密歇根州立大学社会学和精神病学教授彼得·曼宁（Peter Manning）、拉筹伯大学法律与法制研究教授帕特·奥马利（Pat O'Malley）、伦敦政治经济学院社会学教授保罗·洛克（Paul Rock）、基尔大学犯罪学教授理查德·斯帕克斯（Richard Sparks）。

这里要再次感谢一流的出版商工作人员。维吉尔·达夫（Virgil Duff）和理查德·哈特（Richard Hart）一直以来非常热情地支持我们的工作，霍华德·贝克（Howard Beker）出色地完成了编辑排版工作。我们同样对完成索引工作的戴安娜·埃里克森（Diana Ericson）表示感谢。

我们还要感谢爱德华·埃尔加出版社（Edward Elgar Publishers）、费利克斯·维拉格出版社（Felix-Verlag Publishers）、《英国社会学杂志》（*British Journal of Sociology*）和《英属哥伦比亚大学法学评论》（*University of British Columbia Law Review*）的编辑们，在上述出版社出版的著作中的内容和发表于上述期刊的论文内容，经过修订之后，被纳入本书的第一部分中。

理查德·埃里克森

凯文·哈格蒂

---

① 校董讲席教授（Regents Professor），Regents 本意为"摄政者"，指校务委员会或校董事会，也有的译为董事讲席教授。——译者注

图书在版编目（CIP）数据

制造安全感：风险社会中的警务 /（加）理查德·
V. 埃里克森（Richard V. Ericson），（加）凯文·D. 哈
格蒂（Kevin D. Haggerty）著；但彦铮，杨涵译. --
北京：社会科学文献出版社，2023.5
（安全治理丛书）
书名原文：Policing The Risk Society
ISBN 978-7-5228-1401-8

Ⅰ. ①制… Ⅱ. ①理… ②凯… ③但… ④杨… Ⅲ.
①公安工作-社会管理-研究 Ⅳ. ①D035.3

中国国家版本馆 CIP 数据核字（2023）第 022158 号

·安全治理丛书·
制造安全感：风险社会中的警务

著　　者 /［加拿大］理查德·V. 埃里克森（Richard V. Ericson）
　　　　　［加拿大］凯文·D. 哈格蒂（Kevin D. Haggerty）
译　　者 / 但彦铮　杨　涵
校　　译 / 杨小虎

出 版 人 / 王利民
责任编辑 / 贾立平
责任印制 / 王京美

出　　版 / 社会科学文献出版社·经济与管理分社（010）59367226
　　　　　地址：北京市北三环中路甲 29 号院华龙大厦　邮编：100029
　　　　　网址：www.ssap.com.cn
发　　行 / 社会科学文献出版社（010）59367028
印　　装 / 三河市龙林印务有限公司

规　　格 / 开本：787mm×1092mm　1/16
　　　　　印张：27.75　字数：460 千字
版　　次 / 2023 年 5 月第 1 版　2023 年 5 月第 1 次印刷
书　　号 / ISBN 978-7-5228-1401-8
著作权合同
登 记 号 / 图字 01-2014-8673 号
定　　价 / 128.00 元

读者服务电话：4008918866